国防电子信息技术丛书

U0869355

EW103：通信电子战

EW103：Tactical Battlefield communications Electronic Warfare

[美] David L. Adamy 著

楼才义 等译

杨小牛 审校

電子工業出版社

Publishing House of Electronics Industry

北京 • BEIJING

内 容 简 介

本书全面、清晰地介绍了通信电子战系统所涉及的各种基本理论、基本技术和主要功能。全书共 9 章，第 1 章主要介绍 dB 这个单位的换算与应用；第 2 章介绍各种数字、模拟、跳频、直扩等信号的产生与特点；第 3 章主要介绍天线的波束、增益、极化、阵列等概念；第 4 章主要介绍超外差、信道化、压缩等各种接收机，信号的数字化，以及接收机的各种指标；第 5 章主要介绍信号传播特性和链路预算；第 6 章主要介绍搜索策略、系统配置、对各种低截获概率信号的搜索等内容；第 7 章给出了各种测向、定位的方法及其能达到的精度；第 8 章给出了低截获概率信号、强信号影响下弱信号的侦收方法；第 9 章讨论了对跳频、直扩、蜂窝等通信信号的各种干扰方法。

全书深入浅出、通俗易懂、图文并茂，与实际应用联系紧密，通信电子战实践特色明显，是通信电子战专业研究人员实用的参考资料和快速查阅手册。该书适合广大通信电子战领域的专家、研发人员、应用人员和管理人员使用。

版权贸易合同登记号　图字：01-2010-0256

图书在版编目（CIP）数据

EW103：通信电子战/（美）戴维 • 阿达米（David L.Adamy）著；楼才义等译. —北京：电子工业出版社，2017.3

（国防电子信息技术丛书）

书名原文: EW103: Tactical Battlefield Communications Electronic Warfare

ISBN 978-7-121-31023-2

Ⅰ. ①E…　Ⅱ. ①戴…　②楼…　Ⅲ. ①电子对抗　Ⅳ. ①E866

中国版本图书馆 CIP 数据核字（2017）第 043445 号

责任编辑：竺南直
印　　刷：涿州市般润文化传播有限公司
装　　订：涿州市般润文化传播有限公司
出版发行：电子工业出版社
　　　　　北京市海淀区万寿路 173 信箱　邮编 100036
开　　本：787×1 092　1/16　印张：15.25　字数：400 千字
版　　次：2017 年 3 月第 1 版
印　　次：2024 年 7 月第 2 次印刷
定　　价：79.00 元（含 CD 光盘 1 张）

凡所购买电子工业出版社图书有缺损问题，请向购买书店调换。若书店售缺，请与本社发行部联系，联系及邮购电话：（010）88254888，88258888。

质量投诉请发邮件至zlts@phei.com.cn，盗版侵权举报请发邮件至dbqq@phei.com.cn。

本书咨询联系方式：yangbo2@phei.com.cn。

译　者　序

该书是EW100系列的第三本。本书是以美国老乌鸦协会会刊《电子防御杂志》一个很受读者欢迎的专栏中的文章为基础写成的。该书全面、清晰地介绍了通信电子战系统所涉及的各种基本理论、基本技术和主要功能，该书的通信电子战实践特色明显、实用性很强。全书共9章，主要内容为：第1章：引言，主要介绍了dB这个单位的换算与应用；第2章：通信信号，介绍了各种数字、模拟、跳频、直扩等信号的产生与特点；第3章：通信天线，主要介绍了天线的波束、增益、极化、阵列等概念；第4章：通信接收机，主要介绍了超外差、信道化、压缩等各种接收机，信号的数字化，以及接收机的各种指标；第5章：通信信号传播，主要介绍了信号传播特性和链路预算；第6章：通信辐射源搜索，主要介绍了搜索策略、系统配置、对各种低截获概率信号的搜索等内容；第7章：通信辐射源定位，给出了各种测向、定位的方法及其能达到的精度；第8章：通信信号截获，主要给出了低截获概率信号、强信号影响下弱信号的侦收方法；第9章通信干扰，讨论了对跳频、直扩、蜂窝等通信信号的各种干扰方法。

全书深入浅出、通俗易懂、图文并茂，与实际应用联系紧密，是通信电子战专业研究人员实用的参考资料和快速查阅手册。该书适合广大通信电子战领域的专家、研发人员、应用人员和管理人员使用。

本书前言、第1章、第4章由楼才义翻译；第5章、附录A由郑仕链翻译；骆振兴翻译了第2章；李新付翻译了第3章；张东坡翻译了第6章；贾璐翻译了第7章；章军翻译了第8章；王晓音翻译了第9章；张永光参加了部分章节的翻译和审校工作。楼才义负责对全书的统稿，杨小牛对全书进行了仔细的审校。

由于译者技术水平和翻译水平所限，对书中的一些技术术语难免把握不准，译著中肯定会存在各种错误，敬请读者批评指正。

译　者

原 著 前 言

这是 EW100 系列丛书的第三本。与前两本书一样，它是基于电子防御杂志的讲座性文章 EW101 系列编写而成的。而这本书着重讨论针对敌通信信号的电子战实际应用方面的内容。

与前两本书一样，本书的读者对象包括：刚进入电子战行业的从业人员、电子战某些领域的专家、电子战外围技术领域专家以及电子战项目管理者。

在本书交付出版的时候，EW101 系列讲座还在继续，本书的某些素材将会出现在未来的栏目中。通过对过去或将来栏目中出现的所有资料进行重新组织，并加入引言和衔接性的内容，就可以形成各章内容。与 EW102 一书一样，这本书也有一个包括问题和解决方案（不仅是答案）的附录。

这本书的另一个新特点是使用一个能快速计算出天线和传播问题答案的计算尺。与此类似的滑动计算尺很多，但这本书的计算尺新设计了一些其他计算尺所没有的功能刻度。

最后，本书提供用于计算传输损耗、接收信号强度、有效范围、干信比以及其他类似重要数值的计算公式①。这些公式都以电子数据表格形式给出，因为大多数技术人员都有该软件。MATLAB 程序会更简洁，但软件价格非常昂贵。如果读者愿意，欢迎将电子数据表的公式（已经提供）转换成 MATLAB 或其他程序。

---

① 包含在本书附带的光盘中，读者也可登录华信教育资源网（www.hxedu.com.cn）下载，或通过电子邮箱 yangbo2@phei.com.cn 申请。

目　　录

第 1 章 概　　述

作者试图使本书成为一本容易阅读的书籍。本书用物理学的方法而不是用数学的方法、术语对硬件和技术进行解释。大部分公式采用简单的 dB 形式表示，以便于记忆和使用。

与以前两本 EW100 系列书籍一样，技术内容力求准确，而不是精确。在大部分情况下，所给出公式和例子的计算精度为 1dB。但是，为了便于把那些公式用于更高精度的场合，所提供的常数项精度是很高的。

本书关注的是通信电子战（EW），因此，没有涉及雷达威胁、搜索、截获、干扰、诱饵等内容。这些问题可以参看书籍 EW101 和 EW102。

1.1 通信的特征

通信电子战（EW）是针对所有通信的，所以我们会以适当的篇幅讨论通信信号、通信传播和硬件组成的本质特点。重点在于 VHF、UHF 和低频段微波等频率范围的战术战场通信。同时也涉及低频段传播、指挥和数据链路、卫星通信等。

通信的目的在于把某个点的信息传送到远方的另一个点，因此（不像雷达），它天生就是单程的。虽然存在“突发”通信这种时间非常短的信号，但是大部分通信信号或长或短总是有一段持续时间的，从几秒钟到连续存在。

通信信号一般是窄带的，但也有一些通过调制人为地把信号带宽扩展至远超过承载信息所需要的带宽上。这样做是为了防止被敌方检测到，或降低受有意或无意干扰的影响。

通信信号可以是模拟信号，也可以是数字信号，而数字信号现在使用越来越普遍。EW 系统中处理这两类信号的方法存在很大差别。对于数字通信信号而言，敌方可以通过使用保持信号完整性的各种先进技术，使得电子战任务实现起来更困难。

1.2 频率范围

表 1.1 给出了用于通信的频率范围及其典型应用、传播模式和传播问题。

表 1.1　频率范围

频率范围	缩　写	信号类型和特征
甚低频，低频和中频：3kHz～3MHz	VLF，LF，MF	极远距离通信（在海上的船只等），商用 AM 无线电广播。环绕地球的地波
高频：3～30MHz	HF	超视距通信，信号通过电离层反射
甚高频：30～300MHz	VHF	移动通信，电视，商用 FM 无线电广播。要求视距
超高频：300MHz～1GHz	UHF	移动通信和电视。要求视距
微波：1～30GHz	MW	电视和电话信号传输链路，卫星信号传输链路。要求视距
毫米波：30～100GHz	MMW	极短距离通信。要求视距，雨、雾对其具有高吸收性

注意到低频段传播的特点在于对视距的低依赖性，地波和电离层反射使得通信范围得到极大的扩展。但是低频也具有窄带的特点，低频段相对带宽给天线和放大器性能的提高带来了困难。通常相对带宽在 10%时性能还算好，当带宽大于 10%时，就会牺牲性能。

VLF 和 LF 链路通常承载低速率数字信号或莫尔斯电码，而 MF 链路则具有足够的带宽承载语音信号。商用 AM 无线电在 MF 频率的高端进行广播。大约在 30MHz 以上，无线电会穿透电离层，因此，频率较高的信号不能通过电离层反射传播。它们只能依靠视距或近视距传播路径。

VHF 和 UHF 传播可以提供足够的带宽，不仅可以承载语音和数据，还可以传输视频信号，包括商用电视广播。微波频率用宽带宽来承载大信息容量信号。宽带微波点对点链路承载大批量的电话信号、电视信号和宽带数据。通信卫星链路也位于微波频段，作为无人航空飞行器（UAV）与其控制站之间的指挥和数据链路。

1.3 本书的架构

- 在概述中，我们将讨论 dB 值和公式。
- 第 2 章讨论包括模拟调制、数字调制、低截获概率调制的通信信号。本章的大部分内容将涉及数字信号和相关的纠错编码问题。
- 第 3 章涉及用于通信和通信电子战的各类天线。包括用于通信频段所有常用天线的应用和典型性能参数。
- 第 4 章讨论用于通信和通信信号截获的各类接收机。同时也包括通信接收机灵敏度和动态范围的计算。
- 第 5 章是关于无线电传播的。重点在 VHF、UHF 和微波低端通信，但也包括 HF 和较低频段的传播问题以及通信卫星的传播问题。
- 第 6 章是有关搜索技术的。包括对固定频率和低截获概率通信信号的搜索。
- 第 7 章是关于敌通信辐射源的定位。介绍了常用的方法和技术。对每种方法的应用、预期精度以及其他性能和实现问题进行了讨论。
- 第 8 章涉及通信信号的截获——常规和低截获概率调制。对各种类型信号的搜索和截获概率相关问题进行了讨论。
- 第 9 章是关于通信干扰的。它讨论了传统信号干扰，接着讨论对所有常用低截获概率信号的干扰技术。
- 附录 A 是一系列覆盖了本书所有讨论内容的问题。每个问题都进行了解答，给出了解答步骤。
- 附录 B 为参考文献，包括用于进一步学习的参考资料信息。详细列出了供进一步学习的书籍。给出了每本参考书籍的出版社和 ISBN，用几句话介绍了每本书的要点。
- 附录 C 为如何使用本书公式的一个说明。
- 本书提供常用通信公式的 Excel 形式。

1.4 数学上的 dB

本节涉及基础的数学问题，为其他各章的电子战概念讨论打下基础。其包括数值的 dB 形式和 dB 公式。

1.4.1 dB 值

任何涉及无线电传播的专业活动中，信号强度、增益和损耗通常以 dB 形式表示。这使得公式可以采用 dB 形式，一般来说，dB 形式的公式比原来的公式应用起来更容易。dB 数字很吸引人的特点之一在于它是对数形式的，因而用它可以方便地对非常大和非常小的数进行比较。由于发射信号和接收信号之间的强度差可以达到 20 个数量级，所以这是一个重要问题。

用 dB 表示的任何一个数值都是对数形式的。为了方便起见，我们把非 dB 形式的数值称为“线性的”，以与对数形式的 dB 数值相区别。dB 形式的数值因其易于处理，而具有很大的吸引力：

- 线性数值相乘，把它们对数形式的数值相加即可；
- 线性数值相除，把它们对数形式的数值相减即可；
- 一个线性数值增大 n 次方，把它的对数形式数值乘以 n 即可；
- 求一个线性数值的 n 次方根，把它的对数形式数值除以 n 即可。

为了最大限度利用这种便利，在处理过程中尽可能早地把数据转成 dB 形式，尽可能晚地把数据转换回线性形式（如果最终需要线性形式）。在很多情况下，最常用的结果形式为 dB 数值形式。

理解以下这一点很重要：任何以 dB 为单位表示的数值必须是一个比值（并被转换成对数形式）。在通信中最常见的比值例子为放大器或天线增益以及电路或无线电传播中的损耗。

1.4.2 与 dB 形式之间的转换

用下述公式可以把一个线性形式的数值（N）转换成 dB 形式的数值：

$$N(\text{dB}) = 10\log_{10}(N)$$

在本书的大多数等式中，我们只是写$10\log(N)$，认为对数的底为 10。如果用科学计算器进行这个运算，输入线性形式数值，然后按“log”键，再乘以 10 即可。

用下式可将 dB 形式数值转换成线性形式数值：

$$N = 10^{N(\text{dB})/10}$$

用一个科学计算器，输入 dB 形式的数值，除以 10，然后按“=（等号）”键，接着按第二功能键，再按“log”键。这个过程也被描述成 dB 数值除以 10 的“反对数（antilog）”。这可以表示为：

$$N = \text{Anti}\log[N(\text{dB})/10]$$

举个例子来说，如果放大器的增益为 100，我们说它具有 20dB 增益，因为：

$$10\log(100) = 10 \times 2 = 20\text{dB}$$

把这个过程反过来，可以求出 20dB 增益放大器的线性形式增益为：

$$\text{Anti}\log[20/10] = 100$$

表 1.2 列出了某些重要比值和 dB 的对应关系。注意到比值为 2 转换成 3dB，比值为 1/2 转换成-3dB。在第 3 章中，我们将会讨论到天线波束的半功率点，就是“3dB 点”。另一个有趣的点就是比值为 1 的点，对应于 0dB。因此，两个值相等时，我们说它们的比值为 0dB。

表 1.2　线性形式比值及其对应的 dB 值

比　值	对应 dB 值	比　值	对应 dB 值
1/10	−10	1.25	1
1/4	−6	2	3
1/2	−3	4	6
1	0	10	10

注意 1dB 对应的比值为 1.25。这意味着当我们把计算精度精确到 1dB 时（通常都这样计算），实际的计算精度仅为 25%。虽然，这个精度看起来有点粗，但对于无线电信号传播计算来说这已经足够了，因为信号强度可以在几个数量级之间变化。

由于比值 10 对应于 10dB，数值上改变一个数量级，转换成 dB 形式时只要加上或减去 10dB 即可。

除了上述转换规则之外，还有一条：电压比转换成 dB 用公式 $20\log_{10}$(电压比)。

1.4.3　用计算尺来实现 dB 转换

本书介绍的计算尺可以使我们完成许多不同的计算，各种计算都将在本书适当的章节中予以讨论。第一种运算就是线性形式的数值到 dB 形式的转换，以及 dB 形式到线性形式的转换。

图 1.1 示出了计算尺的两面。注意到，在计算尺的左端，一面上有一个数字 1；在另一面的同一个位置有一个数字 2。我们将用这两个数字来指示计算尺的这两个面。同时，请注意，滑块必须适当插入尺体中——否则，刻度线就无法与窗口上的线对准。

图 1.2 显示了计算尺第 2 面底部的窗口。这个窗口可以实现比值与 dB 数值之间的转换。本尺的计算范围为：比值从 0.01 到 100 之间，dB 值从-20dB 到+20dB 之间。如图所示，移动计算尺，使窗口顶部的箭头指向 2，我们将看到，窗口底部的箭头指向 3。这表明，比值 2 等于+3dB。现在我们移动滑块，使顶部箭头指向 0.5。注意到，底部箭头指向的值为-3dB。

这个例子涉及大量的 dB 应用场合。0.5 倍值对应的点经常被称为“3dB 点”。举个例子来说，当讨论天线方向图时（见第 3 章），天线的视轴通常为具有最大天线增益的方向。如果旋转至某一角度，使得天线增益下降一半，我们说，我们看到的为半功率点，或者说 3dB 点。两个半功率（3dB）点（位于视轴的两边）之间的角度称为天线的 3dB 波束宽度。当讨论一部接收机或一个带通滤波器的频率覆盖范围时，我们会谈到它的 3dB 带宽。3dB 带宽就是滤波器输出或者是接收机灵敏度为最大值一半时的最高频率与最低频率之差。

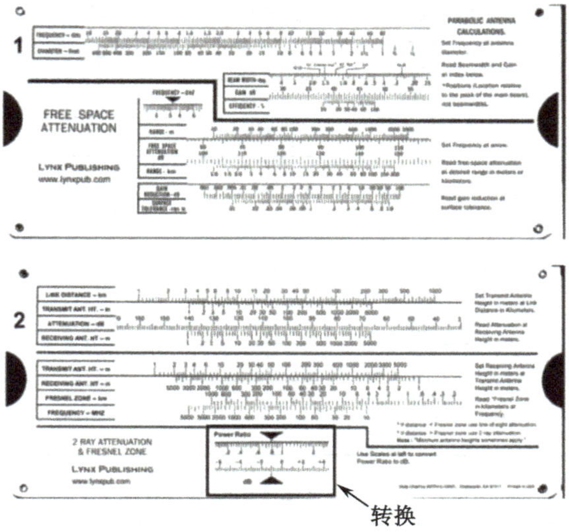

图 1.1 天线和传播计算尺（加深部分为 dB 转换刻度）

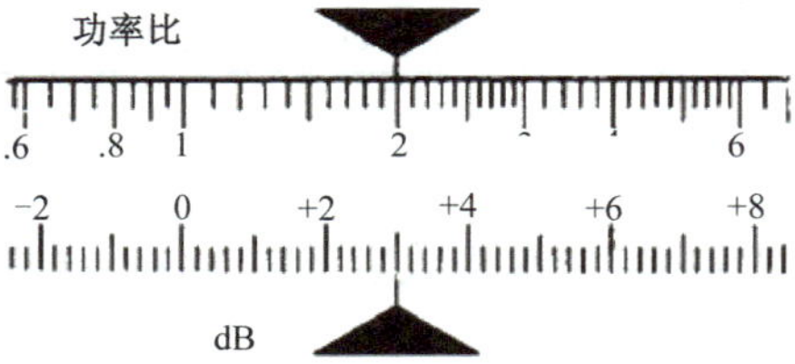

图 1.2 计算尺上比值与 dB 值之间的转换

1.4.4 用 dB 形式表示的绝对数

为了把绝对数表示为 dB 数值形式，首先要把这个数转换成一个与我们所熟悉的常数的比值。最常见的例子是用 dBm 表示信号强度。为把功率转换成 dBm，我们把功率除以 1 毫瓦，然后转换成 dB 形式。比如，4 瓦特等于 4000 毫瓦。把 4000 转换成 dB 形式变成 36dBm。这个小写的“m”表示这是与 1 毫瓦的比值。

$$10\log(4000)=10\times3.6=36\text{dBm}$$

于是，转换成瓦特：

$$\text{Antilog}(36/10)=4000\text{毫瓦}=4\text{瓦}$$

由于在 EW 中，广泛采用 dBm 表示信号强度，表 1.3 给出了用常用单位表示和用 dBm 表示的信号强度对照表，供读者方便使用。我们从表中选择一些数值：1 毫瓦是 0dBm，1 瓦特是 30dBm，1 千瓦是 60dBm。当计算传输信号强度时，这个表是非常有用的。因为接收信号强度通常远小于 1 微瓦，通常的做法是用 dBm 形式表示。比如，接收到信号的电平为-100dBm。

其他绝对数用 dB 形式表示的例子见表 1.4。

表 1.3 用 dBm 表示的信号强度等级

信号强度	dBm	信号强度	dBm
1μw	−30	100W	50
10μw	−20	1000W	60
100μw	−10	1kW	60
1000μw	0	10kW	70
1mW	0	100kW	80
10mW	10	1000kW	90
100mW	20	1MW	90
1000mW	30	10MW	100
1W	30	100MW	110
10W	40	1000MW	120

表 1.4 常用的 dB 定义

dBm	=功率/1 毫瓦的 dB 值	用于描述信号强度
dBW	=功率/1 瓦的 dB 值	用于描述信号强度
dBsm	=面积/1 平方米的 dB 值	用于描述天线面积或雷达截面积
dBi	=天线增益相对于各向同性天线增益的 dB 值	根据定义，0dBi 是全向（各向同性）天线的增益

1.4.5 dB 公式

为了方便起见，本书中大量采用 dB 形式表示的公式。这些公式具有如下形式之一，但是可以有任意项：

$$A(\text{dBm}) \pm B(\text{dB}) = C(\text{dBm})$$
$$A(\text{dBm}) - B(\text{dBm}) = C(\text{dB})$$
$$A(\text{dB}) = B(\text{dB}) \pm N\log(\text{不是用dB表示的数值})$$

式中，N 为 10 的倍数。

最后一个公式用于平方（或更高次）运算，它的一个重要例子是用于无线电传播中扩散损耗的计算（将在第 5 章详细讨论）公式。

$$L = 32 + 20\log(d) + 20\log(f)$$

式中，L 为扩散损耗（单位为 dB）；

d 为链路距离，单位为 km；

f 为传输频率，单位为 MHz。

数字 32 是转换因子，加上它之后，使得输入参数为最常用的单位，而计算结果为所期望的单位。它实际上是 4π的平方，除以光速的平方，乘以或除以一些单位转换因子——所有这些转换成 dB 形式，并取整，使其成为一个整数。重要的是要理解这个转换因子（和包含这个因子的等式）只有使用了正确的单位，它才是正确的：距离的单位必须是 km，频率的单位必须是 MHz——否则，计算出来的损耗值是不正确的。

第2章 通信信号

通信信号的功能是将信息从一个地点传输到另一个地点。信息可以是模拟的或数字的，并通过某种调制形式来承载信息。本章主要讨论各种类型的通信调制样式以及对截获、辐射源定位和干扰的影响。本章内容涉及传统调制样式和低截获概率（LPI，low probability of intercept）调制样式。为内容完整起见，也讨论了信噪比、数字化和纠错编码。

2.1 模拟调制

图 2.1 给出了时间域上的一个幅度调制（AM, amplitude modulated）信号。这就是信号在示波器中的显示形式。信号在载波频率上进行发送。信息的承载是通过载波幅度的改变实现的。在图 2.1 中调制信号频率远远低于载波频率。注意通常载波频率与调制信号频率的比率要远远高于图 2.1 中所示的情况。调制百分比是调制信号幅度与载波幅度的比率。当调制百分比为 25%时，调幅信号的最大值与最小值的比值等于 1.67，最大值和最小值与无调制的载波幅度之比分别为 1.25 和 0.75。

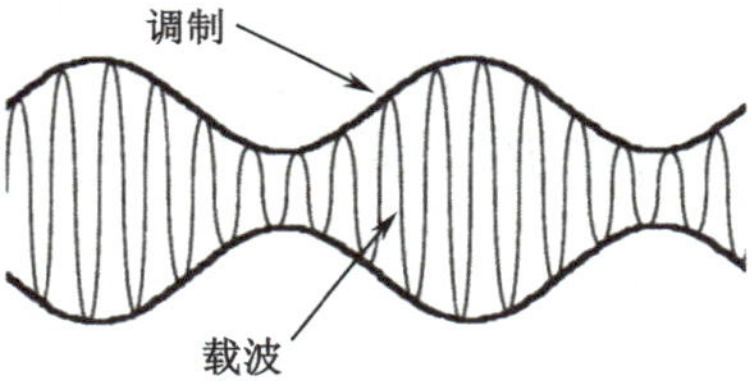

图 2.1　AM 信号的时域波形

图 2.2 给出 AM 信号在频域的显示形式，这与信号在频谱仪中的显示方式一致。信号频谱的两个边带完全相同且关于载频对称。调幅信号的带宽是调制信号最高频率的 2 倍。例如调制信号为一个带宽 4kHz 的语音信号，用该信号对载波进行幅度调制，得到的调幅信号（包括载波和两个边带）的带宽为 8kHz。调幅信号功率可以分为载波功率和边带功率。如果我们在频谱仪上观察语音调幅信号，那么在音节间隙，频谱仪上将看不到调幅信号的边带。

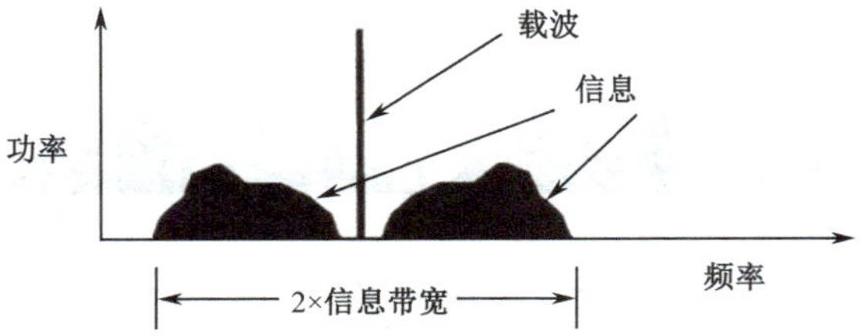

图 2.2　AM 信号的频域显示

如果用滤波器滤除调幅信号的载频分量和其中一个边频分量，所得到信号称为单边带信号（SSB,single sideband），如图 2.3 所示。如果滤波后保留原信号的上边带，则将得到的信号称为上边带信号（USB,upper sideband），如果滤波后保留原信号的下边带，则将得到的信号称为下边带信号（LSB,low sideband）。单边带信号只需要发送一个边带，因此所需要的带宽较小。边带信号的频率和幅度都会随着调制信号而变化，这给一些电子战手段带来了挑战。我们将会在后面对此展开讨论。

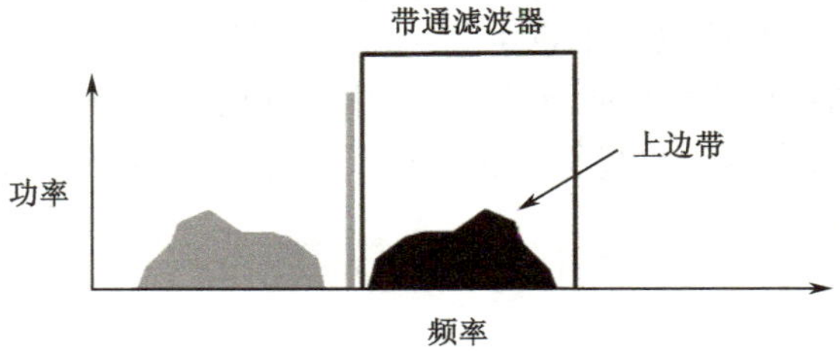

图 2.3 单边带信号

频率调制（FM,frequency modulation）信号通过改变载波信号的频率来达到传送信息的目的。图 2.3 给出时域上的一个调频信号，可见调频信号的幅度不随调制内容而变化。与图 2.1 类似，实际上载波信号的频率往往远大于调制信号的频率。图 2.5 给出 FM 信号在频域的显示形式。与 AM 信号一样，FM 信号也具有载频分量和边带分量，但是 FM 信号的带宽通常远大于 AM 信号的带宽。FM 信号的频率变化是关于调制波形幅度的函数，发射信号的频率变化与调制信号幅度之间的对应关系由设计决定。FM 信号的最大频偏与调制信号频率的最大值之比称为调频指数，由希腊字母 β 表示。以商用 FM 广播信号为例，信号的最大频偏为 75kHz，调制信号频率的最大值为 15kHz，则

$$\beta = 75\text{kHz}/15\text{kHz} = 5$$

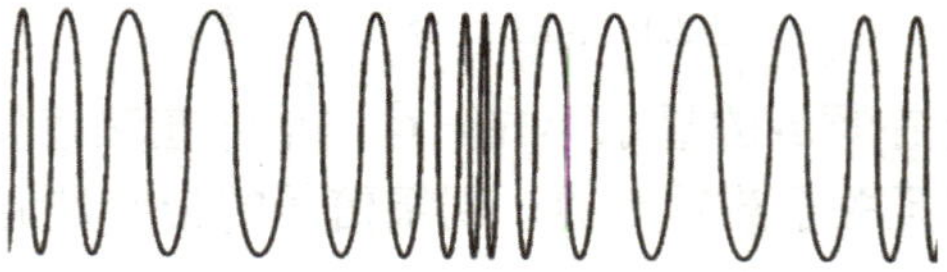

图 2.4 FM 信号的时域波形

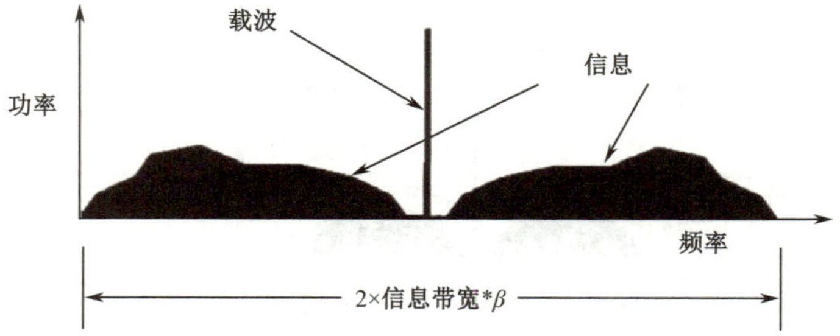

图 2.5 FM 信号的频域波形

以 FM 进行信号传输的优点之一是可以降低干扰的影响。通常调频接收信号的抗干扰能力随着调频指数的增大而递增。

2.2 数字调制

数据由包含“1”和“0”的比特序列组成，这样的数据无法进行直接发送。首先需要采用某种调制技术将比特序列调制到射频载波上。在本节，我们将讨论几种重要的数字调制方式、数字信号的结构以及数字传输对带宽的要求。

2.2.1 模拟和数字信息的传输

数字信号可以携带模拟或者数字信息。模拟信号首先要用模/数（A/D,analog-to-digital）转换器进行数字化，如图 2.6 所示。将得到的数字信号调制到载波上，并对其放大后发送。模拟信号按数字方式进行传输的重要例子包括数字战术无线电、由模拟摄像机拍摄的视频信号和被截获的敌军无线电信号，这些信号在接收系统中进行数字化。

当然，还有许多信号在整个发射和接收的过程中一直是数字形式的。重要的例子包括计算机之间的通信、由控制面板发送至受遥控平台及其载荷的指挥链路，以及 UAV 和其他远端设备发送的数据链路。

数字调制与模拟调制相比具有以下几个优点：

- 可以进行高安全性的加密编码；
- 可以进行纠错编码；
- 可以使用 LPI 技术；
- 能够在不同传播路径中传输并保持良好的信号质量。

在后续章节中我们将会看到，数字调制在抗干扰性能方面也存在一些缺点。

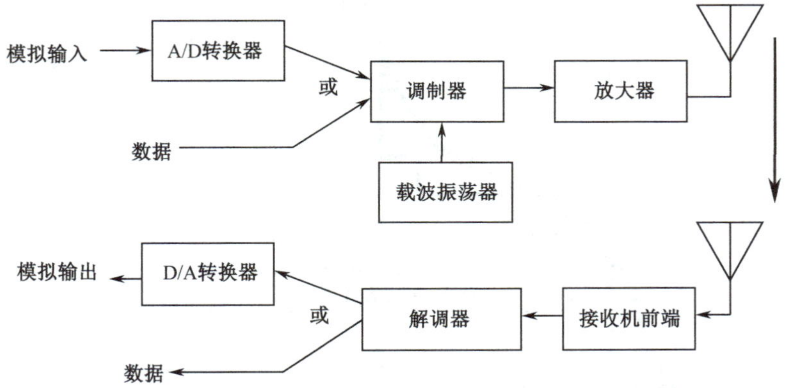

图 2.6 模拟或数字信息的数字传输

2.2.2 数字化

数字化在模/数转换器（ADC，analog-to-digital converter）中进行，图 2.7 给出了一个简单 ADC 的组成。首先，存储模拟信号的抽样，然后产生抽样的数字化表示，再对数字信号进行格式化并以并行或串行的方式输出。并行方式在不同的线路上同时输出多个比特，而串行方式则是逐一产生比特序列并在同一线路上输出。更多的数字化技术将在第 4 章讨论数字接收机时进行介绍。

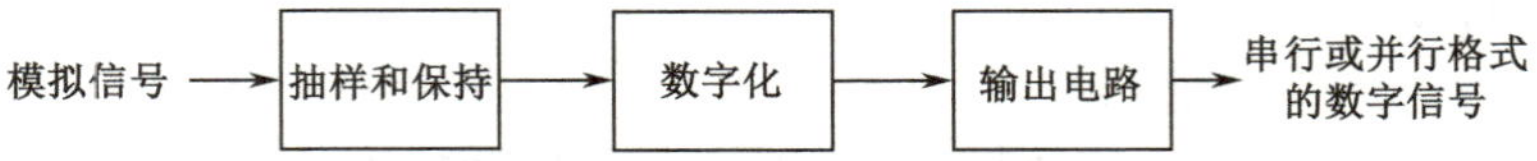

图 2.7　ADC 框图

图 2.8 给出了一个任意模拟波形的数字化过程。其中，水平刻度给出抽样点的时刻，通常抽样周期由奈奎斯特准则确定。奈奎斯特准则要求最高频率信号分量的一个周期内必须包含两个抽样点。从另一个角度可以认为当抽样频率达到足够高时，便可以获得感兴趣的模拟信号的所有特征。每个抽样点的幅值可以由一个比特字进行表示。在图 2.8 中，ADC 有 16 个门限值，因此每个字包含 4 个比特：0000 表示 0，0001 表示 1，0010 表示 2，0011 表示 3，以此类推。数字化（用任何数字化技术）的一个重要概念是一旦信号进行数字化，模拟输入信号便不复存在。当接收机需要把数字信号恢复成模拟信号时，数字信号由数/模转换器恢复成图中所示的阶梯波形。一个不甚理想的事实是一旦信号被数字化，它便无法恢复成比量化波形质量更好的形式。我们可以用滤波器平滑量化语音波形的毛刺使其听上去变得好一些，但是仍然会存在残余失真。不过令人欣喜的是，如果能恰当地小心处理和传输数字信号，得到的信号质量不会比量化波形更差。

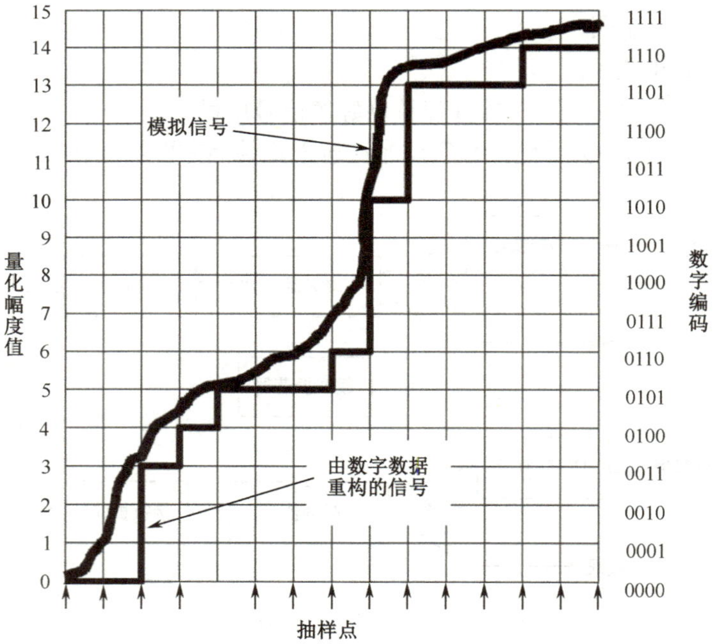

图 2.8　一个模拟信号的数字化

模拟信号的抽样频率越高，用于表示信号的比特数越多，数字化信号的质量也就越高。

图 2.9 中给出了通常在通信中用于捕获视频信号的光栅扫描。光栅包含一个完整的帧，每个帧表示一个画面。光栅由摄像机产生，并在视频显示器中进行重构以恢复被拍摄的画

面。显示屏中的一个点称为像素，视频信号的数字化即像素的数字化。如果画面是单色的，只要对亮度进行数字化。如果是彩色画面，为了捕获色彩（色度）需要对色彩的每一种组成成分（例如，红、蓝和绿）都进行数字化。

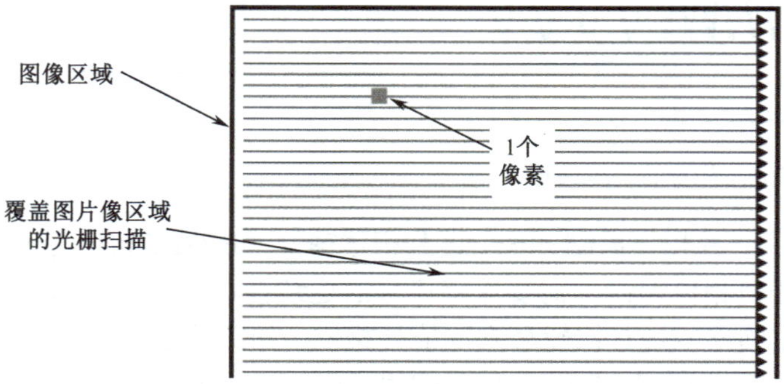

图 2.9　光栅扫描对传输图像的捕获

2.2.3　数字射频调制

数字信息是由“0”和“1”构成的序列，当数字信息对射频载波进行调制后，它们才能够有效地进行传播。其中可以采用的调制方法很多，下面讨论的仅仅只是几类重要调制方式的例子。

在一个固定的时间周期内传输的信息码元称为一个波特或符号。当携带信息的数字信号进行二次数字调制以对其频谱进行扩展时，码元在此时被称为“码片”。码元的传输速率被称为“时钟速率”。我们将会看到，每个码元可以携带一个或多个信息比特。

下面讨论众多数字调制方式中几种典型的例子。

图 2.10 给出了开关键控（OOK,on-off keying）的波形形式，其只在码元为“1”时发射信号。当然也可以在码元为“0”时发射信号。OOK 可以看成是脉冲幅度调制（PAM,pulse amplitude modulation）的一种特殊形式。在 PAM 调制中由两个射频信号幅度分别表示“1”和“0”，如图 2.11 所示。图 2.12 给出频移键控（FSK,frequency shift keying）的时域表示形式。在 FSK 调制中，信息为“1”时发射一个频率；为“0”时，发射另一个频率。图 2.13 给出 FSK 信号的频域形式。这两个信号可以由两个不同的振荡器产生，以该方式产生的信号波形是不连续的。也可以由单个频率合成器产生连续的 FSK 信号，以获得比非连续 FSK 信号更好的性能。

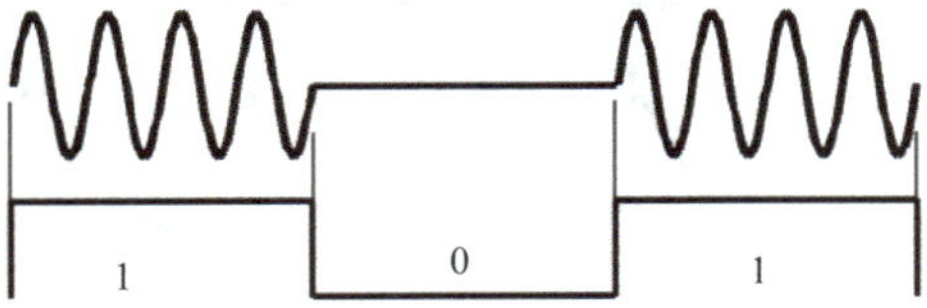

图 2.10　开关键控调制数字信号

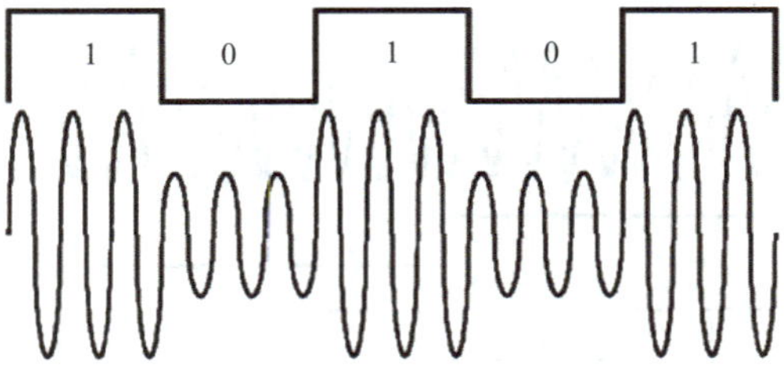

图 2.11　幅度调制数字信号

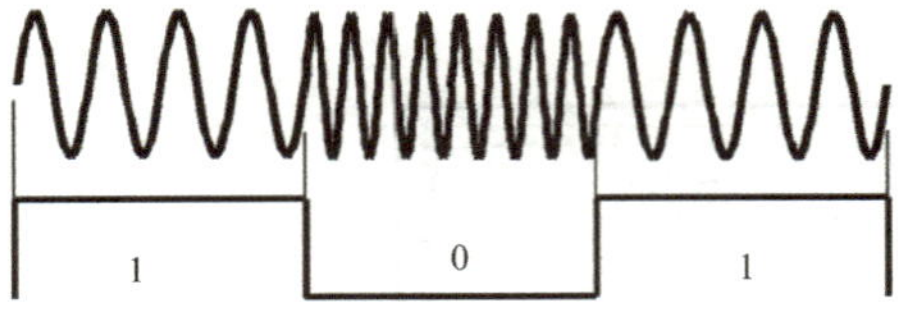

图 2.12　频移键控信号的时域波形

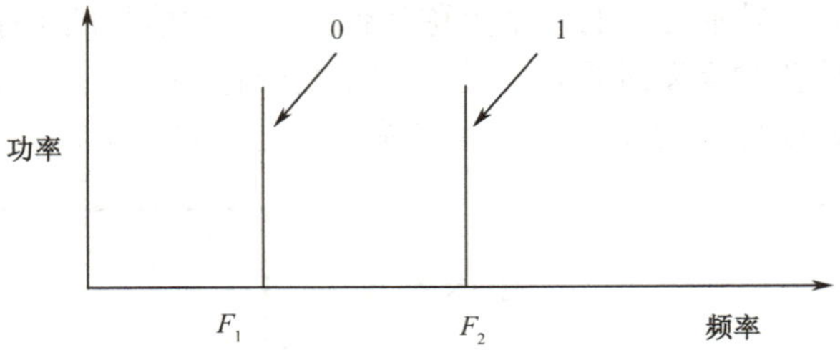

图 2.13　频移键控信号的频域表示形式

图 2.14 给出了一种相位调制——二进制相移键控（BPSK,binary phase shift keying）的时域表示形式。任何相位调制都需要保持信号的连续性，由此可对每波特信号与接收机中由单一振荡器产生的信号进行比较后判决信号相位。如图所示，在发送信息“1”期间信号保持一定相位，而在发送信息“0”时信号的相位作 180° 的翻转。因此在这里每波特信号携带 1 比特的信息。

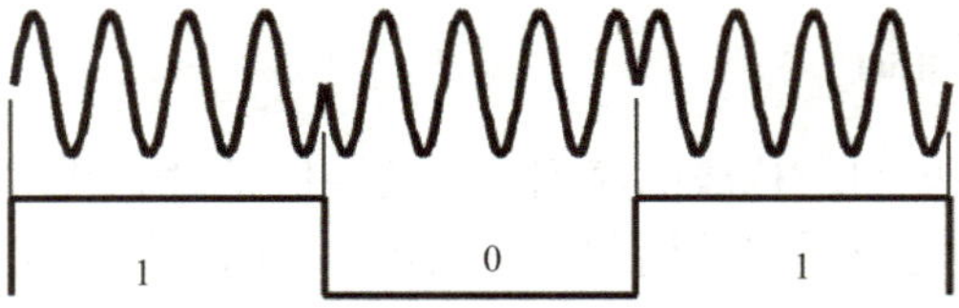

图 2.14　二进制相移键控信号的时域波形

图 2.15 给出了另一种相位调制形式，它就是正交相移键控调制（QPSK,quadrature phase shift keying）。每波特 QPSK 信号相对于参考振荡器有 4 种可能的相移：0°、90°、180° 和 270°。如图所示，每 1 波特的 QPSK 信号可以携带 2 比特的数字信息。因此，当接收机检测 1 个特定相位的接收信号，就可以输出 2 比特数据。

图 2.16 给出了另一种表示 BPSK 和 QPSK 信号的方法。图 2.16 对信号的相位进行描述，在每个射频周期内固定功率信号按逆时钟方向旋转一周。同相的情况通常可以用一个指向右边的矢量来表示。在图 2.16（a）中，信息“1”由非相移信号进行表示，而信息“0”则由 180° 相移信号进行表示。图 2.16（b）给出 QPSK 信号的 4 种相移条件，每一种信号相移可以表示 2 比特信息。

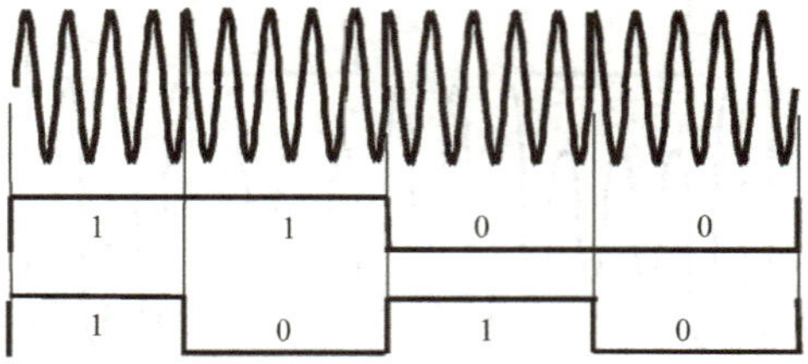

图 2.15　正交相移键控信号的时域波形

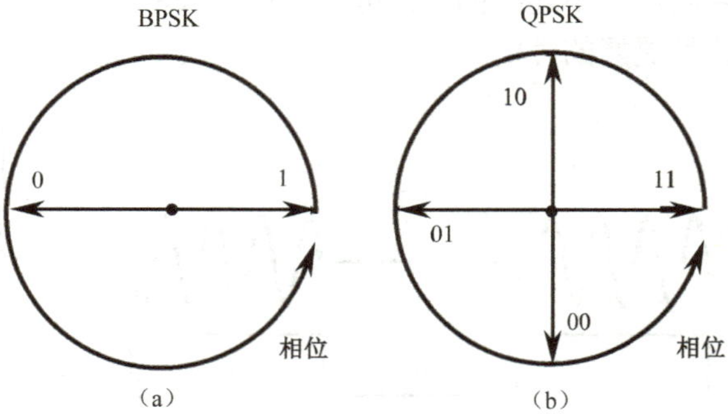

图 2.16　BPSK（a）和 QPSK（b）调制数字信号的相位图

相移键控信号的相位可以推广到具有 n 种取值的情况。一种十分常见的例子是 32PSK，

32PSK 信号的其中一个相位可以表示 5 比特的数字信息。

图 2.17 给出正交幅度调制（QAM,quadrature amplitute modulated）信号。QAM 信号具有 16 个状态，每个状态由一个幅度和相位的组合进行表示。QAM 信号的状态可以认为由一个“I”（同相）和“Q”（正交或 90° 相位延迟）分量构成。因为 QAM 信号的状态有 16 种取值，所以信号的每个状态可以表示 4 比特信息。复杂的调制信号在星座图中的状态数目更多，因此每个状态可以表示更多比特的信息。

当某种调制的每个符号能携带多个比特的信息时，它们被认为是高效调制。因为高效调制能够在规定的信道带宽内发送更多信息。

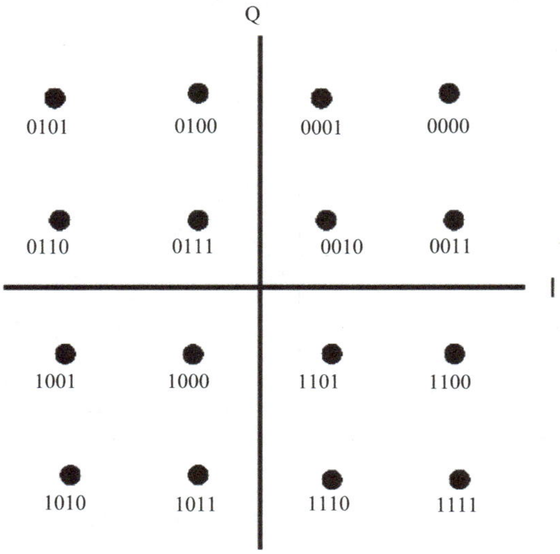

图 2.17　每波特含有 4 比特信息的 I&Q 调制数字信号

2.2.4　数字信号带宽

图 2.18 给出了一个数字信号在频谱仪中的显示情形。图中所示的模糊区域是发射信号频谱的主瓣。发送频率（载波）位于频谱的中心，载波两侧有两个幅值为零的频率分量。因为数据具有伪随机序列的特点，所以数字信号与噪声十分相似。如果对频谱仪进行实时观察，可以看到主瓣信号区域会产生持续的波动。

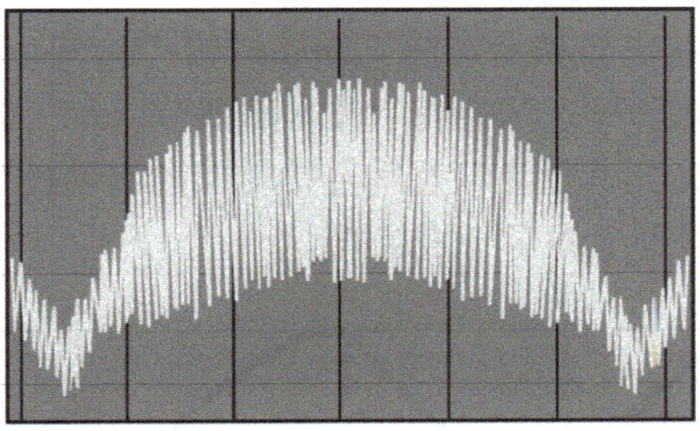

图 2.18　一个数字信号在频谱分析仪中的显示

图 2.19 给出数字信号的局部频率响应。主瓣中零点-零点的带宽是码速率的两倍，也

就是说从载波到靠近其第一个幅值为零的频率分量之间的带宽恰好等于时钟速率（例如，如果每秒发送 1 百万波特的数据，则主瓣宽度为 2MHz）。两侧每个旁瓣宽度等于时钟速率。图中只给出了载频两侧出现的第一个旁瓣，事实上旁瓣是随着频谱的延续而持续出现的，但其峰值幅度将不断减小。

通常将主瓣的 3dB 带宽作为信号传输所需要的带宽。值得注意的是整个主瓣（零点—零点）包含了 90%的传输能量。

某些数字调制用特殊的波形来改变状态，这些波形使得发射信号的频谱扩展最小化。正弦键控就是其中一种调制技术，图 2.20 给出正弦键控的时域表示形式。射频信号以正弦的变化方式表示“1”和“0”状态的改变。当基本调制样式为频移键控时，这类波形就称为正弦频移键控（SFSK,sinusoidal frequency shift keying）。

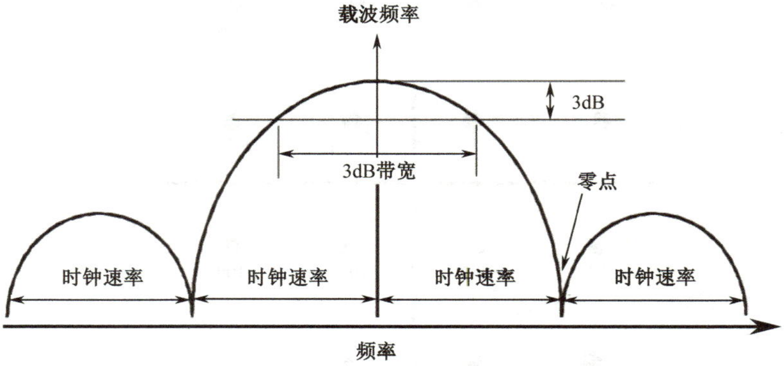

图 2.19 一个数字调制信号的频谱特征

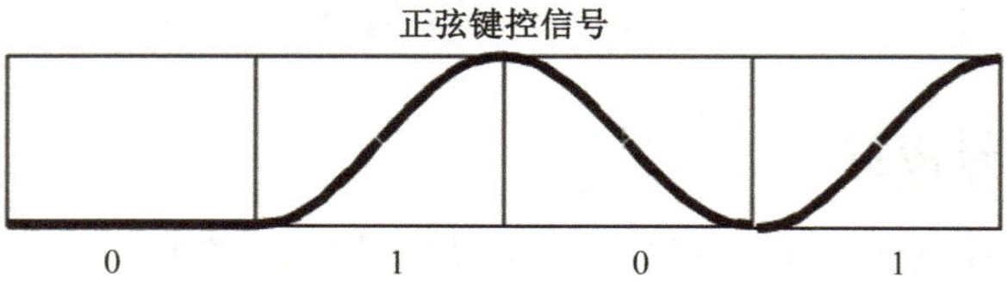

图 2.20 正弦键控信号

最小频移键控（MSK,minimum shift keying）是一种广泛应用的高效调制方式，因为 MSK 以一种高能效的方式实现调制状态之间的转移。MSK 调制有很多类型，图 2.21 给出了其中一种典型的 MSK 状态转换示意图。Dixon 的“Spread Spectrum Systems”（ISBN 0-471-59342-7）一书清楚地解释了这类调制技术的细节以及它们是如何产生的。我们现在讨论 MSK 的重点在于 MSK 比其他在状态间直接转换的调制技术(如著作中描述的具有“矩形脉冲”形式的调制）显著地节省了所需带宽。

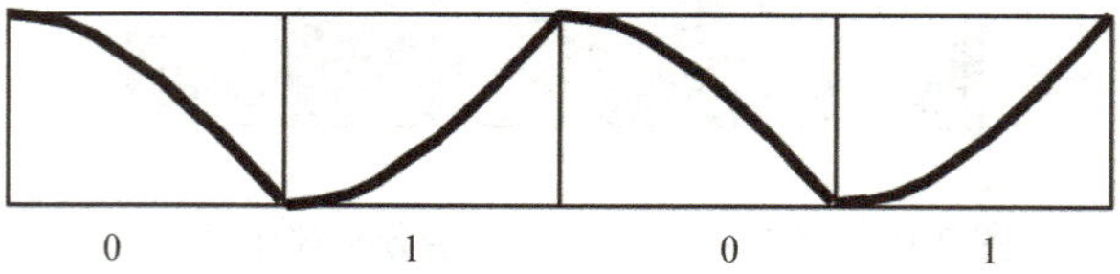

图 2.21 最小频移键控信号

表 2.1 给出了不同调制类型所需带宽的一些结果。值得说明的是，相对于其他调制方式，MSK 所需的带宽明显较小且显著地加快了旁瓣的衰减。这就是为什么 MSK 被广泛应用于通信领域的原因。

表 2.1 各种调制在不同时钟速率下的带宽

波 形	零点—零点之间的主瓣带宽	3dB 带宽	第一旁瓣	滚降速率
PAM，BPSK，QPSK	2×编码时钟	0.88×编码时钟	−13dB	6dB/倍频程
MSK	1.5×编码时钟	0.66×编码时钟	−23dB	12dB/倍频程

从表 2.1 可以看到 MSK 的带宽只需其他调制类型的四分之三。PAM、BPSK、QPSK 的 3dB 带宽是码速率的 0.88 倍，说明当这些数字调制信号传输 1 兆波特每秒的信息所需要的 3dB 带宽为 0.88MHz，而用 MSK 进行传输时所需要的带宽是 0.66MHz。

2.2.5 数字信号的结构

如图 2.22 所示，一个实际发射的数字信号除包含用于表示信息的二进制数据以外，同时包含了同步比特、地址比特和奇偶校验或纠错比特。这些额外的比特被称为开销，其所需要的比特数可以是信息比特的大约 10%直至超过 100%。

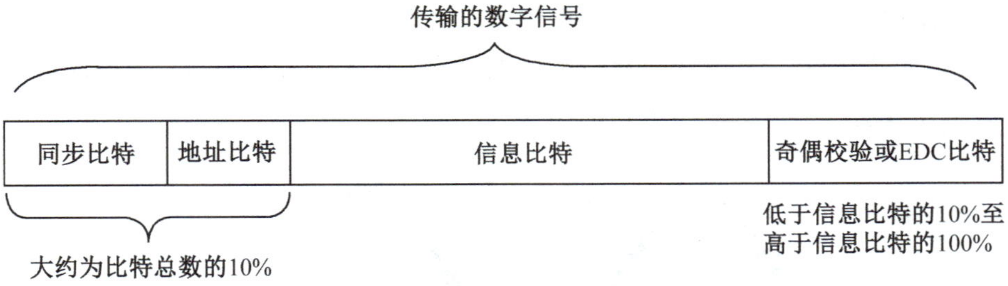

图 2.22 一个传输数字信号的比特结构

同步比特的作用是使接收系统能够在输出寄存器中的正确位置上放置数据比特。接收信号由接收机解调为“1”和“0”数据，接收机的输出端或把该数据恢复成模拟信号形式，或把其承载的信息递给合适的目标系统。在两种情况下数据的各比特都必须置于寄存器的正确位置，因此需要对数字“帧”的起始位置进行正确检测。同步比特具有独特的形式并能够被自动检测以实现对“帧”定位的重要功能。

地址比特，如果存在，其作用是保证数据到达数字设备中的正确位置。例如，发射数字信号对一些远端的设备进行控制时，数据在地址比特的指示下通过交换到达受控的主板。在另一种面向多用户的应用中，接收的数字信号利用地址比特通过交换到达指定用户，并进一步实现数模转换。

错误比特是指非正确接收的比特，也就是说发射是 1 而接收是 0，或者发射是 0 而接收是 1 的情况。误比特可能是由传播环境中的干扰、干扰机的有意干扰或者噪声引起的。数字信号的误比特率是错误比特数与接收比特总数的比值。在第 4 章的讨论中我们将会看到误比特率受信噪比的影响，并可以表示成接收信号强度的函数。

图 2.22 发射信号结构中的结束段是奇偶校验或纠错码比特。通过奇偶校验能检测到错误比特的存在。如果所有的奇偶校验位检测正确，接收数据中就不存在错误比特。如果结束段包含检测纠错码（EDC,error detection and correction），就可能纠正接收信号中的任何错误比特直至纠错码的性能上限。2.5 节将进一步对此展开讨论。

2.3 噪声

我们用信噪比（SNR,signal-to-noise ratio）对接收信号的质量进行定量评判。在实际中，接收信号的任意失真通常都可以称为是噪声引起的，即使它是由干扰或者量化误差产生的。我们将在第 4 章中讨论信噪比对接收机灵敏度的影响。在此我们的目的是说明对噪声进行讨论的方法，为后面对调制样式和电子战原理的讨论作铺垫。

图 2.23 给出了混有噪声的接收信号在示波器中的显示形式。图中线条比较稠密的区域是噪声分量，而正弦线则是信号分量。稠密线条具有不规则的外形，因此形象地被称为“杂草”。图中的信号具有相对较高的信噪比，其中噪声的幅度是信号幅度的十分之一，说明该信号的信噪比大约是 20dB。信号在示波器垂直方向的偏转与输入信号电压成正比。

在第 1 章中已讨论了将信号电压的对数乘以 20 可以得到信号的 dB 值。图 2.24 给出了同一个信号在频谱仪中的显示形式。如果频谱仪被设置为测量功率，垂直轴方向将给出对应频率的输入信号功率。该图中，我们可以观察到出现的信号和噪声，值得注意的是各频率处的噪声分量基本上是恒定的。

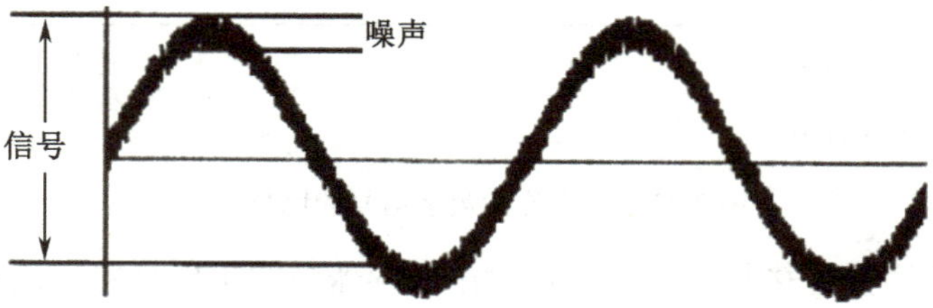

图 2.23　信号与噪声在时域上的混合波形

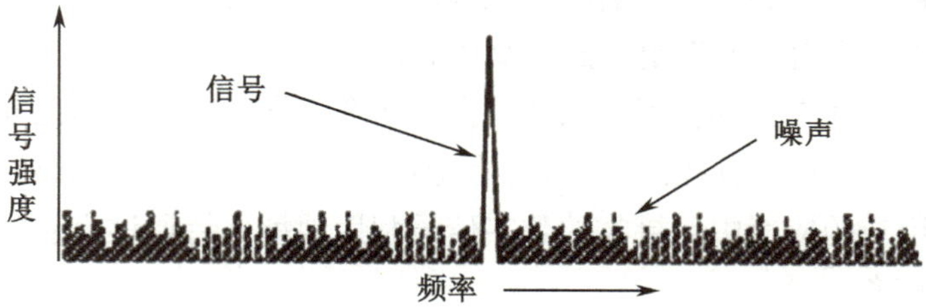

图 2.24　信号与噪声在频域上的混合波形

噪声的一个特征是其功率与接收系统的带宽成比例。如果接收机的带宽增加一倍，噪声功率的测量值也将增加一倍（也就是增加 3dB）。如果接收机带宽增加 10 倍，噪声功率相应提高 10dB，并以此类推。

图 2.25 给出一个信噪比相对较低的信号在时域的显示情况。在图中稠密线条（噪声）的幅度是信号幅度的数倍，这意味着该信号具有负的信噪比（以 dB 为单位）。图 2.26 给出了频域中的一个低信噪比信号，但该信号具有正的信噪比，我们可以看到图中信号分量略高于噪声分量。

图 2.25 低信噪比信号的时域波形

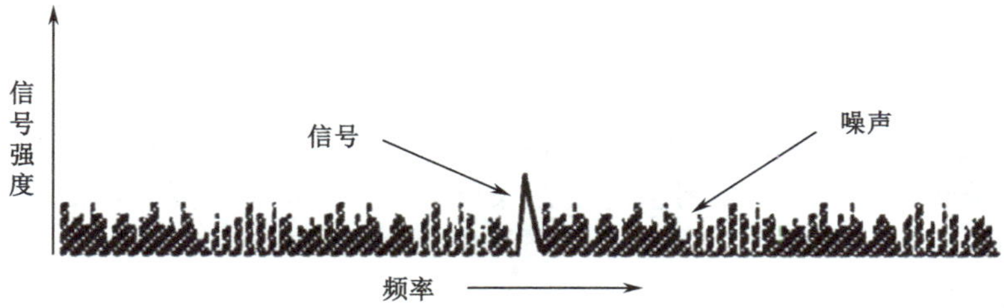

图 2.26 低信噪比信号的频域波形

当我们讨论接收机噪声的时候，通常是指接收机内部产生的热噪声。此外，另外两个影响因素看（听）起来像噪声，也被称为是噪声。其中之一是由信号数字化引入的量化误差，更准确地应称为“量化噪声”，但通常也简单地称其为噪声。

第二个影响因素是环境噪声。这类噪声通过天线进入到接收机，因此可以认为是外部噪声。在非常安静的农村环境中，环境噪声主要是由我们所在的星系中的星体所产生的随机信号的总和。在城市或者郊区环境中，环境噪声是电车、汽车点火干扰、电动机等产生的多种轻微干扰信号的总和。图 2.27 通常用于说明外部噪声与频率、该环境中人类活动密度之间的关系，该图假设前提是接收机连接的是全向天线（在第 3 章对此进行说明）。图 2.27 以 dB 为单位给出高于“kTB”的背景噪声电平，因此图中所示曲线是与接收机带宽无关的。kTB 是指理想接收机系统的内部噪声电平，其中 B 指的是接收机带宽。在第 4 章中将对该术语做详细定义，并对其重要性与接收机系统的灵敏度一同进行讨论。战术军事应用中的环境噪声电平通常可以采用“郊区”的情况。

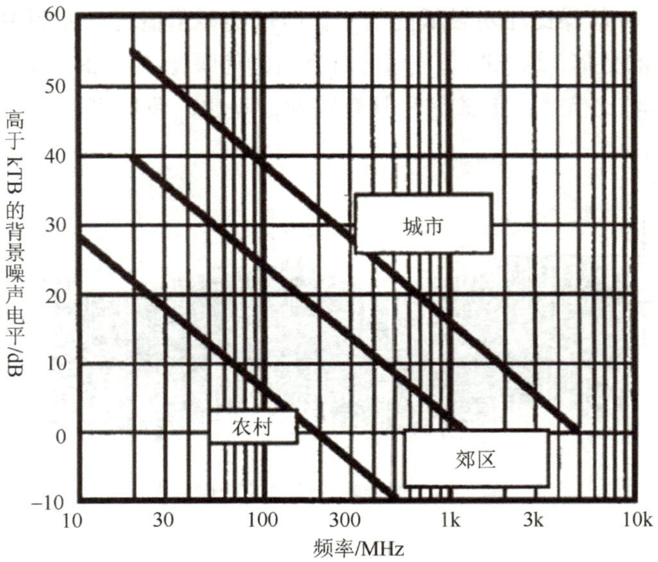

图 2.27 背景噪声

接收机系统的信噪比通常以 dB 的形式给出。信噪比是我们对接收信号质量的定量表示方法。对于低信噪比的信号，信号被淹没在噪声中，因此很难恢复由该信号携带的信息。

2.4 LPI 信号

低截获概率（LPI,low probability of intercept）通信信号以特殊的调制方式在非常宽的带宽上对信号频谱进行扩展。LPI 通信信号也称为扩频信号，其具有选择性寻址、传输隐蔽、抗干扰的特征。通常有三种类型的 LPI 信号：

- 跳频信号；
- Chirp 信号；
- 直接序列扩频信号。

本章将逐一对上述三种信号进行讨论。LPI 技术保证信号传输的安全性，也就是说该技术使得敌人对信号的检测、截获或干扰变得困难。这有别于消息安全，消息安全是由加密技术提供的。在后续的章节中我们将看到通过复杂系统和技术，以及与几何位置相结合的截获技术的支持可以得到攻破扩频技术的方法。因此，LPI 技术通常认为并不能提供消息的安全，如果要保证消息安全必须考虑进行加密。

对于上述所列举的每一种 LPI 技术，扩频均可以由伪随机码来完成。伪随机码可以是公开码或者是严格保密的军用码。对扩频信号进行解扩需要获得扩频码。如图 2.28 所示，发射机与目标接收机具有相同的同步方案，它们使用相同的伪随机码，并使两者伪随机码之间保持同相。一旦经解扩后，信号就可以在适当的窄带内以高信噪比进行解调。因此，扩频过程对目标接收机而言是透明的。在公开码的应用中，任何人都可以设计接收机系统对信号进行解扩。而对于非公开码，敌方的接收机由于没有同步方案，因此也无法获得扩频码。

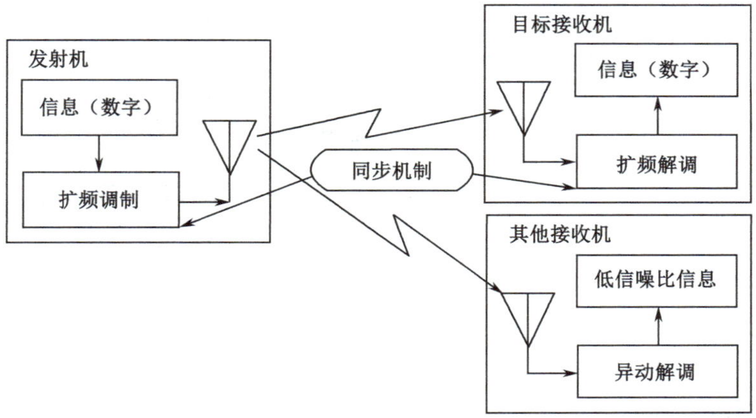

图 2.28　扩频信号的工作原理

如图 2.29 所示，信息以窄带调制信号的形式（也就是高信噪比的形式）进入通信系统后，送至扩频调制器。扩频调制器采用前面介绍的三种扩频技术之一对信号进行二次调制以扩展信号频谱，然后将扩频信号发射出去。在目标接收机中由解扩器对二次调制信号进行解调。虽然发射和接收伪随机码有许多比特位，但是同步方案保证了两者的伪随机码能够保持完全同步。

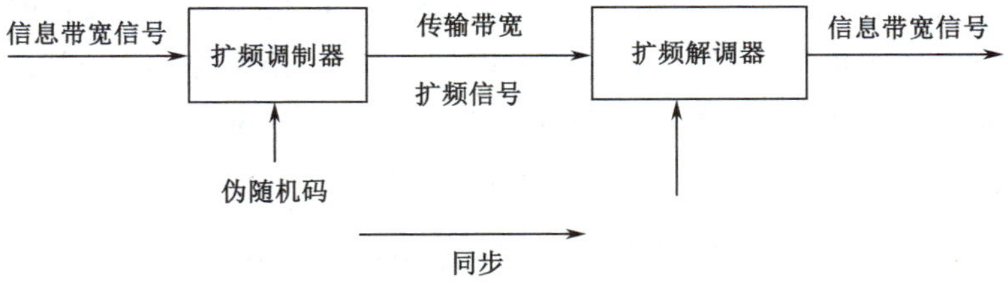

图 2.29　LPI 信号的产生

由于接收机中的噪声功率与接收机的带宽是成正比的，因此当信号在频率上被人工地扩展以后，接收机必须使用更宽的带宽对其进行接收，同时显著地增加了噪声功率，导致信噪比的下降。在实际中，利用扩频技术可把信噪比下降 20 到 40dB。当扩频信号经解扩后，接收机只需要相应的带宽接收解扩后的调制信号，因此信噪比也将恢复为信号原先的水平。为了方便叙述，以后我们将解扩后带宽称为“信息带宽”，扩频带宽称为“传输带宽”。

图 2.30 给出了解扩器的作用效果。图中扩频信号输入至解扩器。由于扩频信号的功率被扩散至宽频带内，因此其在每个频率处的功率分量均被降低。如果解扩器的的伪随机码与发射机的扩频码相同，则信号将被解扩，并且其功率集中于信息带宽内。如果解扩器没有设置成匹配的伪随机码，其输出信号将不会被解扩。因为下一个环节的电路等待的是一个具有信息带宽的信号，所以在上述情况下电路甚至无法检测信号的出现。另外，如果输入解扩器的是一个普通的非扩频信号，解扩器将对其进行频谱扩展，由于信号的频谱分量十分微弱，后续电路将可能无法检测到该信号的存在。以上解释了扩频通信系统为什么能够在环境中存在严重干扰的情况下进行工作。

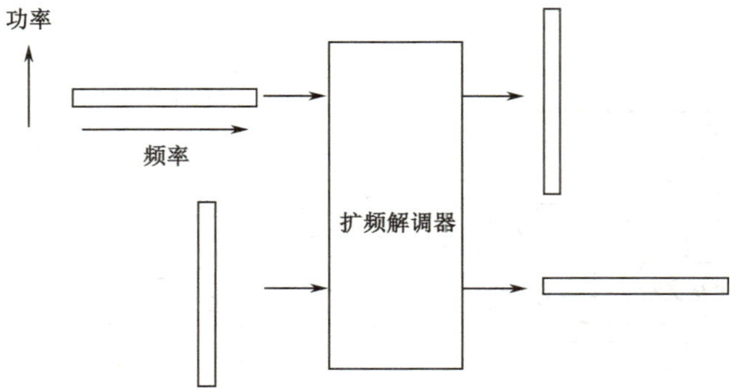

图 2.30　LPI 信号频谱的变化过程

2.4.1　伪随机码

伪随机码通常应用于加密、跳频序列的产生、伪随机同步的控制和直接序列扩频。伪随机码可以用硬件或软件设计的移位寄存器产生。移位寄存器的级数越多，伪随机码也越长。当移位寄存器为 n 级时，伪随机码的长度为 2^n-1。表 2.2 给出了几组伪随机码长度与寄存器级数之间的对应关系。

伪随机码的特征是码似乎是随机产生的，并且“1”和“0”出现的数量接近相等。当伪随机码做自相关时，对应位相同的位数与随机码的位数是一样的。而伪随机码与自身不同步的某个状态码相比较时，对应比特位相同的位数减去对应比特位不同的位数之差为-1。实际上可以认为一个伪随机的比特流在异步时的自相关度为 50%，而同步时的自相关度为 100%。有时数字信号的这种特征称为“图钉相关性”。

表 2.2　移位寄存器长度与码长的关系

级　数	码　长
3	7
4	15
5	31
6	63
7	127
31	2147483647

移位寄存器在系统时钟的触发下将状态（“1”或“0”）由一级传到下一级。如果在移位寄存器中加入反馈环，“0”、“1”序列的状态将被修改。图 2.31 所示的是一个带简单反馈环路的三级移位寄存器。寄存器的第一级与第三级状态相加（模 2 加），并将结果输入至第三级。图 2.32 给出了三级中每一级以及模 2 加法器在每个时钟周期下的时序图。需要说明的是移位寄存器各级的初始状态应设置为 1，则模 2 加法器的初始输出值为 0，因为 1 与 1 的模 2 和为 0。在第一个时钟周期后，模 2 加法器的 0 移至第三级，第三级的 1 移至第二级，第二级的 1 移至第一级，因此移位寄存器输出的第 2 个比特位是 1。输出的码就是移位寄存器第一级的状态序列：

1，1，1，0，0，1，0，0

然后输出序列周期重复。因此，如表 2.2 中所说明的，三级的移位寄存器可以获得 7bit 长的码流。

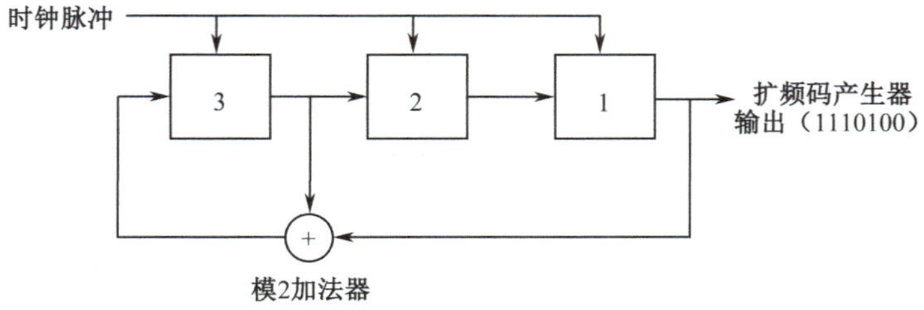

图 2.31 产生伪随机码的移位寄存器

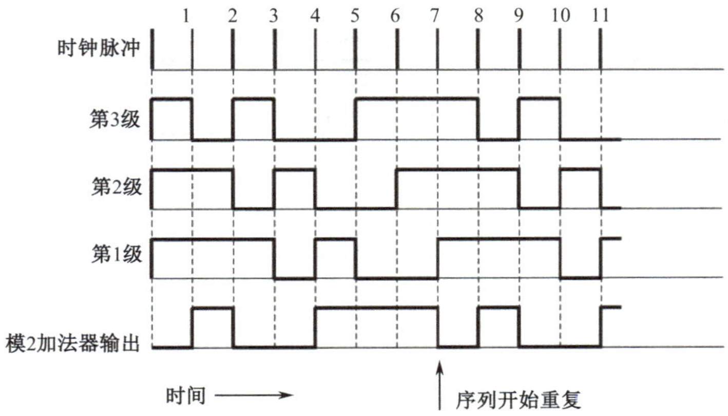

图 2.32 移位寄存器时序图

码有两类：线性码和非线性码。线性码适用于没有安全性要求的应用场合。线性码可以包含任意合适数量的移位寄存器级数和反馈环路，但是所有的反馈环路必须使用模 2 加法器。因此重构商用短线性码的移位寄存器较为容易。

非线性码适用于对传输安全性要求较高的应用领域，典型的情况就是军事应用领域。军事应用要求使用长码，长码可以工作数天不重复。非线性码使用更为复杂的操作方式，例如在反馈环路中加入与门和或门。因此，恢复非线性码的难度和所需消耗的时间将大幅度提高。

图 2.33 是与图 2.31 相同的三级移位寄存器，不同的是三级状态一起输出，以并行的方式形成 1 个二进制数。如表 2.3 所示，寄存器各级状态在每 7 个时钟脉冲后周期重复，并根据寄存器状态形成在 1 至 7 之间伪随机分布的二进制数序列。因此，一个更长的移位寄存器将产生值域更大的随机数。

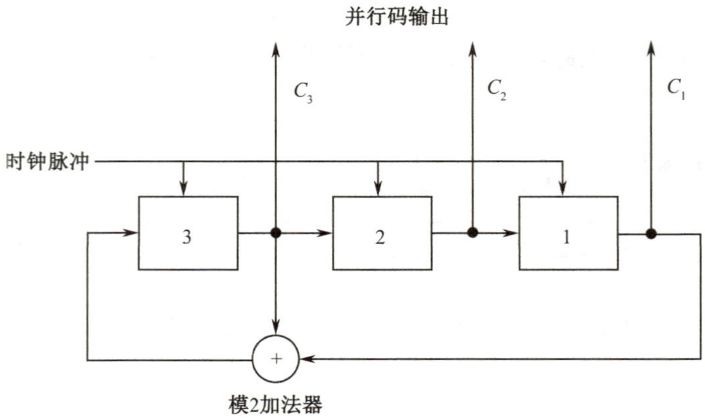

图 2.33 跳频序列产生器

表 2.3 移位寄存器产生的随机数

	二进制码字			
时钟脉冲	C3	C2	C1	数字
1	1	1	1	7
2	0	1	1	3
3	1	0	1	5
4	0	1	0	2
5	0	0	1	1
6	1	0	0	4
7	1	1	0	6
⋮	码字重复			

在我们讨论具体的 LPI 信号时，将说明这类伪随机码是如何应用的。

2.4.2 跳频信号

跳频（FH,frequency hopping）信号是电子战系统要考虑的一种非常重要的信号。因为它们被广泛地用于军事系统中，并且传统的检测、截获、辐射源定位以及干扰技术对其束手无策。跳频信号与稍后将讨论的另两类信号相比，具有频率多样性的特点。

1．时频特性

如图 2.34 所示，一个跳频信号在一个频率作短暂的停留后将“跳”至另一个频率。各跳频频率之间的间隔通常是有规律的（例如，25kHz），频率集占据了相当宽的频率范围（例如，30～88MHz）。在上面的例子中信号可以占用 2320 个不同的信道。信号在一个频率上停留的时间称为“跳频周期”或者“跳频时间”。信号进行频率切换的速率称为“跳频速率”。

跳频信号以数字信号的形式进行信息传递（原因后面解释），因此存在数据速率（信号的比特率）和跳频速率。跳频信号分为“慢跳频信号”和“快跳频信号”。根据定义，“慢跳频信号”是数据速率高于跳频速率的跳频信号，而“快跳频信号”的跳频速率高于所传输信息的比特率，具体参见图 2.35。此外，许多人还将跳频速率约为 100 跳/秒的信号称为慢跳频信号，而将跳频速率明显高于 100 跳/秒的信号称为快跳频信号。绝大多数的战术跳频系统是慢跳频系统。因为在某一时刻，一个跳频频率上集中了全部的功率，相对其他两种 LPI 信号跳频信号较容易被复杂的接收机检测到。特别是慢跳频信号，因为它们通常在一个频率上停留数毫秒之久。

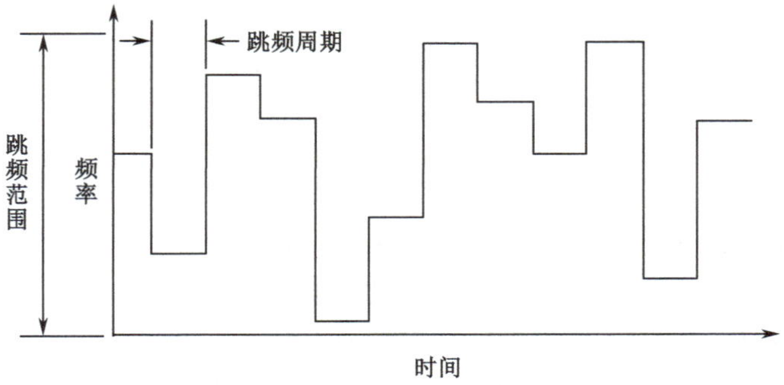

图 2.34　跳频信号

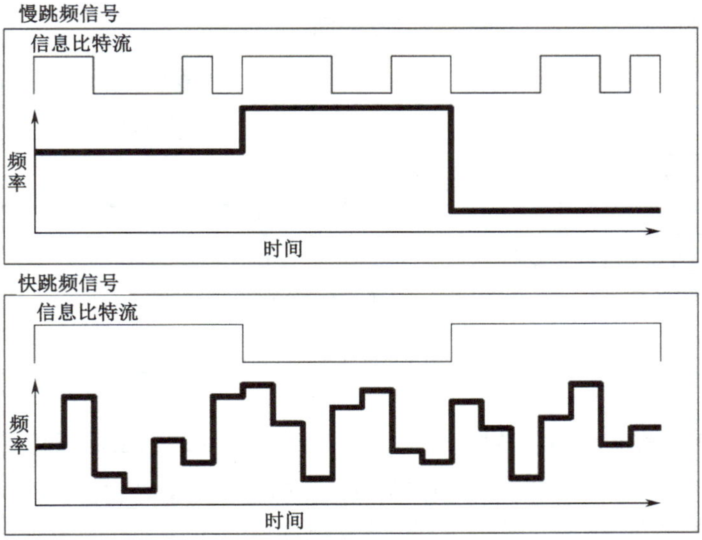

图 2.35　慢跳频和快跳频信号

2. 跳频发射机

图 2.36 给出了一个非常通用的跳频发射机原理框图。首先，它产生携带有信息的调制信号。然后通过本地振荡器将调制信号外差至发射频率，这里的本地振荡器是一个合成速率极高的频率合成器。对于每一次跳频，频率合成器被调谐到一个由伪随机序列选择的频率上。图 2.33 中移位寄存器的并行输出序列就是伪随机序列的一个简单例子。这意味着尽管对于一个敌方的监听者来说没有办法对下一个调谐频率进行预测，但是合作接收机却可以与发射机保持同步。合作接收机的设计非常类似于发射机，需要受相同伪随机序列控制的跳频频率合成器。当达到同步时，合作接收机与发射机同时调谐使其可以几乎连续地接收信号。可见，发射机和接收机需要在同一时刻跳至相同的频率。

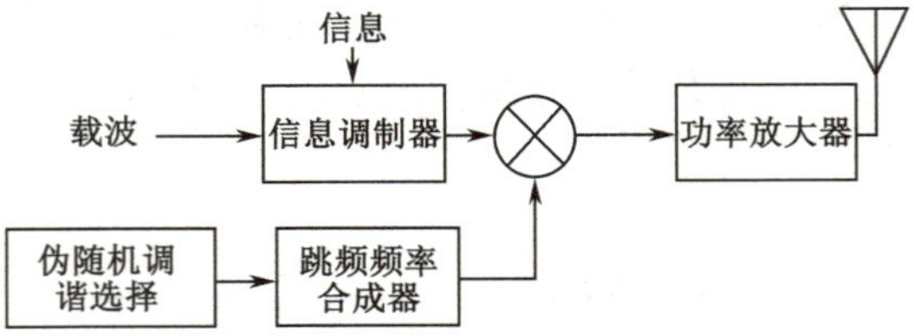

图 2.36　跳频发射机

图 2.37 是一个简化的锁相环合成器框图。需要说明的是环路带宽是一个设计参数。环路带宽越大，合成器的调谐速度就越快；而环路带宽越窄，输出信号就越纯净。慢跳频频率合成器的环路带宽设计通常作如下假定：合成器能在一个跳频周期的较小百分比（典型为 15%）时间内稳定于新的频率，如图 2.38 所示。因此，在每个跳频周期起始的一段时间内数据无法进行传送。稳定时间就是信息必须以数字信号的形式进行传输的原因。输入数据进入移位寄存器，并在频率稳定之后以更高的时钟速率输出。而在接收方中的另一个移位寄存器用于将接收数据降低至原始的比特率。以上过程保证了接收机中输出连续的信号，因此不会感觉到跳频信号传输过程中的信号间断。

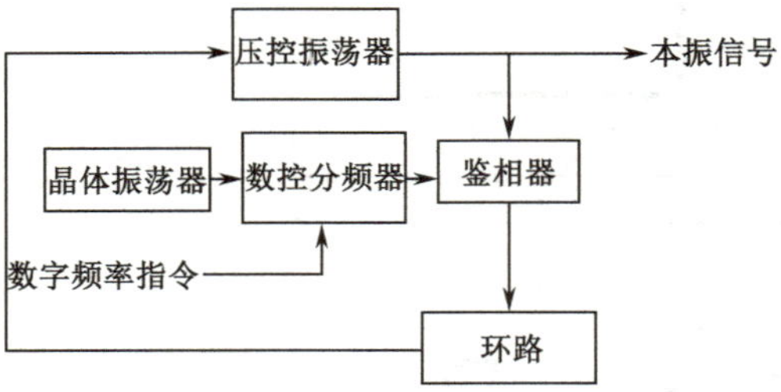

图 2.37　锁相环频率合成器

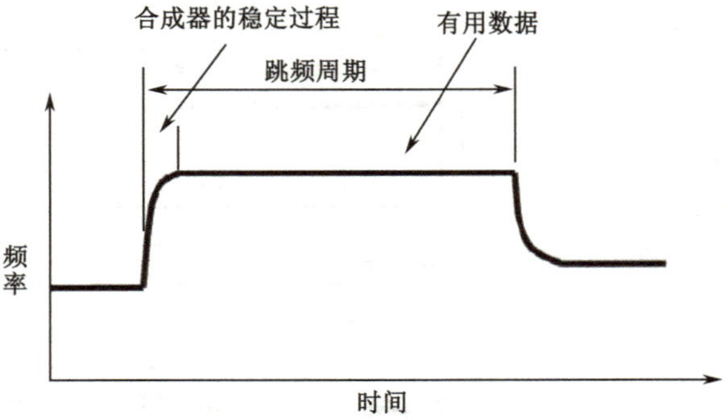

图 2.38　跳频信号的稳定过程

快跳频信号能实现比慢跳频信号更高的安全传输等级，但是它需要更高速的跳频频率合成器。在非常高的调谐速度下，需要采用“直接频率合成器”。直接频率合成器比锁相环频率合成器复杂度要高，图 2.39 给出了一个简单的直接频率合成器的例子。对可选择的振荡器组进行高速切换，接入混频器以产生需要的输出频率。混频器的输出频率包括输入频率以及所有输入频率的和频、差频及谐波。通过适当的滤波，可以产生单一、可选的输出频率。直接频率合成器的优点是速度很快，但是当所需要的频率较多时其实现的复杂度很高。

3. 低截获概率

跳频信号是一种 LPI 信号，跳频信号在某个频率处停留的时间非常短暂以致监听者很难发现该信号的存在。举一个早期的例子，假设信号在任意一个频率上停留的时间占总时间的 0.04%，因此其接收功率（从整个信号存在的时间看）被显著地减少，虽然在每个跳频周期内信号的所有功率出现在一个频率处。

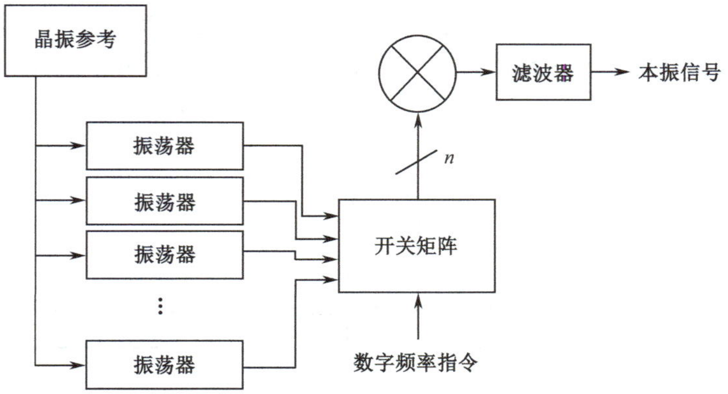

图 2.39 直接频率合成器

2.4.3 Chirp 信号

第二类 LPI 信号是 Chirp 信号。当扫频调制应用于通信或者数据信号时我们称其为 Chirp 信号，因为接收信号有时听起来犹如鸟鸣声。扫频的目的是防止信号被检测、截获、人为干扰或者发射机的定位。

1. 时频特性

如图 2.40 所示，Chirp 信号以相对高的速度对较宽的频率范围进行扫频。图中给出的扫频波形是线性波形，但扫频波形并非一定是线性的。将信号的可利用性降到最小是非常重要的，因为这样可以使敌方的接收机难以预测信号什么时候出现在某一特定频率上。这可通过随机改变扫频速率（或调谐曲线的形状）或使扫描起始时间具有伪随机特性来实现，也可以采用两种方式相结合的方式实现。

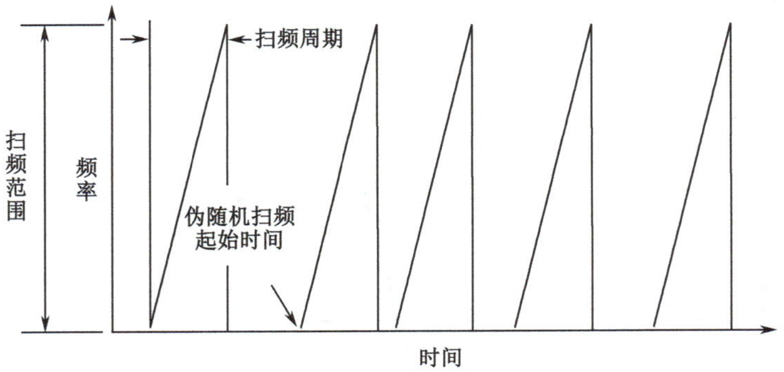

图 2.40 Chirp 信号

2. Chirp 发射机

图 2.41 给出了非常通用的 Chirp 信号发射机框图。首先产生一个在其调制中承载了信息的信号。然后，通过与高速扫描的本地振荡器混频将已调信号外差至发射频率。接收机的扫频振荡器与发射机扫频同步。该振荡器用来将接收到的信号变频至某一固定频率。这

可使接收机在信息带宽内处理接收信号，使 Chirp 处理对接收机而言是“透明的”。与跳频 LPI 机制类似，Chirp 信号所传输的为数字数据，从而保证数据块与扫频同步，然后接收机将其重新组织成连续的数据流。尤其对于扫描开始时间以伪随机方式延迟的 Chirp 信号，以数字的方式传输数据则更为合适。

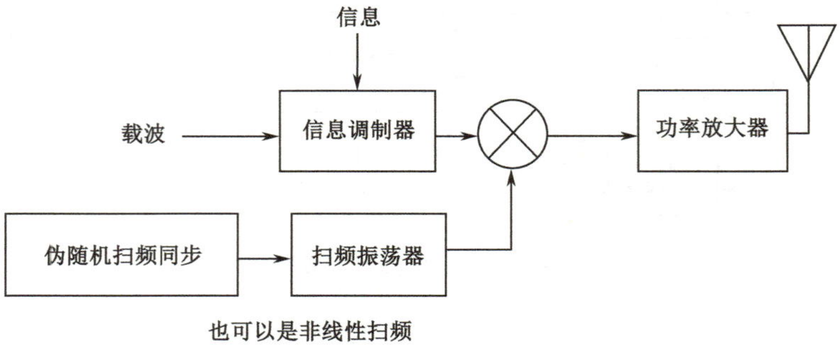

图 2.41 Chirp 信号发射机

3. 低截获概率

Chirp 信号的 LPI 质量与接收机的设计有关。接收机的带宽通常约等于所需要接收信号的带宽。这可以提供最佳的灵敏度（如第 4 章所述）。为使传输效率最大化，信号的调制带宽大约等于其传输的信息的带宽（或者随调制引起的某些固定因素而有所变化）。

信号必须在接收机的带宽内保持“带宽之倒数”的时间，使接收机能以最高灵敏度对信号进行检测。（例如，10kHz 带宽需要信号出现的时间为 1/10000Hz = 100 μs。）第 6 章将对此进行详细讨论。如图 2.42 所示，当接收机带宽为信息带宽时，Chirp 信号在接收机的带宽内出现的时间仅为所需时间的一部分。

例如假设信息带宽为 10kHz，信号在 10MHz 范围内以每毫秒一次的速度进行线性扫频。该扫频信号在 10MHz 范围的任意 10kHz 内停留的时间仅为 1 微秒——仅为接收该信号所需时间的 1%。

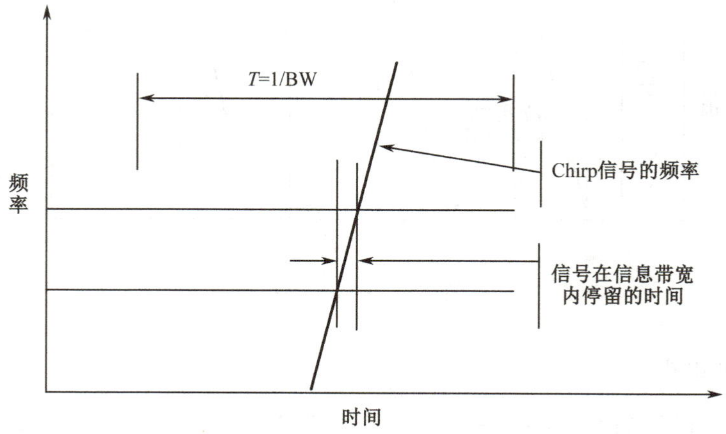

图 2.42 Chirp 信号的检测

2.4.4 直接序列扩频信号

第三种扩频信号是直接序列，通常称为直接序列扩频（DSSS，direct sequence spread spectrum）。这种信号与扩频信号的定义最为接近，因为它真正在频率上进行了扩展，而不是在一个较宽的频率范围内进行快速调谐。DSSS 的军用和民用范围很广，因为它可以同时对抗有意干扰和无意干扰，同时还可以实现对一个频带的复用。

1. 时频特性

如图 2.43 所示，直接序列扩频信号连续占用一个较宽的频率范围。由于 DSSS 信号功率分布在扩展后的频段上，信号在信息带宽（即扩频前的带宽）上的传输功率减少扩展因子倍。第 4 章将给出计算任意给定的接收机带宽内噪声功率总量（kTB）的公式。典型应用情况下，DSSS 扩频信号的功率远小于噪声功率。图 2.43 可能会误导读者，因为图中暗示 DSSS 信号功率在频率上是平均扩展的。但实际上，由于扩展是通过信号上附加一个高速的数字调制信号实现的，所以信号功率是以图 2.44 所示的波形进行扩展。

图 2.43 直接序列扩频信号

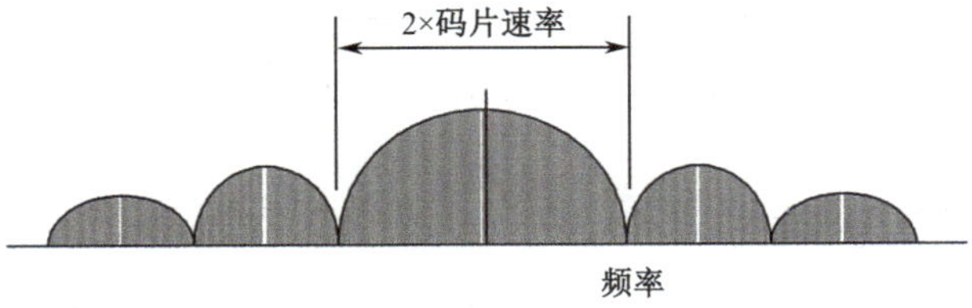

图 2.44 直接序列信号的频谱

2. 直接序列扩频发射机

图 2.45 给出了直接序列扩频发射机的一般框图。首先，产生一个调制中携带信息的信号。该信号的带宽足以传输需要发送的信息，因此将其称为“信息带宽”信号。然后使用一个高比特速率的数字信号对已调信号进行二次调制。二次调制可以选择多种相位调制方案。数字调制信号的比特率（称为“码片速率”）可以是信息速率的一个或多个数量级，并且数字调制信号具有伪随机特性。调制的伪随机特性使输出信号的频谱在宽频率范围内均匀扩展。功率分布特性与使用的调制类型有关，而有效带宽与码片速率在同一个数量级。

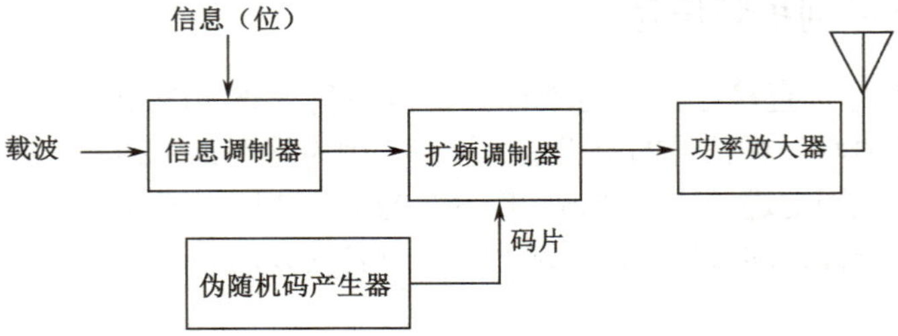

图 2.45　DSSS 发射机

图 2.46 给出当信号附加一个速率更高的数字二次调制后的结果。注意上图波形和下图波形的面积是相等的。下图中通过增加比特速率，信号总功率在更大的频率范围内进行了扩展，因此任一频率的幅度降低。上图给出的只是比特率按 5 比 1 扩展的情况。考虑到 DSSS 系统的比特率通常以 100 或 1000 的因子扩展，读者很容易理解扩频信号的幅度会降低到什么程度了。如果信号频谱远低于噪声频谱，称信号“隐藏在噪声下”，在这种情况下侦收信号是非常困难的。

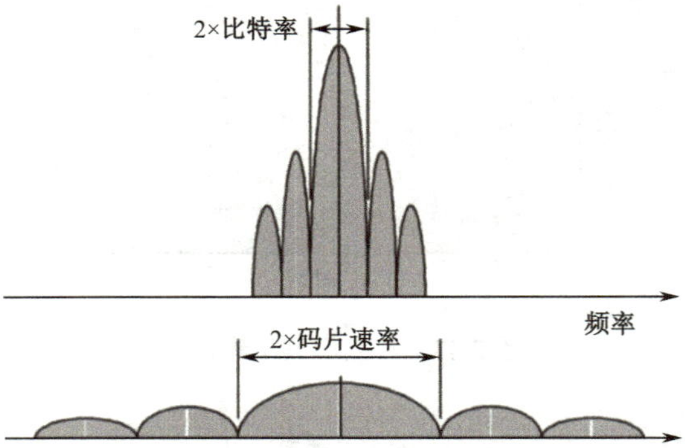

图 2.46　扩频与比特率的关系

3. 直接序列扩频信号接收机

用来接收直接序列扩频信号的接收机包括一个解扩解调器，其使用与发射机相同的伪随机信号。因为信号是伪随机的，所以它具有随机信号的统计特征，但可以重构。在同步的过程中接收机伪随机码与接收信号中的伪随机码保持相同的相位。在同步以后，接收信号恢复至信息带宽，由此得到发射机扩频调制器的输入信号。

4. 低截获概率

任何具有足够带宽接收 DSSS 信号但不匹配的接收机在接收带宽内的噪声非常大，导致截获信号的信噪比非常低。因此，DSSS 信号具有低截获概率。

在军事应用中，由于扩频码受严格保护，就像加密中伪随机码被严格控制一样，企图截获 DSSS 信号的敌方无法对信号进行解扩，因而必须应对扩频信号传输时功率密度极低这一问题。

5. 非扩频信号的解扩

扩频解调器一个非常有用的特性是能够对未包含正确扩频码的信号进行扩频，扩频因子与图 2.30 中对正确编码信号的扩频因子一样。这说明 DS 接收机能够对接收到的窄带信号（常规发射机发出的信号）进行频谱扩展，因此窄带信号对期望（解扩）信号的影响将大幅度降低。因为在绝大多数的应用情况下遇到的干扰信号都具有窄带的特征，所以 DSSS 链路在混杂信号环境下可以提供很好的通信性能。这也是为什么该技术在军事和商业领域被广泛应用的原因。

使用 DS 扩频的另一个原因是多个用户可以通过码分多址（CDMA）对同一信号频谱进行复用。CDMA 使用一系列被设计成相互“正交”的伪随机码，即其中任意两个码的互相关性非常小。用 dB 来表示这种正交性——如果没有选择正确的码字，则鉴码器的输出会降低很多个 dB。

6. 一个很好的非保密的例子

GPS 全球导航系统使用直接序列扩频来发送信号。在扩频的第一阶段，每个卫星用已知码组中的其中一个码进行广播，且该码组的各个码之间的正交性约为 40dB。这意味着小巧的 GPS 接收机/处理机（部分接收机非常便宜）可以采用简单的定频接收机。接收机使用码组中的每个码字进行匹配，正确的码字会使信号增加 40dB，指示出被接收到信号的卫星。（实际上这是一种简化：处理机对可视卫星进行跟踪，并以一种更为复杂的方式工作。）

在授权军事应用中，则使用了另一级别的扩频。在这种情况下不使用公开的码字，因此局限于授权的接收机，并提供了另一级别的干扰保护。

2.4.5 混合技术 LPI 信号

一个 LPI 信号可以使用多种扩频技术。这样做使得传输更安全。如果两种扩频处理均采用更短的同步机制，则同步过程在实际上可得以简化。从第 9 章将可以发现，干扰采用了多种扩频技术保护的通信非常具有挑战性。LPI 混合技术包括：

- 直接序列扩频和跳频；
- Chirp 和直接序列扩频；
- 跳频和 Chirp。

同样还有“跳时”技术，尽管它们一般不用于传输安全。“跳时”技术提供多个时隙，因而多个用户可以在同一网络内相互独立通信。

最常用的混合 LPI 方法是直接序列扩频与跳频相结合。图 2.47 给出了这种类型信号的频谱。注意波形中每个圆形“小块”与图 2.44 中数字信号频谱类似。每个“小块”的峰对应于其中一个随机选择的跳变频率。产生这种类型信号的发射机结构框图如图 2.48 所示。跳频信道的间隔通常小于图 2.19 中数字信号的零点—零点带宽。也就是说，跳频信道的瞬时带宽小于直接序列扩频信号码片速率的 2 倍。

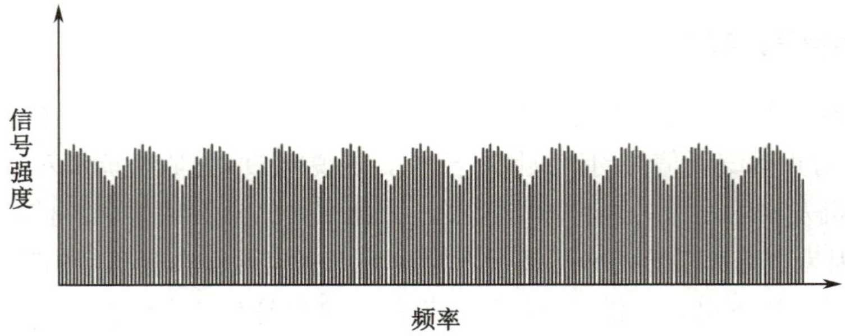

图 2.47 跳频直接序列信号的频谱

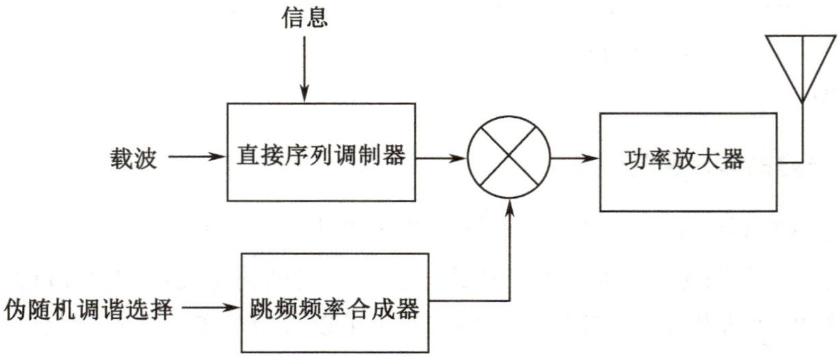

图 2.48 跳频直接序列发射机

2.4.6 蜂窝电话信号

敌方部队在非对称战争中广泛使用蜂窝电话，因此蜂窝电话已经成为一种非常重要的威胁信号。图 2.49 给出了一个蜂窝电话系统。蜂窝电话通过无线电链路与蜂窝塔相连，每个蜂窝塔都配有一个基站（BS，base station）。基站受移动交换中心（MSC，mobile switching center）控制。MSC 与基站通过宽带线路或微波链路连接。MSC 同时连接到公共交换电话网，从而保证有线电话和蜂窝电话能够相互通信。系统中小区是指蜂窝电话可以与蜂窝塔相互联系的区域。小区相互重叠，因而蜂窝电话可以从系统中的一个小区移动到另一个小区。蜂窝电话工作在多个频带，包括 450MHz、800MHz、900MHz 以及 1900MHz。这里给出的只是大致的使用频率。具体频率是通过管理部门来分配的。每个系统可以有大量的 RF 信道，各个信道在 MSC 控制下由多个用户共享。所有蜂窝系统都提供全双工的工作方式（瞬时双向通话），因此在蜂窝塔和蜂窝电话间有一条上行链路和一条下行链路（工作于不同的频率）。

MSC 授权接入蜂窝系统、控制接入定时并控制信号在系统中的路由。它还控制每个连接的蜂窝电话的输出功率以使功耗最小化。蜂窝系统可以以模拟或数字的方式传输话音和数据，但 MSC 都使用数字控制信道对系统及所连接的蜂窝电话进行控制。

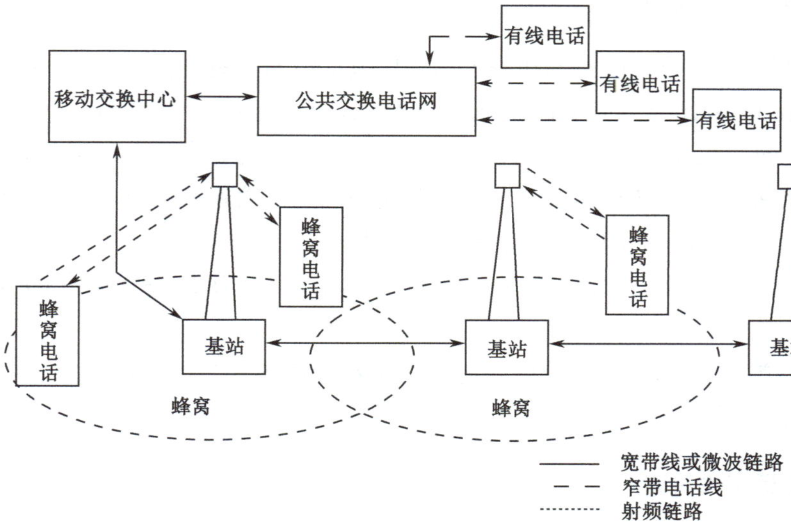

图 2.49 蜂窝电话系统

蜂窝塔输出 10～50w 的有效辐射功率，而蜂窝电话的功率则要低得多。辐射功率大小以及蜂窝塔高度决定了小区的大小。但当蜂窝塔之间距离很远时，例如 Scandinavia 的 Nordic Mobile Telephone（NMT）系统，蜂窝电话可以高达输出 15w 的功率。然而在大多数系统中蜂窝相对较小，典型的蜂窝电话功率最大值为 1 到 6w。由于通常与最近蜂窝的通信不需要如此高的功率，所以 MSC 会命令蜂窝电话将功率降至所需要的等级，最小可达 6 毫瓦。

1. 模拟系统

模拟系统使用频率调制在每个 RF 信道上传送一路语音信号。每个信道的带宽（10～30kHz）足以传送 FM 信号。模拟系统通常需要一路独立的控制信道，用于蜂窝电话与 MSC 之间以数字消息方式进行的通信。多个信号需要多路独立的 RF 信道，因此该系统也称为频分多址（FDMA，frequency division multiple access）。总的来说，模拟系统被逐步淘汰而采用数字系统，但现在仍有很多模拟系统在使用。

2. 数字 TDMA 系统

数字系统使用相位调制对数字形式的语音或数据进行传输。数字系统使用更宽的信道，并使用额外的调制技术在每个 RF 信道上传送多路语音。一些系统采用时分多址（TDMA，time division multiple access）在每个信道上传送多路语音。全球移动通信系统（GSM，global system for mobile communication）是一个采用 TDMA 并被广泛使用的系统。GSM 按 8 个时隙共享每个 RF 信道。每个 RF 信道带宽为 200kHz，每个时隙传输 33kbps 的数据。每个时隙传送一路语音，如果采用语音编码器则可以传输两路语音，因而每个 RF 信道支持 16 个用户。

数字控制数据可以在一个或多个时隙上传输，因此无需采用独立的控制信道。

3．数字码分多址系统

有些系统采用一种不同的技术在每个频率信道上传输多路语音。这些系统使用码分多址（CDMA，code division multiple access），CDMA 基本过程与 2.4.4 节介绍的直接序列扩频（DSSS，direct sequence spread spectrum）一致。信道中的每个信号使用独立的伪码对发射信号能量进行扩展，在链路接收端由一个匹配的解码器消除该伪码，对信号进行解扩。不匹配的伪码不能被解码，因此接收到的其他信号能量很低，足以避免对具有匹配码的信号造成干扰。通过对每路语音使用不同的伪码，可以在带宽为 1.23MHz 的 RF 信道上传输 64 路语音。

与 TDMA 类似，CDMA 系统可以在一个或多个编码信道上传输控制数据，因此无需采用独立的控制信道。

4．蜂窝电话工作过程

当蜂窝电话被激活时，它开始搜索一组控制信道，选择其中信号最强的一个（推测是最近的蜂窝塔）。同时侦听来自 MSC 的消息，由此进行系统识别和设置信息。然后进入空闲模式。MSC 将接入时间随机化，用来优化系统对大量用户的可用性。在空闲模式下，蜂窝电话等待呼入电话或呼出电话。任一种情况下，MSC 都给蜂窝电话分配一个信道，如果是数字通信，将分配一个可用的时隙或一个可用的码。

然后是语音或数据信息的传输。MSC 可以将蜂窝电话切换至不同的接入信道来优化系统流量，特别是当用户从一个小区移动到另一个小区时更是如此。

蜂窝电话通信的一个重要特点就是 MSC 包含了系统中用户的身份信息以及每个用户的位置信息。MSC 至少应知道每个移动用户所使用的是哪个蜂窝。在很多蜂窝系统中，所有新激活的蜂窝电话都需要安装 GPS 接收机。这意味着 MSC 可以通过 GPS 特征直接读取每个蜂窝电话的位置，从而在某种程度上完全获取每个蜂窝电话的位置信息。

2.5 数据链信号

数据链信号是一类在军事通信中被广泛采用的通信波形。数据链是通过单网或多网结构和通信介质，将两个或两个以上的指控系统和/或武器系统链接在一起，是一种适合于传送标准化数字信息的通信连路。一般认为，数据链是一种在各个用户间，依据共同的通信协议（标准化的报文格式）、使用自动化的无线（或有线）收发设备传递、交换负载数据信息的通信链路。数据链是将数字化战场指挥中心、各级指挥所、参战部队和武器平台链接起来的信息处理、交换和分发系统，是武器装备的生命线，是战斗力的倍增器，是部队联合作战的“粘合剂”。最经典的战术数据链信号是北约或美军的 Link4a、Link11 和 Link16。下面对这三种数据链信号进行简单的介绍。

2.5.1 Link 4A 数据链

Link 4A 数据链，主要用于海/地对空、空对空的数据交换，是一种非保密的时分数据链路，其没有抗干扰能力，但它比较可靠，易于操作和维护。

Link 4A 系统的主要功能是在控制站和受控飞机之间传输飞机控制和目标信息，控制报文由控制站产生并发送，应答报文为受控站回答控制报文的报文。Link 4A 数据链的控制报文为 V 序列报文，应答报文为 R 序列报文。

Link 4A 系统一般由控制站终端分系统、传输分系统和受控站终端分系统组成。典型的终端分系统包括： UHF 无线电设备、数据终端设备、战术数据系统(TDS)、用户接口设备。其中战术数据系统用于处理发射或接收的数据；数据终端设备用于对发射或接收数据的调制；UHF 无线电设备用于发射或接收数据链信号；用户设备用于支持操作员的相关操作。在使用该链路的所有系统中，控制站终端和受控站终端都用半双工模式运行，但控制站终端具有全双工操作能力。

Link 4A 数据链采用“命令-响应”式的通信协议来支撑单向链路和双向链路两种工作模式。在单向链路工作模式下，控制站（如舰艇、预警机的等）采用广播方式向受控站（F-14、EA-6B、F/A-18 等）发送控制信息，此时，受控站只接收，不发送响应消息。

在双向链路工作模式下，以 32ms 为一个数据传送周期，且与网中的受控飞机数量多少无关。这 32ms 时间间隔共分为两段：前 14ms 控制平台发射，受控飞机接收；后 18ms 为控制平台接收、受控飞机发射，如图 2.50 所示。控制站的 14ms 发射帧被等间隔地划分成 70 个时隙，每个时隙为 200μs；受控站的 18ms 接收帧周期等间隔地分为 90 个时隙，每个时隙也是 200μs。

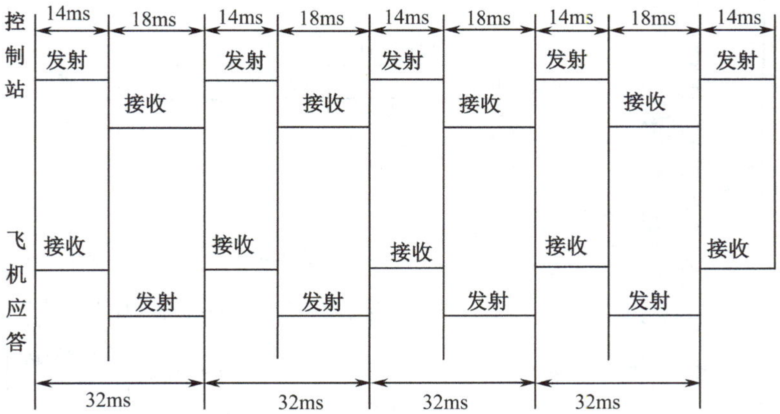

图 2.50 Link 4A 链路的信道时间分配

Link 4A 数据链报文的信号波形由五个部分构成：同步脉冲串、保护间隔、起始位、数据、非键控位。有时也将保护间隔与起始位合称为前置码。在控制报文和应答报文中，同步脉冲串、前置码（保护间隔与起始位）、非键控位等完全相同，只是数据段的长度有所不同。

控制报文组成：同步脉冲串（8 个时隙）、保护间隔（4 个时隙）、起始位（1 个时隙）、消息数据（56 个时隙）、发射非键控位（1 个时隙），如图 2.51 所示。

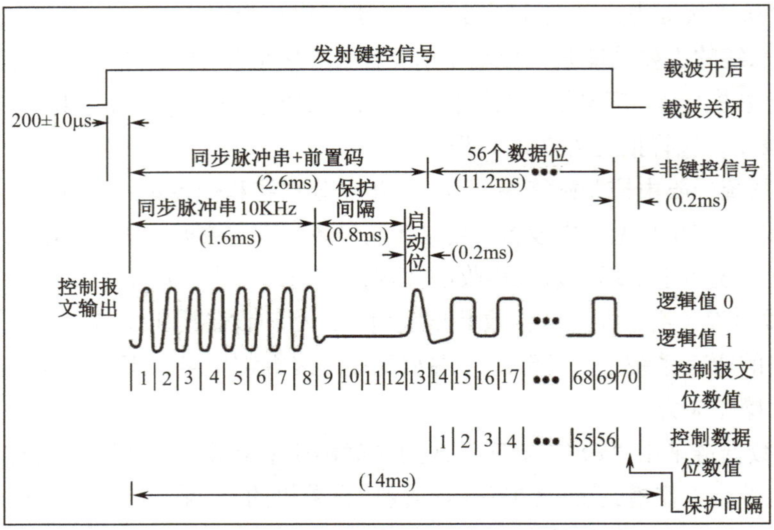

图 2.51 控制报文传输格式

应答报文组成：同步脉冲串（8 个时隙）、保护间隔（4 个时隙）、起始位（1 个时隙）、消息数据（42 个时隙）、发射非键控位（1 个时隙），如图 2.52 所示。

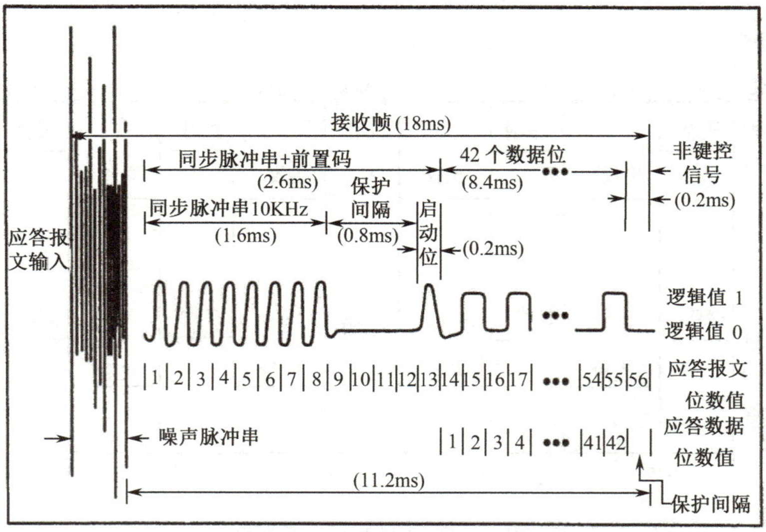

图 2.52 应答报文传输格式

同步脉冲串为接收机的自动增益控制提供了时间，保证了向数据终端输出信号保持恒定；同时使得数据终端保证接收设备通过调整与发射设备同步。在每帧发送前的 200 μs 发射机发送载波信号，发射机在前 80μs 内达到全功率状态（机载无线电发射机载 160 μs 内），以确保发射同步脉冲串时为满功率发射。

同步脉冲串占 8 个时隙，共 1600μs，每个时隙内波形呈高低变化状态，每个状态持续 100 μs，所以，同步脉冲串的速率实际为 10kbps，是其他时隙的两倍。

前置码位于同步脉冲串之后，用 4 个连续的二进制数“0”（保护间隔）和 1 个二进制数“1”（启动位），来标识数据报文的开始。

数据报文的时隙数因报文的种类不同而相异。控制报文 56 个时隙，占 11.2ms，应答报文 42 个时隙，占 8.4ms。从信号波形角度看，控制报文和应答报文的唯一区别就是传送数据的长度不同，一个为 11.2ms，另一个为 8.4ms。

发射机非键控信号位于报文数据之后，为报文的最后一个时隙。在这个时隙中，80 μs 内发射机的功率衰减到“关闭”状态。

Link 4A 信号的工作频率范围：225～399.975MHz；采用 FSK 调制方式，调制频偏为：±20kHz（“1”正频偏，“0”负频偏）；信号带宽为 50kHz；数据速率为 5kbps（码元宽度 200μs），同步头速率为 10kbps（码元宽度 100μs）。

2.5.2 Link11 数据链

Link-11 数据链路可加密，有一定的抗干扰能力。Link11（海基）数据链主要用于舰-舰、舰-岸、舰-空、空-岸之间的战术数据交换，可在 HF、UHF 频段上实现数据传输。

该数据链采用 M 序列报文，报文采用美军标 MIL-STD-6011 和北约标准 STANAG 5511，通信标准为美军标 MIL-STD-188-203-1A。

Link-11 标准传输速率为 1200bps 和 2400bps，实际用 1365bps(45.45 帧/秒，每帧长 22ms）和 2250bps（75 帧/秒，每帧长 13.33ms），采用 16 个副载频单音的 π/4- DQPSK 调制，数据字长为 24 比特，另加 6 比特差错检验组成（30，24）汉明码。这种码可以纠正单个错误并同时检测两个错误。

Link 11 数据链系统由计算机、通信保密设备、数据终端机（DTS）、HF 或 UHF 无线电设备组成。

其中数据链系统中的计算机又称为战术数据系统（TDS）。对各种传感器和操作员传来的数据按照标准的数据格式，整合成 M 系列报文，并以每组 24bit 的形式送给保密设备。通信保密设备用于保证数据的安全传输，连接于计算机和数据终端机之间，Link 11 采用的是 KG-40A 加密设备。机载战术数据系统采用串行配置（KG-40A-S），而海基战术数据系统采用并行配置（KG-40A-P）。

数据终端机（DTS）是一个调制器/解调器。当以半双工方式工作时，它既可以发送数据，也可以接收数据，但不能同时收发数据。然而在系统测试期间，当其以全双工方式工作时，可以同时发送和接收数据。某些新型数据终端机如 AN/USQ-125 等既能提供常规 Link 11 波形（Coventional Link Eleven Waveform, CLEW），又可提供单音 Link 11 波形（SLEW）。

常规 Link 11 的音频波形是由 16 个音频单音组成的多音信号，第一个单音的频率为 605Hz，第 2 到第 15 个单音的频率为 935Hz 到 2365Hz，相邻单音之间频率间隔 110Hz，第 16 个单音的频率为 2915Hz。即 16 个单音为：605Hz、935Hz、1045Hz、1155Hz、1265Hz、1375Hz、1485Hz、1595Hz、1705Hz、1815Hz、1925Hz、2035Hz、2145Hz、2255Hz、2365Hz、2475Hz、2195Hz。其中，605Hz 单音用于多普勒校正，其余 15 个单音用于数据传输，每一个单音通过 π/4- DQPSK 调制后来表示 2bit 信息，这样 15 个单音共可表示 30bit 信息。

单音 Link 11 波形采用 1800Hz 单音作为副载波，副载波进行 8PSK 调制，符号速率为 2400sps。

常规 Link 11 波形和单音 Link 11 波形的射频载波调制方式是相同的，利用 HF 或 UHF 电台实现信号的射频调制和无线电信号收发。HF（2～30MHz）频段采用单边带调制，UHF

（225～400MHz）频段采用调频调制。

Link 11 采用有中心的组网模式，中心就是网控站（Network Control Site，NCS），网控站一般位于指挥控制平台上。组成数据链网络的各个节点工作于同一频率点上，采用时分复用的半双工通信方式，网控站负责控制、频率监控和网络分析，一个网络内只有一个网控站。其他入网单元称为参与单元（Participation Unit，PU），也称前哨站，如战斗舰艇、作战飞机等。数据链网络在网控站的统一管理下，使用主从方式进行呼叫、应答，所有报文在整个网络内广播。

Link 11 数据链的报文格式主要有两种类型：一是数据报文，用于目标信息和态势命令的发送；另一种是控制报文，用于网络校准。每个数据消息长度为 60 比特，这 60 比特分为两帧，每帧 30 比特。每一帧中的比特位置按 0～29 进行编号。每帧中有 24 比特用于传输信息，剩余的 6 比特用于检错纠错。也就是说，每条数据链报文可以传送 48 比特战术信息。

图 2.53 所示给出了两种报文格式。

前置码	相位参考	起始码	密码帧	战术数据	控制终止码	地址码
5 帧	1 帧	2 帧	1 帧	N 帧	2 帧	2 帧

（a）网控站带战术数据的询问报文

前置码	相位参考	起始码	密码帧	战术数据	前哨终止码
5 帧	1 帧	2 帧	1 帧	N 帧	2 帧

（b）前哨站应答报文

图 2.53　报文格式举例

下面对各帧进行说明。

（1）前置码的持续时间为 5 帧，为由 605Hz 和 2915Hz 两个单音构成的双音信号。605Hz 单音的相位始终保持不变，2915Hz 单音在每帧结束之后，相位变化 180°，以使接收机检测到帧的跳变。前导码中 605Hz 和 2915Hz 两个单音的发射功率比普通数据单音的功率分别高 12dB 和 6dB。

（2）相位参考帧由 16 个单音组成，为后面的数据帧进行 $\pi/4$ DQPSK 调制提供相位参考。605Hz 单音的功率比标称功率高 6dB。

（3）起始码标志着数据帧的开始，其持续时间为 2 帧，其内容是固定的，为八进制的（74506　04077）以及（54673　22342）。

（4）数据帧由 16 个单音组成，605Hz 单音用于多普勒校正，不带信息，在整个数据帧传输过程中相位连续。其余 15 各单音分别携带 2 比特信息，共有 30 比特。前面已经提到 24bit 传数据，6 比特用于检错纠错。数据帧的长度可以根据需要设定。

（5）密码帧也可以看成是数据帧的一部分，其格式与数据帧相同。

（6）终止码标志着数据帧的结束，是 30 比特固定的码字。网控站的终止码和前哨站的终止码是不一样的。网控站的终止码为八进制的（00000 0000），前哨站的终止码为八进制的（77777　77777）。

（7）地址码用于标识每一个网络参与单元（PU），地址号从八进制的（01）一直到八进制的（76），可以表示 62 个参与单元。地址（01）对应的 60bit 数据为八进制的（05712　14101）和（65315　66447），地址（02）对应于（16136　24302 ）和（37526　33551），地址（76）对应于（71214　10176）和（31566　44705），等等。

2.5.3 Link16 数据链

Link 16 数据链集通信、导航和识别功能于一体，在指挥控制平台和武器平台之间交换监视、指挥和控制信息，是一种保密、大容量、抗干扰、无中心的数据链路。它采用 J 序列报文，报文标准遵照美军标 MIL-STD-6016 和北约标准 STANAG 5516&STANAG 5616。

舰载 Link 16 系统由战术数据系统（TDS）、指挥与控制处理器（C2P）、JTIDS 终端（或其后继者 MIDS 终端）和天线组成。TDS 的主要功能是向其他数据链用户提供战术数据、接收和处理来自数据链用户的战术数据，进行战术数据库的维护和管理。C2P 管理消息的分发，提供 TDS 计算机和 JTIDS 端机之间的接口，对于装备 Link-11 和 Link –4A 的平台，C2P 还提供 TDS 计算机与 Link-11 的 DTS（数据终端）、Link-4A 的 DTS 之间的接口。JTIDS 是 Link 16 的通信部分，起着数据终端机、无线电台及加密机的作用。

联合战术分发系统/多功能信息分发系统（JTIDS/MIDS）是 Link 16 的通道系统，它决定了 Link16 的数据吞吐率、成员容量、覆盖范围、抗干扰和保密性能。JTIDS 采用 TDMA 的多址接入方式组成数据链网络，没有网络控制站，每个 JTIDS 单元（JU）根据网络规定，轮流占用一定的时隙发送自身的信息，在其他时隙接收其他成员广播的信息。JTIDS/MIDS 以任意指定的一个成员的时钟为基准，其他成员与之同步，形成统一的系统时钟。

Link16 数据链以时隙为基本单位有序传递数据，每个时隙长 7.8125ms。如果一个单元分配了一组发送时隙并且有信息需要发送，则该单元将在每个时隙发送一组脉冲，直到发完所有信息。Link 16 数据链网络将 1 天 24 小时（1440 分钟）划分成 112.5 个时元（epoch），每个时元长 12.8 分钟；每个时元又划分成 12 秒长的 64 个时帧，每个时帧又分成 1536 个时隙。这样，每个时元有 98304 个时隙。

每个时元有 64 个时帧，每个帧长 12s，每帧包含 1536 个时隙，分 A、B、C 三组，每组个有 512 个时隙。

Link 16 工作于 960~1215MHz 之间的 51 个频点上，频点之间最小间隔为 3MHz，相邻跳频脉冲之间间隔要大于 30MHz。为避免干扰频段外的系统，在 960~1215MHz 两端各留了 6MHz 带宽；为避免干扰二次雷达和 IFF，系统采用抑制频率为（1030±7MHz）和（1090±7MHz）的双频段陷波器对此信号进行抑制。LINK16 信号脉冲宽度为 6.4us；脉冲间隔为 13us；跳频速率达 76932 跳/秒；接入方式为 TDMA；数据吞吐率为 238.08kbps。

以 J 系列消息的固定格式为例来说明发射信号生成过程，在这种消息中，每个字共 75bit（其中，数据 70bit，奇偶校验 5bit），3 个字共 225bit。

3 个数据字的 210bit 连同报头的 15bit（第 4~18 位）终端源航迹号（Source Track Number，STN）信息一起，共 225bit，经过（237,225）奇偶校验编码后，生成 12bit 奇偶校验位。把这 12bit 按每组 4bit 分成 3 组，并在每组 4bit 的开始加上一个 0，形成 5bit 的校验位。置于每个数据字的 70~74 位，每个字的第 70 位置 0，形成 75bit 字。采用通信模式 1 和 2 时，还要对基带数据进行加密。之后进行信道编码。

把 35bit 的报头分成 7 组，每组 5bit（为一个符号），因此，共有 7 个符号（symbol）。对这 7 个符号进行（16,7）RS 编码后得到 16 个符号。

而 75bit 的消息字分成 15 组（每组 5bit），共 15 个符号，通过（31,15）RS 编码后，得到 31 个符号。

经过 RS 编码之后的报头和数据符号进行符号交织以提高抗干扰能力。

完成交织之后，对报头和数据码元进行循环移位键控（Cyclic Code Shift Keying，CCSK）编码，即每 5bit 报头和数据码元用 32bit 的 chip 序列来表示，也可以称为软扩频。通过对长度为 32bit 的起始 chip 序列（称 S0）01111100111010010000101011101100 的循环左移 n 次，就可以生成第 n 个码元对应的 32bit 长的 CCSK 码字。

为了提高 JTIDS 信号的保密性，对 CCSK 编码之后生成的 32 位长 chip 还与一个 32 位随机数进行异或处理，这 32 位的随机数由传输加密算法确定并且是连续变化的。从而使得最终传输的数据像是不相关的噪声。

最后形成的这 32bit 一组的码片序列，以 5Mbps 的速率（也就是每个码片的持续时间是 200ns）对载波进行调制，调制方式为 MSK，两个频率差是 $1/(2T)$，T 为 200ns。当输入的码片与前一个码片相同时，用较低的频率发射,即 $f_c-2.5\text{MHz}$；当输入的码片与前一个码片不同时，用较高的频率发射，即，$f_c+2.5\text{MHz}$。

这 32bit 码片经过调制后形成时隙内承载信息的脉冲，脉冲传输时间（脉冲宽度）为 6.4μs，脉冲重复周期是 13μs，空载时间为 6.6μs。脉冲有单脉冲和双脉冲之分：单脉冲整个符号的持续时间为 13μs，其中 6.4μs 为载波调制的脉冲，6.6μs 空载；双脉冲由两个单脉冲组成，整个符号持续时间为 26μs，两个脉冲所包含的信息是一样的，但载波频率是不同的。

一个时隙内传输脉冲数量由于消息类型、定时往返、话音（数据）和数据封装格式等的不同而有所不同。

数据脉冲格式以 3 个码字（每个码字 31 个字符，每个字符 5bit 信息）为单位，采用以下 4 种数据脉冲封装格式：

- 标准双脉冲（Standard Double Pluse，STD-DP），包含 3 个码字，共 93 字符；
- 两倍压缩单脉冲（Packed-2 Single Pluse，P2SP），包含 6 个码字，共 186 字符；
- 两倍压缩双脉冲（Packed-2 Double Pluse，P2DP），包含 6 个码字，共 186 字符；
- 四倍压缩单脉冲（Packed-4 Single Pluse，P4SP），包含 12 个码字，共 372 字符。

（1）标准双脉冲（STD-DP）的封装格式，如图 2.54 所示。

STD-DP 封装格式包含 32 个粗同步脉冲、8 个精同步脉冲、32 个报头脉冲和 186 个数据脉冲（1×93 个双脉冲符号），共 258 个脉冲。总的传输时间为 3.354ms，两个连续脉冲之间的时间为 13μs。

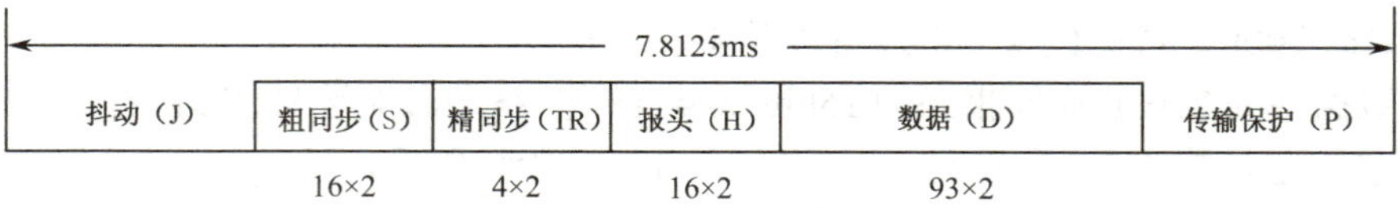

图 2.54 TSD-DP 封装的时隙结构

抖动是在每一个时隙中传输开始时随机可变的时延。

传输保护是为了保证正常情况下可传输 300 海里，甚至扩展到 500 海里。

粗同步包含 16 个双脉冲字符，占 16×2×13=416μs。粗同步有自己的跳频图案，与传输数据的跳频图案不同。这 32 个脉冲的载波在 8 个不同的频率上变化。

精同步由 4 个双脉冲字符组成，其传输时间为 4×2×13=104μs。

STD-DP 的报头和数据一共有 109 个经过交织的符号，其表示 225bit 经过（31,15）RS 编码后的信息或 465bit 未编码数据。前已述及，报头 35bit，经过（16,7）RS 编码，生成 16 个符号，共 80bit。标准信息由 3 个 75bit 字组成，通过（31,15）RS 编码，生成 93 个符号，共 465bit。这些比特 5 个一组映射成 32 位长的码片，于是报头产生 16 个长度为 32 码片的符号，93 个长度为 32 码片的符号。所以，报头和信息总共传输 109 个双脉冲，需要的时间为 109×2×13=2.834ms。

（2）两倍压缩单脉冲（P2SP）的封装格式，如图 2.55 所示。

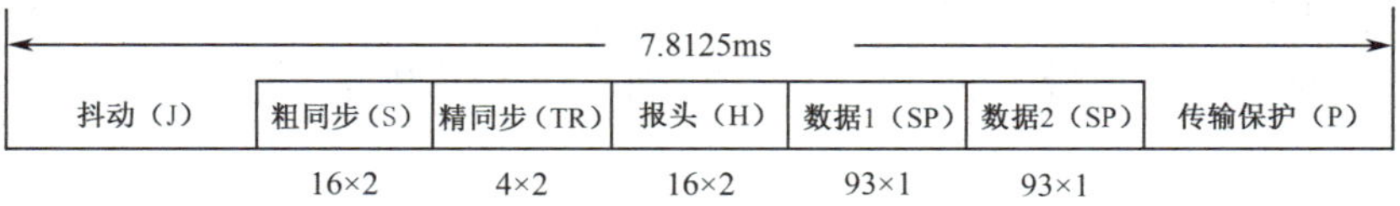

图 2.55　P2SP 封装的时隙结构

两倍压缩单脉冲封装格式包含 16 个双脉冲的粗同步、4 个双脉冲精同步、16 个双脉冲报头、186 个单脉冲字符（二组 93 个单脉冲字符）的数据脉冲，共 258 个脉冲。186 个单脉冲字符数据表示 450bit 未编码数据信息，其数据携带能力是 STD-DP 封装形式的 2 倍。由于数据部分不再采用冗余发送的双脉冲字符，其数据吞吐量提高了，但抗干扰能力下降了。

（3）两倍压缩双脉冲（P2DP）的封装格式，如图 2.56 所示。

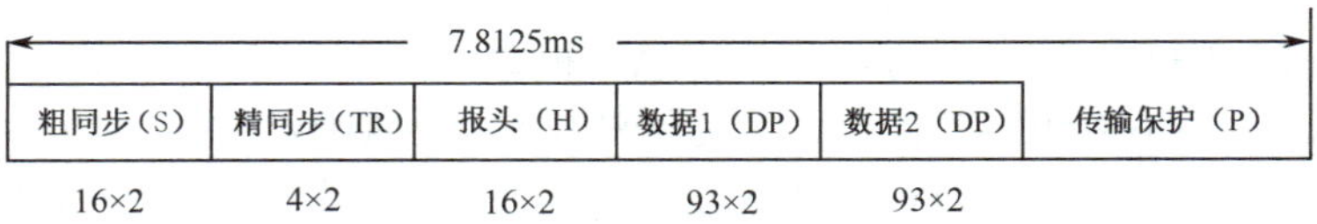

图 2.56　P2DP 封装的时隙结构

两倍压缩双脉冲封装格式包含 16 个双脉冲的粗同步、4 个双脉冲精同步、16 个双脉冲报头、186 个双脉冲字符（二组 93 个双脉冲字符）的数据脉冲，共 444 个脉冲。186 个双脉冲字符可以传输 6 个（31,15）RS 信息数据或 930bit 未编码数据。P2DP 加倍封装提高了吞吐能力，传输冗余脉冲恢复了一些抗干扰能力，但是以损失抖动为代价的。

（4）四倍压缩单脉冲（P4SP）的封装格式，如图 2.57 所示。

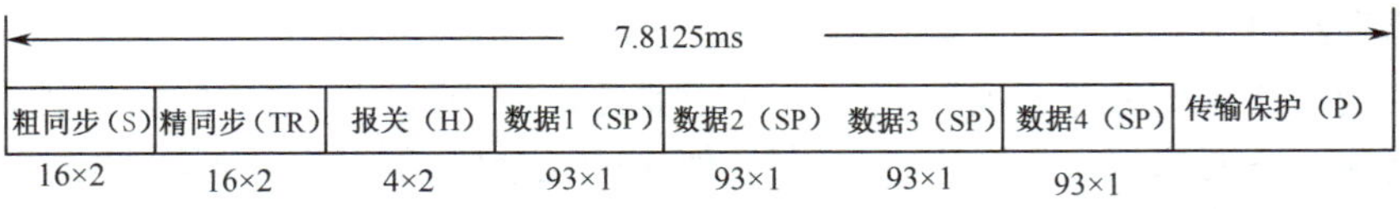

图 2.57　P4SP 封装的时隙结构

四倍压缩单脉冲封装格式包含 16 个双脉冲的粗同步、4 个双脉冲精同步、16 个双脉冲报头、372 个单脉冲字符（四组 93 个单脉冲字符）的数据脉冲，共 444 个脉冲。372 个单脉冲字符可以传输 12 个（31,15）RS 码字或 1860bit 未编码数据。P4SP 获得了最大的数据容量，但放弃了抖动和脉冲冗余，降低了抗干扰能力。

2.6　信道编码

2.2.5 节中已经讨论了所发射数字信号的结构，包括信息比特、奇偶校验比特或纠错比特等。如果在数据中添加奇偶校验比特，则可以对接收信号进行检错。如果采用多个奇偶校验比特，几乎可以检测任何包含错误比特的接收信号。然而，如果采用检错（EDC，error-detection and correction）码，则可以对接收的错误比特进行纠正（取决于码的纠错能力）。数据中的 EDC 比特越多，则对错误比特的纠正百分比也越高。EDC 的使用也称为“前向纠错”，实际应用中使用最多的也是纠错码，同时纠错码也是信道编码的最主要组成部分和精华所在。

可以说，纠错编码的出现源于对通信传输数据检错和纠错的需求，通信系统设计中，当需要获取某种好处时，其结果往往是某些方面性能的牺牲，信道编码也是如此，检纠错能力是以数据冗余的代价来换取的。为什么数据冗余能产生额外的检纠错能力呢？下面举一个数据传输过程中不采用信道编码，仅从语意冗余来进行检纠错的例子。

当通信双方事先约定的通信频带受到干扰，通信传输可靠性降低，需要重新约定新的通信频带避开干扰以继续正常通信时，通信一方发出信息“频带 50MHz～51MHz”。但不可靠传输过程产生了错误，变成“频带 20MHz～51MHz”。另一方收到这个错误信息后由于无法判断其正确与否，就会按这个错误频带去设置。为使另一方能判断正误，可以在信息内容中增加“VHF”标识，即改为“VHF 频带 50MHz～51MHz”，这时，如果仍错为“VHF 频带 20MHz～51MHz”，则另一方收到此信息后根据“VHF”即可判断出其中“20MHz”处发生了错误。但仍不能纠正其错误，因为无法判断“20MHz”错在何处，即无法判断到底频带下限在何处。这时另一方可以要求发送方再发一次，这就是检错重发。为了实现不但能判断正误（检错），同时还能改正错误（纠错），可以把发送的信息内容再增加“1MHz”，即改为“VHF 频带 50MHz~51MHz 1MHz”。这样，如果其中“50MHz”错为“20MHz”，不但能判断出错误，同时还能纠正错误，因为从其中增加的“1MHz”可以判断出正确频带为“50MHz～51MHz”。

上述事例说明，为了能判断传送的信息是否有误，可以通过增加必要的冗余数据来实现；如果还要能纠正错误，则需要增加更多的冗余数据。这些冗余数据在传输无误的情况之下是完全多余的，但如果发生误码，则可利用被传信息数据与冗余数据之间的特定关系来实现检错和纠错，这就是信道编码的基本原理。

可见为使信源编码数据具有一定的检纠错能力，应当按照一些确定的规则在信源编码的基础上增加一些冗余码元（又称监督码），使这些冗余码元与被传送信息码元之间建立一定的关系，发送端完成这个任务的过程就是信道编码；接收端根据信息码元与监督码元的特定关系，实现检纠错，输出正确信息码元，这个过程就是信道译码（或解码）。

需要说明的是，无论检错或纠错，都有一定的适用范围。上述举例中若错误情况为“53MHz～54MHz”，则无法实现检错与纠错，因为这个频带也同样满足冗余数据的约束条件，这时就需要增加更多的冗余数据。

从设计原理来看，信源编码通过压缩去冗余的方法提高传输效率。信道编码以提高传输可靠性为主要目的，通过增加冗余码元来实现，而这又必然使得传输效率降低。显然这是个矛盾问题，通信系统设计需要在两者之间实现折中，通过寻求较好的编码方式，在冗余增加不太多的前提下来实现检错和纠错。

信道编码中的好码指在给定信道中，能够在逼近某个小于信道容量的最大速率的非零通信速率下达到任意小的错误概率的码类。坏码指不能达到任意小的错误概率，或者把码率减小到零才能达到任意小的错误概率的码类。实用码指能够以码长多项式的时间和空间复杂度完成编码和译码的码类。工程应用中更多用到的是实用码。

从数学上来看，信道编码本质上是利用冗余将所有可能的输入信息映射为信道波形空间的点，而这个点的集合要小于并且包含于全信道空间中。一种编码方案就是从信息空间到更大信道空间的一个映射，通过增加冗余度，即将信息空间映射到更大的信道空间（在信道空间中绝大多数是非许用码字），以提高不同码字间的差异程度，从而获得编码增益。

信道编码是典型的代数编码，包括纠错码、交织及扰码，其中纠错码用于检测与纠正传输过程中因噪声干扰导致的差错，交织作为抗突发错误的一种有效手段，扰码对信源数据进行随机化处理。

纠错码按功能可分为检错码和纠错码，按对信源序列进行的不同处理方式可分为分组码、卷积码及级联码。卷积码逐位纠错，分组码纠正整个符号（典型如 1 字节符号 8 比特），分组码不关心 1 个符号中发生一位错误还是所有位都发生错误——它纠正的是整个符号。卷积码的纠错能力可以表示为（n, k）。这说明必须发送 n 比特来保护 k 比特的信息。分组码的纠错能力表示为（n/k），说明必须发送 n 个码符号（字节）来保护 k 个信息符号。一般情况下，如果错误比特均匀分布，使用卷积码较为合适。如果错误成组出现，则分组码更加适合。分组码的一个重要应用就是跳频通信，如果信号跳至另一个信号占用的频率上，则该跳频周期内发射的所有比特均发生错误。

按照信息码元在编码之后是否保持原来的形式不变，纠错码又可分为系统码与非系统码。在系统码中，编码后的信息码元不发生变化，并且与监督位分开，而在非系统码中，信息码元发生改变。系统码与非系统码的纠错能力完全等价，并且系统码的译码较非系统码的译码更为简捷，所以实际应用中得到广泛应用的是系统码。

线性分组码是信道编码中最基本的一类码，数学特征明显，是讨论各类码的基础。一般把信道编码中非 0 码元的个数称为码重，如 0001 码组的码重为 1，定义码距为两个码组中对应位上不同码元的个数。

信道编码常常采用编码的相关矩阵形式来进行讨论，(n,k) 分组码中生成矩阵 $\boldsymbol{G}$ 把一个长为 k 的输入向量 $\boldsymbol{M}$ 编码为一个长为 n 的向量 $\boldsymbol{C}$，满足关系

$$\boldsymbol{C}=\boldsymbol{MG}$$

其中 $\boldsymbol{C}$ 称作码字，而 $\boldsymbol{M}$ 称作信息字。

(n,k) 码的任意一个码字 $\boldsymbol{C}$ 均正交于校验矩阵 $\boldsymbol{H}$ 的一行，有如下校验关系成立

$$\boldsymbol{CH}^{\mathrm{T}}=\boldsymbol{0}$$

式中，$\boldsymbol{0}$ 代表由（$n-k$）个元素组成的全零行矢量。

系统码的校验矩阵 $\boldsymbol{H}$ 对应唯一的生成矩阵 $\boldsymbol{G}$，而非系统码的校验矩阵则可以对应多个生成矩阵。奇偶校验码是线性分组码中一种非常简单的编码方式，在计算机通信中应用广泛，奇偶校验码中无论信息位有多少位，校验位都只有 1 位，一般插入在一组码的末尾，码率等于 $k/(k+1)$。奇偶校验码可分为奇校验和偶校验两类，两者编码原理相同。偶校验中，校验位使码组中 1 的个数为偶数：$a_{n-1}\oplus a_{n-2}\oplus\cdots\oplus a_0=0$，其中 a_0 为监督位，其他位为信息位。奇校验中 $a_{n-1}\oplus a_{n-2}\oplus\cdots\oplus a_0=1$，此校验位使码组中 1 的个数为奇数。

水平奇偶校验码是奇偶校验码的一种改进形式，该编码方式将信息按奇(偶)校验规则进行编码，然后将信息以每个码组一行排成一个阵列，发送按列的顺序进行。在接收端也以列的顺序排成方阵，然后进行奇（偶）校验。如表 2.4 为采用奇校验的水平奇偶校验码。

表 2.4 水平奇偶校验码

信息码元	校验码元
10100	1
00110	1
10011	0
01010	1
10101	0

Hamming（汉明）码是能纠正单个错误而且编码效率较高的一种线性分组码。它不仅性能好而且编译码电路非常简单，易于工程实现，是工程中常用的一种纠错码。(n,k) Hamming 码在偶校验码中 $a_{n-1} \oplus a_{n-2} \oplus \cdots \oplus a_0 = 0$，实际上就是计算：

$$S = a_{n-1} \oplus a_{n-2} \oplus \cdots \oplus a_0$$

并检验 S 是否等于 0。若 S=0，就认为无错码。若 S=1，就认为有错码。此处 S 称为“校验子”。进一步如果增加校验子的个数，如 2 个校验子能表示 4 种不同的信息 00，01，10，11，如以其中 1 种表示无错，其余 3 种就有可能用来指示 1 位错码的 3 种不同位置，同理 r 个校验子能指示 1 位错码的 $2^r - 1$ 个可能位置。理论上当校验子可以指明的错码位置数目等于或大于码组长度 n 时，能够纠正码组中任何 1 个位置上的错码。

对常用的(7,4) Hamming 码，以 $a_6a_5a_4a_3a_2a_1a_0$ 表示 7 位码元，$S_1S_2S_3$ 表示校验子，假设校正子与误码位置的关系如表 2.5 所示。

表 2.5 校验子与误码位置关系

$S_1S_2S_3$	误码位置	$S_1S_2S_3$	误码位置
001	a_0	101	a_4
010	a_1	110	a_5
100	a_2	111	a_6
011	a_3	000	无

由表可知当误码位置在 a_2, a_4, a_5 或 a_6 时，校验子 $S_1 = 1$ 的值才等于 1，因此有

$$S_1 = a_2 + a_4 + a_5 + a_6$$

同理，有

$$S_2 = a_1 + a_3 + a_5 + a_6$$

$$S_3 = a_0 + a_3 + a_4 + a_6$$

(7,4) Hamming 码编码中当校正子 $S_1S_2S_3$ 均为 0 时，可得到校验位的关系

$$a_2 = a_4 + a_5 + a_6$$

$$a_1 = a_3 + a_5 + a_6$$

$$a_0 = a_3 + a_4 + a_6$$

由上述方程可以计算得到 16 个许用码组，如表 2.6 所示。

表 2.6　(7,4) Hamming 码许用码组

信息位	校验位	信息位	校验位
0000	000	1000	111
0001	011	1001	100
0010	101	1010	010
0011	110	1011	001
0100	110	1100	001
0101	101	1101	010
0110	011	1110	100
0111	000	1111	111

下面举例说明汉明码的产生过程。

本例中使用简单的（7,4）汉明码。该码中，每个发送的码组包含四个信息比特和三个纠错比特。图 2.58 给出了汉明码产生器。发送的信息是 4 比特的“1010”。如果第一位是 1，编码器将发生器中的第一个 7 比特字存入寄存器。如果第二位是 1，则输入发生器的第二行，然而由于实际上第二位是 0，所以输入 7 个 0。第三位为 1，发生器的第三行输入至寄存器。最后一消息位是 0，所以在寄存器第四行添加 7 位 0。

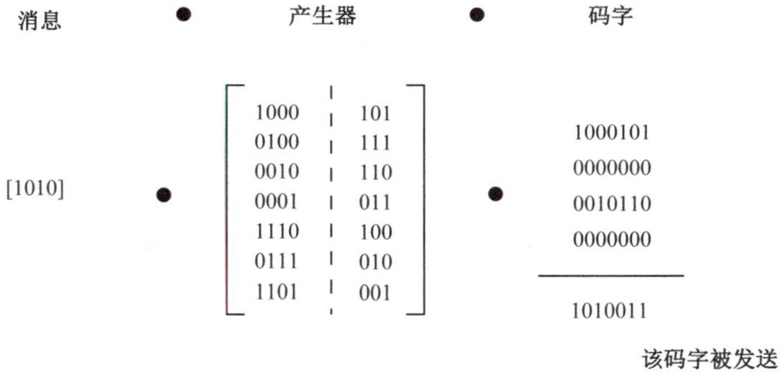

图 2.58　（7，4）汉明码产生器

然后，将输出寄存器的四行相加得到发射码字“1010011”。发射的 7 比特中包含了 4 比特信息。为使问题变得有趣，在接收到的信号中加入一个错误。错误信号为“0001000”。这导致接收机接收到的错误消息为“1011011”。

接收机解码器如图 2.59 所示。与码产生器一样，如果第一位为 1，解码器将第一行加入到输出寄存器中，如果为 0，则加入 3 个 0。接收码组的 7 位都经过处理，寄存器中的 7 个二进制数进行相加得到三位码字 011。重新观察解码器，可以发现“011”位于解码器的第四个位置。因此，需要在接收消息的第四位加上一个 1 来纠正错误。

正确传输信号在解码器中的操作留给读者作为练习。读者可以发现输出寄存器中 7 个二进制数之和为“000”，表示传输未发生错误。

发送 =[1010011]

错误 =[0001000]

接收 =[1011011]

$$[1011011]\bullet\begin{bmatrix}101\\111\\110\\011\\100\\010\\001\end{bmatrix}\bullet\begin{array}{c}101\\000\\110\\011\\000\\010\\001\\\hline 011\end{array}$$

因此第4比特是错误的

通过将接收码字与0001000相加错误被纠正

图 2.59 （7，4）汉明码解码器

RS 码是一类非二进制的 BCH 码，其编码系统建立在符号的基础上，而不是单个的 0 和 1，这使得它处理突发错误特别好。在 (n,k) RS 码中，输入的信息分成 mk 比特一组，每组包括 k 个符号，每个符号由 m 比特组成。(n,k) RS 码的纠错能力为 $t=(n-k)/2$，最小码距为 $d=2t+1$。在所有的 (n,k) 线性分组码中，RS 码的最小码距是最大的，所以 RS 码的纠错能力也是最强的。在接收端收到码流后，如果在一个包内发生的误码不大于 t 个符号，则可以在接收端重建原始的信息内容。在一个符号中，有一位或多位比特发生错误都算成一个符号错误，因此 RS 编码特别适用于存在突发错误的信道。

对于 (n,k) BCH 码或 RS 码，只要令前面 j 个信息码元为 0，且满足 $j<k$，就可以将 (n,k) 码缩短为 $(n-j,k-j)$ 码，并称之为缩短码。删去前面 j 个 0 之后的缩短码纠错能力不会下降，最小距离也不变。如果希望比较灵活地选择编码参数，可以采用缩短码，将码组前面若干个码元符号置 0，且不发送这些符号。如 RS(255，239)码的缩短码 RS(216，200)，其最大纠错能力 $t=(n-k)/2=8$。由于码长的变短，增加了编码的效率。RS 编码举例，RS(216，200)码本原元 $\alpha=2$，本原多项式：

$$x^8+x^4+x^3+x^2+1=0$$

生成多项式为：

$$\begin{aligned}g(x)&=(x+\alpha^0)(x+\alpha^1)(x+\alpha^2).......(x+\alpha^{15})\\&=x^{16}+59x^{15}+13x^{14}+104x^{13}+189x^{12}+68x^{11}\\&\quad+209x^{10}+30x^9+8x^8+163x^7+65x^6+41x^5\\&\quad+229x^4+98x^3+50x^2+36x+59\end{aligned}$$

生成多项式中各项系数 g_{16}，g_{15}，g_{14},…，g_1，g_0 依次为 1，59，13，…，36，59。

虽然 RS(216，200)码由 RS(255，239)码截短而来，但仍然可以直接将其信息多项式对生成多项式求余得到检验多项式。RS(216，200)码编码器逻辑电路图如图 2.60 所示

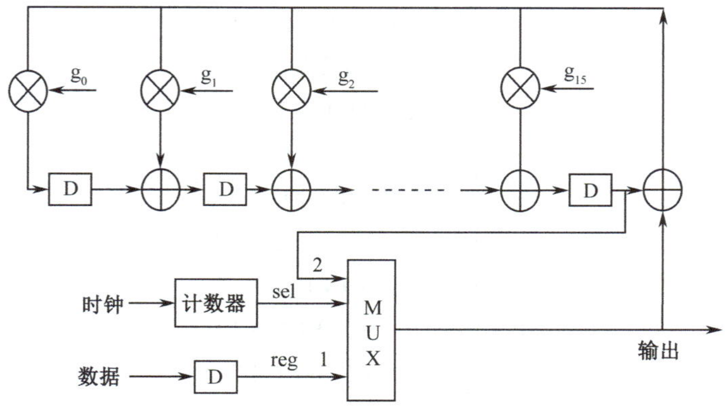

图 2.60 RS(216，200)编码器逻辑电路图

初始时编码器复位于零初态，第一个信息码元到来时，计数器开始计数，每来一个信息码元计数器加 1，后端的选择器选择 1 端作为输出，并反馈回移位寄存器。当计数器记录到 200 时，最后一个信息码元输入完成，计数器计到 201 产生控制信息 sel，此时 MUX 开始选择 2 端即反馈移位寄存器的输出端作为校验码元输出，并反馈回寄存器，由于此时最右端加法器的输出端相同，根据有限域加法器的特点，加法器输出端此时输出为零。当计数器计数到 216 时，16 个校验码元的最后一个输出，一次编码完成，在下个时钟周期 sel 控制信息取消，所有的寄存器、计数器及选择器回到初始状态，进行下一次编码。

下面举一个实际例子。

Link16（JTIDS）是一种广泛使用的军用数据链，它使用（31，15）RS 码。每个分组发送 31 个字节，其中包括 15 个信息字节。这种码最多可以纠正 31 个字节中的 8 个错误字节。额外的字节需要接收机带宽大于原来的两倍。Link16 采用跳频机制（每个跳频周期发送 31 个字节），如果一个跳变频率被占用或被干扰，31 个字节的数据将会全部丢失。

由于（31，15）RS 码只能纠正 8 个错误字节，所以一个跳频周期中被交织并发送的数据在 31 个字节中不能超过 8 个字节。图 2.61 给出一种简化的交织机制，实际上在现代通信系统中这些信息字节的放置是伪随机的。

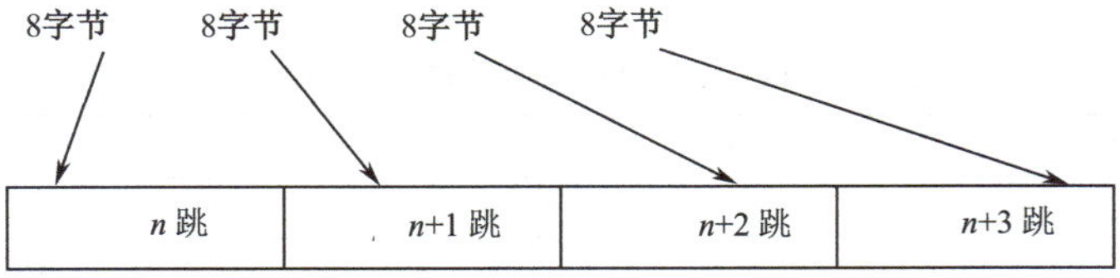

图 2.61 一种简化的交织机制

LDPC 码是一种能接近 Shannon 限的纠错码，不仅有逼近 Shannon 限的良好性能，而且译码复杂度较低, 结构灵活，是近年来信道编码领域的研究热点。LDPC 码的主要缺点在于编码复杂度高，其性能的优越性通常需要在码长较大的时候才能体现出来，然而当码长较大时，编码有一定时延。LDPC 码由稀疏校验矩阵 $\boldsymbol{H}$ 来定义，校验矩阵 $\boldsymbol{H}$ 中的元素除了一小部分为 1 外其余均为 0，即校验矩阵是稀疏的，$\boldsymbol{H}$ 中的每一行表示一个校验和，即所在行中“1”元素所对应的列表示的码位满足校验和关系（校验和为零），而每一列对应于码字中一个比特位。典型校验矩阵如下所示：

$$
\boldsymbol{H}=\begin{bmatrix}
1&1&1&1&0&0&0&0&0&0&0&0\\
0&0&0&0&1&1&1&1&0&0&0&0\\
0&0&0&0&0&0&0&0&1&1&1&1\\
1&0&1&0&0&1&0&0&0&1&0&0\\
0&1&0&0&0&0&1&1&0&0&0&1\\
0&0&0&1&1&0&0&0&1&0&1&0\\
1&0&0&1&0&0&1&0&0&1&0&0\\
0&1&0&0&0&1&0&1&0&0&1&0\\
0&0&1&0&1&0&0&0&1&0&0&1
\end{bmatrix}
$$

一般卷积码的纠错能力随约束长度的增加而增强，差错率则随着约束长度增加而呈指数下降。卷积码的编码形式较为简单，约束长度不大时的(2，1，2)卷积码编码框图见图 2.62。

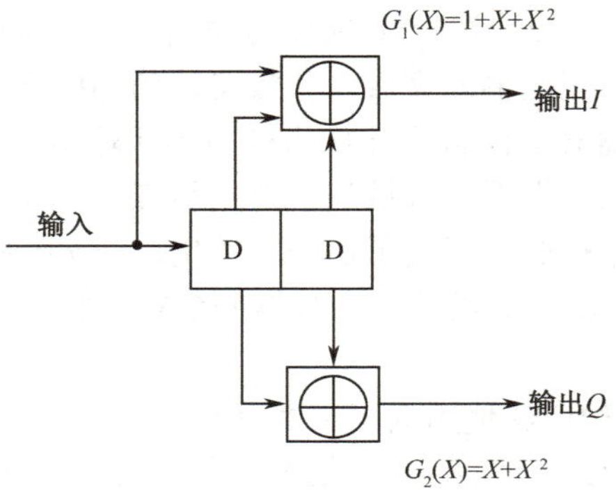

图 2.62 (2，1，2)卷积码编码框图

由图可知，在每个有效数据来临时，模 2 加法器按生成多项式计算出输入数据的编码结果并输出，与此同时移位寄存器开始工作即将所有移位寄存器右移一位，等待下一个有效数据来临重复上述过程。

表 2.7 列出了(2，1，2)卷积码的输入和输出比特关系的所有可能。

表 2.7 (2，1，2)卷积码的输入和输出比特

输入比特	当前状态	输出比特	下一状态
0	00	00	00
1	00	10	10
0	01	11	00
1	01	01	10
0	10	11	01
1	10	01	11
0	11	00	01
1	11	10	11

移位寄存器状态共有 $2^2=4$ 种，可以构造如图 2.63 所示的栅格图，栅格图中的节点是长方形格子，右边伪无限。

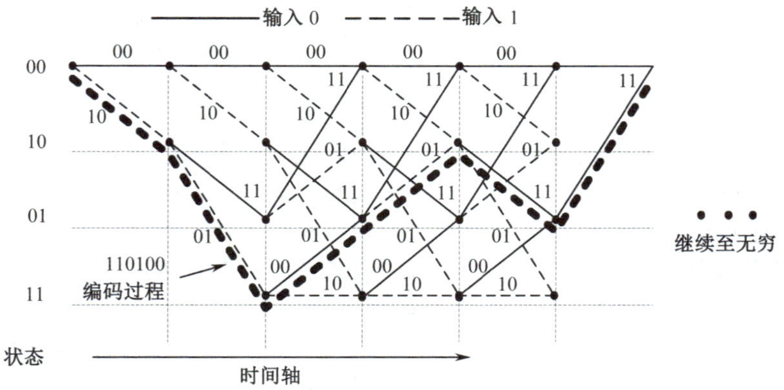

图 2.63　(2，1，2)卷积码栅格图

可见编码后序列和栅格图路径之间有一一对应的关系，译码就是从栅格图中寻找最可能的路径。

交织与纠错码一起使用，其作用在于将信道错误进行重排，以更适合于纠错码的纠错类型。常用的分组交织以组为单位进行交织，即将纠错序列分割成 L 位一帧，对每帧实施置换，以达到将突发错误转换成离散错误的目的。分组交织中最常见的行列交织从结构上看是一个 M 行 N 列的二维存储阵列。已编码的数据按比特或者符号逐行写入存储器，然后按列从存储器中读出，这样就完成了交织过程。图 2.64 为行列交织的原理图（去交织与其相似）。

写入 →；读出 ↓

a_1	a_2	a_3	a_4	a_5	a_6	a_7	a_8
b_1	b_2	b_3	b_4	b_5	b_6	b_7	b_8
c_1	c_2	c_3	c_4	c_5	c_6	c_7	c_8
d_1	d_2	d_3	d_4	d_5	d_6	d_7	d_8
e_1	e_2	e_3	e_4	e_5	e_6	e_7	e_8

图 2.64　行列交织原理图

若信息流在信道传输过程中，在第 11 个至第 15 个数据位置发生突发错误，用*表示出错数据，如不采用交织技术，则接收信息流为

$a_1, a_2, a_3, a_4, a_5, a_6, a_7, a_8, b_1, b_2, *, *, *, *, *, b_8, c_1, c_2, c_3, c_4, c_5, c_6, c_7, c_8, d_1, d_2, d_3, d_4, d_5, d_6, d_7, d_8, e_1, e_2, e_3, e_4, e_5, e_6, e_7, e_8$

从接收到的信息流可以发现在接收码字中有 5 个错误，造成纠错码对该信息流无法纠错。如采用交织技术，5 个错误位置不变，则系统接收端接收到的信息流为

$a_1, b_1, c_1, d_1, e_1, a_2, b_2, c_2, d_2, e_2, *, *, *, *, *, a_4, b_4, c_4, d_4, e_4, a_5, b_5, c_5, d_5, e_5, a_6, b_6, c_6, d_6, e_6, a_7, b_7, c_7, d_7, e_7, a_8, b_8, c_8, d_8, e_8$

经去交织处理后，数据流变为

$a_1, a_2, *, a_4, a_5, a_6, a_7, a_8, b_1, b_2, *, b_4, b_5, b_6, b_7, b_8, c_1, c_2, *, c_4, c_5, c_6, c_7, c_8, d_1, d_2, *, d_4, d_5, d_6, d_7, d_8, e_1, e_2, *, e_4, e_5, e_6, e_7, e_8$

5 个突发错误被分散，调整到了纠错码的纠错范围之内。由此可以得出交织器能使纠错码纠突发错误能力增强的结论。

在实际应用中，为了解决性能与实现难度之间的矛盾，系统可以采用多次编码，对各级编码，看成一个整体编码，就是级联码。级联码不仅可以改善渐近性能，同样可以提高较低信噪比下的性能。当由两个编码串联起来构成一个级联码时，作为离散信道中的编码称为内码，以离散信道为信道的信道编码称为外码。由于内码译码结果不可避免地会产生突发错误。因此内外码之间一般都要有一层交织器。一般级联码结构如图 2.65 所示。

图 2.65 级联码结构

级联形式的编码虽然大大提高了纠错能力，但这个能力的提高是用编码效率的降低换来的。在信道质量较差时，新增加的一层编码反而可能会使误码越纠越多。级联码对硬判决解调信息的译码形式使得接收信号所包含的信息在输入译码器之前就已丢失一部分，接收序列内含的信息仍未被充分利用。一个可以改进的方向是利用迭代以充分利用信息，如译码性能非常优异的并行级联编码——Turbo 码，常见 Turbo 码结构如图 2.66 所示。

Turbo 码由两个递归循环卷积码(RSC)并行级联而成，卷积编码器之间用交织器相连，一个 RSC 生成多项式为(7，5)的编码器结构见图 2.67。

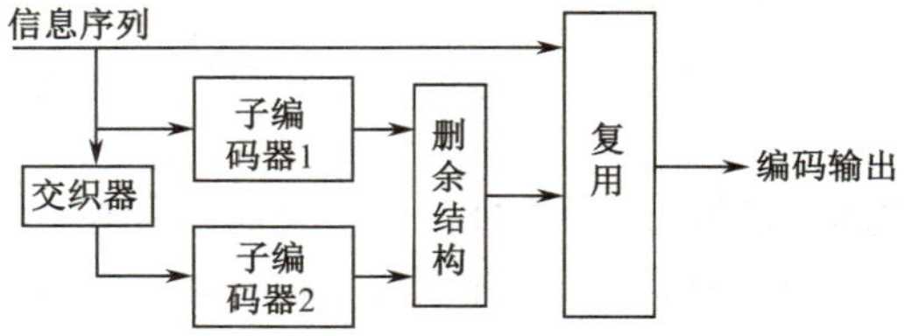

图 2.66 Turbo 码结构

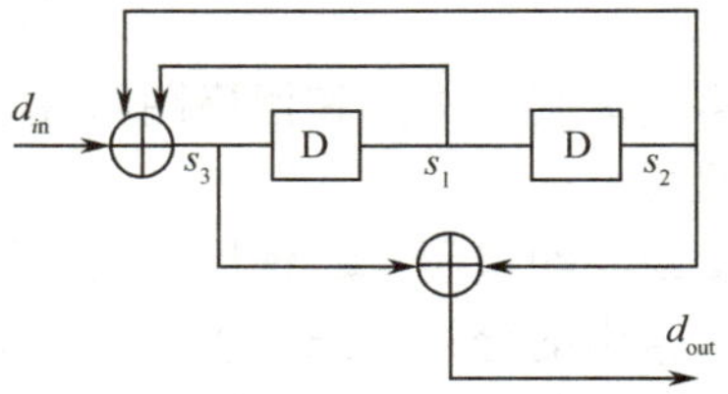

图 2.67 RSC 分量编码器

图 2.67 中 d_{in} 为输入序列，d_{out} 为输出序列，D 为寄存器单元。

RSC 编码器的输出为

$$d_{out} = d_{in} \oplus s_1 \oplus s_2 \oplus s_2 = d_{in} \oplus s_1$$

当前状态：$s_1 s_2$，下次转移状态：$s_3 s_1$，RSC 的栅格图如图 2.68 所示。

扰码用于对信源编码器送来的数据进行随机化处理，改变原有数据序列的统计特性，使之具有伪随机特性。采用线性反馈移位寄存器 $x^4 + x + 1$ 生成伪随机序列“101011001000”的数据发生器如图 2.69 所示。

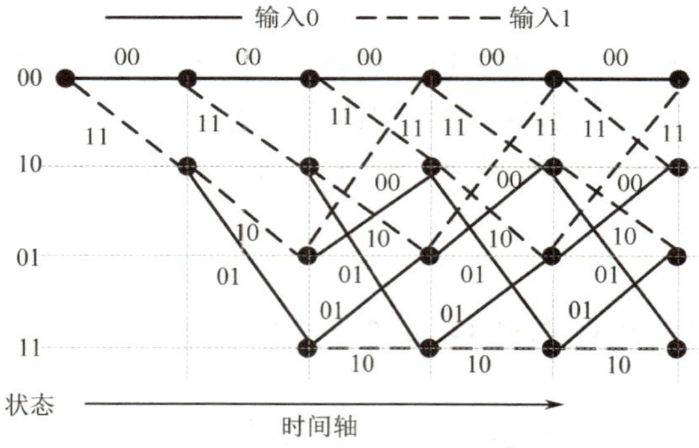

图 2.68 RSC 栅格图

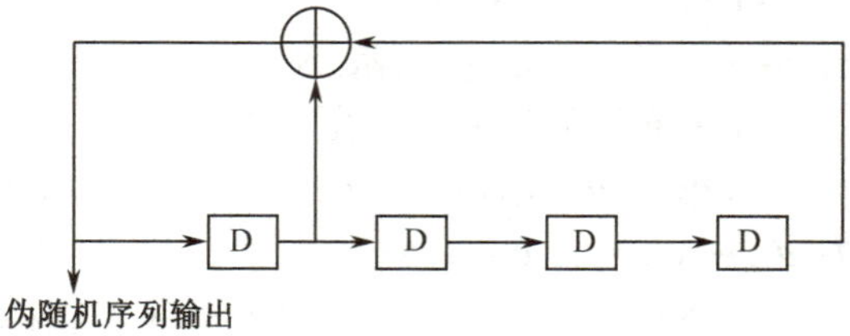

图 2.69 伪随机序列发生器

一般说来信道环境不同，同样调制信号的解调误码率大大不同，这就需要采用不同的信道编码方案来匹配相应信道。一般信道条件好的应用环境可选择实现复杂度相对较低纠错性能一般的信道编码，信道条件差的应用环境则需要选择实现复杂度高纠错能力强的信道编码方案。

如在数字电视的发展过程中，有线数字电视由于信道条件很好，DVB-C 采用扰码+RS

码＋交织的信道编码方案就足以保证优异的传输质量，如图 2.70 所示。

图 2.70 DVB-C 编码方案

地面无线数字电视的传输信道条件很差，存在多径干扰和选择性衰落等不利因素，对信道编码提出了很高的要求，所以 DVB-T 采用扰码+复杂级联码(RS 码＋外交织＋卷积码＋内交织)的形式（见图 2.71），考虑到信道环境的复杂多变，为在保证通信质量的前提下尽可能提高通信效率，卷积码编码效率可选，有 1/2、2/3、3/4、5/6、7/8 五种选择。

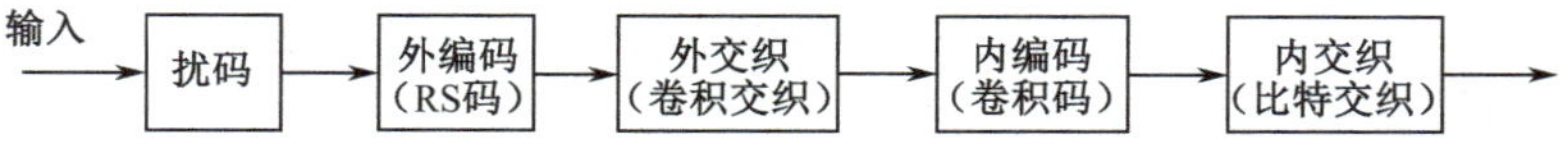

图 2.71 DVB-T 编码方案

卫星电视的信道虽然也为无线信道，但它的信道条件比地面无线信道要好，所以 DVB-S 的信道编码方案复杂形式介于 DVB-C 和 DVB-T 之间，采用的是扰码+一般级联码（RS 码＋交织＋卷积码）的方式，如图 2.72 所示。

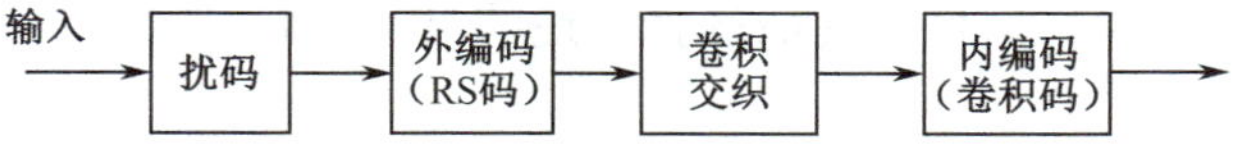

图 2.72 DVB-S 编码方案

随着卫星通信多媒体业务需求量的激增，为支持宽带通信业务的可靠传输，新一代的卫星电视标准 DVB-S2 最引人注目的革新就是信道编码方案，DVB-S2 采用了扰码+级联码(BCH 码+LDPC 码)+交织的信道编码方案，如图 2.73 所示。

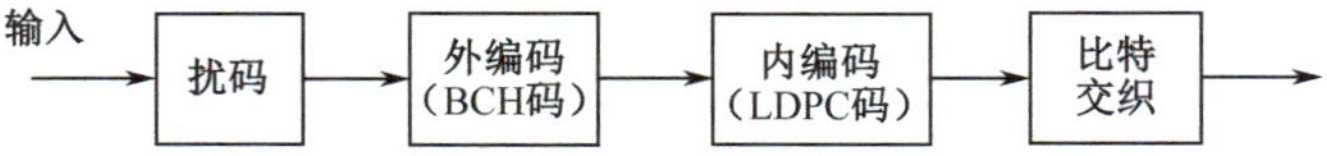

图 2.73 DVB-S2 编码方案

第3章　通信天线

天线是一种把电信号（即电缆中的信号）转换为电磁波（即大气或空间中的信号）的装置，反过来也可以把电磁波转换为电信号。根据接收（或发射）信号的频率以及工作参数的不同，天线的尺寸和结构都会存在很大的差别。由于本书主要介绍关于通信电子战方面的内容，因此，我们更关注的是通信中常用的天线类型。当然，有一点需要记住，天线并不关心它所接收/发射信号的调制方式——因而实际上覆盖了很多类型的天线。

从功能上看，任何天线都可以发射或者接收无线电信号，当然，如果是用于大功率发射，则天线必须具备相应的功率承载能力。

3.1　天线参数

常用的天线性能参数见表3.1，在稍后的介绍中会涉及表中所有的条目。

本章讨论的天线包括了威胁天线和电子战（EW）天线。本章内容主要包括各种类型天线的参数及其应用场合、根据任务使命选择合适的天线、各种天线参数之间的换算公式等内容。

表3.1　常用天线的性能参数

名　称	定　义
增益	经过天线处理以后信号强度（通常用dB表示）的增加量。（注：天线增益可以是正数，也可以是负数。一个“全向天线”具有单位增益，一般表示为0dB）
频率覆盖范围	指天线能够发射或接收信号、并且能够提供合适性能指标参数的频率范围
带宽	以频率为单位的频率范围，一般用百分比带宽来表示：100%×（最大频率－最小频率）/平均频率
极化	接收或发射的电波的方向，主要有垂直极化、水平极化、右旋或者左旋极化——也可以是斜线极化（可任意角度）或者椭圆极化
波束宽度	天线的覆盖角度，一般以度为单位
效率	增益与指向性的比值

3.1.1　天线类型

在电子战设备中使用的天线类型很多，它们的覆盖角度范围、提供的增益、极化方式、物理尺寸和外形特点等均有所不同。一般根据具体应用场合来选择最合适的天线，通常需要根据对系统设计影响最大的参数来确定使用哪种类型的天线。

1．选择合适的天线

对于任何一种特定的电子战应用场合，使用的天线必须能提供所需要的覆盖角度、极化类型和工作频段。表3.2列出了根据常规的性能参数进行天线选择的指南。在表中，覆盖角度只分为“360°方位”和“定向”两种类型。具有360度方位覆盖的天线通常叫做“全向天线”，其实这种叫法并不准确，因为真正的全向天线应该能提供球形的覆盖，而这里所说的“全向天线”在垂直方向的覆盖是有限的（有些是在其他方面受限）。当然，在绝大多数应用中，这种“全向”已经够用了——它能同时接收到来自“任何方位”的信号，在需要时（或者允许时）也能把信号从各个方位发射出去。定向天线在水平方向和垂直方向的覆盖范围都有限，尽管需要指向需要发射或者接收的区域，定向天线一般能提供比全向天线更高的增益。在电子战设备中使用定向天线的另一个优点是可以显著降低不需要的信号的电平，同样，也能更有效地向敌方发射信号功率。

接下来，表中的内容按极化方式来分类，最后按带宽（窄带或者宽带）来分类。在大多数电子战应用中，“宽”带意味着一个倍频程（有时候会更多）。

表 3.2　天线选择参考

方位覆盖	极　化	带　宽	天线类型
360°方位	线极化	窄	鞭天线，偶极子天线，环形天线
		宽	双锥天线，或者十字形天线
	圆极化	窄	普通螺旋天线
		宽	菩提树型（Lindenblad）天线或者 4 臂圆锥螺旋天线
定向	线极化	窄	八木天线，偶极子阵列，或者带有喇叭馈源的碟形天线
		宽	对数周期天线，用对数周期天线作为馈源的喇叭天线或碟形天线
	圆极化	窄	轴向螺旋天线，或者带有极化器的喇叭天线，或者装有交叉偶极子馈源的碟形天线
		宽	背腔体平面螺旋天线，锥形螺旋天线或者用螺旋天线作为馈源的碟形天线

3.1.2　不同类型天线的基本特点

表 3.3 对在电子战应用中使用的各种天线的参数进行了概括。对每一种类型的天线，左边的一列给出了反映天线外形特点的草图，中间一列给出了该类天线在水平方向和垂直方向的方向图，只有这些方向图的基本形状是有用的——每一种天线的具体方向图是由它的具体设计决定的。最右边一列对各种天线的典型技术参数进行了总结。“典型”在这里是一个重要的词，因为参数的可能范围要大得多——例如，理论上任何一种天线都可能用在任意的频率范围。当然，在实际中会综合考虑物理尺寸、安装、合适的应用等因素确定在某个典型频段使用一种特定的天线类型。

表 3.3　各种类型天线的特点

天线类型	方向图	典型指标	天线类型	方向图	典型指标
偶极子天线 		极化：垂直极化 波束：80°×360° 增益：2dB 带宽：10% 频率范围：0 到微波	双锥 天线 		极化：垂直极化 波束：20°×360° 增益：0～4dB 带宽：4 比 1 频率范围：UHF 到毫米波
鞭天线 		极化：垂直极化 波束：45°×360° 增益：0dB 带宽：10% 频率范围：HF 到 UHF	Lindenblad 天线 		极化：圆极化 波束：80°×360° 增益：-1dB 带宽：2 比 1 频率范围：UHF 到微波

续表

天线类型	方向图	典型指标	天线类型	方向图	典型指标
环天线 	EI Az 	极化：水平极化 波束：80°×360° 增益：-2dB 带宽：10% 频率范围：HF 到 UHF	万十字天线 	EI Az 	极化：水平极化 波束：80°×360° 增益：-1dB 带宽：2 比 1 频率范围：UHF 到微波
常规螺旋天线 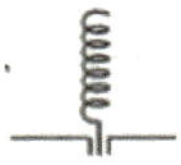	EI Az 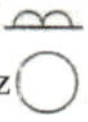	极化：圆极化 波束：40°×36° 增益：0dB 带宽：10% 频率范围：HF 到 UHF	八木天线 	EI Az 	极化：水平极化 波束：90°×50° 增益：5～15dB 带宽：5% 频率范围：VHF 到 UHF
轴向螺旋天线 	EI&Az 	极化：圆极化 波束：50°×50° 增益：10dB 带宽：70% 频率范围：UHF 到低微波	对数周期天线 	EI Az 	极化：水平或者垂直极化 波束：80°×60° 增益：6～8dB 带宽：10 比 1 频率范围：HF 到微波
背腔体平面螺旋天线 	EI&Az 	极化：右旋/左旋水平极化 波束：60°×60° 增益：-15dB（频率低端） +3dB（频率高端） 带宽：9 比 1 频率范围：微波	带极化器的喇叭天线 	EI Az 	极化：圆极化 波束：40°×40° 增益：4～10dB 带宽：3 比 1 频率范围：微波
圆锥螺旋天线 	EI&Az 	极化：圆极化 波束：60°×60° 增益：5～8dB 带宽：4 比 1 频率范围：UHF 到微波	抛物面碟形天线 	EI&Az 	极化：取决于馈源 波束：5°~30° 增益：10～55dB 带宽：取决于馈源 频率范围：UHF 到微波
4 臂圆锥螺旋天线 	EI Az 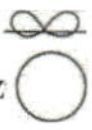	极化：圆极化 波束：50°×360° 增益：0dB 带宽：4 比 1 频率范围：UHF 到微波	相控阵天线 	EI Az 	极化：取决于单元天线 波束：5°～30° 增益：10～40dB 带宽：取决于单元天线 频率范围：VHF 到微波
喇叭天线 	EI Az 	极化：线极化 波束：40°×40° 增益：5～10dB 带宽：4 比 1 频率范围：VHF 到毫米波			

3.2　几种重要的通信天线

在战术通信中，鞭天线是使用最广泛的一种。鞭天线具有360°的方位覆盖，因此，发射方不需要知道接收方的方位，接收方也不需要知道发射方的方位。鞭天线的一个很有趣的特点是它的有效高度就是天线末端的高度，天线有效高度是在第5章中将要讨论的传输公式的重要输入参数，在飞机上用的单极天线也具有同样的特点。

对于地面的通信干扰设备来说，对数周期天线是一个不错的选择，通过合理设计可以覆盖战术通信范围的任意部分。同时，对数周期天线也能覆盖较宽的频段，增益也不低。

抛物面碟形天线广泛用于数据链和卫星通信，这些通信链路一般工作在微波频段。

偶极子天线大多用于战术通信频段的测向系统。当工作频段较窄时，偶极子天线能提供合适的增益。由于大多数测向系统的工作带宽都达到几个倍频程（在第7章可以看到，单个阵列需要覆盖5个倍频程），测向天线阵列中的偶极子天线一般使用匹配网络，使用匹配网络后，天线增益会大大降低，在低端的典型增益值一般为-20dB。

3.3　天线波束

在整个电子战领域，其中一项重要的工作是使用各种参数来定义一个天线的波束。图3.1对几种天线波束的定义进行了描述，图中是天线的幅度方向图（在一个面内），可以是水平方向图，也可以是垂直方向图，或者是包含天线的任意一个面内的方向图。这种方向图是在墙壁不反射信号的暗室（天线暗室）里得到的，被测试的天线在一个平面内旋转，并接收由一个固定的测试天线发射的信号，接收的信号功率被记录下来，形成功率关于方位（被测天线相对于测试天线的方位）的函数。

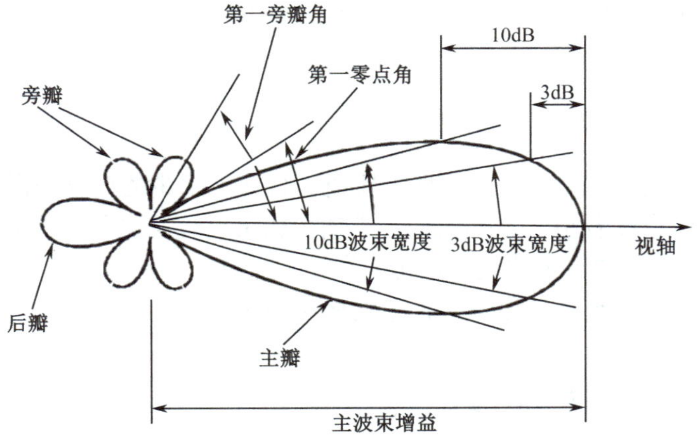

图3.1　天线幅度方向图

- 视轴：视轴是天线设计的指向方向，一般是最大增益方向，其他几个角度参数基本都是相对于视轴定义的。
- 主瓣：指天线的主波束，或者增益最大的波束。主瓣的形状是依据增益与相对视轴的夹角定义的。主要有垂直方向的形状和水平方向的形状，它们可以是相同的，也可以存在较大的差别。

- 波束宽度：指波束的宽度（一般以度为单位），以视轴为基准，增益下降到一定量时的角度，如果未给出具体参数，波束宽度一般指 3dB 宽度。水平波束宽度一般叫做“方位”波束宽度，垂直波束宽度一般称为“俯仰”波束宽度。
- 3dB 波束宽度：增益下降到最大增益的一半（即 3dB 增益衰减）时的双边角度（在一个面内）。注意到所有的波束宽度均是双边值，例如，某天线的 3dB 波束宽度为 10°，从视轴下降 3dB 的角度为 5°，因此，2 个 3dB 点相差 10°。如果仅提“波束宽度”，则一般是指 3dB 波束宽度。
- “*n*” dB 波束宽度：波束宽度可以根据任意增益衰减值来定义，如图中的 10dB 波束宽度。
- 旁瓣：除了想要的波束，天线还会有其他的波束，如图 3.1 所示。后瓣在主波束的相反方向，而旁瓣则指向其他的方向。
- 第一旁瓣角：第一旁瓣角是指从主波束的视轴到第一旁瓣的最大增益方向的夹角。注意到这是一个单边的值。（在未认识到波束宽度是双边值，而第一旁瓣角是单边值前，当人们第一次看到一个表中第一旁瓣角比主波束宽度小时，往往会感到很困惑）。
- 第一零点角：第一零点角是指从主波束视轴到主波束与第一旁瓣之间增益最小处的角度，该角度也是单边值。
- 旁瓣增益：旁瓣增益一般是以相对于主波束最大增益的增益值（一个较大的负数，单位为 dB）。天线设计时并不针对某些特定的旁瓣电平来设计——由于旁瓣一般是无益的，因此，制造天线时必须确保旁瓣低于某些特定的值。当然，从电子战或者侦察的角度看，了解你想截获的信号的发射天线的旁瓣值是很重要的。电子战接收系统一般设计成能接收“0dB 旁瓣”信号——这就意味着旁瓣增益要比主瓣增益低一个主瓣增益的值。例如，如果一个天线的视轴指向你的接收天线，则主瓣增益为 40dB 的天线，从其 0dB 旁瓣发射的信号功率比从主瓣发射的功率低 40dB。

天线效率

天线效率指天线的增益与其指向性的比值。目前，窄带的抛物面碟形天线的最大天线效率为 55%，窄带意味着小于 10%的相对带宽。如果天线需要覆盖更宽的频段，则效率会下降。例如，一个典型的电子战天线，其工作频率范围为 2～18GHz，其预期的效率在频率低端约为 30%，在频率高端约为 40%，平均效率为 35%。

3.4　有关天线增益的附加说明

为了反映天线增益对接收信号的增强作用，我们需要用 dBm 来描述“空间电波”信号强度——其实这是不准确的，dBm 本质上是相对于 1 毫瓦功率的对数表示——它只存在于电路中。表示发射信号强度的更精确的方式是用场强，其单位为微伏每米（μV/m），包含天线在内的接收机灵敏度一般用μV/m 表示。dBm 和μV/m 的转换公式参见 5.2 节。

3.5　极化

从电子战的角度看，极化最重要的影响是，如果天线的极化与需要接收的信号的极化不匹配，则接收到的信号功率会减小。通常（不是总是）线性极化的天线在其极化方向具有直线几何形状（例如，垂直极化的天线倾向于竖向的外形）。圆极化的天线倾向圆形或者交叉的形状，圆极化天线分为右旋（LHC）和左旋（RHC）。各种极化匹配的增益损耗如图 3.2 所示。右旋圆极化和左旋圆极化之间的极化损耗大约为 25dB。这是一个需要重点考虑的问题，因为像在电波暗室中使用的仪器天线，可能会达到近 25dB 的交叉极化损耗。机载雷达告警接收系统中使用的小型带腔体螺旋天线具有将近 10dB 的隔离度。空一地链路中使用的窄带圆极化天线一般需要仔细设计极化隔离度，可以达到 33dB 的交叉极化损耗。

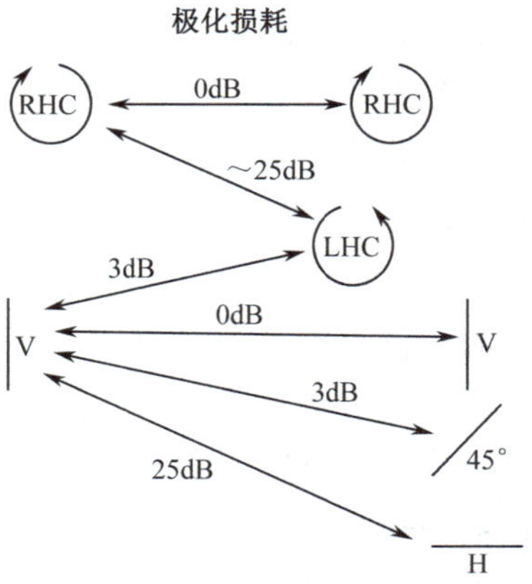

图 3.2　交叉极化损耗

在电子战中，一个重要的方法是使用圆极化天线来接收极化方向未知的线极化信号，虽然会带来 3dB 的损耗，但可以避免因交叉极化带来的巨大损耗。当接收的信号可以是任意极化方式时（即任意的线极化或者圆极化），通常的做法是同时使用左旋极化天线和右旋极化天线接收，并进行快速测量，选取较强的信号。

3.6　相控阵

由于一些非常实际的需要，相控阵天线在微波通信中变得越来越重要。相控阵天线具有非常迅捷的电控扫描能力和零陷干扰信号的能力等优点。相控阵天线的一个额外的优点是它可以做成与装载平台表面共形，这对于升空平台来说尤为有价值，这是因为抛物面天线（另一种产生窄波束的主要途径）必须安装在突出飞行器表面很多的天线罩中，以实现较大的覆盖角度，而任何突出飞行器表面的东西都会带来明显的空气动力学问题。

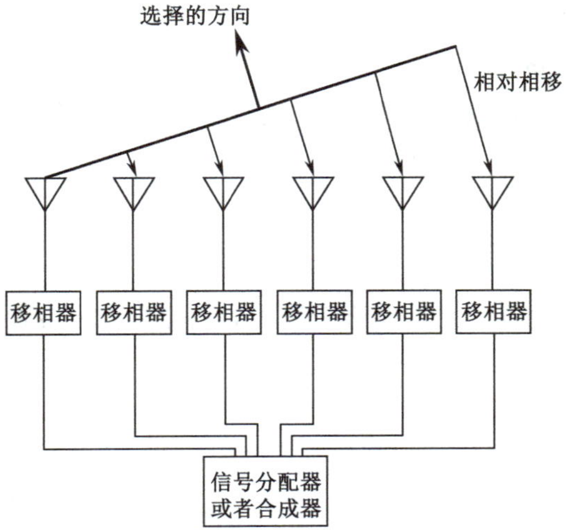

图 3.3　相控阵天线接收所选择方向的信号

相控阵是一组一起使用，好像一个大天线的小天线组。图 3.3 阐明了相控阵的工作原理，图中画出了一个线形的天线阵，以及到达天线阵的接收信号。由于信号是来自远距离的发射机，沿着与到达方向相垂直的直线，到达各天线位置的信号的相位几乎是相同的，这表现为一条等相位线，通常叫做波前（wavefront）。

每个天线后面接一个移相器，通过调节移相器，使来自所有天线的信号到达信号合成器是同相的——如果发射机的方向如图 3.3 所示，这样，来自需要方向的信号就会相加，而来自其他方向的信号则不会，这就形成了天线波束。

由于相控阵既可以用作发射天线，也可以用作接收天线，因此，图 3.3 中的移相器均与信号分配器或者信号合成器相连。

相控阵可以是线阵（如图 3.3 所示），也可以是面阵。线阵只能产生一维的窄波束，而面阵可以产生二维的波束。天线阵并不一定是平直的，它可以沿着飞行器的表面弯曲地安装（即与飞行器共形）。

移相器可以是固定的，也可以是可调节的，如果移相器是固定的，则波束的方向相对于天线阵的方位是固定的。在这种情况下，需要依靠移动阵列来进行波束扫描。如果移相器的相位是电控可调的，则可以通过设置适当的时延来使波束指向需要的方向，这就叫做电扫描天线阵。

在电扫描阵列中，如果天线的间距等于半波长（如图 3.4 所示），则天线阵可以实现 180° 的扫描而不会产生叫做“栅瓣”的虚假波束（false lobes）。大多数相控阵的天线间距都大于半波长，通过把扫描方位限制在±90° 的范围内，可以避免栅瓣的产生。

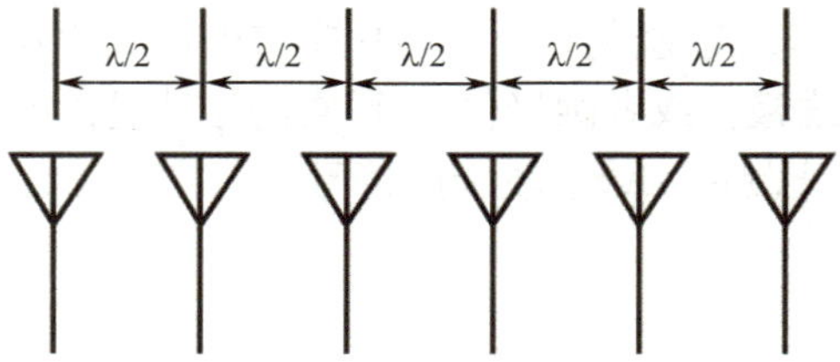

图 3.4　天线间距为半波长的相控阵

一般地，栅瓣是单元间距和扫描角的函数，为了不产生栅瓣，单元间距、扫描角和波长之间要满足如下关系：

$$d \leqslant \frac{\lambda}{1+\sin\theta_m}$$

其中，d 为天线单元间距，$\pm\theta_m$ 为阵列要扫描的范围，λ 为波长。由上式显见，若阵单元天线间距为 $\lambda/2$，则阵列可以扫描至 $\pm 90°$ 而不会出现栅瓣。

3.6.1　相控阵天线的波束宽度和增益

下面的讨论基于天线间距是半波长的面阵进行。采用偶极子天线的相控阵的波束宽度可以由下面的公式确定：

$$\text{波束宽度} = 102/N$$

其中，N 为阵元个数，波束宽度是以度为单位的 3dB 波束宽度，当然，这只适用于一维的线阵。例如，一个采用偶极子的 10 单元水平线阵可以产生 10.2° 的水平波束宽度。

如果在天线阵中使用增益更高的单元天线，则天线阵的波束宽度是单元天线的波束宽度除以天线单元数。

上面的计算在天线指向与阵列垂直的方向时适用。当波束指向偏移视轴时（见图 3.5），波束宽度以偏移角度的余弦的倒数倍增加。因此，如果通过调节移相器的相移使波束偏移 45° 时，天线阵的波束宽度将变成 14.4° 。

下面我们分析一下一般（天线间距不一定是半波长时）的线阵。N 个单元天线排成一条直线，各单元都相同，因此阵列的合成方向图是单元方向图与阵因子方向图的乘积。归一化的线阵阵因子方向图为：

$$F(\theta)=\frac{\sin(\dfrac{N\pi d\sin\theta}{\lambda})}{N\bullet\sin(\dfrac{\pi d\sin\theta}{\lambda})}$$

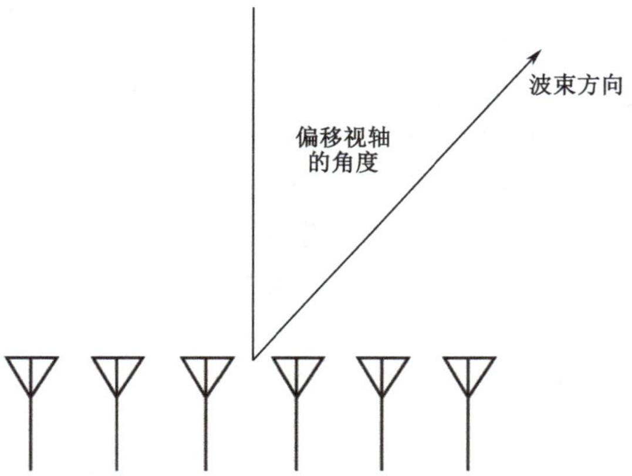

图 3.5 波束指向偏移垂直阵列方向

其中，天线单元间距为 d，天线单元个数为 N。

对于阵列天线，方向图主要取决于阵列因子方向图，它的半功率波瓣宽度可以由下式求出：

$$F(\theta_{0.5})=\frac{\sin(\dfrac{N\pi d\sin\theta_{0.5}}{\lambda})}{N\bullet\sin(\dfrac{\pi d\sin\theta_{0.5}}{\lambda})}=0.707$$

于是，阵列的半功率波束宽度为：

$$\mathrm{HP}=2\times\theta_{0.5}=2\times\arcsin(0.433\frac{\lambda}{N\bullet d})\approx 0.866\frac{\lambda}{N\bullet d}$$

如果单位为度，则

$$\mathrm{HP}=2\times\theta_{0.5}=51^{\circ}\frac{\lambda}{N\bullet d}$$

当波束方向偏离阵列法线方向（视轴方向）θ 时，阵列的有效尺寸将减少 $N\bullet d\cos\theta$，所以，阵列的半功率波束宽度为：

$$HP = 51^\circ \frac{\lambda}{N \bullet d \cos\theta}$$

其中，N 为天线单元数量，d 为单元天线间距。

相控阵天线的增益由下式计算：

$$G = 10\log_{10}(N) + G_e$$

式中，G 为最大增益，单位为 dB，N 为天线阵的阵元数，G_e 为单元天线的增益。一个 10 阵元的天线阵，如果单元天线的增益为 6dB，则天线阵的最大增益为 16dB。

一般地，线阵的方向系数为：

$$D = 2\frac{N \bullet d \cos\theta}{\lambda}$$

随着扫描角 θ 的变化，波束增益至少变为主波束增益的 $\cos\theta$ 倍。如果波束方向偏移视轴方向 45°，则天线阵的最大增益至少以与视轴夹角的余弦倍减小。

随机幅度和相位误差会导致旁瓣电平和波束指向误差的增加以及方向性系数的降低。大多数现代相控阵均采用数字移相器，波束扫描时，各辐射单元要求插入的线性相位一般都是用有限的几个相位插入值来实现的，比如 4 位移相器，有 0°，22.5°，45°，67.5°，0°，112.5°，…，337.5° 共 16 种相位值。给定波束指向，要求各辐射单元的任意相移就是从这些相位中选出的。实际相控阵系统中常用 3~8 位的移相器。这些离散的相位近似会导致波束指向角误差，同时会使波束的阵列远场旁瓣电平变差。

3.7 抛物面碟形天线

抛物面碟形天线是电子战领域（还有其他很多领域）使用最灵活的天线类型之一，抛物面的曲面是这样确定的：来自一个固定点（焦点）的射线经它反射后成为平行线。如果把一个发射天线（称做馈源）放置在抛物面的焦点上，则所有“碰撞”到抛物面的信号功率都会发射到同一个方向（理论上）。抛物面是把所有来自焦点的射线都反射到同一个方向的曲面，而且这个曲面是无限大的。实际中的反射器是抛物面的一部分，放置在焦点上的发射天线能把约 90%的能量发射到反射器上，这就导致天线会产生一个在某一角度内滚降（rolls off in angle）的主瓣，一个后瓣和多个栅瓣（见图 3.1）。

天线的反射器尺寸、工作频率、效率、有效天线面积和增益之间存在一定关系，稍后将给出几个有用的关系式。

1．增益与波束宽度的关系

图 3.6 给出了效率为 55%的抛物面天线的增益与 3dB 波束宽度之间的关系曲线。这个效率是覆盖频段相对小（大约 10%）的商用天线所能达到的，而在电子战和侦察系统中使用的宽频段（一个或多个倍频程）天线，其效率会低于 55%。这里的天线波束是假设垂直方向和水平方向都是对称的。在使用这张图时，从需要的波束宽度向上画一条线与斜线相交，从交点往左画一条线与纵轴相交，即可得到天线增益。

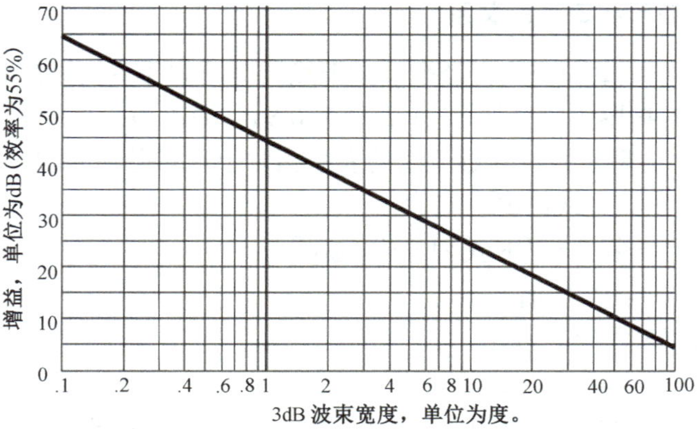

图 3.6 效率为 55%的抛物面天线的增益与 3dB 波束宽度之间的关系曲线

2. 有效天线面积

图 3.7 为工作频率、天线视轴增益和有效天线面积之间的列线图，图中的列线是针对一个有效面积为 1 m^2 的全向天线（0dB 增益）的，可以看到这时的频率大约为 85MHz。该列线的公式为：

$$A = 38.6 + G - 20\log(F)$$

式中，A 为有效面积，单位为 dBsm（相对 1 m^2 的 dB 数）；

G 为最大增益（dB）；

F 为工作频率（MHz）。

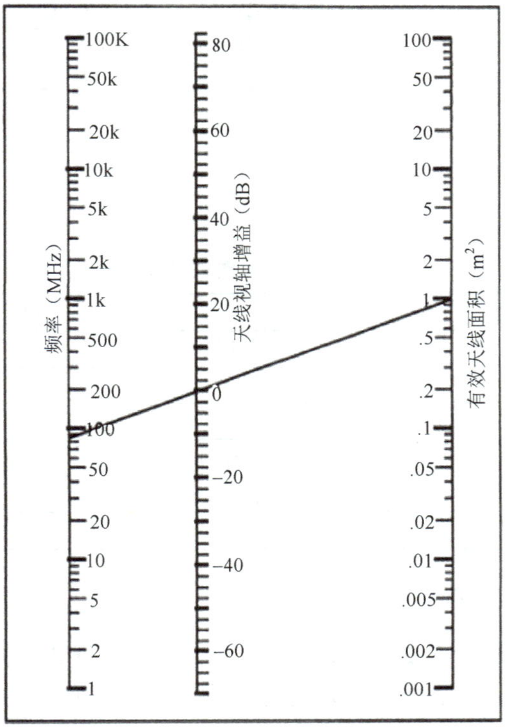

图 3.7 有效天线面积与增益、频率之间的列线图

3．天线增益与频率和直径的关系

图 3.8 为通过工作频率和天线直径来确定天线增益的列线图。注意到图 3.8 是针对天线效率为 55%的情况。根据图中的列线，一个直径为 $0.5m^2$、效率为 55%的天线在频率为 10GHz 的增益大约为 32dB。这里是假设碟形天线的表面相对于理想抛物面的误差远小于工作波长的，否则，增益会变小。列线的表达式为：

$$G = -42.2 + 20\log(D) + 20\log(F)$$

式中，G 为天线增益，单位：dB；

D 为反射器直径，单位：m；

F 为工作频率，单位：MHz。

表 3.4 给出了不同天线效率时的增益修正值。由于图 3.7 和图 3.8 都只是针对天线效率为 55%的情况，因此，表 3.4 在确定天线效率取其他值情况下的天线增益时很有用。

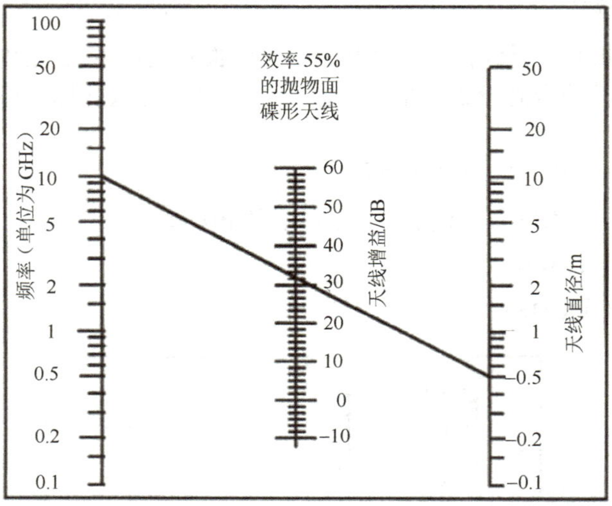

图 3.8　效率为 55%时抛物面天线的增益与天线直径、工作频率之间的列线图

表 3.4　不同效率时的增益修正量

天线效率	增益修正量（相对于 55%）
60%	＋0.4dB
50%	－0.4dB
45%	－0.9dB
40%	－1.4dB
35%	－2dB
30%	－2.6dB

4．非对称形天线的增益

前面的讨论都是假设天线波束是对称的（即波束在方位和俯仰上都是相等的）。一个效率为 55%、具有非对称的抛物面碟形天线的增益（线性）可由下式计算：

$$增益 \cong [29{,}000/(\theta_1 \times \theta_2)]$$

式中，θ_1 和 θ_2 为两个正交方向（水平和垂直方向）的 3dB 波束宽度（单位为度）。

通过对上式右边取对数（10 为底的对数）再乘 10 后得到的增益单位即为 dB。

上面的等式可以通过假设增益与 3dB 波束宽度内会聚的能量相等推导出来。天线增益等于球体的表面积与位于该球体表面上的椭圆的面积之比，该椭圆的长轴和短轴（用球心角度数计算）等于描述天线波束覆盖的两个角度（记住 55%的效率因子）。（注意：如果实际做一下推导过程，会发现公式中的因子为 28889，但通常取 29000）。

5. 用计算尺计算天线参数

图 3.9 画出了本书提供的天线和传播计算尺的第一面——天线参数用加粗线标出，这些参数是用于抛物面天线的。使用计算尺可以根据反射面直径、工作频率和天线效率计算出天线的增益和波束宽度。

图 3.10 是天线参数部分的特写。计算尺上部的窗口显示频率，计算尺下部的刻度是单位为英尺的反射面直径。移动滑片，可以把工作频率和天线直径对齐。在图 3.10 中，2GHz 与 10 英尺直径在 A 点对齐，这时需要指出的是在粗线框的下方有一个频率窗口，这个窗口不是用来计算天线波束宽度的。如果天线直径是以米为单位给出的，则需要转换为英尺：1 英尺＝0.305 米；1 米＝3.28 英尺。

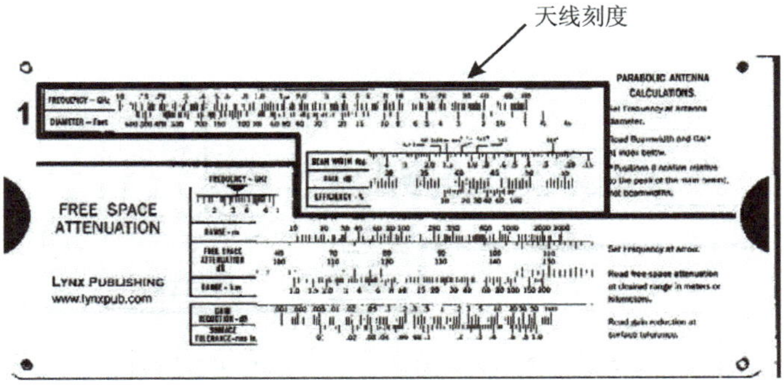

图 3.9　天线参数加粗后的计算尺

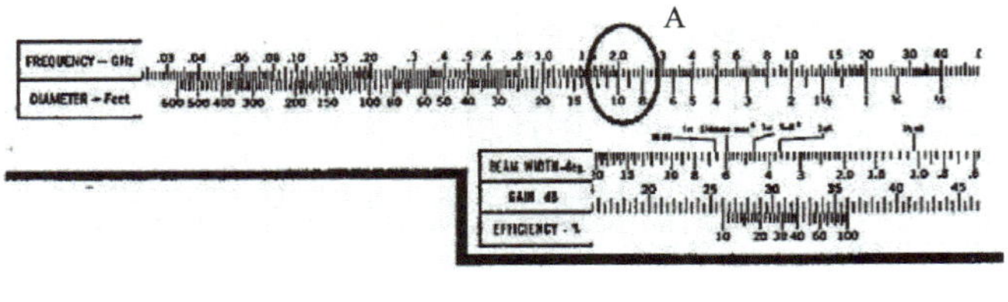

图 3.10　工作频率与天线直径对齐

现在来看计算尺上的 B 点（见图 3.11），注意到上面有一条对应效率为 55%的黑线，如果天线效率为 55%，则天线增益为 33.4dB。再来看图 3.12 中的 C 点，计算尺上的 3dB 线对准 3dB 波束宽度（图中是 3.6°），记住该波束宽度值是双边波束宽度。假设天线最大增益方向对准发射机，如果这时把天线指向偏移 1.8°（波束宽度的一半），则接收到的信号功率减小 3dB。

再来看看图 3.12 中的 D 点，10dB 线与天线的 10dB 波束宽度对齐，这是天线方向图上天线增益减小 10dB 的 2 个点之间的角度。注意到在窗口的最右边是天线的 1/4 度波束宽度。

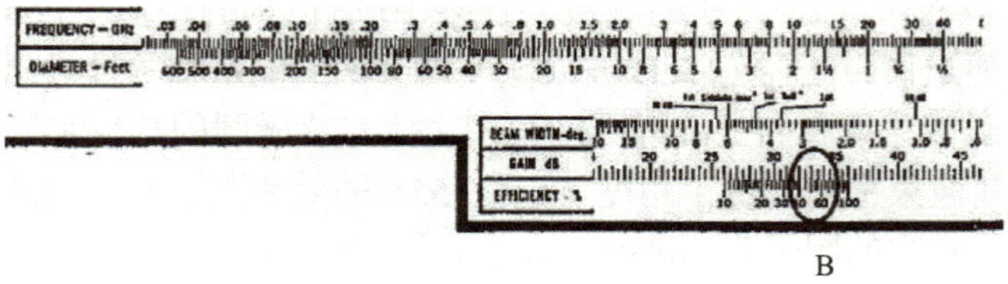

图 3.11　根据天线效率读取天线增益

在相同的刻度下，还可以找到另外 2 个有关增益的参数（见图 3.13）。在 E 点，第一个零点线（1st null line）与天线方向图上的第一零点角对齐，注意该角度值是一个单边值（而波束宽度为双边值）。“第一旁瓣最大值（1st side-lobe max）”线对齐的数值是天线视轴与天线第一旁瓣峰点之间的夹角，即第一旁瓣角（见图中的 F 点）。

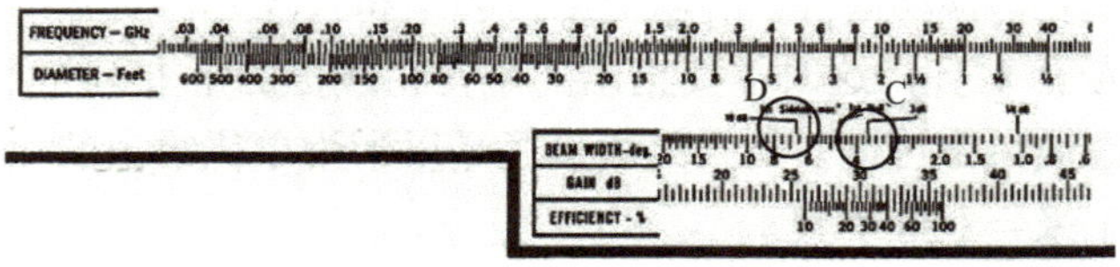

图 3.12　3dB 和 10dB 天线增益

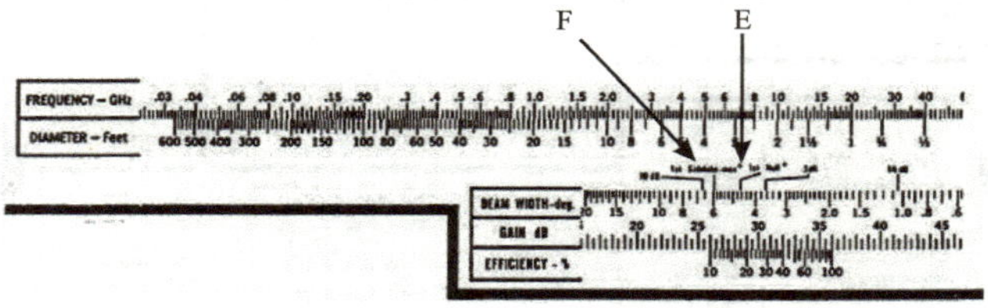

图 3.13　天线方向图的第一零点和第一旁瓣

6. 计算尺的假设前提

计算尺上的天线参数是根据以下的公式推导出来的：

增益=视轴增益×[sin（偏移角）/偏移角]

其中，“偏移角”指从天线的视轴到需要预计或测量增益的方向的角度。

这通常叫做“sin$x$/x”函数。

计算尺用到的其他假设前提有：

- 垂直和水平方向图是相同的；
- 来自馈源的能量中的 90%能够被反射器反射，或者反射器接收的能量中的 90%能被馈源接收；
- 反射器是理想的抛物面。

在计算尺的第一面上，还有处理当反射器不是理想抛物面时的情况，图 3.14 中的加粗部分为频率和增益减小量窗口，图 3.15 对其进行了放大。先移动滑片使工作频率与 G 点的箭头对齐，在图中箭头对准了 2GHz。然后，在下面的窗口可以查到不同的天线表面误差对应的增益减小量。如果天线表面相对于理想抛物面的均方误差为 0.1 英寸（图中 H 点），则天线最大增益比图 3.11 中 B 点指示的增益低 0.2dB。

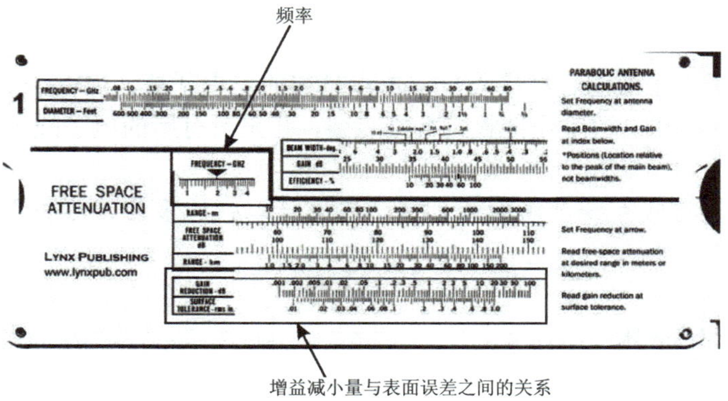

图 3.14　增益减小量与表面误差之间的关系

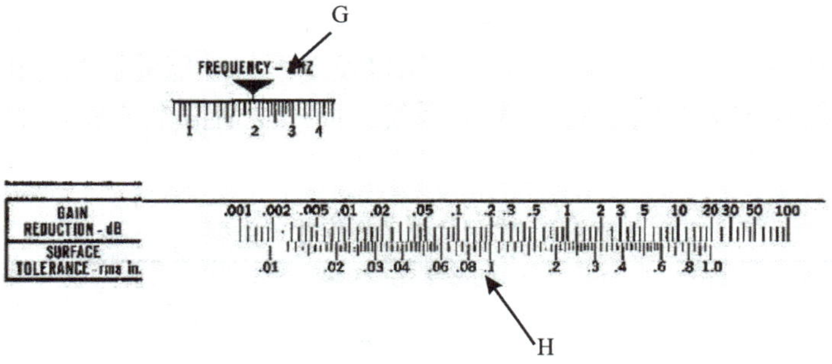

图 3.15　频率为 2GHz、均方误差为 0.1 英尺时天线增益的减小量

第 4 章　通信接收机

本章讨论用于电子战的各种接收机，重点是在通信电子战（EW，electronic warfare）中有重要应用的接收机。数字化接收机特别重要，几乎所有新的电子战（EW）系统都用到了数字化接收机。

本章还将讨论接收系统灵敏度和动态范围的计算，以及多接收机系统在通信电子战（EW）应用中的重要性。

4.1　接收机的种类

用于电子支援（ES，electronic support）和侦察系统的接收机种类很多。每一种接收机都存在其特有的优点和缺点，因此大多数电子支援系统都包含多种接收机，它们由计算机控制，用以应对所遇到的各种类型的威胁信号。表 4.1 给出了电子战中最常用的接收机类型，同时给出了典型的接收灵敏度、典型应用以及对系统性能的影响。由于其中的一些接收机主要应用于针对雷达的电子战（EW）系统（而不是通信电子战），因此，对它们的介绍比较粗略。

表 4.1　常用的电子战接收机类型

接收机类型	典型的灵敏度	典型电子战/侦察应用	系统性能影响
晶体视频	低	雷达告警接收机（RWR）	频率覆盖范围宽，响应时间快，同一时刻只能存在一个信号
瞬时测频	低	雷达告警接收机（RWR）	频率覆盖范围可达一个倍频程，同一时刻只能存在一个信号，只能测量频率
超外差	中到高	雷达告警接收机（RWR），电子情报（ELINT），通信情报（COMINT），通信电子战支持（comm. ES），目标跟踪（targeting）	从多个信号中选出一个信号，任意调制信号的恢复
调谐式射频	高	处理多信号环境的早期方法	在实际的调谐式射频（TRF）接收机中，调谐是一个复杂的过程
固定调谐	中到高	CDMA 信号，时间基准，等等	在复杂环境下，接收和解调一个信号
信道化	中到高	RWR，EW 以及复杂信号的侦察系统	同时存在多个信号，可以实行调制信号的恢复
布拉格小盒	中到高	很少应用	只能测量频率，多个信号同时存在，动态范围很小
压缩	中到高	ELINT，COMINT，监视站	同时存在多信号时的频率测量
数字化	中到高	所有类型电子战和侦察系统	灵活性好，支持常规或复杂信号处理，速度很快

4.1.1　脉冲接收机

在本节中介绍的接收机所具有的性能参数限制了它们的应用，在大多数情况下只能用于低占空比脉冲信号的接收。因此，它们在通信电子战中可应用的场合并不多。

1. 晶体视频接收机

晶体视频接收机（CVR，Crystal Video Receiver）最早应用于商业广播接收，在 20 世纪 60 年代初期广泛用于侦察系统，但是现在最常见于雷达告警接收机（RWR），其必须具有高截获概率，而对低灵敏度有时却可以容忍。这种接收机主要用于对强脉冲信号的接收。

早期商业广播使用幅度调制，其可以用一片带有“猫须”（一段细的金属弹簧与之接触）的晶体来检波。其实，这就是一个点接触型二极管。对幅度调制信号检波后经过低通滤波，产生音频信号——可以通过听筒来听。如果把听筒放在一个薄的瓷碗中，全家人就可以聚集在一起，围坐在碗边听广播了。

在 20 世纪 50 年代，出现了可工作于微波频段的特制低噪声二极管。当把这些二极管连接于天线和视频放大器之间时，就可以在很宽的频率范围内检测出雷达信号了。这使得现代 CVR 得以实用化，并用于雷达告警接收机的研制，其在越南战争中发挥了非常重要的作用。

图 4.1 给出了一个二极管检波器（用晶体制成）对幅度调制信号进行检波，产生一个音频或视频信号，幅度调制信号是被放大和带限后输出的。由于对敌方大部分信号的接收都要求具有较高的动态范围，所以二极管检波输出之后传送至一个对数放大器。

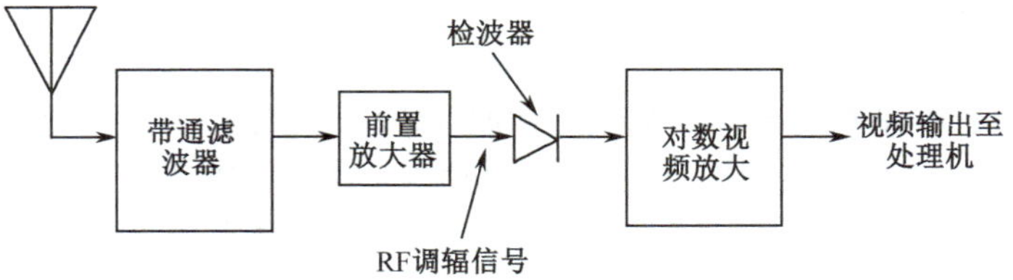

图 4.1　晶体视频接收机

所接收到的射频信号电平较低时，二极管检波器工作于平方律特性区域，这降低了 CVR 的灵敏度。典型不带前置放大器的晶体视频接收机的灵敏度大约为-40dBm。通过增加前置放大器可以把灵敏度提高到大约-65dBm。灵敏度将在 4.5 节进行讨论。

晶体视频接收机的较大优点是高截获概率。一台晶体视频接收机可以连续覆盖相当宽的频率范围——高达几个 GHz。因此，它可以对位于整个波段内任意频率的 AM 调制信号进行解调。其问题是它将存在于带宽内的所有信号都进行解调。在只存在低占空比脉冲或只有少数高占空比信号的环境下，这引起的问题相对较少。当存在一些连续信号或高占空比信号时，可以用带阻滤波器滤除。但在 HF、VHF 和 UHF，由于存在高密度的高占空比信号，使得 CVR 只能应用于一些非常特殊的场合。CVR 的另一个问题是它只能恢复出调制信号，不能给出其所覆盖频段内任何接收信号的实际频率。

2. 瞬时测频接收机

瞬时测频接收机（IFM）可以实时测量 RF 信号的频率，并在并行线上以数字形式输出。

其处理速度非常快，以致可测量持续时间仅为50ns的单脉冲的频率。IFM的灵敏度与CVR相近。通常在具有CVR的系统中，都有IFM。

在IFM电路中，分别对延迟线之前和之后的射频信号进行采样。这两个采样信号的比值是关于射频信号频率的函数。这个比值也随着信号强度的变化而变化。因此，数字化后的比值是一个关于频率和信号强度的函数。在20世纪60年代后期，当瞬时测频接收机刚面世时，信号强度这个变量限制了瞬时测频接收机在电子战中的应用。

如图4.2所示，瞬时测频电路现在都放在硬限幅射频放大器之后。由于输入到瞬时测频电路的信号强度恒定，所以IFM的输出只是一个关于频率的函数。在20世纪70年代中期，硬限幅射频放大器在市场上就已经可以买到，因此，IFM得以实用化，并开始广泛应用于EW接收系统中。

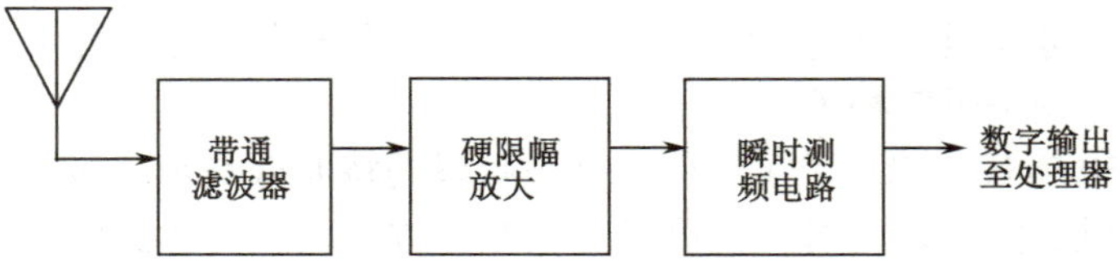

图4.2 IFM接收机

瞬时测频接收机可以覆盖高达一个倍频程的带宽，给出的频率分辨率大约为带宽的千分之一。由此，一个覆盖4GHz频率范围的瞬时测频接收机，其给出的频率分辨率为4MHz。

在只存在一个信号时，IFM的输出结果是有效的。当同时接收到两个或两个以上信号时，IFM的数字化输出就会变成看起来很乱的一串随机比特。如果只存在低占空比的脉冲信号，IFM的处理速度可适应除了两个脉冲重叠的短暂时刻之外其他所有脉冲的频率测量。但是，如果在IFM的输入端出现一个强连续波（CW）信号，那么，对于接收到的任何脉冲或连续波信号，IFM都无法给出频率信息。与CVR类似，IFM通常放置在可调谐带阻滤波器之后，使得存在的连续波信号数量很少的情况下，其能正常工作。单信号工作要求极大地限制了IFM在HF、VHF、UHF频段的应用，因为在这些频段通常存在大量的连续波信号。所以，IFM在通信电子战系统中，只能应用于非常特殊的（低信号密度）场合。

4.1.2 超外差接收机

超外差接收机（SHR）是在通信、商业广播信号接收以及电子战和侦察系统中最常用的接收机类型。这种接收机可以实现在密集电磁环境中对其中某一信号的接收，它可以解调任何类型的调制信号，具有很高的灵敏度。

当本振信号和接收到的信号一起输入到一个非线性器件时就会产生外差作用，把接收到的信号搬移到另一个不同的频率上。这个非线性器件就是混频器。它的输出信号包括两个输入信号以及它们的和频与差频信号、输入信号的多倍频信号及多倍频信号的和频与差频信号。

在这种接收机中（见图4.3），把可调谐预选器（带通滤波器）设置到所感兴趣的频带内。本振（LO）设置到一个固定频率（比感兴趣的频带高一些或低一些），混频器的输出输给一个中频（IF）放大器，中频放大器的中心频率为本振与预选器中心频率之差。举个例子来说，感兴趣频带的中心频率为100MHz，中频（IF）为21.4MHz，本振可以设为

121.4MHz 或 78.6MHz。如果本振是 121.4MHz（高于感兴趣频段），我们说接收机用了“高边带”转换，如果本振（LO）低于感兴趣的信号（在这里是 78.6MHz），接收机用了“低边带”转换。高边带转换更常用一些。

如果中频（IF）具有很好的滤波性能，混频器输出信号中除了信号预选器和本振的差频信号外，其他所有（或大部分）信号都被滤除。所有其他混频产物都被看作虚假信号或“虚假”。常用的中频频率为 455kHz、10.7MHz、21.4MHz、60MHz 和 160MHz。接收机的中频可以设计成你想要的任何频率，但在这些频率上，要保证性能优异稳定的商用中频放大器、滤波器随手可得。中频放大器具有足够的增益，以把接收到信号的电平提高到 10mW，这个电平大小是解调器所需要的。

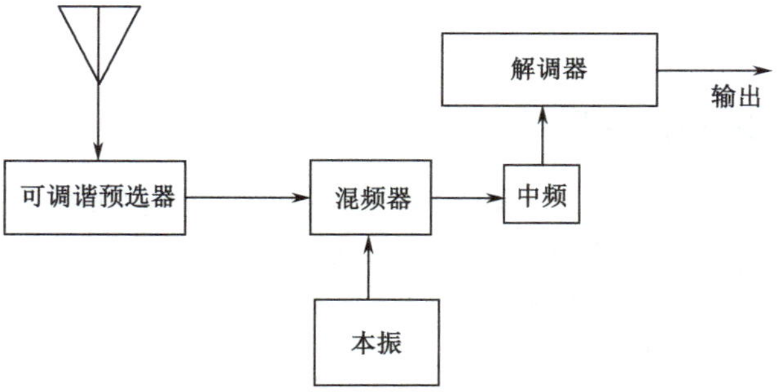

图 4.3　超外差接收机

在 EW 系统中，一部接收机往往需要覆盖很宽的频率范围。当频率范围大于一个倍频程（即最高频率是最低频率的两倍）时，要滤除数量众多的虚假信号是很困难的。这可以通过采用两个或更多的频率变换器，在每一级滤除虚假信号，如图 4.4 所示。第一中频的频率相对来说比较高。这意味着本振和接收信号之间的频率差比较大——所引起的虚假输出频率距离期望信号很远，因而容易滤除。在滤波（在第一中频）之后，变频后的信号被传送至第二个变频级，并进行第二中频放大/滤波。

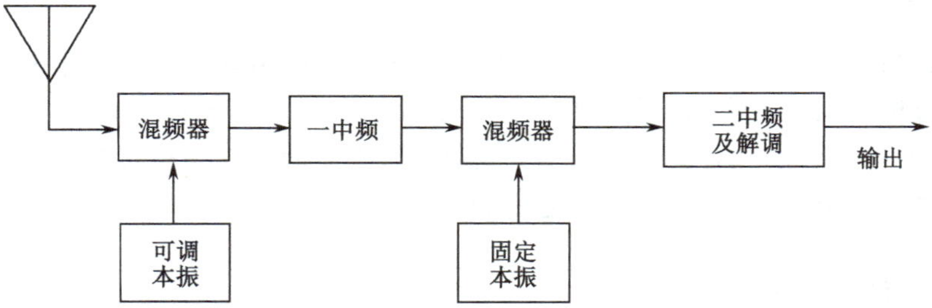

图 4.4　两次变频接收机

第二中频放大器的输出信号输入到解调电路，进行解调。这个信号也可以输入到数字转换器进行数字化，把数字信号提供给计算机，实现数字化接收机。

频率变换器

在本章后面将讨论更复杂的接收机类型，把这些接收机纳入接收系统，通常对扩展频率覆盖范围有好处。扩展频率覆盖范围可以通过频率变换器来实现，频率变换器把较大的频率范围转换到某一个频率范围，如图 4.5 所示。于是，这个复杂的接收机可工作于所采用技术能够实现的适当频率范围内（通常小于一个倍频程，并通常具有较低的中心频率）。频率变换器采用外差的处理方法，经常用高边带和低边带变换，使得同一个本振可以用于多个信道。设计频率变换器时必须仔细考虑虚假信号频率以及如何滤除这些虚假信号。

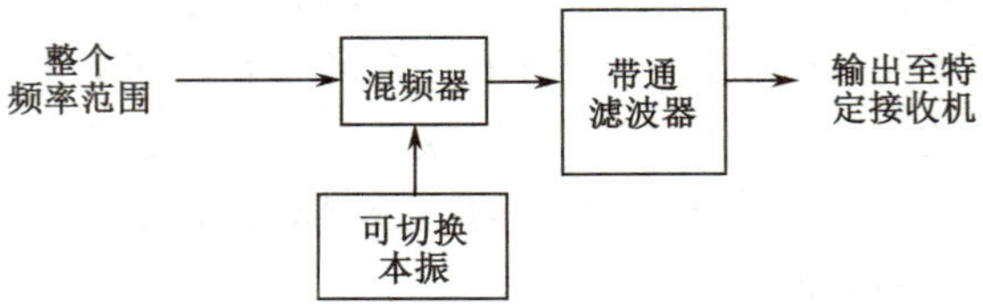

图 4.5 频率变换器

4.1.3 调谐式射频接收机

一些早期的接收机具有多级放大和滤波电路——每一级都进行调谐，使接收机工作在不同的信号频率上。这样的接收机就是所谓的调谐式射频（TRF）接收机。由于在单个频率点上，接收机更容易获得好的性能，所以从功能上来说调谐式射频接收机通常由超外差接收机（前面讨论过）所取代。

在 20 世纪 50 年代和 60 年代初期，在多信号环境下截获微波信号存在很大问题。微波频段的晶体管放大器和振荡器（用于实用的超外差接收机）在市场上还无法买到，需要很大的行波管（TWT）放大器（直径大约 13cm，长度 30cm，非常重）。电子可调谐钇铁石榴石（YIG）带通滤波器已经出现，因此，可以将它们用于侦察系统中，在同时存在多个信号时，调谐至其中的一个信号上。有的接收机由行波管（TWT）前置放大器、行波管之前和之后的 YIG 滤波器和一个晶体视频接收机构成，就是所谓的“射频调谐接收机”（TRF receiver）。可以想象，这种接收机可被称为“YIG，TWT，YIG”接收机（发音为“yig,twit,yig”）。

4.1.4 固定调谐接收机

一部接收机如果只接收一个频率的信号，那么就可以用固定调谐。举例来说，监听时间广播的接收机，或监听紧急信号的接收机等。其他重要的例子包括 GPS 接收机。所有 24 颗 GPS 卫星在同一个频率上进行广播——但由于有扩频码，这使得接收机可以选择接收一颗卫星的信号。所以 GPS 接收机是固定调谐的。

4.1.5 信道化接收机

如果多个固定调谐接收机的输出信号馈送给一组频率相邻的固定调谐滤波器，这样就构成了一部信道化接收机，如图 4.6 所示。一般把滤波器设计成：在半功率点（3dB），相邻滤波器重叠。

这就可以高质量地接收多个同时出现的信号。信道化接收机可设计成适用于任何频率范围，而信道数量由所需要完成的任务、可接收的尺寸/重量/功耗决定。现代数字化和射频电路小型化技术的发展使信道化接收机变得越来越实用。

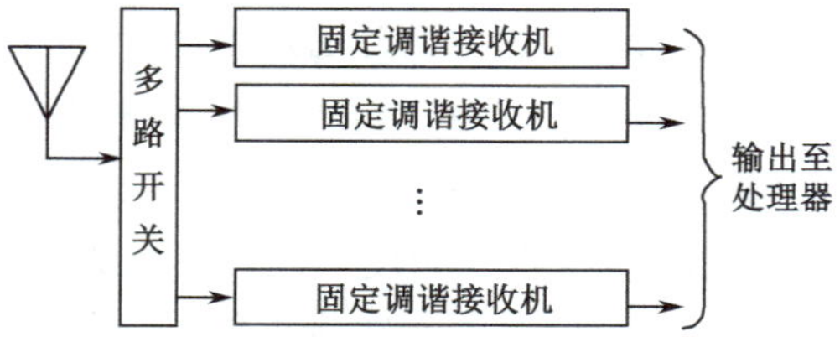

图 4.6　信道化接收机

信道化接收机的每个信道不需要是一个完整的接收机——每个信道可以只是一个接收前端。而后，其中的一些输出可以通过开关连接到一组数量较少的信道中（当在所选信道中检测到信号能量时）。然后，基于对第二组信道中信号的某些性能分析（可能是调制），进行进一步的选择。最终，所选择的信号被传送至记录信道或用于信号分析的计算机中。

图 4.7 给出了典型信道化接收机的配置。其“前端”的数量相对较多，每个“前端”包括本振、混频器，以及一级或二级 IF 放大器和滤波器。这些“前端”覆盖了所有可能出现期望信号的频率范围。每个前端测量出接收信号的电平。任意一个前端信道检测到信号能量时，处理器就会根据优先级来决定是否给那个前端信道分配一个中频和鉴别信道。由于我们假设出现的信号数量少于前端信道数量，所以，可以对所有看起来有信号能量的信道分配较少数目的中频和鉴别信道。如果存在的信号数量比可以用于输出的信道数量多，可以通过设定频率优先级或给处理器传送关于信号的一些辅助信息来选择这些待处理信号。比如，可能存在这样一些信息：信号的调制类型、辐射源的大致位置。

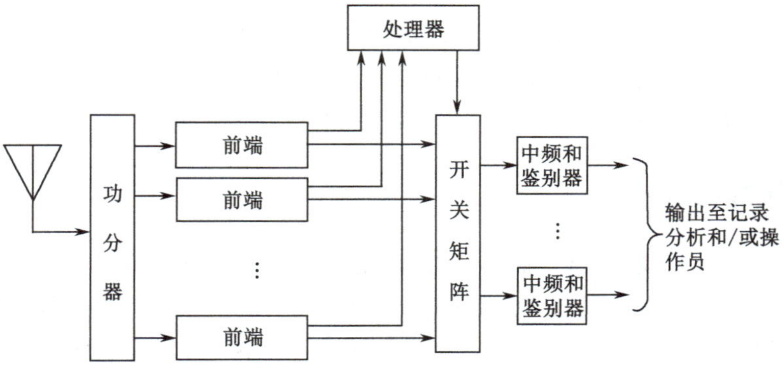

图 4.7　信道化接收机的典型应用

当然，实现信道化接收机的方案很多。通常是经过多级选择，输出也可以分类放置到合适的存储位置，以把信号类型类似的信号存储到一个记录信道。

4.1.6　布拉格小盒（Bragg Cell）接收机

在 20 世纪 60 年代，电一光（或布拉格小盒）接收机被认为是快速处理同时多信号问题的最终方案。布拉格小盒接收机可以确定在其带宽（典型值为一个倍频程）内出现的每一个信号的频率。然后窄带接收机可以调谐至所感兴趣的各个信号上。

如图 4.8 所示。一束激光穿过一个晶体（铌酸锂）布拉格小盒。接收频带内的信号被充分放大后输入布拉格小盒。频带内的每个信号通过这个小盒都会产生压缩线。这些压缩线表现为衍射光栅。光栅的间隔与存在的每个信号的频率有关。由于光栅的间隔决定了光束被衍射的角度，布拉格小盒针对各个信号把激光束分成几个独立的光束。一组检测器阵列（或多个阵列）用来确定激光能量存在的角度——于是可以得到存在信号的频率。于是，窄带分析接收机就可迅速调谐至每个信号，实现截获和/或分析功能。

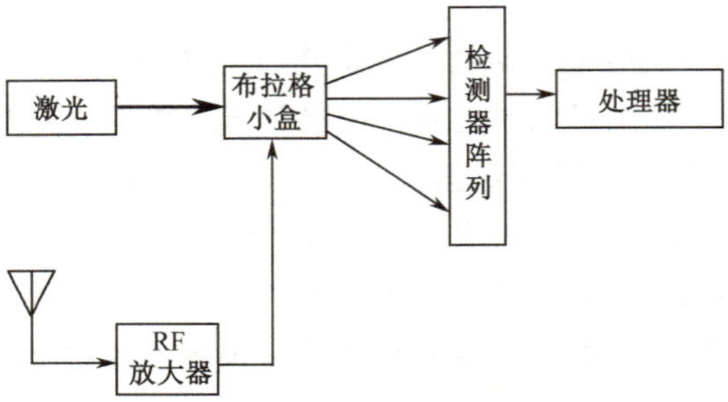

图 4.8 布拉格小盒接收机

布拉格小盒接收机的测频功能是如此强大，以致它被写入许多重要的计划中。但是布拉格小盒接收机存在一个很大的问题——动态范围有限。电子战和侦察接收机必须能够在带内存在强信号的情况下检测出弱信号，所以对动态范围的典型要求为 60～120dB。在激光功率大约为 1 千瓦的情况下，早期布拉格小盒具有约 20dB 的动态范围。激光功率越小，动态范围也将越小。实践证明布拉格小盒接收机的动态范围问题非常难以解决，因此它的应用受到了极大限制，它只能应用于仅处理强信号的场合。与此同时，解决同时多信号问题的其他技术也已经开发成功。布拉格小盒接收机仅限于应用在只需确定强信号频率的系统，而且，这个信号也许只比带内其他信号强 10dB。

4.1.7 压缩接收机

压缩（或微扫）接收机可以确定同时出现的多个信号的频率，且灵敏度和动态性能都不错。但是只能用于确定信号频率。每个信号的频率经数字化后可以提供给接收机进行调谐，或提供给操作员进行显示。在某种重要应用中，一个主操作员管理着许多信号截获操作员。一台压缩接收机驱动一个显示器，主操作员可以看到哪些频率上的信号在活动，就可以指定操作员对感兴趣的信号进行处理。

另一个应用就是把带宽为 1MHz 接收机设置到 2～4GHz 频带内的任一频率处，设置时间不超过 2 微秒。

图 4.9 给出了压缩接收机的组成框图。宽带中频（IF）放大器利用外差原理，以很高的速率扫过信号带宽。宽带中频输出送至压缩滤波器，压缩滤波器延迟的变化是频率的函数。压缩滤波器工作的关键是其延迟时间与频率关系曲线的斜率等于本地振荡器的频率与时间关系曲线的斜率，本地振荡器将输入信号转换成中频。见图 4.10，当分析该图时，记住中频的正调谐斜率将使得刚开始输入滤波器的信号频率达到最大值——引起

最大时延。然后，随着中频信号的不断调谐，滤波器的输入信号的频率将逐渐变低——引起时延不断减少。

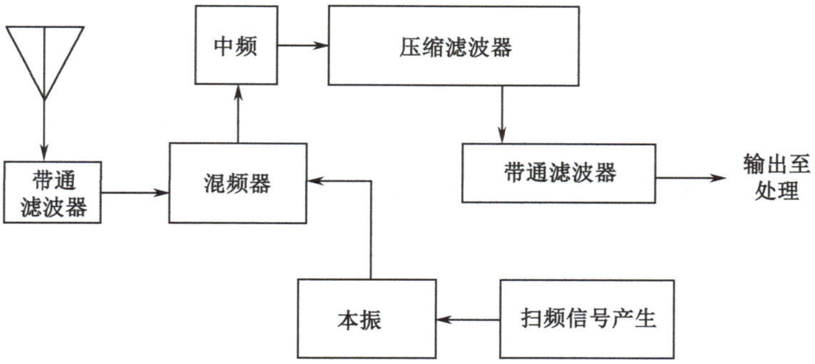

图 4.9　压缩接收机

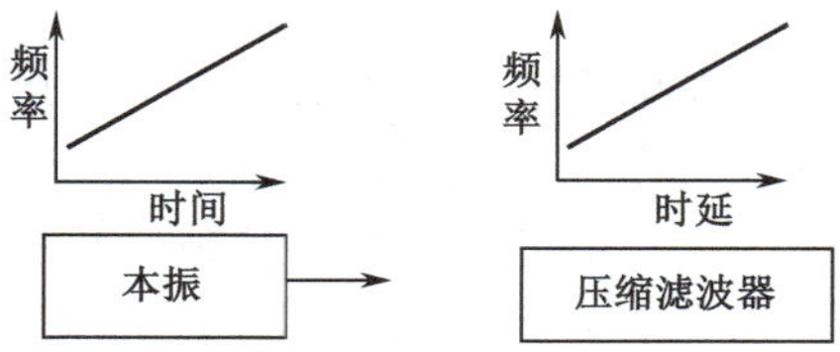

图 4.10　压缩接收机

压缩滤波器的输出带宽比中频放大器的带宽窄得多，这使得压缩接收机能提供相当好的灵敏度。IF 对信号进行调谐时压缩滤波器的工作过程如下：当 IF（和压缩滤波器）的边缘扫到信号频率时，信号延迟到 IF 扫离信号频率的时间。片刻以后，IF 改变了频率，信号不再位于滤波器边缘——导致信号延迟较少的时间 ——刚好延迟到 IF 扫离信号频率的时间。随着中频扫过信号频率，这个过程持续进行。因此，信号在压缩滤波器输出端的存在时间延长了。

通常，信号在中频上的驻留时间等于中频带宽的倒数（即中频带宽为 1MHz，要求驻留时间为 1 微秒）以使信号能被检测到。对压缩滤波器输出而言，中频调谐速度比以带宽分之一的时间扫过一个带宽的速度要快得多。但是由于压缩的原因，信号驻留时间对输出端检测来说足够长了。

4.1.8　数字化接收机

1. 概述

可以确定，数字化接收机是新的电子战和侦察系统、旧系统升级中所采用的最普遍的接收机类型。这里只想对这个相当复杂的主题作一概略性的介绍。关于数字接收机，读者可以从教科书中获得大量非常详细的介绍；这些教科书以及其他相关参考资料在附录 B 中进行了讨论。在本章中，将讨论数字接收机的概念、采样、数字化、影响性能的因素，以及一些重要的应用问题。

数字化接收机把模拟信号数字化，然后用软件来实现所有的接收机功能。这为电子战和侦察系统提供了很大的灵活性，可以实现一些用硬件无法实现的功能。典型的数字化接收机不是直接对接收信号进行数字化；在数字化之前需要对信号进行一些处理。如图 4.11 所示，数字化接收机包括模拟前端、数字转换器和处理器。

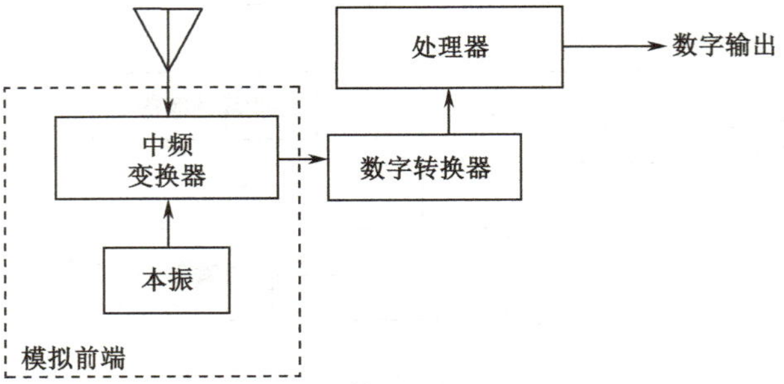

图 4.11 数字化接收机

模拟前端可以比图中所示的简单中频变换器复杂得多。正如前面讨论的那样，模拟前端通常采用频率变换器，用分段的方式实现对较宽频率范围的覆盖。频率变换器输出的中频频率范围比较宽，频率范围和信号强度要能够适合数字转换器的需要。早期的数字转换器的输入为所谓的“零中频”，其具有非常低的频率，为了减少虚假响应需要一个非常复杂的频率变换方案。但是，大多数现代数字转换器都直接工作在一个较高的中频上。接收的信号电平通常在-60～-120dBm 之间，这个电平太低，无法直接输入数字转换器。因此模拟前端必须能提供足够的信号增益，同时必须具有与数字化速率相适应的带宽。

2. 数字化接收机的应用

以下几个原因使得数字化接收机能如此广泛地应用于电子战系统中：

- 数字转换器、处理器、程序设计方法都已经发展到相当成熟的水平，使得数字化接收机工作可靠、效费比高；
- 在大多数情况下，与模拟接收机技术相比，数字单元和计算器的小型化使得数字接收机的尺寸和重量大为减少；
- 数字接收机使得操作更灵活；
- 数字接收机在处理方面有许多优点，使得以前无法实现的一些功能都得以实现，比如伪码检测、跳频跟踪（这两者将在后面讨论）。

4.2 数字化

数字转换器是一个模数转换器（ADC）。如 4.2.2 节所述，输入一定带宽的模拟信号，数字转换器产生数字输出，它捕捉输入频带内混合模拟信号的幅度。在模拟输入端的所有信号混合成一个复杂的波形。这个混合波形被数字化，如 2.2.2 节所述，示于图 4.12。

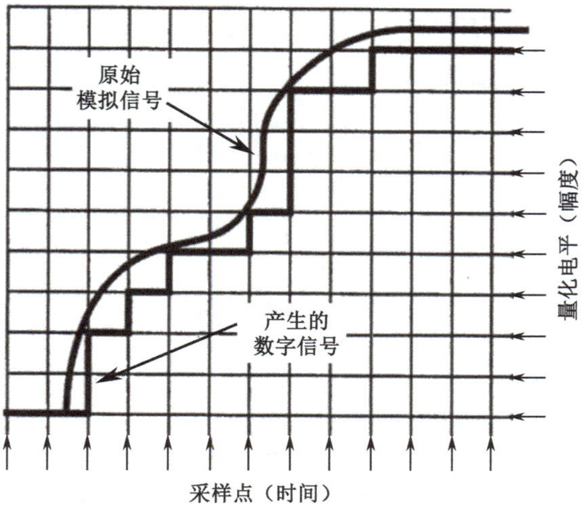

图 4.12　PCM 数字化

数字转换器的采样速率可以达到 GHz 量级，可以实现高达 18 位或更多的转换位数——但不是在一个器件上同时实现。快速的数字转换器中用来表示每个采样点的比特数很少。数字转换器在转换位数以及采样速率方面的技术水平由于军事和商业用户的大量投入而不断提高。

处理器包括许多类型的计算器。计算器接收输入模拟带宽内信号的数字化特征。然后用软件实现滤波、解调和分析任务，给出所需要的输出（数字形式），提供从接收机所覆盖频段的信号中需要恢复出的信息。

4.2.1　采样速率

所需要的采样速率通常用 Nyquist 速率来表示。Nyquist 采样速率是被数字化信号最高频率的两倍。只要 IF 频率不太高，现代 A/D 转换器可以 IF 输入带宽两倍的速率进行采样。理论上，信号可以从用 Nyquist 速率采样的样本点中重构——但是制作射频存储器（DRFM）（重构原始模拟信号的修正样本）的研究人员称，为了充分重构信号，采样频率必须达到带宽的 2.5 倍左右。

4.2.2　数字化波形

如图 4.12 所示，数字化后输出的是脉码调制（PCM）信号，它用二进制数字表示采样时刻模拟波形的瞬时值。这些电平值可以是等间隔的，也可以是“压缩扩展”的（在电平较高时的间隔，要比电平较低时的间隔大），以减少所需的位数。

另一种数字化类型示于图 4.13。这是增量调制，其数字输出表示模拟信号的变化或斜率，而不是它的绝对值。“1”表示信号幅度曲线是上升的，“0”说明信号幅度曲线是下降的。所要求的比特率由信号变化的最大有效速率决定。

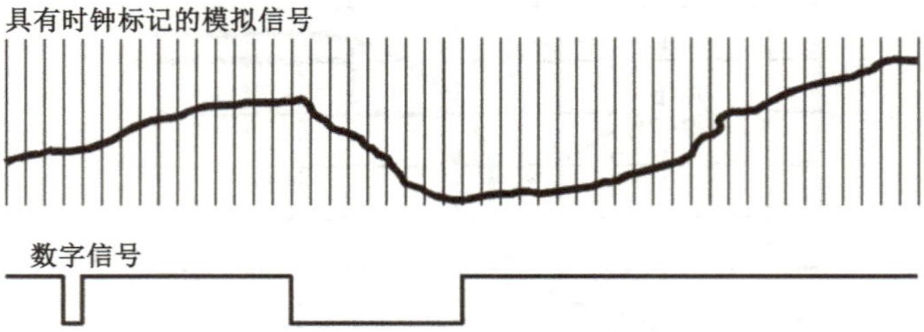

图 4.13 增量调制

4.2.3 数字化技术

现在使用的数字化技术有几种。这里只讨论两种：逐次比较式（successive approximation）A/D 和闪烁式（flash）A/D。对于某些特定应用，有时需要对这两种技术进行一些改变。

逐次比较式 A/D 用于转换速度要求相对较慢（转换时间 100～300μs）的场合。在这种技术中，模拟输入波形依次与参考电压比较——每比特一个参考电压（它们之间的比例关系为 1，2，4，8，等）。因此，产生 *n* bit 的数字码需要 *n* 步，硬件复杂度最低。

闪烁式（flash）A/D 可以提供非常快的转换速度（转换时间 10～50ns）。它用并行比较器，要考虑每个模拟值，如图 4.14 所示。也就是说，一个 8bit 数字码需要 255 个比较器。这种技术可以适应非常高的采样速率，它所要求的硬件复杂度也急剧提高。

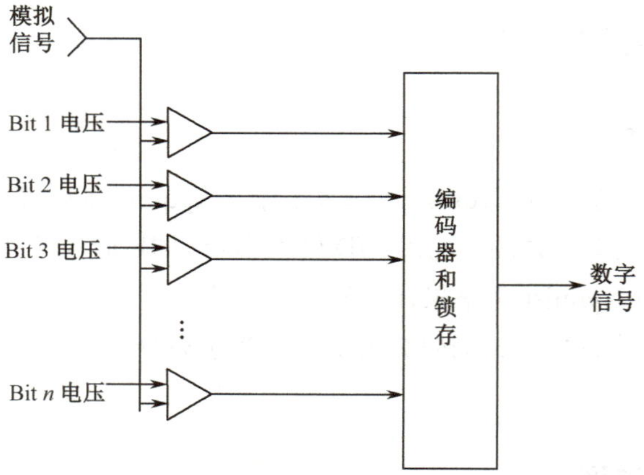

图 4.14 闪烁式编码器

4.2.4 I、Q 数字化

在许多应用中需要保存被数字化信号的相位信息。除了某些数字化接收机，其应用还包括许多 DRFM 和一些型号的雷达。通过“同相和正交”（I 和 Q）数字化来实现相位保存。如图 4.15 所示，在这个过程中每个周期对信号进行两次数字化，第二次数字化与第一次相比，时间上大约延迟 1/4 周期（即相位上相差 90 度）。

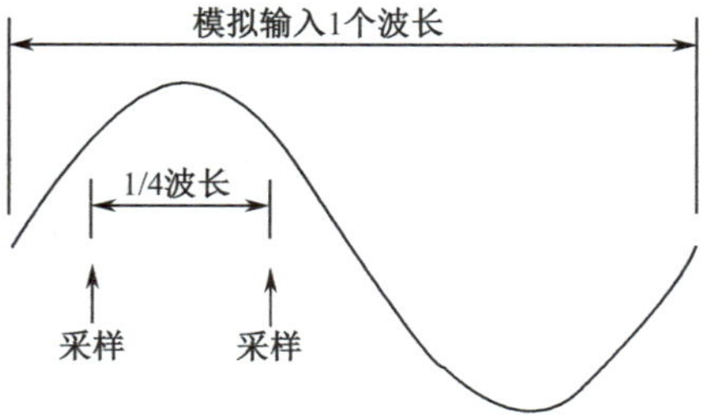

图 4.15　I、Q 数字化

4.2.5　ADC 的性能指标

在模数转换过程中，衡量 ADC 转换性能的指标有：A/D 转换位数、无寄生动态（SFDR）、信噪比（SNR）、转换速率、量化噪声、孔径迟延、量化灵敏度等。

1．量化灵敏度

假设一个 A/D 器件的输入电压范围为（$-V,V$），转换位数为 n，即它有 2^n 个量化电平，则它的量化电平为

$$\Delta V = \frac{2V}{2^n}$$

ΔV 也可以称之为转换灵敏度。A/D 转换器的位数越多，器件的电压输入范围越小，它的转换灵敏度越高。

2．信噪比（SNR）

我们知道在量化过程中，存在量化误差，如果输入信号的最小值和最大值分别为 a、b，量化噪声可以写为

$$N_q = E(m - m_q)^2 = \int_a^b (x - m_q)^2 p(x)\mathrm{d}x$$

式中的 E 表示取均值。更进一步，可以把上式写为：

$$N_q = \sum_{i=0}^{2n} \int_{m_{i-1}}^{m_i} (x - q_i)^2 p(x)\mathrm{d}x$$

m_i，q_i 的含义为：在 A/D 变换时，量化区间[m_{i-1}，m_i]范围内的值用电平 q_i 来表示；$p(x)$ 为输入信号的概率密度函数。

而量化器输出的信号功率为：

$$S_q = E[(m_q)^2] = \sum_{i=1}^{M} q_i \int_{m_{i-1}}^{m_i} f(x)\mathrm{d}x$$

假如量化误差是一个在（$-V$，V）内服从均匀分布的随机变量，那么其量化噪声功率为：

$$N_q = \frac{(\Delta V)^2}{12}$$

对于一个满量程的正弦输入信号：

$$x(t) = V\sin(2\pi f t)$$

则可得输入信号功率为：

$$S_q = \frac{V^2}{2}$$

这样可以得到理论上信号对量化噪声的信噪比(SNR)关系式。

$$\text{SNR} = 10\log\left(\frac{S_q}{N_q}\right) = 10\log(V^2/2) - 10\log\left(\frac{\Delta V}{\sqrt{12}}\right)^2$$

利用以上式子可以得到：

$$\text{SNR} = 6.02n + 1.76\text{dB}$$

式中 n 为 A/D 转换位数。

另一方面，由于 ADC 的限制，输入信号的峰值为：

$$V_p = (V_{\text{REF+}} - V_{\text{REF-}})/2$$

输入信号的有效值为：

$$V_{rms} = (V_{\text{REF+}} - V_{\text{REF-}})/(2\sqrt{2})$$

所以，信噪比又可以表示为：

$$\text{SNR} = 10\log\left(\frac{S_q}{N_q}\right) = 20\log\left(\frac{(V_{\text{REF+}} - V_{\text{REF-}})}{2\sqrt{2}}\right) - 20\log\left(\frac{V_{\text{REF+}} - V_{\text{REF-}}}{\sqrt{12}\times 2^N}\right)$$

所以也有：

$$\text{SNR} = 6.02n + 1.76\text{dB}$$

式中 n 为 A/D 转换位数。

给定采样频率 f_s，理论上处于 $0.5f_s$ 带宽内的量化噪声电压为 $\Delta V/\sqrt{12}$。如果信号带宽固定，采样频率提高，效果就相当于在一个更宽的频率范围内扩展量化噪声，从而使 SNR 有所提高。如果信号带宽变窄，在此带宽内的噪声也减少，信噪比也会有所提高。因此，对一个满量程的正弦信号，SNR 可以准确地表示为：

$$\text{SNR} = 6.02n + 1.76\text{dB} + 10\log[f_s/2B]$$

其中，f_s 为采样频率，B 为模拟信号带宽。上式右边的第三项也称为处理增益，是一个正值，它表示信号带宽与 $0.5f_s$ 相差的程度所增加的信噪比。可以看出提高采样频率，或者降低模拟信号带宽都可以改善 A/D 转换器的信噪比。因此，有必要在 A/D 采样之前加一个带通（或低通）滤波器，限制信号带宽。也可以利用数字滤波器，对采样后的数据进行滤波，把 B 至 $0.5f_s$ 之间的噪声功率滤除，以提高信噪比。

其实量化噪声也可以用量化噪声功率谱密度来表示。假设噪声功率谱密度为 $P_{\text{AD}n}(f)$，考虑单边功率谱密度，那么由上文可以得到：

$$\frac{(\Delta V)^2}{12} = 2\int_0^{f_s/2} p_{\text{AD}n}(f)\text{d}f$$

由于假设功率谱密度为均匀分布，所以，

$$p_{\text{AD}n}(f) = \frac{\frac{(\Delta V)^2}{12}}{f_s} = \frac{(\Delta V)^2}{12f_s}$$

其单位是 V^2/Hz，如用参考电压来表示，则

$$p_{\mathrm{AD}n}(f)=\frac{(\Delta V)^2}{12f_s}=\frac{(V_{\mathrm{REF+}}-V_{\mathrm{REF-}})^2}{12f_s\times 2^{2N}}$$

上式也说明，采样频率提高不能改变量化噪声总量，但可以把噪声扩展在更宽的频率范围内，从而降低噪声功率谱密度，降低了感兴趣频段内的噪声功率。

3．有效转换位数（ENOB）

由于 A/D 转换部件不能做到完全线性，总会存在零点几位乃至一位的精度损失，从而影响 ADC 的实际分辨率，降低了 ADC 的转换位数。有效转换位数（ENOB）可以通过测量各频率点的实际信噪比（SIND）来计算。对于一个满量程的正弦输入信号有：

$$\mathrm{ENOB} = (\mathrm{SIND} - 1.761)/6.02$$

信号越大，信号频率越低，所能得到的有效转换位数越多。

4．孔径误差

孔径误差是由于模拟信号转换成数字信号需要一定的时间来完成采样、量化、编码等工作而引起的。对于一个动态模拟信号，在模数转换器接通的孔径时间(Aperture Time)里，输入的模拟信号值是不确定的，从而引起输出的不确定误差。假设输入信号是一频率为 f 的正弦信号 $y(t)$：

$$y(t) = V\sin(2\pi ft)$$

在 ADC 转换时间内，孔径误差一定出现于信号变化（或斜率）最大处，对于正弦信号而言，信号电压变化最大的时刻发生在信号的过零点处，输入模拟信号的变化速率为：

$$\frac{\mathrm{d}y}{\mathrm{d}t} = V2\pi f\cos 2\pi ft$$

$$\left(\frac{\mathrm{d}y}{\mathrm{d}t}\right)_{\max} = V2\pi ft$$

设模数转换器的转换时间为 t_{con}，在转换时间内可能出现的最大误差为：

$$V_e = V\cdot 2\pi\cdot f\cdot t_{\mathrm{con}}$$

所以，最大相对孔径误差为：

$$\frac{V_{\mathrm{e}}}{V} = 2\pi f\,t_{\mathrm{con}}$$

假若要求采样电压的误差小于 0.5bit，也就是说，V_e 小于量化电平的一半。则有：

$$V\cdot 2\pi\cdot f\cdot t_{\mathrm{con}}\leqslant\frac{2V}{2^n\cdot 2}$$

所以，可得到可采样的最高频率为：

$$f\leqslant\frac{1}{2^n\cdot 2\pi\cdot t_{\mathrm{con}}}$$

这里顺便推导一下，当我们对频率为 $0.5f_s$ 的信号进行采样时，对采样时钟稳定度的要求。

把频率代入，上式变为：

$$\frac{f_s}{2}\leqslant\frac{1}{2^n\cdot 2\pi\cdot t_{\mathrm{con}}}$$

$$t_{con}f_s = \frac{f_s}{f_{con}} \leqslant \frac{1}{2^n \cdot \pi}$$

所以采样时钟的稳定度必须优于：

$$t_p \leqslant \frac{1}{2^n \cdot \pi}$$

我们还可以对时钟抖动与 ADC 的 SNR 的关系进行进一步的分析。由于：

$$t_{con} \leqslant \frac{1}{2^n \cdot 2\pi \cdot f}$$

假设因抖动损失的转换位数为 n_{LOSS}，此时时钟抖动为：

$$t_{con} = \frac{1}{2^{n-n_{LOSS}} \cdot 2\pi \cdot f}$$

若 $n_{LOSS}=0$，说明分辨率损失为 0.5LSB。如果仅考虑时钟抖动对 A/D 转换器 SNR 的影响时，SNR 为：

$$\text{SNR} = 6.02(n - n_{LOSS} - 0.5) + 1.76$$

而

$$n_{LOSS} = n + [3.32\log(2\pi f t_{con})]$$

5．无杂散动态（SFDR）

无杂散动态（Spurious Free Dynamic Range，SFDR）是指在第一奈奎斯特区内测得信号幅度的有效值与最大杂散分量有效值之比的分贝数。反映的是在 ADC 输入端存在大信号时，能检测出有用小信号的能力。SFDR 通常是输入信号幅度的函数，可以用相对于输入幅度的分贝数（dBc）或相对于 A/D 转换器满量程的分贝数来表示（dBFS）。

对于一个理想的 A/D 转换器来说，在其输入满量程信号时的 SFDR 值最大。在实际中，当输入比满量程值低几个 dB 时，出现最大的 SFDR 值。这是由于 A/D 转换器在输入信号接近满量程值时，其非线性误差和其它失真都增大的缘故。另外，由于实际输入信号幅度的随机波动，当输入信号接近满量程范围（SFR）时，信号幅度超出满量程值的概率增加。这便会带来由限幅所造成的额外失真。SFDR 可以表示为：

SFDR(dBc)=输入载波(dB)−最大不希望的杂波(dB)

该指标把输出频谱中的峰值信号（输入正弦波或载波）与 Nyquist 频率范围内不希望的最高频谱分量联系起来了。

在 A/D 转换器的手册中可以看到，n 位 A/D 转换器的 SFDR 通常比 SNR 值大很多。比如，AD9042 的 SFDR 值为 80dBc，而 SNR 的典型值为 65dB（理论值为 74dB）。SFDR 这个指标只考虑了由于 ADC 非线性引起的噪声，仅仅是信号功率和最大杂散功率之比。而 SNR 是信号功率和各种误差功率之比，误差包括量化噪声、随机噪声，以及整个奈奎斯特频段内的非线性失真，故 SNR 比 SFDR 要小。

在信号带宽比采样频率低得多时， SNR 由于噪声减少使得性能指标提高，而且可以通过窄带数字滤波再加以改善，而寄生分量可能仍然落在滤波器得带内，而无法消除。

6．动态范围（DR）

ADC 动态范围的定义有几种。有一种是把动态范围定义成最大输出信号变化，即，（$(V_{REF+} - 1\text{LSB}) - V_{REF-}$）与最小输出信号变化（如 1LSB）的比值。又由于

$1\text{LSB} = \dfrac{V_{\text{REF+}} - V_{\text{REF-}}}{2^N}$，所以有：

$$\begin{aligned}\text{DR} &= 20\log\frac{V_{\text{REF+}} - (V_{\text{REF+}} - V_{\text{REF-}})/2^N - V_{\text{REF-}}}{(V_{\text{REF+}} - V_{\text{REF-}})2^N} \\ &= 20\log 2^N = 6.02N\end{aligned}$$

另一种方法是用 SNDR（信号/(量化噪声＋畸变噪声)）表示，SNDR 由下式给出：

$$\text{SNDR} = 20\log\frac{V_p/\sqrt{2}}{V_{\text{Qe+D,RMS}}}$$

其中 $V_{\text{Qe+D,RMS}}$ 为噪声和畸变信号的电压有效值，可由下式计算：

$$V_{\text{Qe+D,RMS}} = \frac{1}{\sqrt{2}}\sqrt{\sum_{k=0}^{M-1} V^2(k)}$$

$V(k)$可以通过 M 点 DFT 计算得到。动态范围可以表示为满幅度正弦波的均值 $V_{\text{REF+}}/\sqrt{2}$ 与 SNDR 为零时的输入正弦波之均值相比。当 SNDR 为零时，输入信号的均值就是量化噪声加畸变噪声。所以，SNDR 也可用于描述动态范围。

7．非线性误差

非线性误差是指 A/D 转换器理论转换值与其实际特性之间的差别。非线性误差又可分为差分非线性（Differential Non-Linearity）误差和积分非线性（Integral Non-Linearity）误差。差分非线性误差是指，对于一个固定的编码，理论上的量化电平与实际中最大电平之差。常用与理想量化电平相比，用所差的百分比或零点几位来表示。

差分线性误差（DNL）主要由于 A/D 本身的电路结构和制造工艺等原因，引起在量程中某些点的量化电压和标准的量化电压不一致而造成的。差分非线性误差引起的失真分量与输入信号的幅度和非线性出现的位置有关。

积分非线性（INL）是指 A/D 转换器实际转换特性与理想转换特性直线之间的最大偏差。常用满刻度值的百分数来表示。理想直线可以利用最小均方算法得到。积分非线性误差是由于 A/D 模拟前端、采样保持器及 A/D 转换器的传递函数的非线性所造成的。INL 引起的各阶失真分量的幅度随输入信号的幅度变化。如，输入信号每增加 1dB，则二阶交调失真分量增加 2dB，三阶交调失真分量增加 3dB。

8．互调失真（Intermodulation Distortion）

当我们把两个正弦信号 f_1，f_2 同时输入 A/D 转换器时，由于器件的非线性，将会产生许多失真产物 $mf_1 \pm nf_2$。为使两个信号在同相时不会导致 A/D 转换器限幅，这两个信号的幅度应略大于半满量程。二阶产物 f_1-f_2 和 f_1+f_2 容易用数字滤波器滤除。而三阶产物因与 f_1，f_2 离得很近，很难滤除。除非另有说明，一般情况下双音互调失真是指三阶产物引起的失真。

9．总谐波失真（Total Harmonic Distortion）

由于 A/D 器件的非线性，使其输出的频谱中出现许多输入信号的高次谐波，这些高次谐波分量称为谐波失真分量。度量 A/D 转换器的谐波失真的方法很多，通常用 DFT 测出各次谐波分量的大小。DFT 算法的表达式：

$$X(k)=\sum_{n=0}^{N-1}x(n)\mathrm{e}^{-\mathrm{j}\frac{2\pi nk}{N}}$$

其中，$x(n)$为输入序列，N为变换的点数，k=0,1，…，N−1。如果输入的信号频率较高，其谐波会发生折叠。为了防止在做频谱变换时发生频谱泄漏，往往对输入数据进行加窗处理，即把采样得到的数据和窗函数相乘后再做 DFT 变换。我们通常选用旁瓣抑制较好的布-哈窗。

总的谐波失真（THD）指标可以用下式表示：

$$\mathrm{THD}=\frac{\sqrt{{v_2}^2+{v_3}^2+\cdots+{v_n}^2}}{v_1}$$

其中，v_1为输入信号的幅度（有效值），v_2,v_3，…，v_n分别为 2 次，3 次，…，n 次谐波的幅度（有效值）。在实际应用中，通常取 n=6。

4.3 数字化信号质量问题

由于接收机的数字化部分的输入来自模拟 RF 前端，所以，前端的灵敏度必须能满足接收期望信号的要求。灵敏度将在 4.4 节中讨论，我们将会看到有效接收带宽是影响系统灵敏度的因素之一。在数字化接收机中，数字化后的处理部分通常决定了有效带宽。但是，系统的噪声系数（影响灵敏度的另一个因素）主要受接收机前端的设计影响。

数字化接收机中的处理

一旦信号被数字化后，它就被传送给处理器，常规接收机的所有功能都用处理器中的软件来实现。这包括用于设置有效带宽的滤波，从接收信号中恢复调制的解调以及在模拟接收机中难以实现的一些其他功能。下面讨论仅适合于数字接收机的两个处理功能。这两个例子都涉及低截获概率信号——在第 2 章进行了讨论。

4.3.1 伪码检测

直接序列扩频信号通过在发射前对较低比特率的数字信号上附加一个（二进制）高比特率伪随机数字波形来实现。扩频波形的比特位称为“码片”。该过程把要传输的信号扩展到很宽的频率范围内（可能是信号未扩频前带宽的 1000 倍），以致常规接收机可能根本无法检测到。由于信号带宽被扩展了 1000 倍，在整个扩频带宽内，其每 Hz 的功率下降 30dB，正如第 2 章所讨论的那样。

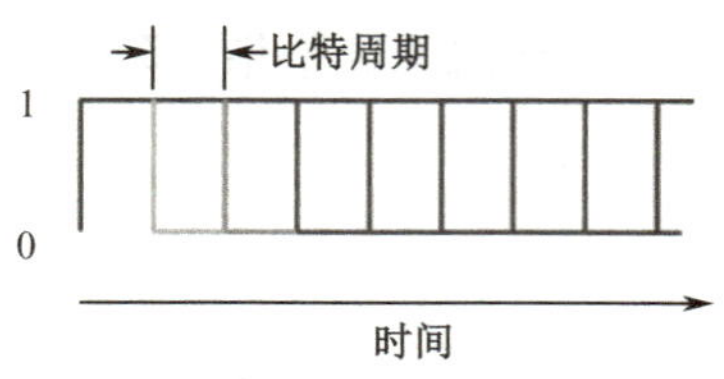

图 4.16　DSSS 信号在示波器上的码片显示

为了使协同工作的接收机恢复出扩频信号，必须把高比特率信号（与发射端同步）叠加到所接收到的信号中。同步要求扩频波形的码片速率稳定。如果在示波器上观察扩频信号，在示波器与波形同步后，就会看到如图 4.16 所示的显示图像。注意到方框的转换速率即为码片速率。由于连续“1”和“0”的数量相差很大，因此，在显示屏上前面几个转换的亮度稍微高一些。

如果对信号进行时域上累加处理，码片能量被累加，就可以实现“码片检测”。这种技术等效于用软件实现的抽头延迟线，抽头的间隔为码片周期。这个处理过程把大量码片叠加在一起，使得码片波形的能量累加至某一可被检测的电平。累加是在整个码片周期上进行的，样本位于码片末端附近。如果这用软件来完成，抽头间隔应该是可变的，以搜索到码片速率和相位的精确值。这可以实现对直接序列扩频信号的检测以及对直接序列扩频发射机的定位。

4.3.2　跳频信号截获

跳频信号以伪随机的方式每隔几毫秒时间就变化一次频率。每个频率上停留的时间称为“跳频驻留时间”。这里以 Jaguar-V VHF 跳频电台作为一个典型例子：跳频周期 10ms，信道间隔 25kHz，最大跳频范围 30～88MHz。所以在 58MHz 的频率范围内共有 2320 个发射信道，对于任何一跳，传输信号的可能是其中的任何一个频率点。图 4.17 给出了这类信号时间和频率的关系。如果能够在跳频周期很小一部分的时间内确定敌方发射信号的新频率，我们就可以快速确定发射台的位置，或有效地干扰敌方的跳频电台，并通过在每一跳上干扰机的频率都调谐到敌跳频电台的频率上，避免对友方通信造成干扰。其关键是要非常快地完成频率测量。

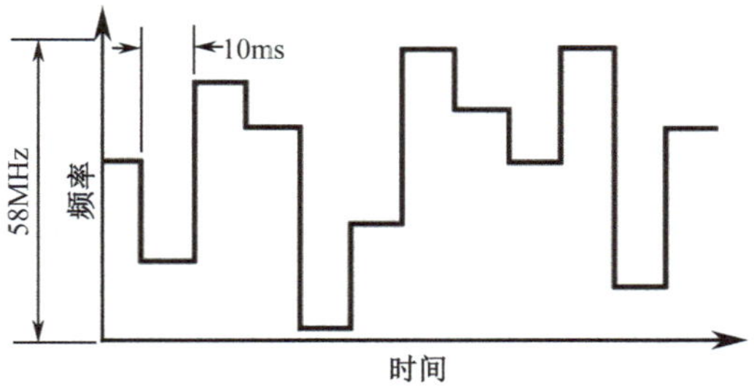

图 4.17　Jaguar 跳频图案

这里，我们只讨论如何确定每一跳的频率，把对发射机的定位和对电台的干扰留到第 7 和第 9 章中再分别进行讨论。

由于采用的辐射源定位技术需要得到在两根天线上每一根天线所接收到信号的相位信息，所以信号用 I、Q A/D 转换器进行数字化。图 4.18 是为完成这个功能，接收机的配置方框图。其中有两个并行 I、Q 数字器，以获取两根天线中任一天线所接收信号的相位。

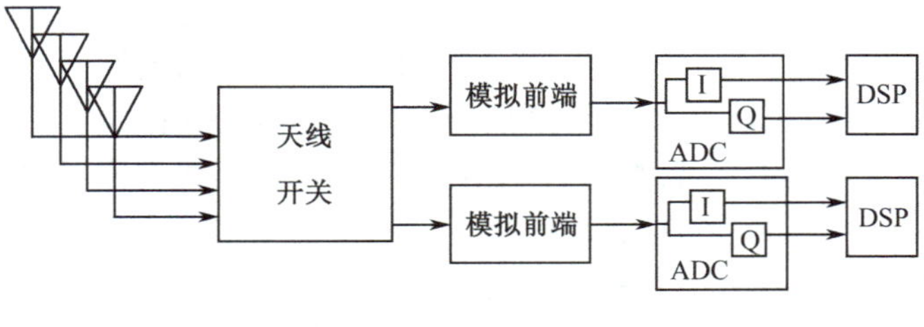

图 4.18　数字化接收机截获跳频信号相位

现在假设要设计的接收机采用标准的 VME 结构。这就将数据速率限制在了 40MB/s 以内——所以，采样速率只能为 40MB/s 的速率。采样间隔为 25ns。由 Nyquist 采样定理，接收机的输入带宽限制在 20MHz 以内。如果我们试图截获一个跳频带宽为 58MHz、信道间隔为 25kHz 的 VHF 跳频信号，则上述系统只能对 1/3 的频率范围进行采样（即为了覆盖所有可能的跳频信道，必须进行三次采样）。

采用快速傅里叶变换这种处理技术实现软件信道化接收机。信道化器的信道带宽要小于 25kHz。FFT 的点数（即一次 FFT 处理的采样点数）必须是信道化器产生的信道数的 2 倍。但是，由于采用并行的 I、Q 采样，所以只要取采样的样本数量等于所要求的信道数目即可。因此，取 1000 个 I、Q 样本就可以得到 1000 个信道。

以 25ns 的采样间隔，1000 个样本需要花费 25μs 的时间。因此，采集整个跳频频率范围的数据，需要花费的时间：

$$\text{数据采集时间}=3\times25\mu s=75\mu s$$

FFT 运算时间

现在我们来看一下完成这个过程所需要的时间。根据经验，FFT 运算需要 $n\log_2(n)$次复数加法，$n/2\log_2(n)$次复数乘法——这里 n 是指 FFT 的点数。在这个例子中，n 为 1000。结合这两个值，并转换成以 10 为底的对数，可以计算出 FFT 浮点运算（FLOPS）的次数：

每次 FFT 的 FLOPS

$$=[1.5n\log_{10}(n)]/0.30103=4.988n\log_{10}(n)\approx15000\text{FLOPS}$$

数字信号处理器（DSP）的速度以 FLOPS/s 来表示。在本例中，我们采用 SHARC 600MFLOP/s 处理器。完成一次 FFT 的时间为：15000FLOPS/600MFLOPS/s=25μs。如果接收机处理前一次的数据序列的同时采集另一个数据序列，则系统的数据吞吐能力达到最佳，因为此时 FFT 的处理时间与数据采集时间相同。因此，用于确定信号跳至哪个频率的整个数据采集和分析时间需要 75μs。对于 10ms 的跳频信号驻留时间而言，这个时间所占的百分比极小。

注意这里只是确定了 30～88MHz 范围内每个出现信号的频率。对跳频信号截获还存在的一些其他重要问题，将在后续章节中介绍。

4.4 接收系统的灵敏度

接收系统灵敏度最容易的定义是：接收机可接收到的并能正常工作的最小信号强度。举个例子来说，电视机能在显示屏上显示一个清晰无雪花点的图像。这个定义的一个要点是信号强度是在系统接收天线（如图 4.19 所示）的输出处直接确定的，因此，接收系统的灵敏度（用 dBm 表示）减去天线增益（用 dBi 表示）决定了要实现所要求的接收机输出性能，到达天线处的信号必须达到的功率密度。

某些接收系统的灵敏度用功率密度来表征。当天线与接收机之间关系紧密时——灵敏度包含天线增益，这个定义非常合适。但是，如果接收机灵敏度（不包含天线）用功率密度表示，则假设天线增益为 0dB。

功率密度的单位为微伏/米（μV/m），然而，由于接收机的接收功率通常用下式表示：

$$P_R = P_T + G_T - L + G_R$$

式中，P_R 为接收到的功率，单位为 dBm；
P_T 为发射机输出功率，单位为 dBm；
G_T 为发射天线增益，单位为 dB；
L 为传输损耗，单位为 dB；
G_R 为接收天线增益，单位为 dB。

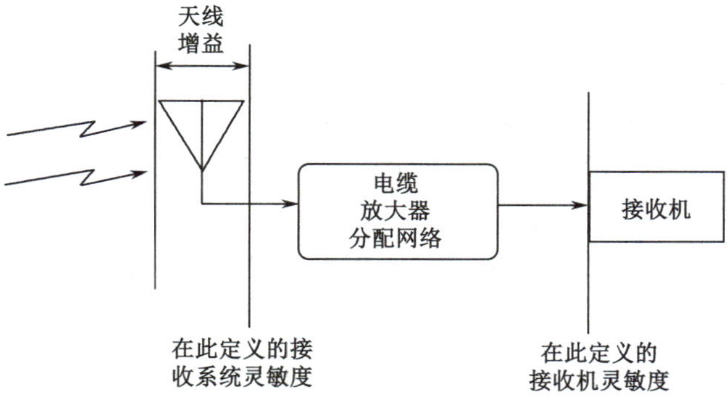

图 4.19　接收系统中不同位置的灵敏度定义

所以，用到达接收天线的信号强度（用 dBm 表示）来表征到达信号强度（单位为 dBm）通常是最方便的。

如果用场强（单位为μV/m）表示的到达信号要转换成信号强度（单位为 dBm），用下式很容易实现：

$$P = -77 + 20\log(E) - 20\log(F)$$

式中，P 表示到达天线信号的强度，单位为 dBm；
E 表示到达天线信号的场强，单位为μV/m；
F 表示信号的频率，单位为 MHz。

反过来，到达信号的强度可以用下式转换成场强：

$$E = 10^{[P+77+20\log(F)]/20}$$

其中，E 表示场强，单位为μV/m；
P 表示信号强度，单位为 dBm；
F 表示频率，单位为 MHz。

需要指出的是，这些公式都是基于理想全向天线有效区域和自由空间阻抗的，由输入场强（单位为μV/m）得到输出功率（单位为 dBm）。

灵敏度的各组成部分

把接收机的灵敏度看成由三部分组成是很有用的，如图 4.20 所示。于是，灵敏度为：

$$S = kTB + \mathrm{NF} + \mathrm{RFSNR}$$

其中，S 为灵敏度，单位为 dBm；

kTB 为接收机内部热噪声；

NF 接收系统的噪声系数；

RFSNR 检波前信噪比。

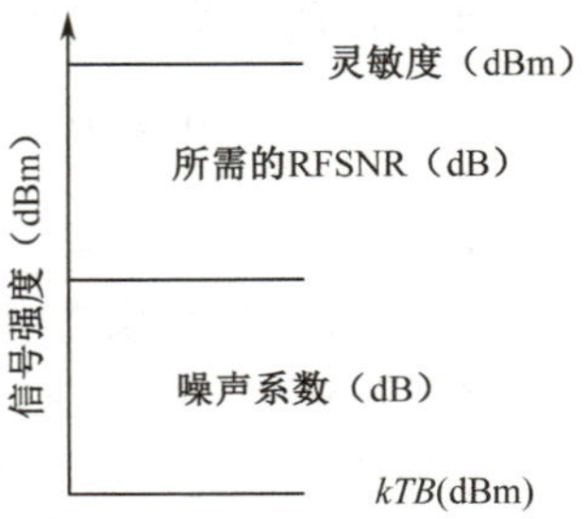

图 4.20 灵敏度的各组成部分

4.4.1 *kTB*

kTB 是接收机内部热噪声。它是玻耳尔兹曼（Boltzmann）常数、接收机的温度（用 Kelvin 温度表示）和接收机有效带宽之积。在电子战实际应用中，kTB 中的 T 常常用标准温度（290K），这样生成一个只与带宽有关的表达式。这个表达式为：

$$kTB = -114\mathrm{dBm} + 10\log(\mathrm{BW}/1\mathrm{MHz})$$

这里，BW 为接收机有效带宽。

等式的右边通常用-114dBm/MHz 表示。也用－174dBm/Hz 表示（这个数字与前一个完全相等）。

4.4.2 噪声系数

噪声系数是在 kTB 基础上，由接收系统产生的——参考图 4.21 的输入部分。另外一种描述噪声系数的方法是：假设接收机不会产生这样的噪声，那么为了产生观察到的输出噪声，需要在接收机输入端加入多大的噪声。作为一个指标，实际接收机的噪声系数，可以从接收机制造商那里获得，但我们在这里关心的是整个接收系统的噪声系数。

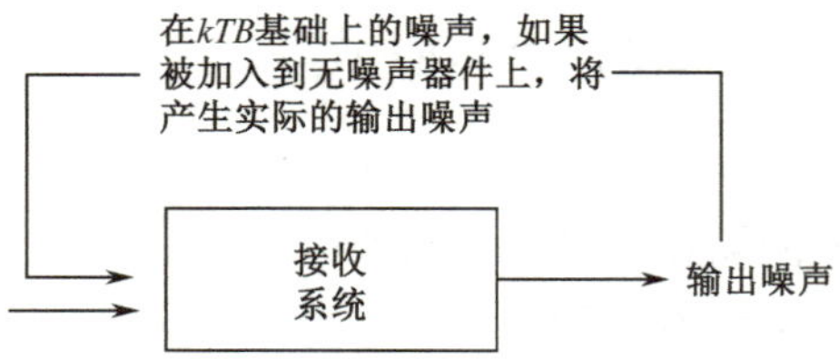

图 4.21 噪声系数定义

如果在天线和实际接收机之间不存在有源器件（即放大器），则系统的噪声系数是接收机的噪声系数与接收机之前的所有无源器件差损之和（单位为 dB）。无源器件的例子有：电缆、开关（当它们接通时）、滤波器和功率分配器。

为了提高接收系统的灵敏度，实际中，可以把一个低噪声放大器（称为前置放大器）放置在一些无源器件之前，以达到所需要的噪声系数。理论上，前置放大器可以直接与天线相连接，但前置放大器在那个位置供电不太方便。

当系统中含有一个前置放大器时，其噪声系数由下式确定：

$$\mathrm{NF} = L_1 + N_P + \mathrm{Deg}$$

式中，NF 为系统噪声系数，单位为 dB；

L_1 为前置放大器之前所有单元的损耗，单位为 dB；

N_P 为前置放大器的噪声系数，单位为 dB；

Deg 为由图 4.23 所确定的恶化因子。

在图 4.22 中 L_1 是前置放大器之前的损耗，G_p 是前置放大器的增益（单位为 dB），N_P 是前置放大器的噪声系数，L_2 是前置放大器和接收机之间的损耗，N_R 是接收机的噪声系数。举个例子来说，假定前置放大器的增益是 20dB，前置放大器的噪声系数是 5dB，损耗 L_1 为 2dB，损耗 L_2 为 8dB，接收机的噪声系数为 12dB。

恶化因子可以由图 4.23 确定。从纵坐标（其值由 $G_P+N_P-L_2$ 确定）上画一条水平线，从横坐标上（其值由 N_R 确定）画一条垂直线，读出交点的值。图上画出的线与前面给出的各部分值有关系。水平线的值为 20+5−8=17；垂直线的值为 12。这两条线相交于 1dB 恶化曲线，因此，恶化因子为 1dB。所以，在这个例子中，接收系统的噪声系数为：

2dB+5dB+1dB=8dB

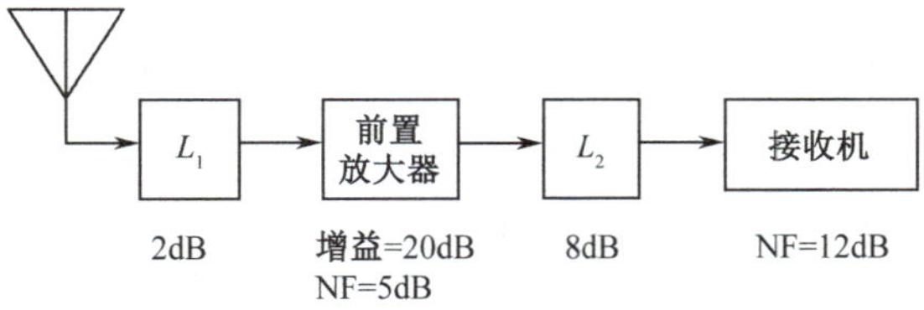

图 4.22　具有前置放大器的接收系统

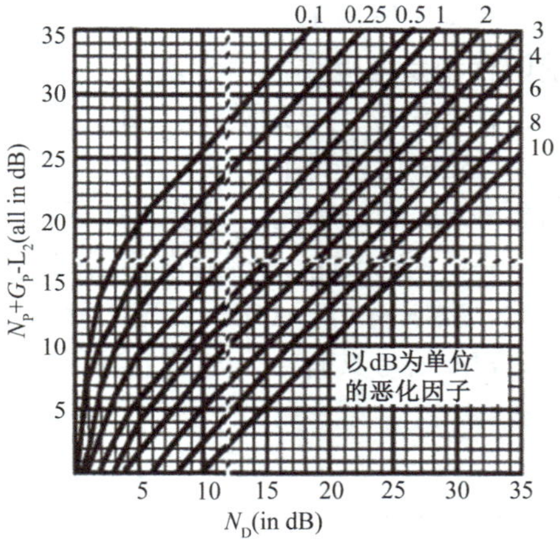

图 4.23　噪声系数恶化

4.4.3　检波前所需信噪比

检波前所需信噪比是一个关于所要求输出信号质量和接收信号调制类型的函数。

首先来看一些定义：检波前信噪比是我们定量衡量输入到接收系统（接收天线输出）信号质量的一个指标。在大多数通信理论教科书里，用 CNR（载噪比的缩写）表示。这可能引起混淆，因为接收到的信号包含一个（位于标称传输频率处的）载波信号和承载传输信息的边带。图 4.24 给出了检波前信号频谱图。检波前信号功率分布于载波和两个边带上。因此，检波前信噪比是所有信号分量的功率与有效接收带宽内的噪声功率之比。

CNR 在字面上是载波功率与噪声功率之比。为了避免混淆，本书中用缩写 RFSNR（射频信号功率与噪声功率之比）来表示检波前信噪比。

1．RFSNR 与 SNR

SNR 表示接收系统的输出信噪比。这个信噪比是我们定量描述从接收信号中恢复信息质量的指标。虽然这个信噪比是我们真正所关心的，但是当需要确定为得到期望的输出信号质量在接收系统的输入端需要多大的信号强度时，就需要考虑 RFSNR 了。SNR 和 RFSNR 之间的关系取决于信号的调制类型，这个关系可能会比较复杂。

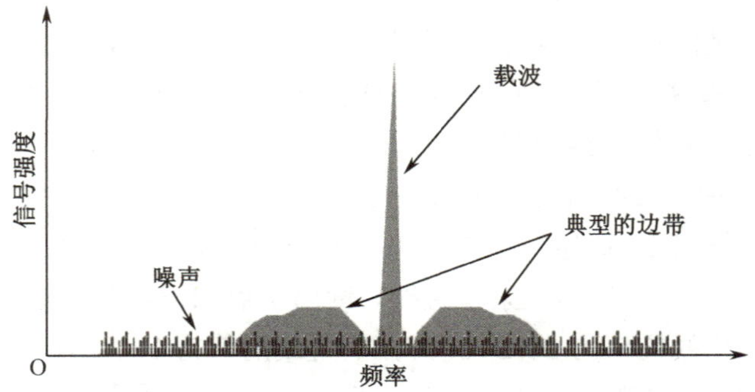

图 4.24 检波前信号频谱

表 4.2 给出了各种调制和接收系统应用时，所要求的典型 RFSNR 和 SNR 值。表中的前四行都是幅度调制信号，因此，RFSNR 和输出的 SNR 一样。对一个有经验的操作者而言，在示波器上显示波形，8dB 的信噪比就足够了。如果用计算机来分析这个数据，通常认为 15dB 可以满足要求。电视信号的视频部分是幅度调制，要得到一个无雪花点的图像，需要 40dB 的信噪比。对于 AM 通信而言，信噪比要求随着应用的不同而不同。举例来说，军事指挥控制通信系统通常使用固定的格式和用语，用较低的 SNR 就可以满足通信的要求。因此，要求有 10～15dB 信噪比就可以了。

FM 信号具有一个与调制参数有关的信噪比改善因子——使得输出 SNR 比 RFSNR 大得多。

表 4.2 RFSNR 和 SNR 与调制和应用的关系

调制与应用	RFSNR	SNR
有经验的操作员在示波器上观察 AM 信号	8dB	8dB
用计算机分析 AM 信号	15dB	15dB
电视视频信号	40dB	40dB
AM 语音通信	10～15dB	10～15dB
FM 信号	4～12dB	15～40dB
数字信号	10～14dB	SQR

所恢复数字信号的质量由数字化确定，RFSNR 的影响是次要的。SNR 实际上是信号与量化“噪声”之比，或写为“SQR”。但是 RFSNR 决定了所恢复数字信号的误比特率。

2. FM 信号所需的 RFSNR

有两种 FM 信号鉴频器，一种是调谐式的，另一种是锁相环。如图 4.25 所示，调谐式鉴频器的工作原理有点像滤波器，其建立了一种输入频率与输出电压之间的对应关系。调谐式鉴频器把输出电压和频率的关系设计成线性的。由于 FM 信号把信息承载于频率变化上，所以输出电压即为调制波形——也就是信号上承载的信息。

图 4.26 给出了基于锁相环的 FM 鉴频器。虽然它比调谐式鉴频器更复杂，但它具有更好的性能。压控振荡器（VCO）根据输入 FM 信号的频率变化不断跟踪调谐。调频信号和 VCO 输出之间的相位差（相位误差）产生了一个调谐控制信号，用于把 VCO 锁定至 FM 信号上。所以，控制振荡器的电压就是调制信号。

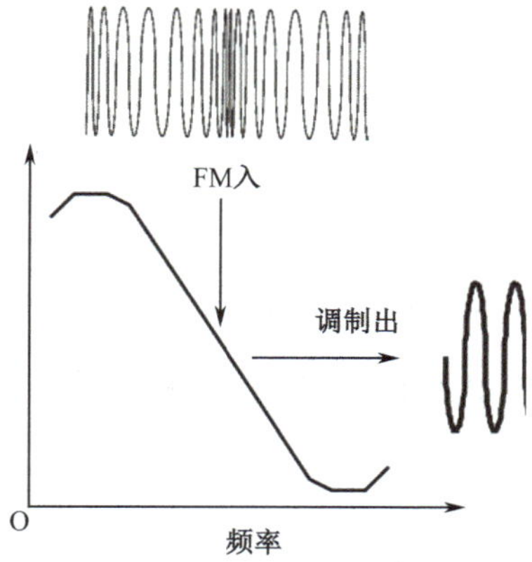

图 4.25　斜率检测 FM 鉴频器

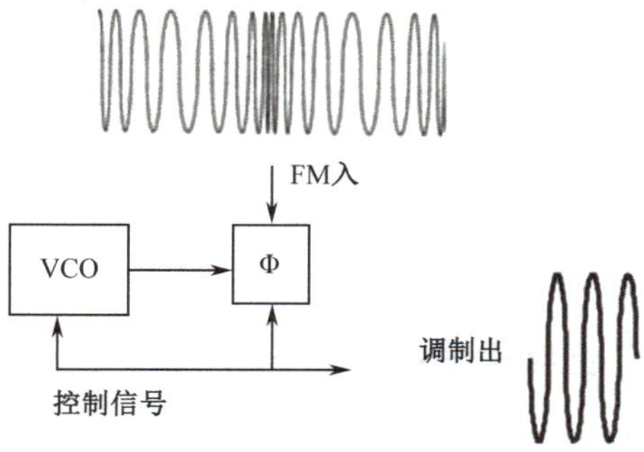

图 4.26　锁相环 FM 鉴频器

3. FM 改善因子

FM 信号的输出 SNR 是一个关于 RFSNR 和调制系数的函数。

调制系数是 FM 信号离载波的最大频偏除以最大调制频率之商。

$$\beta=\text{最大频偏}/\text{最大调制频率}$$

举个例子来说，在商用 FM 广播中，最大频偏为 75kHz，最高调制信号频率是 15kHz。所以$\beta=5$。

FM 改善是指输出 SNR 与 RFSNR 相比提高的部分，它可以通过下式来计算：

$$\mathrm{IF_{FM}}=5+20\log(\beta)$$

式中，$\mathrm{IF_{FM}}$为以 dB 为单位的 FM 改善因子；

β为调制系数。

注意，这是简化形式的公式，其中假设了检波前带宽与检波前信号匹配，检波后带宽与被检测信号匹配。

商用 FM 无线电台例子中，改善因子为：

$$\mathrm{IF_{FM}}=5+20\log(5)\approx 19\mathrm{dB}$$

但是，为了获取这个 FM 改善因子，RFSNR 必须高于一个所要求的门限，如图 4.27 所示。对于调谐鉴频器，门限大约为 12dB，对于 VCO 鉴频器门限只有 4dB 左右。

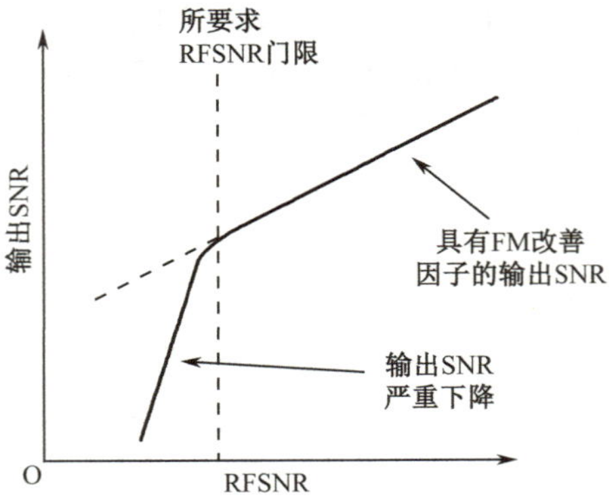

图 4.27 具有所需门限的 RFSNR 与输出 SNR 之间的关系

在我们所举的 FM 广播例子中，由 12dB 的 RFSNR 得到 12＋19 或 31dB 的输出 SNR。

4．数字信号需要的 RFSNR

对数字信号来说，SNR 不是真正的信噪比，而是信号与量化噪声之比。信号与量化噪声之比由下式给出：

$$\mathrm{SQR}=5+3(2n-1)$$

式中，SQR 是信号对量化噪声比，单位为 dB；

n 为量化位数。

输出 SQR 由量化噪声确定，基本上与 RFSNR 无关。但是，RFSNR 对所恢复信号的误比特率有直接影响。数字信息必须通过第 2 章所讨论的某种技术调制到 RF 信号的载波上。误比特率是接收到的不正确比特数目除以发射的总比特数之商。每种数字调制类型，都有一条曲线，其类似于图 4.28 中那两条典型曲线。图中给出了误比特率关于 E_b / N_0 的函数。E_b / N_0 是每比特的能量除以每 Hz 带宽中的噪声的比值，由下式确定：

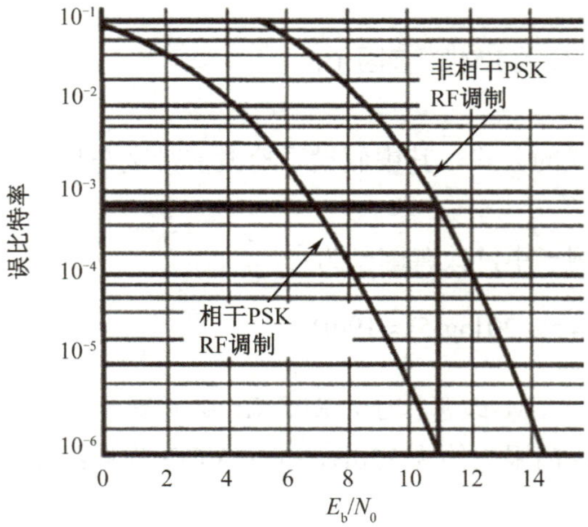

图 4.28 E_b / N_0 与误比特率之间的关系

$$E_b/N_0(\mathrm{dB})=\mathrm{RFSNR}(\mathrm{dB})-10\log(\text{比特率}/\text{带宽})$$

如果比特率与带宽之比为 1bps/Hz，$E_b / N_0 = \mathrm{RFSNR}$ 。

比如，若数字数据用非相干频移键控进行承载，带宽与比特率之比为 1，RFSNR 为 11dB，所恢复数字信号的误比特率大约为 7×10^{-4}。

4.5　接收系统的动态范围

动态范围定义为在接收系统中可接收的最强和最弱信号之差。瞬时动态范围定义为：在存在最强信号下可接收的最弱信号与最强信号的电平差（单位为 dB）。

在通信系统和雷达中，自动增益控制（AGC）使得接收机可以接收的信号强度范围很宽，因为接收机可以进行增益调节，以实现带宽内最强信号的最佳接收，如图 4.29 所示。但是 AGC 很少适合于 EW 和侦察接收机。在带内存在无威胁的大信号时能否接收到有威胁的弱信号是问题的关键。

侦察接收系统有时必须切换前端中的衰减器，依次对强信号和弱信号进行采样。许多早期系统具有 60dB 的瞬时动态范围，但现代系统一般要求有 90dB 甚至更高的动态范围。

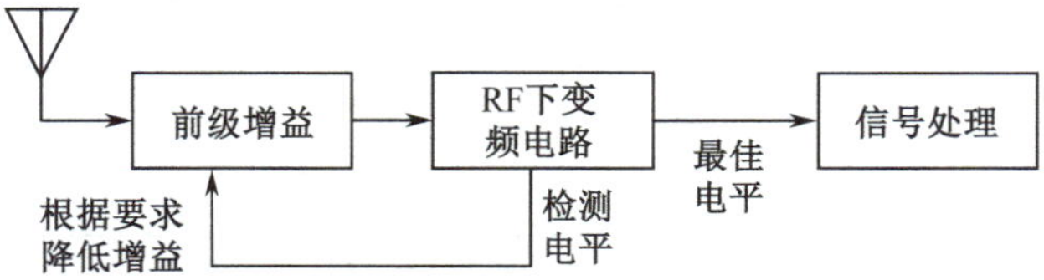

图 4.29　带 AGC 的接收机

4.5.1　模拟与数字动态范围

许多数字接收机被应用于 EW 系统中，数字接收机由模拟前端、紧随其后的模数转换器、一个实现接收机各种功能的计算器组成（见图 4.30）。在模拟和数字部分都定义了动态范围。首先，我们来看模拟部分的动态范围，然后看数字部分的动态范围。接收机的这两个部分应该具有相同的动态范围。

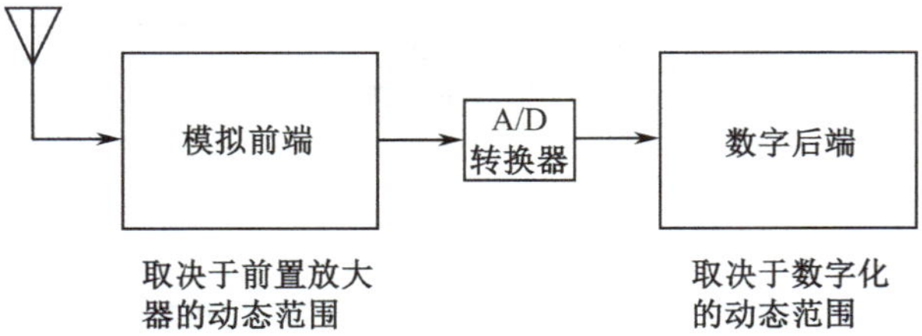

图 4.30　数字接收机

4.5.2 模拟接收机动态范围

动态范围一般由前置放大器决定，前置放大器用增益、噪声系数和“截点值”来表征其性能。前面已经讨论过前置放大器的增益和噪声系数对系统灵敏度的影响。前置放大器的截点值影响系统的动态范围。

图 4.31 由截点值来确定动态范围。这个图与前置放大器的输出有关。图中的纵坐标和横坐标都用对数表示前置放大器的输出功率，单位为 dBm。基波线表示放大器放大单个信号的输出功率。注意到，该直线的斜率为 1:1。二阶响应直线表示放大器输出的二阶组合响应。这就是放大器输出端的某个频率的组合信号电平，这个频率可以是基频的两倍频或者是两个输入信号的和频或差频。二阶响应直线的斜率为 2:1，其与基波线相交于某一点，这点就是所谓的二阶截点值（也称为“IP2”）。从图中的横坐标上引起组合响应的一个或两个信号的输出功率出发，上移到二阶直线，然后左移到纵坐标，读出二阶组合响应输出的电平值。

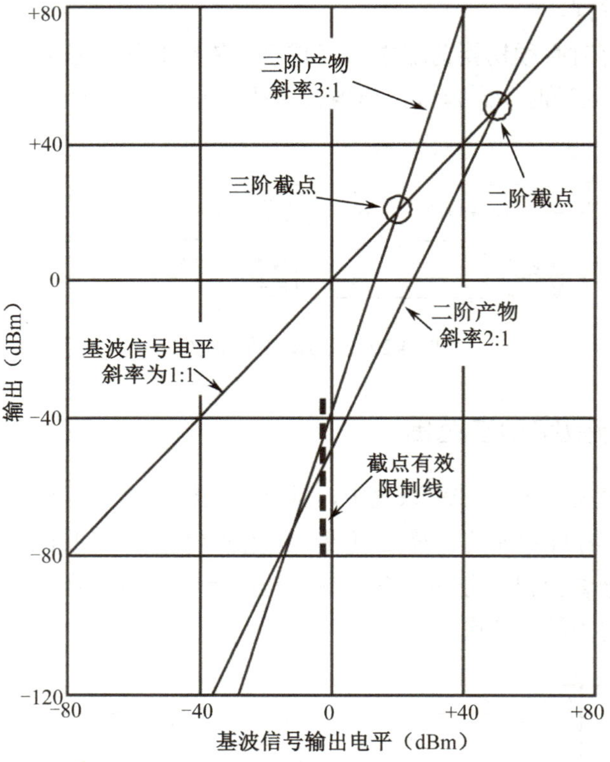

图 4.31 截点值图

三阶响应直线是关于三阶组合电平的直线。三阶组合响应是一个输入信号的两倍频加上或减去第二个输入信号（或者一个频率加上或减去另一个频率的两倍频）的输出。这条直线的斜率为 3:1，其与基波线相交的点称为三阶截点值（IP3）。

截点值是组合响应线与基波线相交时的信号电平，如图 4.31 所示。如图中给出的例子所示，二阶截点值为+50dBm，三阶截点值为+20dBm。两个输入信号的电平为-27dBm 时，将产生的三阶和二阶组合输出分别为-100dBm 和-112dBm，如图 4.32 所示。

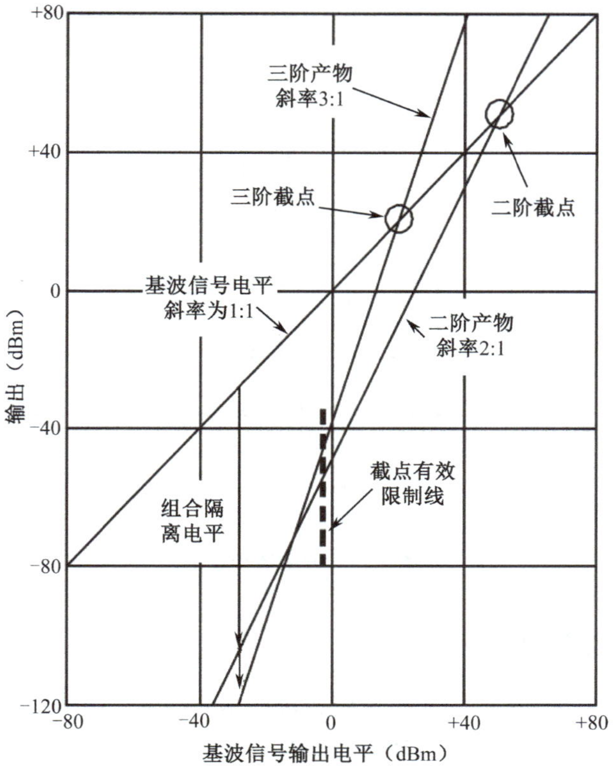

图 4.32　组合信号隔离

在接收机设计时往往通过选择合适的中频和多次频率搬移（如有必要）来消除二阶组合。但是，三阶组合通常无法消除，其制约着接收机的无杂散动态范围。

注意到，在图中存在一条截点值有效限制线。这是一个接收机不再“正常工作”的电平。它靠近一个点，这点使得放大器输出受到压缩（由于饱和造成的），引起组合输出的实际电平远远偏离二阶、三阶响应直线的值。因此计算接收机的动态范围时必须限定在这条有效限制直线左边区域。

图 4.33 是在图 4.32 基础上增加了一些信息。灵敏度线是接收信号（来自天线）电平为接收机系统灵敏度电平时前置放大器的输出电平。在本例中，该值为−100dBm。为了计算受限于三阶组合的动态范围，从三阶截点值线与灵敏度线的交点开始向上画一条竖直的线与基波线相交。这条竖直线段的长度（即输出信号能量差，dB 表示）定义为会引起与灵敏度电平相当的杂散的强信号的输出强度。这意味着如果引起组合的信号位于基波线电平（−32dBm），三阶组合输出将达到−100dBm（这是接收机在这一点的灵敏度电平）。所以图 4.33 所示的动态范围为 68dB。

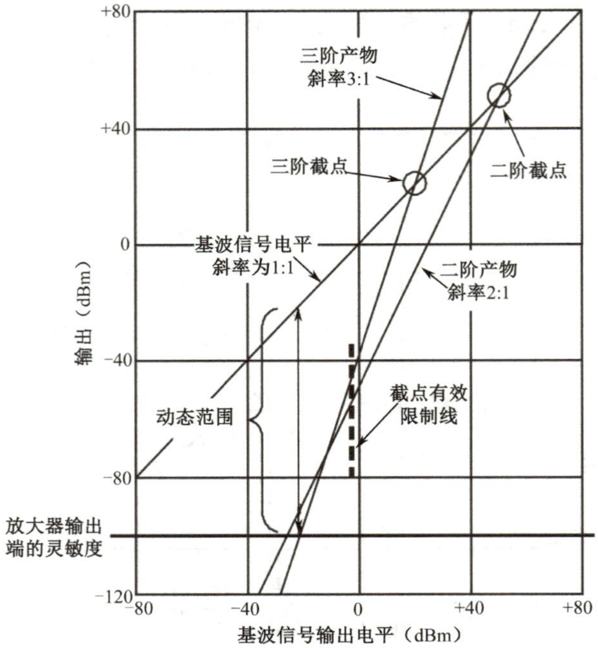

图 4.33　无杂散动态范围

4.5.3　数字动态范围

接收机数字部分的动态范围取决于模数转换器的位数。最弱信号被数字化时只有最低有效位为 1（其他位都为 0），而最强信号被数字化时，所有位都为 1。图 4.34 给出了一个 4bit A/D 转换器对最大和最小可测量电平的数字化。动态范围为：

$$\mathrm{DR} = 20\log_{10}(2^n)$$

式中，DR 为动态范围，单位为 dB；

n 为输入信号数字化后的位数。

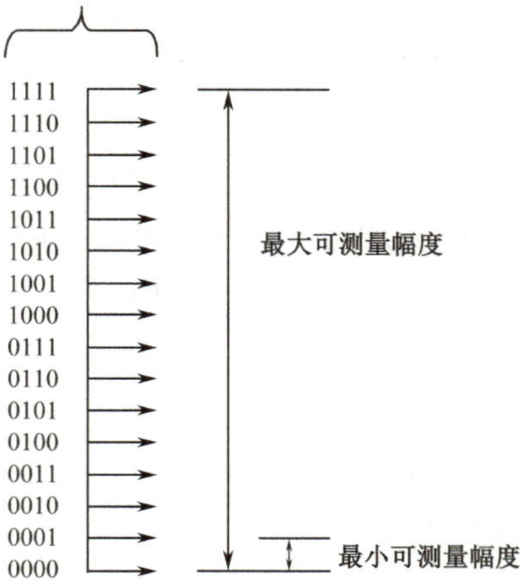

图 4.34　数字接收机动态范围

注意，转换成 dB 时要乘以一个系数 20，而不是在进行信号功率比转换时采用的系数 10。这是由于数字转换器量化电平（确定数字字的取值）是电压值。比如，10bit 的转换位数可以提供 60dB 的动态范围。表 4.3 给出了数字动态范围与量化位数之间的函数关系。

表 4.3　动态范围与量化位数之间的函数关系

转换位数	动态范围（dB）
4	24
5	30
6	36
7	42
8	48
9	54
10	60
11	66
12	72
13	78
14	84
15	90
16	96

4.6　典型接收机系统配置

几乎所有 EW 和侦察接收系统都包含多部接收机。由于大多数系统包含辐射源定位能力，所以要求多台相同的接收机同时接收来自多个天线的输入信号。

另外一个重要问题是在非常短的特定响应时间内实现很高的截获概率。通常，一台执行搜索功能的接收机用于发现新信号，而其他接收机执行较长时间的分析或截获功能。高级的现代化接收机可用于处理与复杂的威胁或复杂的威胁环境相关的特定问题。

本节讨论侦察接收机和多站遥控接收系统。

4.6.1　多接收机侦察和电子支援系统

电子支援（ES）和侦察接收系统的主要区别可以认为是它们的“看法”不同。两种接收系统所能接收的信号类型相同，但是其设计目的不同。ES 接收机通常用于寻找已知类型的威胁信号，为快速的战术应用服务。要求的响应时间通常在几秒以内，搜集的数据仅用于确定已知的信号类型中哪一种信号存在——处于何种模式—位于哪里。天线趋于宽带化（理想情况是整个阵列瞬时覆盖全部 360 度范围）以提供极高的截获概率。接收机带宽趋于宽带化，为实现快速响应和高概率截获，牺牲了灵敏度。

另外，侦察接收系统一般具有更宽裕的时间去发现敌人的信号，但通常必须能接收弱信号、提供足够的分辨率和分析能力，以表征敌方新类型的信号。侦察系统可能还要对信号的本质内容（也就是所发射的信息）进行处理。天线通常是窄带的，以提高对远距离发射信号的截获能力。

电子支援和侦察接收系统都可用于所有频段，可有各种各样的配置。通常同一个系统可根据要求扮演这两种角色。这里所选择的配置主要便于对一些重要问题进行讨论。

4.6.2 多接收机系统

图 4.35 是一个具有多部接收机的典型接收系统，它通常用于系统要覆盖所有频段的情况。需要指出的是，如果这些接收机覆盖不同的频段，天线输出可以通过多路开关进行分配。如果所有接收机都覆盖相同的频段，就需要一个功率分配器。搜索和截获是具有挑战性的任务，特别是目标辐射源的距离远而接近检测极限的时候。截获接收机可以是搜索式超外差接收机，对其带宽和搜索速度进行优化，以在空间和时间受限条件下，达到最大的截获概率。数字接收机、压缩接收机和其他类型的宽带接收机也可以实现截获功能。

关于接收机任务分配的问题很多。一种常用的方法是使用很多台监视接收机，每一台分配给一个操作员或一个自动数据记录设备或一个处理信道。当截获接收机检测到一个信号时，它要么停止搜索，花很短的时间完成对信号重要性的评估；要么分配一个特定的处理接收机去执行该任务。确定信号重要性和优先级高低通常涉及信号外部调制特性的分析——不考虑信号所承载的信息（调制的本质内容）。

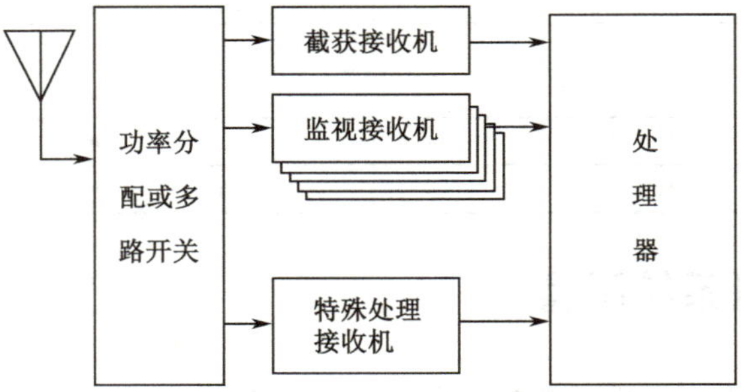

图 4.35 具有多部接收机的接收典型接收系统

一旦一个感兴趣的信号被识别出来并被确定优先侦察时，就分配一台监视接收机监视该信号，在信号的持续时间内该接收机一直监视该信号，除非需要监视一个优先级更高的信号时才会终止。

1. 本振辐射

由于军用接收系统通常使用超外差接收机，本振（LO）辐射成了一个重要的接收机指标。如 4.1.2 节所讨论的，超外差接收机通过把本振设置成比感兴趣的信号的频率高或低一个频率偏移的固定频率，实现对信号的调谐。

图 4.36 给出了一个接收机系统中两个超外差接收机的前端。LO 信号要比接收到的信号强，因此可以预料通过预选器会传回一定电平的本振信号。预选器通常用一个相对简单的滤波器实现，只能提供有限的隔离度，这一点很重要。因此， LO 信号会沿着图中所示的两个途径泄漏。如果较大的 LO 能量通过天线辐射出来可能会被敌方接收机检测到。也可能被同一系统中其他天线或邻近的友方设备接收到——降低了它们的性能。有意思的是在对电视接收机实现许可证管理的国家，本振辐射被用于检测无许可证的 TV 设备。

2. 接收机性能

在一个多接收机系统中对每个信号路径进行独立分析以确定它的性能。图 4.37 给出了多接收机系统的部分设备。每个信号路径是：从天线通过前置放大器，四端口功率分配器的一个支路，进入其中的一台接收机。考虑两台接收机的例子。系统部分设备各单元的指标如图 4.38 所示。每个接收机要求的 RFSNR 为 15dB，带宽为各信道的有效带宽。为简化该例，我们忽略电缆损耗。

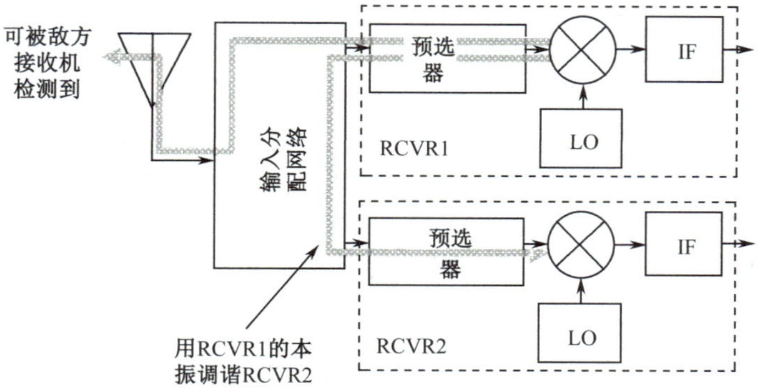

图 4.36　本振辐射

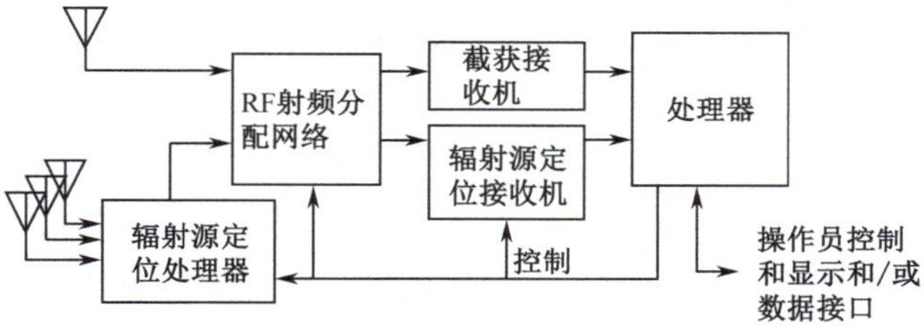

图 4.37　多接收机系统的前端

利用 4.4 节所说明的技术，每个接收机信道的灵敏度为 *kTB*、噪声系数、所要求的 RFSNR 之和。

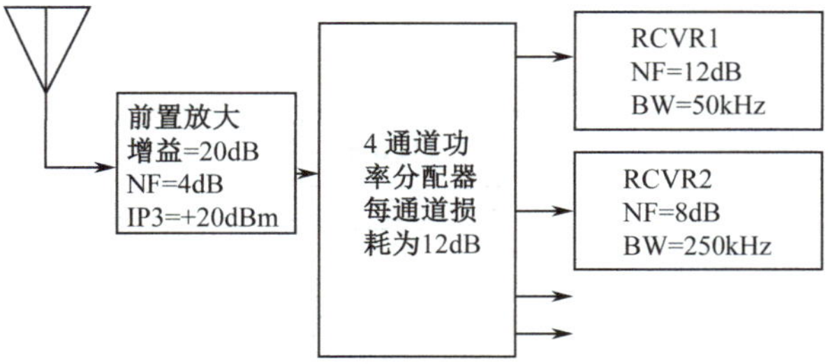

图 4.38　前端单元指标

对于信道 1，kTB 为−114+10log(50kHz/1MHz)= −127dBm。系统噪声系数为 7dB（包括 3dB 衰减），所要求的 RFSNR=15dB。因此，灵敏度为-105dBm。

对于信道 2，kTB 为−114+10log(250kHz/1MHz)= −120dBm。系统噪声系数为 5dB（包括 1dB 衰减），所要求的 RFSNR=15dB。因此，灵敏度为−100dBm。

采用 4.5 节所说明的技术，接收机 1（只考虑三阶组合）的无杂散动态为 68dB[−17− (−85)]。接收机 2 的无杂散动态为 66dB[−14−(−80)]。（记住基波电平指的是前置放大器的输出电平）

4.6.3 远距离接收系统

许多地基、固定翼、直升机接收系统都包含多个远距离、协同接收平台或装置。这些系统不但提高了空间截获能力，通过三角测量法也提高了对敌辐射源的定位精度。某些系统把所有远距离接收系统通过控制和数据链路连接到一个信号控制站，如图 4.39 所示。在这类系统中，一般控制站有多个操作员，与记录和分析设备在一起。其他系统中，每个接收系统都有可能作为主站——控制其他作为从属站的接收机。在这些系统中每个接收点一般有一个或一个以上的操作员。在执行一个任务期间，主站位置可以根据要求改变。

一般来说，控制链路带宽相对较窄，因为从主站（或控制站）发出的数字调谐、配置命令只有几次/毫秒。但是，数据链承载了从接收机发到控制站的截获到的信号的数据。数据链路的带宽可以很宽，具体取决于接收信号的种类和数量。

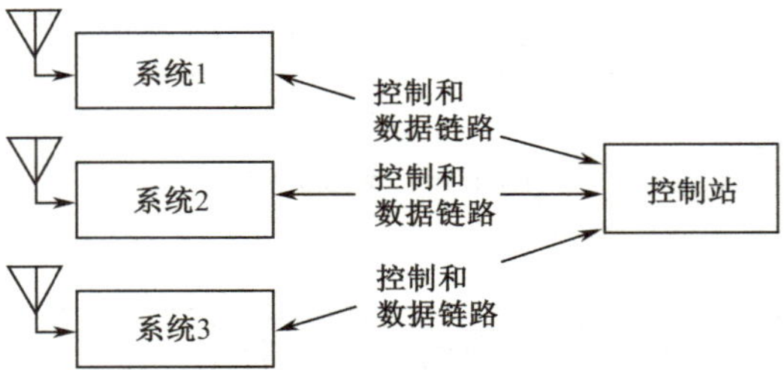

图 4.39 多站遥控 EW 系统

图 4.40 给出了单个远距离接收站，它是多个连接到控制站的接收站之一。它有多个测量接收机，每个接收机都连接到控制站的操作员处。操作员监视所接收到的信号，当他要确定被监视辐射源的位置时，操作站给中心控制站计算机发送一条定位命令。这台计算机同时给所有远程接收系统中的测向（DF）接收机发命令。这使得所有测向接收机在同一时刻对来自目标辐射源的信号进行到达方向的测量。这些到达方向测量结果被送到控制站计算机，加上相应接收平台的瞬时位置信息，计算出敌方辐射源的位置。如果两个操作员同时请求对辐射源进行定位，其中的一个请求会被延迟（大约 1 秒），直到所有接收系统中的 DF 接收机都空闲时为止。

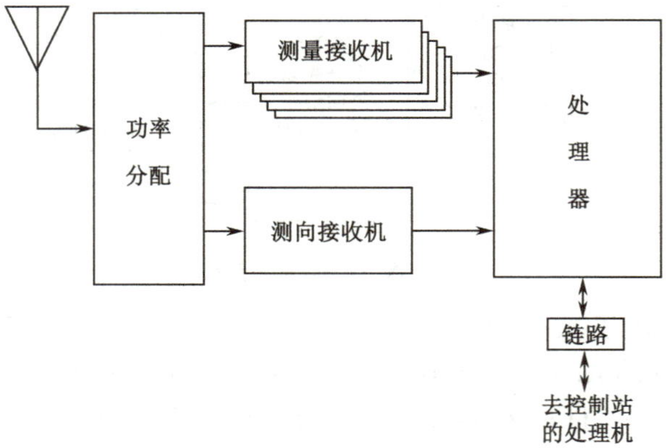

图 4.40 具有测向能力的远程接收系统

第 5 章　通 信 传 播

5.1　单向链路

通信中发射机和接收机处于不同的位置。各种类型的通信系统的目的都是将一个位置的信息传输至另一位置。因此，通信使用如图 5.1 所示的“单向”通信链路。单向链路包括发射机、接收机、发射和接收天线，以及发射和接收天线间对信号产生影响的所有事物。

图 5.2 和图 5.3 给出了电子战中使用单向链路的两个重要例子。图 5.2 给出了一条通信链路以及一条从发射机到截获接收机的链路。需要注意的是，发射天线朝期望接收机方向的增益与朝截获接收机方向的增益可能不一样。图 5.3 给出了一条通信链路以及一条从干扰机到接收机的链路。这种情况下，接收天线指向期望发射机与指向干扰机的增益可能会不相同。图 5.2 和图 5.3 中的每条链路都包含了图 5.1 中给出的各个单元。

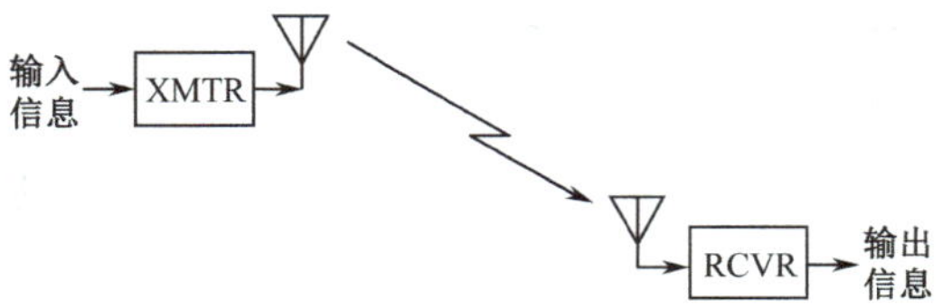

图 5.1　单向通信链路

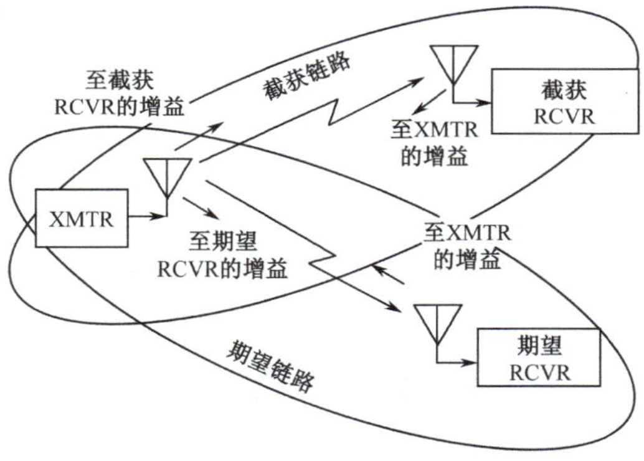

图 5.2　被截获通信链路

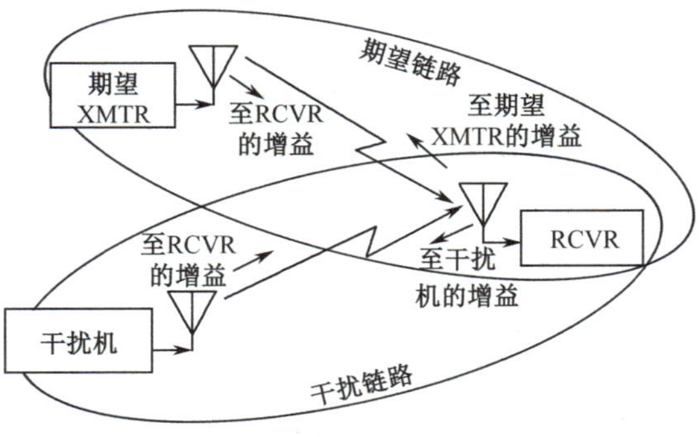

图 5.3　被干扰通信链路

5.2 单向链路方程

单向链路方程将输入接收机的功率表示为其他链路参数的函数。图 5.4 给出了该方程的图示形式。图中横坐标没有刻度，它仅用来表示信号经过单向链路过程中信号电平发生的变化。纵坐标刻度为链路中各个部分的信号强度（以 dBm 为单位）。发射功率输入到发射天线。图中将天线增益表示为正值，虽然实际中天线增益可能为正值，也可能为负值（以 dB 为单位）。需要强调的一点是图中给出的增益是指向接收天线的增益。发射天线的输出被称为等效辐射功率（ERP，effective radiated power），单位为 dBm。注意，以 dBm 为单位在理论上是不正确的，因为实际上，在发射天线输出这一位置上的信号是功率密度，更确切的表示应该是微伏每米（μV / m）。然而，如果在发射天线附近放置一副理论上理想的全向天线（忽略近场问题），则该天线的输出是以 dBm 为单位的信号强度。利用理想天线这一假设，就能以 dBm 为单位来讨论整个链路中的信号强度了，而不必再进行单位转换，这也已成为大家普遍接受的惯例。4.4 节给出了以 dBm 为单位的信号强度与以 μV / m 为单位的场密度之间的转换公式。

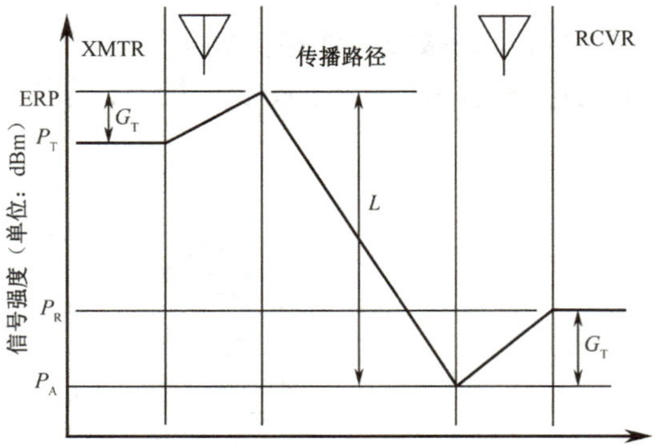

图 5.4 单向通信链路图示

发射天线和接收天线之间的信号衰减以传播损耗来表示。本章稍后将详细讨论各种类型的传播损耗。

目前还没有一个统一的符号来表示到达接收天线的信号，但为方便起见，后续内容中会使用符号 P_A 来表示。由于 P_A 在天线外部，所以它实际上应以 μV / m 为单位，但使用上面讨论的理想天线这一假设，本章将使用单位 dBm。接收天线增益表示为正值，虽然实际情况下它可能为正值，也可能为负值（以 dB 为单位）。这里给出的接收天线增益是指向发射机的增益。

接收天线的输出即为接收机系统的输入，单位为 dBm。本章将称之为接收功率（P_R）。单向链路方程使用其他链路分量来表示 P_R，以 dB 为单位可以表示为：

$$P_R = P_T - G_T - L + G_R$$

式中，P_R 为接收信号功率，单位为 dBm；

P_T 为发射机输出功率，单位为 dBm；

G_T 为发射天线增益，单位为 dB；

L 为所有因素造成的路径损耗，单位为 dB；

G_R 为接收天线增益，单位为 dB。

有些文献将链路损耗作为“增益”来处理，其为负值（以 dB 表示）。当使用增益这种表示方法后，上式中传播增益前要用加号而不是减号。本书始终将损耗作为正数（以 dB 表示），因此，链路方程中会减去损耗。

当以线性单位而不是 dB 形式表示时，链路方程为：

$$P_R = \left(P_T G_T G_R\right) / L$$

各个功率以瓦、千瓦等表示，必须使用同一单位。增益和损耗为纯比率（无单位的比率）。分母中的损耗是一个大于 1 的比值。后续讨论中，以 dB 形式或线性形式表示的损耗表达式均将损耗视为正数。

链路余量

如果接收功率大于所需要的功率，则接收功率与所需功率之间的差值即为链路余量。链路余量用于补偿可能发生的信号衰减。通常有很多因素会导致衰减，各种因素导致的衰减的累加会是一个很大的值，但并不是所有的因素都会同时发生。所需的链路余量通常是性能损失与价格、尺寸、重量以及保证性能所需的功率之间的折中。

确定所需链路余量的一种方法是看所能承受的链路中断时间。如果能承受 10%的时间，则可以将链路余量设为 10dB。如果仅仅只能接受 1%的中断时间，则需要 20dB 的余量。如果仅能承受 0.1%的链路中断，则需要 30dB 的余量。然而，实际通信和电子战情况下，链路余量通常比这些值要低。

5.3　传播损耗

在讨论链路时，本书已明确将链路损耗与发射和接收天线增益区分开来。这就意味着链路损耗的计算是针对信号在两个具有单位增益的天线之间传播的。全向天线具有单位增益，即 0dB。后续对链路传播损耗的讨论均针对全向天线之间的传播。

广泛使用的传播模型有很多种，包括用于室外传播的 Okumura 和 Hata 模型以及用于室内传播的 Saleh 和 SIRCIM 模型。同样也有小尺度衰落，即由多径引起的短期波动。这些更为复杂的传播模型的性质和使用方法在 CRC 出版社和 IEEE 出版社联合出版的专著《Communications Handbook》（ISBN 0-8493-9349-8）的第 84 章中进行了详细的讨论。这些传播模型都需要环境的计算机模型，从而为分析传播环境的每条反射路径提供支持。

因为电子战本质上是动态的，所以通常并不使用详细的计算机分析，而是使用三种重要的近似模型来确定实际应用中的传播损耗。这三种模型是：

- 视距（Line of sight）；
- 双线（Two ray）；
- 刃峰绕射（Knife-edge diffraction）。

《Communications Handbook》中也或多或少讨论了这三种模型。表 5.1 总结了这三种模型的使用条件，本章后续内容将对这三种模型进行详细讨论，同时给出计算各种损耗的方法。

表 5.1　合适的传播损耗的选择

<table>
<tr><td rowspan="2">无障碍传播路径</td><td rowspan="2">低频、宽波束、近地面</td><td>比菲涅耳区（Fresnel Zone）
距离远的链路</td><td>使用双线模型</td></tr>
<tr><td>比菲涅耳区距离近的链路</td><td rowspan="3">使用视距模型</td></tr>
<tr><td rowspan="2">受地形影响的传播路径</td><td colspan="2">高频、窄波束、远离地面</td></tr>
<tr><td colspan="2">使用刃峰绕射计算其余损耗</td></tr>
</table>

5.4 视距传播

视距（LOS，line-of-sight）传播损耗也被称为自由空间损耗、扩散损耗或距离平方损耗。它适用于空间以及某些环境下发射机和接收机之间的链路，这些环境中没有很强的反射，而且与信号波长相比传播路径离地面很远，如图 5.5 所示。本节将介绍三种计算 LOS 损耗的方法：

- 公式（线性或 dB 形式）；
- 列线图；
- 本书给出的计算尺。

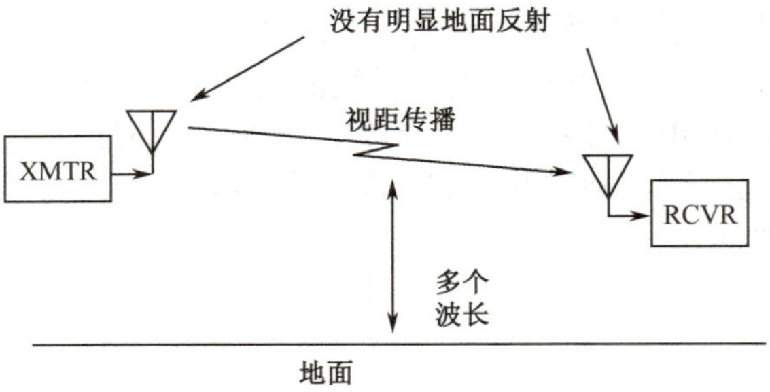

图 5.5 远离地面的传播

1. 公式

用于计算 LOS 损耗的公式来源于光学，光学中传播损耗是通过将发射和接收孔径投影到以发射机为球心的单位球体上进行计算的。对于无线电频率传播，则可以考虑两副全向天线的几何位置来计算损耗。如图 5.6 所示，全向发射天线以球体的形式传播信号，总的能量扩展到整个球面。球体以光速的速度扩大，直到球的表面到达接收天线。球体表面的面积为：

$$4\pi d^2$$

其中 d（球体半径）为发射机和接收机之间的距离。

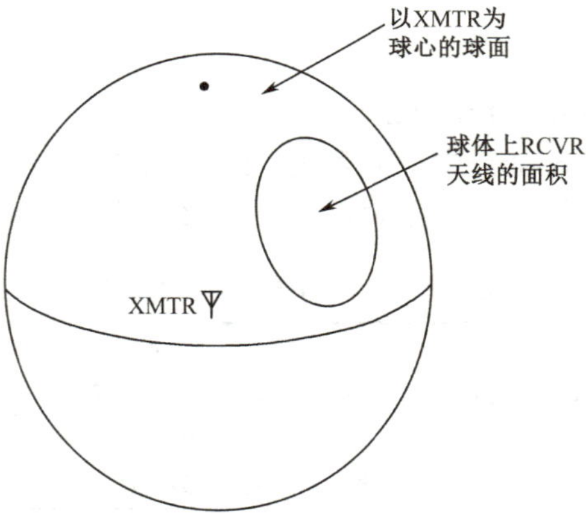

图 5.6 视距传播损耗计算的几何方式

全向（即单位增益）接收天线的有效面积为：

$$\lambda^2 / 4\pi$$

其中 λ 为发射信号波长。

我们希望损耗是一个大于 1 的数，从而可以将发射功率除以损耗来得到接收功率。所以，我们将球体表面积除以接收天线的有效面积即得到损耗：

$$视距损耗 = (4\pi)^2 d^2 / \lambda^2$$

其中距离和波长单位一致（通常为 m）。

注意，有些作者讨论的是与发射功率相乘的传播增益。传播增益即为将以上等式右边取倒数所得的值。

若将波长转换为频率，则损耗公式变为：

$$视距损耗 = (4\pi)^2 d^2 F^2 / c^2$$

其中，d 为传播距离，单位为 m；

F 为发射频率，单位为 Hz；

c 为光速（3×10^8m/s）。

要想距离的单位用 km，频率的单位为 MHz，则需要增加一个转换因子项。增加转换因子项并将等式转换为 dB 形式，则可以得到以 dB 形式表示的损耗：

$$L(\text{dB}) = 32.44 + 20\log_{10} d + 20\log_{10} F$$

其中，d 为链路距离，单位为 km；

F 为发射频率，单位为 MHz。

32.44 这一项包含了转换因子、c^2（dB 形式）和 $(4\pi)^2$（dB 形式）。

用其他数值取代 32.44 就可以得到其他形式的等式：

- 36.52，距离以英里为单位；
- 37.74，距离以海里为单位。

视距损耗公式通常应用于精度要求为 1dB 的场合，因此常数 32.44、36.52 和 37.74 分别简化为 32、37 和 38。

2．列线图

有一个使用非常广泛的列线图，其给出了以 dB 形式表示的视距损耗关于距离、频率的函数关系。与所有列线图一样，该列线图也仅仅只是公式的图形表示。对应于本节讨论的内容，该公式即为前面给出的视距损耗公式。该列线图如图 5.7 所示。使用该列线图只需在频率（单位为 MHz）和链路距离（单位为 km）两条线之间画一条线。这条线与中间这条表示 LOS 损耗（dB 形式）的坐标轴相交。图 5.7 中，1GHz（即 1000MHz）和 10km 处的损耗略低于 113dB。按上

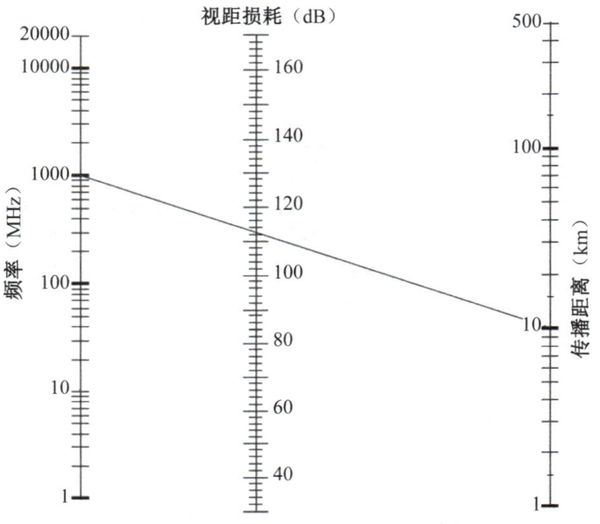

图 5.7　视距损耗列线图

面公式的计算结果则为 112.44dB。

3. 计算尺

本书给出的计算尺能快速计算视距损耗。（计算尺中也将视距损耗称为自由空间损耗。）图 5.8 是计算尺的正面(#1)，其中给出了计算尺中视距损耗计算的部分。图 5.9 只给出了 LOS 计算部分。使用计算尺计算 LOS，只需移动计算尺，使发射频率位于图 5.9 中箭头指向的点 A 的位置。然后，根据点 B 处的链路距离（单位 km），读出视距损耗（dB 形式）。

图 5.9 给出的例子中，频率为 300MHz(0.3GHz)，链路距离为 25km，LOS 衰减为 110dB。

计算尺同样提供了比 km 更小的距离刻度。如图 5.10 所示，将频率置于点 A，从上面自由空间损耗刻度尺上读取自由空间衰减和以米为单位的链路距离。本例中，频率仍为 300MHz。将距离置于 25m（计算尺中点 C），所读取的自由空间衰减略低于 50dB。

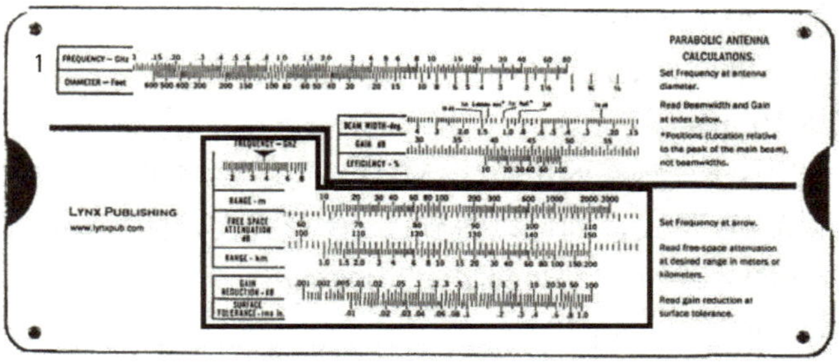

图 5.8 加粗视距衰减刻度尺的天线/传播计算尺的正面

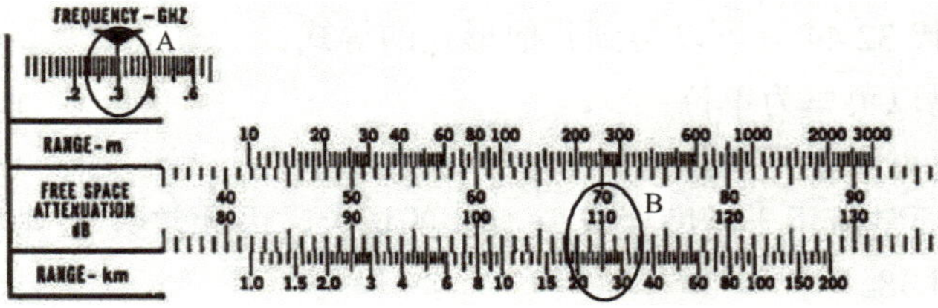

图 5.9 自由空间衰减刻度尺特写

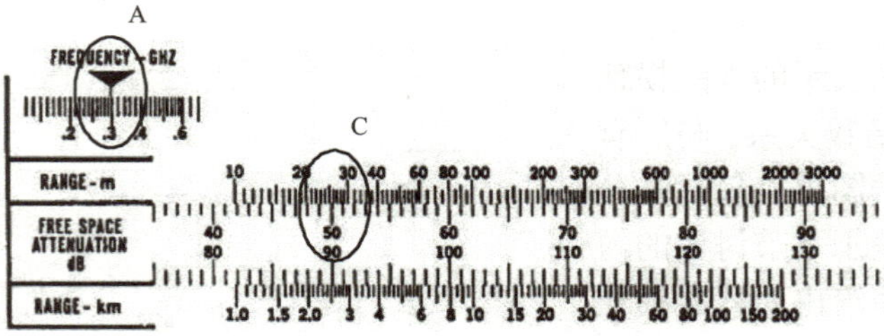

图 5.10 短距离自由空间衰减刻度尺特写

5.5 双线传播

当发射和接收天线靠近一个主要的反射表面（如地面或水域），并且天线方向图足够宽从而能够接收到该表面的反射，这时就需要考虑双线传播模型。从下面的讨论可以知道，发射频率和实际天线高度决定了是采用双线传播模型还是视距传播模型。

因为双线损耗随链路距离的四次方而变化，所以双线传播也被称为“40 log *d*”或“d^4 衰减”。双线传播最主要的损耗在于直达波与地面或水域反射的信号之间的相位抵消，如图 5.11 所示。衰减量取决于链路距离以及发射和接收天线距离地面或水面的高度。本节给出三种计算双线损耗的方法：

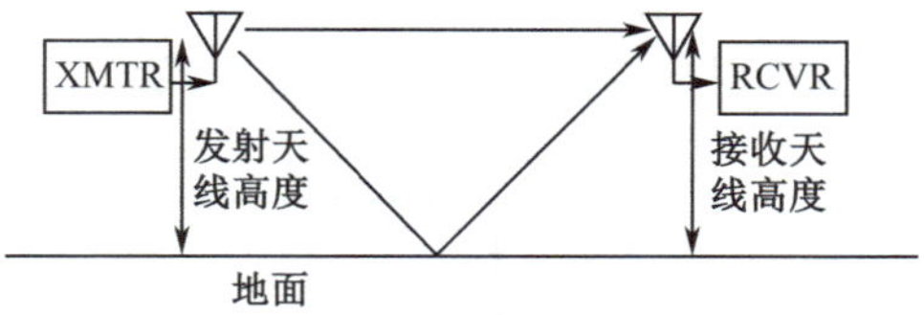

图 5.11　直射和反射波束靠近地面

- 公式（线性或 dB 形式）；
- 列线图；
- 本书给出的计算尺。

1. 公式

与视距衰减不同，双线损耗表达式中不包括频率部分。以非对数形式表示，双线损耗为：

$$L = d^4 / \left(h_T^2 h_R^2\right)$$

式中，d 为链路距离，h_T 为发射天线高度，h_R 为接收天线高度，链路距离与天线高度的单位相同。

双线传播损耗的 dB 形式公式为：

$$L = 120 + 40\log(d) - 20\log(h_T) - 20\log(h_R)$$

式中，d 为链路距离，单位为 km，h_T 为发射天线高度，h_R 为接收天线高度，单位均为 m。

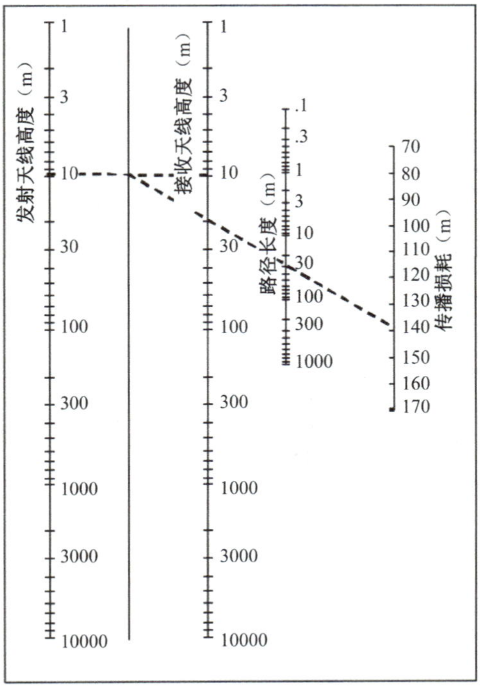

图 5.12　双线传播损耗列线图

2. 列线图

图 5.12 给出了计算双线损耗的列线图。使用该列线图，首先在发射天线高度和接收天线高度之间画一条线。然后从这条线与索引线的交点开始画线，穿过路径长度线，延伸至传播损耗线。本例中，两副 10m 高的天线相距 30km，衰减略低于 140dB。如果按照公式计算，实际损耗为 139dB。注意，本列线图并不要求两副天线高度相等。

3. 计算尺

图 5.13 给出了计算尺的背面（#2），对计算双线损耗的刻度尺进行加粗。图 5.14 给出了这些刻度尺的特写。首先移动计算尺使发射天线高度（以 m 为单位）与链路距离（以 km 为单位）对齐。然后读取接收天线高度（以 m 为单位）处的衰落（dB）。对于图中给出的例子，链路距离为 20km。调整发射天线高度（2m）

使其与 20km 对齐，如点 A 所示。接着从位于点 B 的接收天线高度（30m）处读得链路损耗。注意图中给出的链路衰减为 136.5dB。在衰减刻度尺上读取标有具体数字的点之间的数值时要特别小心，由于越往左边衰减越大，所以图中衰减是 136.5dB，而不是 143.5dB。

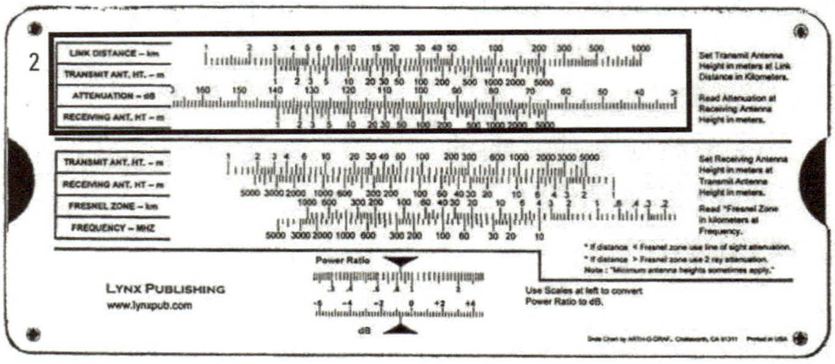

图 5.13 加粗双线损耗计算刻度尺的计算尺背面

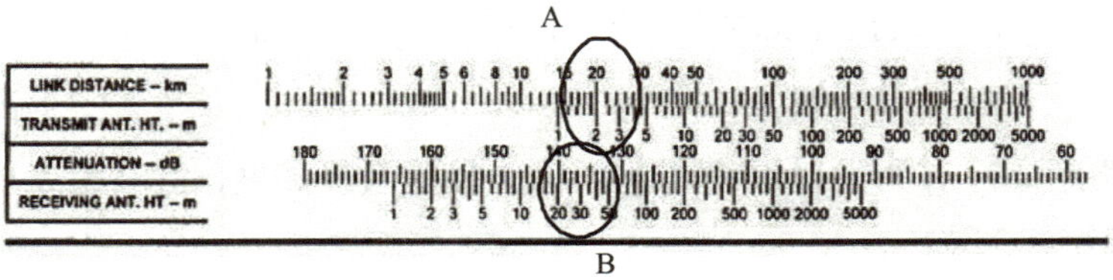

图 5.14 双线传播刻度尺特写

4．最小天线高度

图 5.15 给出了双线传播计算中最小天线高度与发射频率之间的关系。图中包括五条线，分别为：

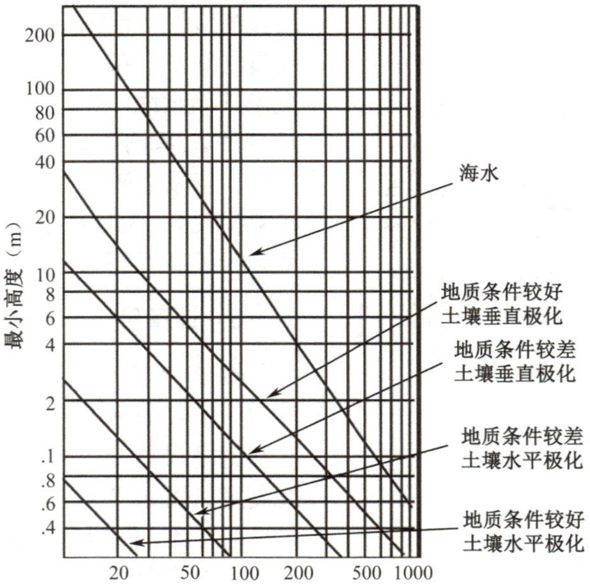

图 5.15 双线传播的最小天线高度

- 海水中传播；
- 地质条件较好土壤（good soil）上垂直极化传播；
- 地质条件较差土壤（poor soil）上垂直极化传播；
- 地质条件较好土壤（good soil）上水平极化传播；
- 地质条件较差土壤（poor soil）上水平极化传播。

地质条件较好土壤能提供一个环境较好的地平面。如果某一天线高度低于图中线条标明的最小天线高度，则在计算双线衰减时，需要用最小天线高度取代实际天线高度。注意，如果某副天线与地平面处于同一高度，那么该图给出的结果并不可信。

5. 关于极低天线的注解

通信理论领域对极低天线的讨论通常限于高度至少为半个波长的天线。作者最近的试验（还非常不完善）研究了高度低于半个波长的天线的性能。试验中，接收机天线高度从1m 高逐步下降到地面，并不断调节 400MHz、垂直极化的 1m 高的发射机所处的位置，从而调节发射机与接收机之间的距离。在平坦干燥的地面上，当接收天线降至地面高度时，接收功率下降了 24dB。在传播路径上有一个 1m 深的沟（接收机附近）时，损耗减少为 9dB。其他最近试验（不完善）表明，随着发射机与接收机之间距离的变化，一副位于地面上方的天线以及一副与地面水平的天线之间的损耗呈 20dB 的周期性变化。当前试验（本书出版时）则说明 EW 应用中，需要额外增加 20dB 的余量作为双线损耗的预测值。目前对这个问题非常感兴趣的技术人员做了一些重要的工作，所以，可以查阅该研究方向的文章了解具体进展情况。

5.6 菲涅耳区（Fresnel Zone）

如前所述，接近地面或水域的信号传播可能经历视距损耗，也可能经历双线损耗，具体取决于天线高度以及发射频率。菲涅耳区距离即为相位抵消比扩散损耗更为明显时某位置与发射机之间的距离。如图 5.16 所示，如果接收机与发射机之间的距离低于菲涅耳区距离，则为视距传播。如果大于菲涅耳区距离，则为双线传播。任意一种情况下，整个链路上都仅使用其中适合的一种模型。

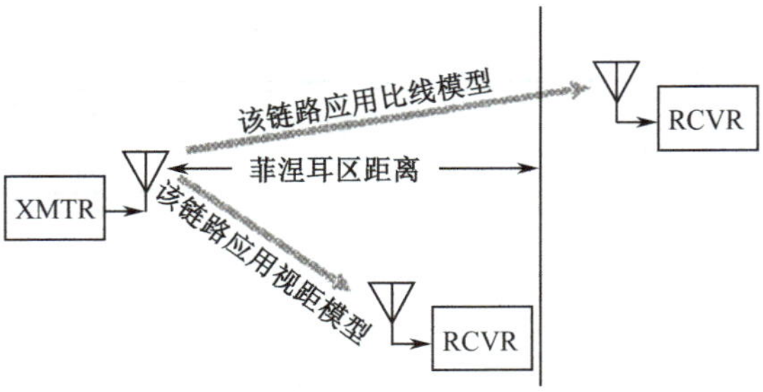

图 5.16 基于菲涅耳区距离选择传播模型

本节给出两种确定菲涅耳区距离的方法：

- 公式（线性或 dB 形式）；
- 本书给出的计算尺。

1. 公式

菲涅耳区距离由下式计算得到：

$$FZ = 4\pi h_T h_R / \lambda$$

式中，FZ 为菲涅耳区距离，单位为 m；

h_T 为发射天线高度，单位为 m；

h_R 为接收天线高度，单位为 m；

λ 为波长，单位为 m。

注意，在文献中有多种不同的计算菲涅耳区距离的公式。本书选择上述公式是因为该式得到的距离是视距传播与双线传播等价的时候对应的距离。另一种更简洁的表达式是：

$$FZ = [h_T \times h_R \times F] / 24000$$

式中，FZ 为菲涅耳区距离，单位为 km；

h_T 为发射天线高度，单位为 m；

h_R 为接收天线高度，单位为 m；

F 为发射频率，单位为 MHz。

2. 计算尺

图 5.17 给出了计算尺的背面（#2），加粗了菲涅耳区计算刻度尺。图 5.18 给出了这些刻度尺的特写。首先针对上面的刻度，移动计算尺使发射天线高度（单位为 m）与接收天线高度（单位为 m）对齐。然后在下面的刻度中读取某一频率（单位为 MHz）处的菲涅耳区距离。对于图中给出的例子，移动计算尺使发射天线高度（2m）与接收天线高度（30m）在点 A 处对齐。然后读取点 B 处对应频率（200MHz）的菲涅耳区距离（单位为 km）。结果得到菲涅耳区距离为 0.5 千米。因此，如果链路距离短于 500 米，需应用视距衰减；如果链路距离长于 500 米，则需应用双线衰减。

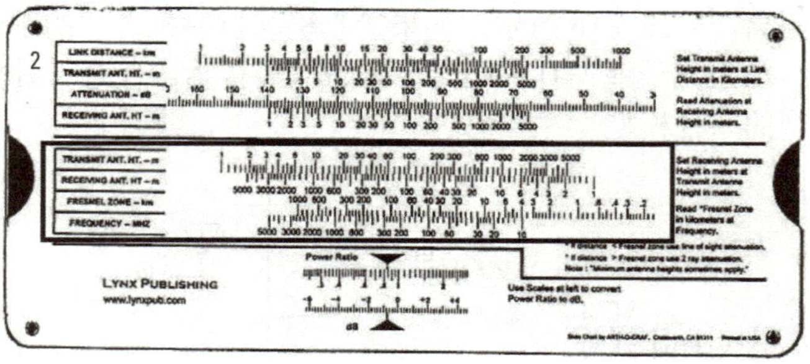

图 5.17　加粗菲涅耳区刻度尺的计算尺背面

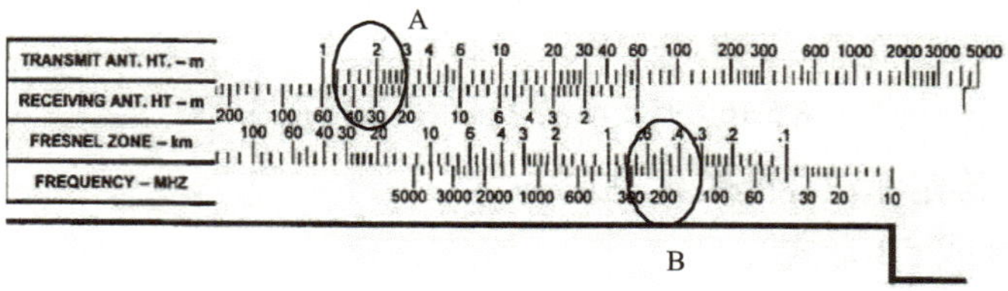

图 5.18　菲涅耳区计算刻度尺特写

3. 复杂反射环境

在存在复杂反射的地方——例如，如图 5.19 所示的山谷间的传播，有文献认为视距模型比双线模型更为精确。

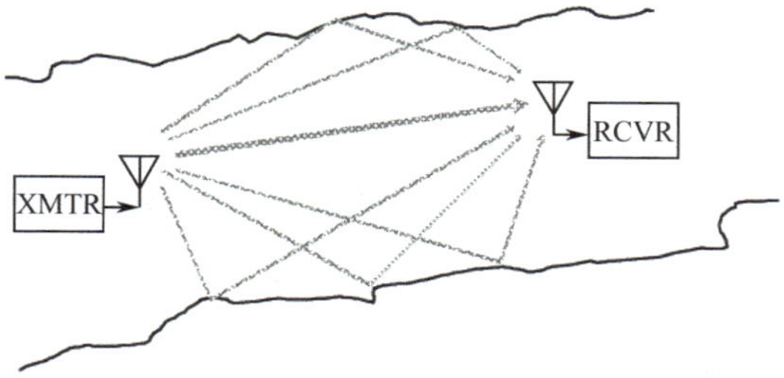

图 5.19 极其复杂反射环境中的信号传播

5.7 刃峰绕射（Knife –Edge Diffraction）

在高山或山脊上的非视距传播通常由刃峰传播来近似估计。这已成为惯例，许多 EW 专家称实际地形的损耗与刃峰绕射（KED，knife-edge diffraction）估计所得的损耗非常接近。本节仅给出计算 KED 的列线图方法。

KED 衰减需要与不存在刃峰时的视距损耗相加来得到最终损耗。注意当刃峰（或同等环境）存在时，采用的是视距损耗，而不是双线损耗，参见图 5.20。

刃峰传播的链路的几何关系如图 5.21 所示。H 为刃峰顶端距离刃峰不存在时的视距之间的距离。发射机到刃峰之间的距离为 d_1，刃峰到接收机之间的距离为 d_2。为保证 KED，d_2 必须不小于 d_1。如果接收机到刃峰的距离比发射机到刃峰的距离更短，则接收机所在位置是一个盲区，此时仅有对流层散射（损耗非常大）提供链路连接。

如图 5.22 所示，即使在峰顶之上存在视距传播，刃峰仍然会引入损耗，除非视距路径高于峰顶几个波长。因此，高度值 H 可以是刃峰之上的距离，也可以是刃峰下面的距离。

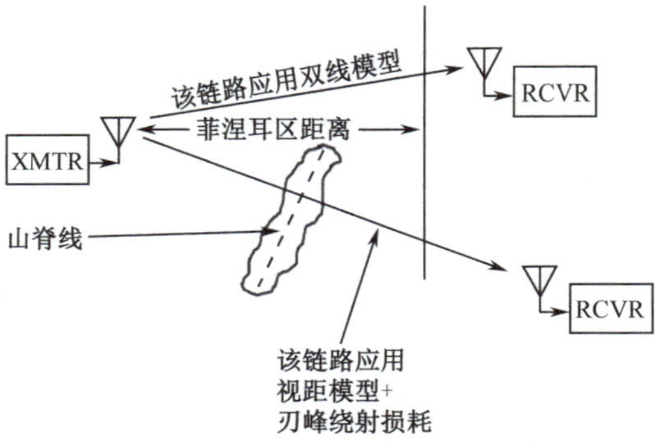

图 5.20 山脊传播与双线传播对比

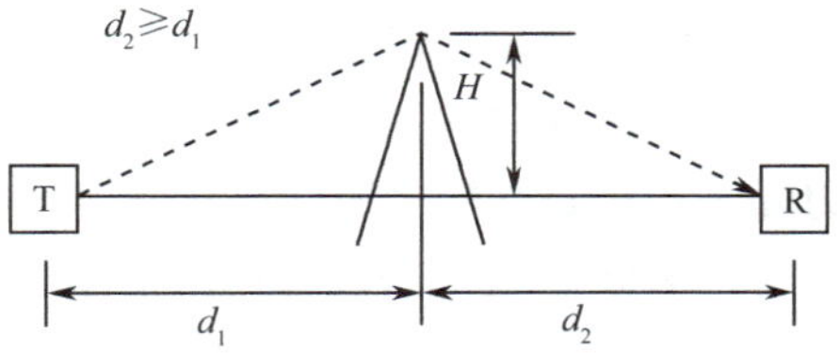

图 5.21 刃峰绕射几何关系

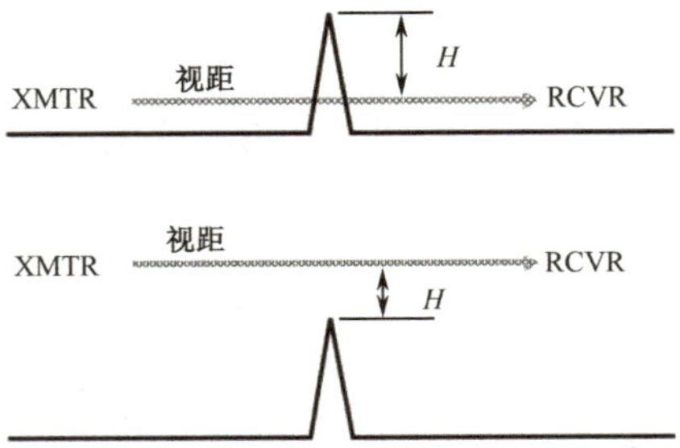

图 5.22　刃峰之上或刃峰之下的视距路径

图 5.23 是计算 KED 的列线图。左边刻度是距离值 d，由下式计算：

$$d = \left[\sqrt{(2)} / \left(1 + d_1 / d_2\right)\right] d_1$$

表 5.2 给出了一些 d 值。

表 5.2　*d* 值

	d
$d_2 = d_1$	$0.707d_1$
$d_2 = 2d_1$	$0.943d_1$
$d_2 = 2.41d_1$	d_1
$d_2 = 5d_1$	$1.178d_1$
$d_2 >> d_1$	$1.414d_1$

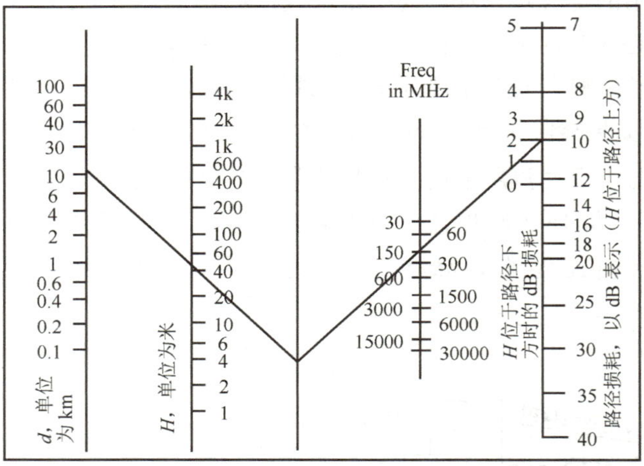

图 5.23　刃峰绕射损耗与 d、H 和频率的函数关系

如果跳过此步，设 $d = d_1$，则 KED 衰减估计的精度损失大约为 1.5dB。

再来看图 5.23，从 d（单位为 km）开始的线穿过 H（单位为 m）。这里并不关心 H 是在刃峰之上还是刃峰之下。将该线延长至中间的索引线。

另一条线从上一条线与中间的索引线的交点开始，穿过发射频率线（单位为 MHz），延伸至右边指示 KED 衰减的刻度线。这里才区分 H 是位于刃峰之上还是刃峰之下。如果 H 是刃峰上方的距离，则 KED 衰减要从左边的刻度读取。如果 H 是刃峰下方的距离，则 KED 衰减要从右边的刻度读取。

现在来看列线图中给出的例子。d_1 为 10km，d_2 为 24.1km，视距路径位于刃峰之下 45 米。d 为 10km（从表 5.2 获得），H 为 45 米。频率为 150MHz。如果视距路径高于刃峰 45 米，则 KED 衰减为 2dB。然而，由于现在视距路径位于刃峰下方，所以 KED 衰减为 10dB。

总的链路衰减等于不存在刃峰时的视距损耗加上 KED 衰减：

$$\begin{aligned}\text{LOS 损耗} &= 32.44 + 20\log(d_1 + d_2) + 20\log(\text{以 MHz 为单位的频率})\\ &= 32.44 + 20\log(34.1) + 20\log(150) = 32.44 + 30.66 + 43.52\\ &\approx 106.6\text{dB}\end{aligned}$$

因此，总的链路损耗为$106.6 + 10 = 116.6\text{dB}$ 。

5.8 大气以及雨损耗

5.8.1 大气损耗

本节内容包括了地球大气中传播路径的大气损耗、雨损耗以及雾损耗。这些损耗需要添加到上述讨论的传播损耗中。

图 5.24 描述的是每千米链路距离的大气损耗与频率的关系曲线。使用该图，要从横坐标的频率开始，往上到达曲线，然后往左得到每 km 的衰减。曲线上的两个峰值是由 RF 频率范围内两个引起大气衰减的主导因素引起的：22GHz 处的水蒸气以及 60GHz 处的氧气。10GHz 以下部分的大气损耗很小。在 HF、VHF、UHF 以及较低的微波频段，通常忽略大气衰减。

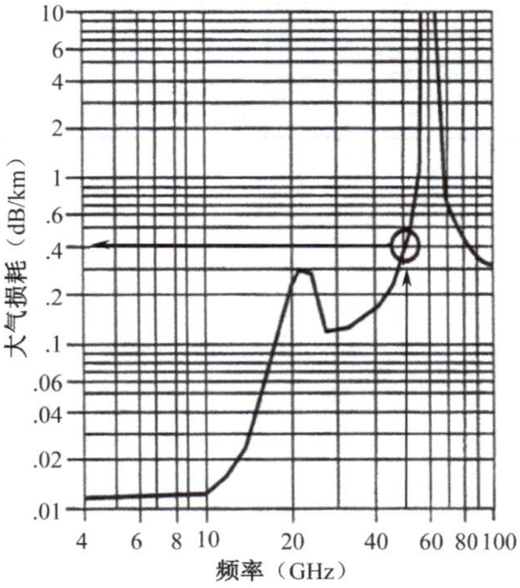

图 5.24 大气衰减

图 5.24 中给出的例子对应于 50GHz 的链路。从横坐标上 50GHz 的地方开始，往上到达曲线，然后向左到达纵坐标，即得到大气损耗为 0.4dB/km。

5.8.2 雨雾损耗

通常难以将雨衰与实际中的通信情景相关联，因为雨的动态性太强。一般情况下根据特定情景和概率来计算雨衰。所得到的衰落将作为确定链路余量时所需考虑的部分因素。

图 5.25 对各种计算雨衰的方法进行了折中。该图结果来自于无人航空飞行器（UAV，unmanned aerial vehicle）链路的折中评估。其中假设在最长 50km 链路距离内有小雨，链路中包含 10km 范围的大雨。因此，链路经历 40km 的小雨和 10km 的大雨。

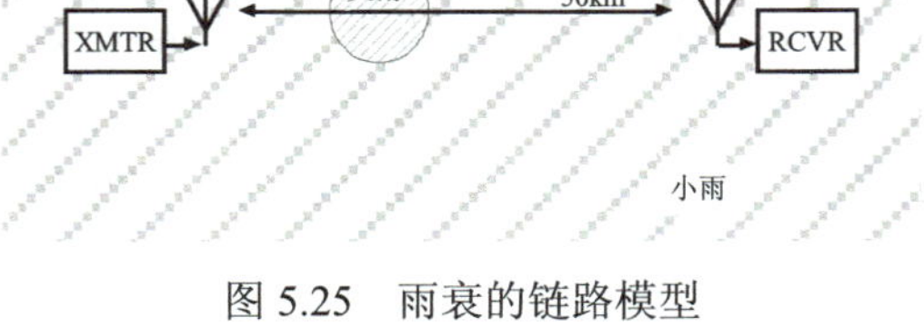

图 5.25 雨衰的链路模型

表 5.3 定义了各种等级的雨雾。图 5.26 给出了表 5.3 中各种等级的雨雾对应的每千米的衰减与频率的函数关系。使用该图时，首先从横坐标上某一频率开始往上到达表示雨雾等级的曲线。然后向左到达纵坐标，读取每千米的损耗值。

表 5.3 雨雾等级定义

雨	A	0.25mm/hr	0.01in/hr	细雨
	B	1.0mm/hr	0.04in/hr	小雨
	C	4.0mm/hr	0.16in/hr	中雨
	D	16 mm/hr	0.64in/hr	大雨
	E	100mm/hr	4.0in/hr	特大雨
雾	F	0.032 gm/m^3	能见度大于 600 米	
	G	0.32 gm/m^3	能见度约为 120 米	
	H	2.3 gm/m^3	能见度约为 30 米	

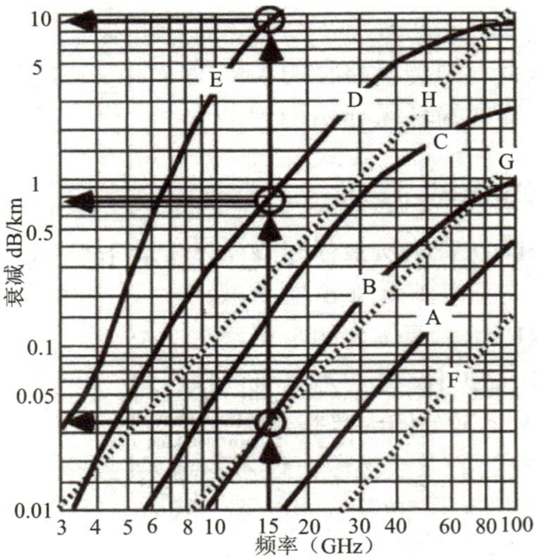

图 5.26 每千米雨雾衰减

图中给出的例子中，频率为 15GHz，使用图 5.25 给出的雨衰模型。从横坐标上 15GHz 开始向上到达曲线 B（小雨），然后向左到达纵坐标，读取的值为 0.033dB。（由于纵坐标为对数形式，0.03 和 0.04 中间的值为 0.033——0.5 约等于 3 的对数。）由于图 5.25 中雨衰模型包括 40km 的小雨，所以小雨共导致 1.3dB 的损耗。接下来从 15GHz 开始向上到达曲线 D（大雨）。然后向左到达纵坐标，读取值为 0.73dB/km。由于共有 10km 范围的大雨，所以大雨将导致 7.3dB 的损耗。除其他损耗之外，雨衰共导致 8.6dB 的损耗。

5.9 HF 传播

本节旨在让读者一般性了解 HF 传播。注意本书将在第 7 章讨论单站定位设备以及其他与通信发射机位置相关的问题。HF 传播非常复杂，取决于哪一天、哪一年、地点以及影响电离层的情况（如太阳黑子活动）。Richard Groller 在 1990 年 6 月 JED 上的一篇论文（“Single Station Location HF Direction Finding”）可以作为后续研究的起点。另一本值得学习的书籍是《Reference Data for Radio Engineers (RDRE)》，其中介绍了 HF 传播与距离、纬度的关系概率曲线。最后，美国联邦通信委员会的网站（www.fcc.gov）提供了特定电离层情况、传播参数及其他数据。

本节将讨论电离层、电离层反射、HF 传播路径以及单站定位设备应用等内容。本节的主要参考文献是 Groller 先生的论文以及专著《RDRE》。

HF 传播可以通过视距、地波或天波。沿着地球表面的地波与地球表面的质量关系很大。FCC 网站上提供了这种传播模型的一些曲线。高于 160km 时，HF 传播依靠电离层反射的天波。

1. 电离层

电离层是地球表面上空 50～500km 被电离的气体区域。电离层的主要性质是它会反射中频和高频频段的无线电传播信号。如图 5.27 所示，电离层可以分为以下几层：

- D 层是地球上空 50～90km 的区域。这一层是吸收层，对频率越高的电波的吸收能力越差。其吸收能力在正午时刻最强，在日落时刻最弱。
- E 层是地球上空 90～130km 的区域。白天，这一层会反射无线电信号，用于短距离和中距离 HF 传播。它的密度是太阳辐射的函数，随着季节和太阳黑子活动情况而变化。
- 突发 E 层是短期电离化暂态层，在夏季出现，主要发生在东南亚和南中国海域。它会造成 HF 传播的短期变化。
- F1 层是地球上空约 175 到 250km 的区域。它只在白天存在，在夏季和太阳黑子剧烈活动期上最强。在中等纬度的地带最为明显。
- F2 层位于地球上空为 250～400km 的区域。这一层一年四季都存在，但变化很大。它晚上支持长距离 HF 传播。

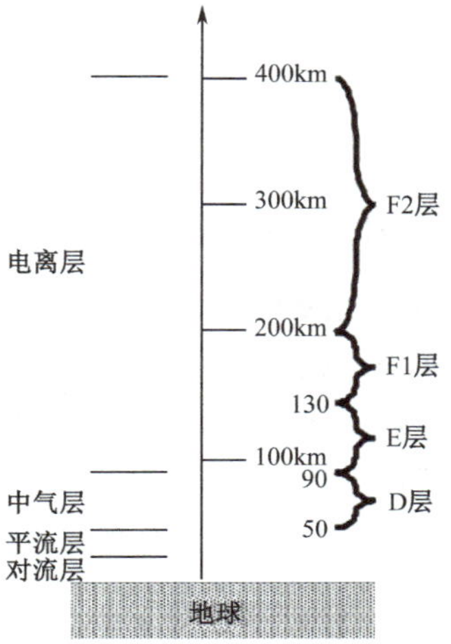

图 5.27　电离层包括 D、E、F1 和 F2 层

2. 电离层反射

电离层的反射由有效高度（virtual height）和临界频率（critical frequency）来表征。图 5.28 中给出的有效高度是电离层信号的视在反射点。有效高度由探测器测量得到，探测器垂直发射并测量往返传播时间。随着频率的增加，有效高度也不断增加，直到达到临界频率。在临界频率处，信号能穿越电离层。如果存在更高的层，则有效高度会增高到更高的层。

会发生反射的最高频率是仰角（图 5.28 中的 θ ）和临界频率（ F_{CR} ）的函数。最大可用频率（MUF，maximum usable frequency）由下式确定：

$$\text{MUF} = F_{CR} + \text{Sec}(\theta)$$

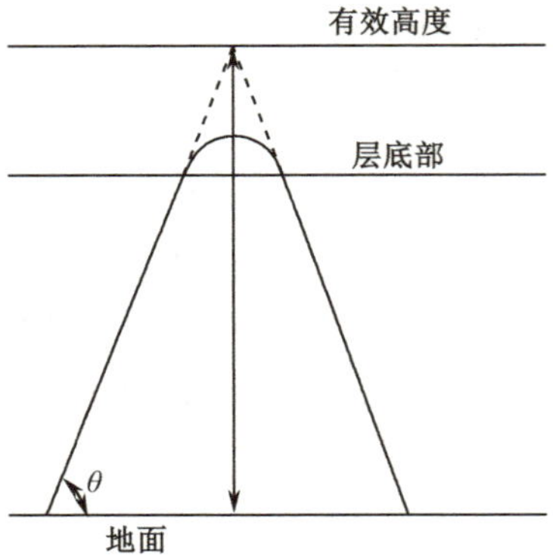

图 5.28 电离层的有效高度是 HF 传播的视在反射点

3．HF 传播路径

如图 5.29 所示，由于电离层状态的不同，发射机和接收机之间会有很多不同的传输路径。如果天波穿过某一层，它可能会被更高的一层反射。在 E 层可能会发生一次或多次跳跃，具体取决于传输距离的长短。如果穿越了 E 层，则在 F 层上会发生一次或多次跳跃。夜间会发生在 F1 层，而白天发生在 F2 层。根据当地各个层的密度，无线电波也有可能会被 F 层反射到 E 层，然后被反射回 F 层，最后被反射到地面。

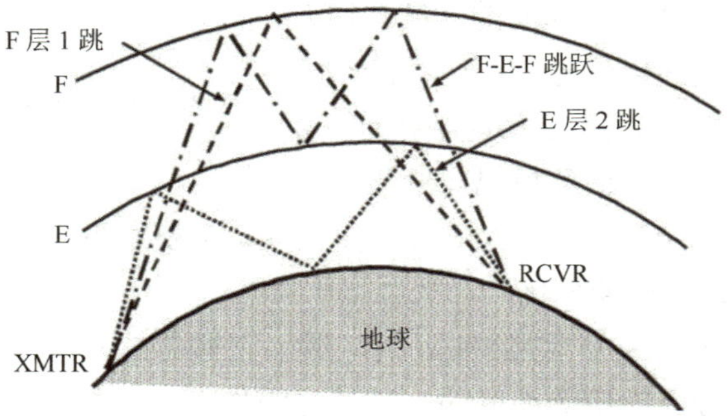

图 5.29 发射机和较远的接收机之间会有多种可能的传播路径，具体取决于信号频率、电离层状态以及发射机和接收机的位置分布

天波传播的接收功率可由下式预测：

$$P_R = P_T + G_T + G_R - (L_B + L_i + L_G + Y_P + L_F)$$

其中，P_T 为发射机功率，G_T 为发射天线增益，G_R 为接收天线增益，L_B 为扩散损耗，L_i 为电离层吸收损耗，L_G 为地面反射损耗（多次反射），Y_P 为混杂损耗（聚焦、多径、极化等），L_F 为衰落损耗。

5.10 卫星链路

卫星通信的带宽以 Hz 为单位出租，计算卫星链路性能的方法与前面介绍的方法完全不同。本节目的在于讨论陆地系统如何处理针对卫星的发射和接收。

首先考虑卫星到地面站（可能处于发射状态，也可能处于接收状态）的距离。对于每两小时绕地球一圈的低轨卫星，其平均高度为 1698km（见图 5.30）。如果该卫星与地面站处地平线的夹角为 5°，则链路距离为 4424km。如果卫星处于同步轨道上（即位于赤道上空某一固定位置），则其高度为 38000km。如果该卫星与地面站处地平线的夹角为 5°，则链路长度为 41346km（见图 5.31）。如果卫星位于同步轨道上，并且其地球覆盖天线如图 5.32 所示，则该天线的波束宽度为 17.3°。

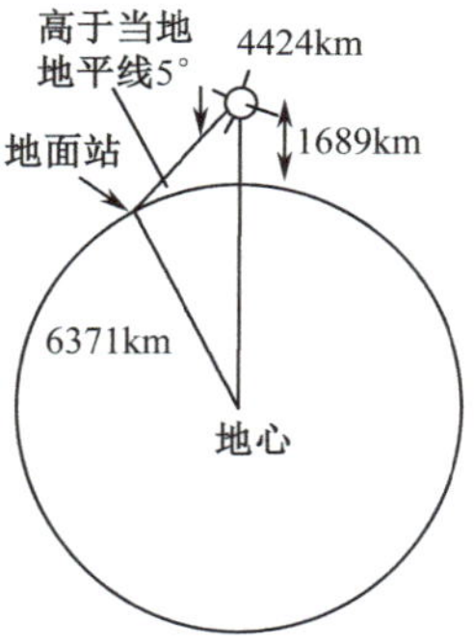

图 5.30　到低轨卫星的距离

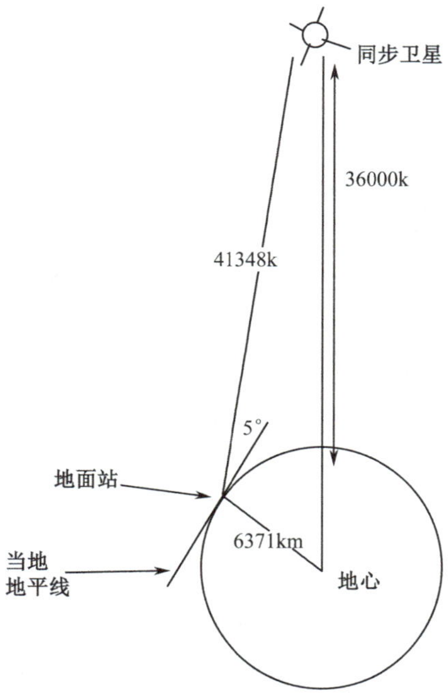

图 5.31　到同步卫星的距离

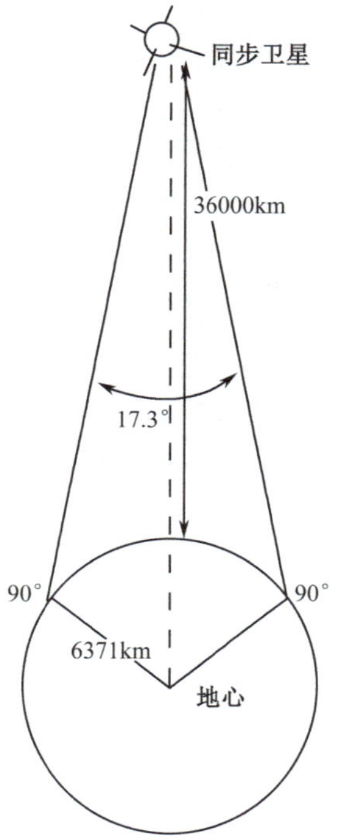

图 5.32　地球覆盖卫星天线

1. 视距损耗

显然卫星链路满足视距传播的条件，因此，LOS 损耗可以通过下式计算：

$$\text{LOS 损耗} = 32.44 + 20\log(\text{距离}) + 20\log(\text{频率})$$

2. 大气损耗

大气损耗可由图 5.33 得到，其中给出了穿越整个大气层的衰减与地面站的仰角以及发射频率的函数关系。

3. 雨衰

雨衰比上述损耗要稍微复杂，因为雨只会从 0° 等温线上降落。这也是大气处于冰点的高度。很多关于通信卫星的书籍中，0° 等温线通常以概率曲线的形式描述，概率曲线上给出了 0° 等温线位于或低于某一高度的概率与纬度的关系。在下面例子中会使用的一个样本值是：在北纬或南纬 40°，0° 等温线在 3.3km 或以下的高度的概率为 0.01%。现在需要计算地面站与 0° 等温线之间的路径长度。雨中的路径长度按照图 5.34 所示的几何关系计算，先对地面站处的卫星仰角取正弦运算，然后将 0° 等温线的高度除以正弦值即得到雨中的路径长度。一旦知道路径长度，就可以将距离乘以图 5.26 中的每千米损耗值来计算雨中传播引起的损耗。

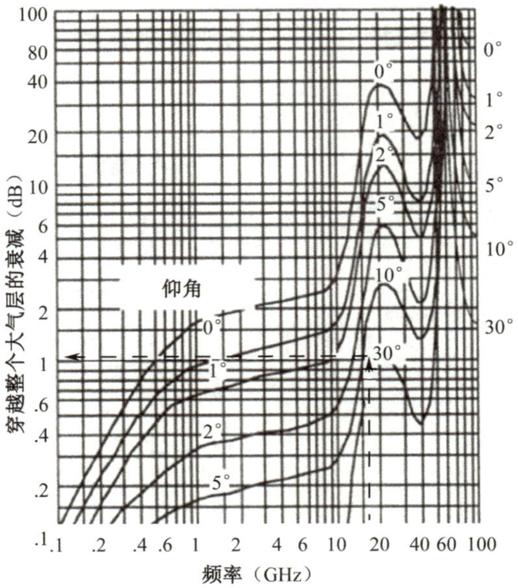

图 5.33　穿过整个大气层的衰减

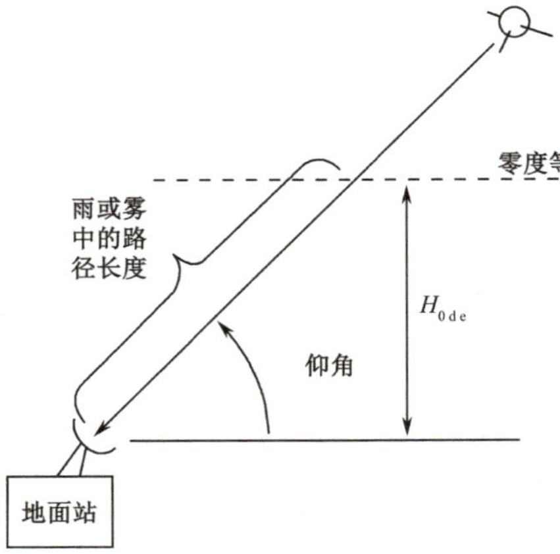

图 5.34　雨雾中的路径长度

4．举例

考虑如下例子：地面站所处位置纬度为 40°，它接收来自同步卫星的信号，同步卫星处于高于当地地平线 5° 的位置，频率为 5GHz，我们希望地面站在大雨的环境中工作，0° 等温线的概率为 0.01%。

链路损耗为：

$$\text{LOS 损耗} = 32.44 + 20\log(5000) + 20\log(38000) = 198.0\text{dB}$$

5° 仰角、5GHz 频率引起的大气损耗为 0.4dB。

雨中的路径距离为 3.3km/sin(5°)=37.9km。

5GHz 频率处大雨导致 0.43dB/km 的损耗。

雨衰为 $37.9 \times 0.43\text{dB} = 16.3\text{dB}$。

因此总的链路损耗为：$198.0 + 0.4 + 16.3 = 214.7\text{dB}$。

第 6 章　通信辐射源搜索

军事组织总是力图阻止敌方发现自己的工作频率，但是，为了发挥各种电子战（EW）设备的作用，往往又需要知道敌方的工作频率。因此，频率搜索是电子战的一项重要功能。当电子战接收系统采用具有方向性的天线时，角度搜索也是一项任务。本章讨论通信信号辐射源的频率和角度搜索，但由于许多通信接收系统都是具有 360° 方位覆盖能力的辐射源定位系统，因此本章重点讨论频率搜索。首先介绍通常对搜索的一些考虑，然后是传统通信信号的搜索技术，最后介绍低截获概率（LPI）信号的搜索技术。

理想的电子战系统接收部分应该具有极高的灵敏度，能同时发现全方位、全频段、所有调制样式的目标。但是这样的接收系统即使可以设计，其设备规模、复杂度和成本对绝大多数应用而言都是不切实际的。因此，实际的接收子系统都表现为上述所有因素的折中，在规模、重量、功率和成本受限的情况下获得最高的截获概率。随着低截获概率通信信号的出现和日益广泛的应用，这样的折中变得更加困难。

6.1　截获概率（POI）

在 EW 中，截获概率通常定义（在某些场合截获概率用其他的定义）为：

某特定威胁信号第一次到达电子战系统所在位置，到电子战系统来不及做出相应的反制动作之前，在这段时间内，电子战系统发现威胁信号的存在并获取其部分参数的概率。

大多数电子战接收机都要求其对威胁信号列表中每个信号的截获概率达到 90%～100%，这是在特定的场景中，在特定的时间内，对特定的信号所提出的截获概率指标。

6.2　搜索策略

搜索威胁信号的常用手段无外乎以下几种：

- 常规搜索；
- 指定搜索；
- 序贯寻优搜索。

6.2.1　常规搜索

常规搜索假定对感兴趣的特定信号没有先验知识。这种方法经常被称为“世界首日”法，也常被戏称为“垃圾搜集”方法。每个可能的来波方向和频率都被考虑，没有优先级或次序。常规搜索得到的结果相当于电磁环境“态势图”，以进行后续更为复杂、精确的搜索，或者对发现的重要敌方目标直接采取行动。

6.2.2　指定搜索

指定搜索利用了一些环境的信息。实际上就是将许多信号的频率、调制样式、优先级储存到接收系统中。感兴趣的信号被赋予高优先级，系统将其频率（有条件情况下也可以包含方位）从内存中调出来，并首先检测，然后对环境中其余的信号进行检测。其次，检测最重要（很可能是威胁等级最高）的频段或方位，然后对其余的频段或空域按优先级顺序扫描。对不感兴趣的频段和方位可以跳过，以节约时间。对高度感兴趣的信号可以多加监视，而低优先级的信号，可以稍加关注。

6.2.3 序贯寻优搜索

序贯寻优搜索时，需要对所有发现信号进行部分参数的测量，以通过优先级来确定是否值得多花时间去获取辐射源更多的参数。通常，将可以快速测量出来的参数作为首要分选参数。

最常用的做法是首先对重点频段进行搜索，确定所有信号的能量，每个信道只需要微秒量级的时间。确定信号能量后，接下来再花时间确定其他参数。

第二步要做的是确定信号的调制样式或对辐射源粗略定位。调制样式可以通过对信号的频谱分析得到，利用 FFT 可以快速实现频谱分析。当电子战系统具有辐射源定位功能时，对辐射源的粗略定位（即判断辐射源位于敌方或友方区域内）可以在最短的时间内得到。第 7 章中将会讨论，辐射源定位系统常常需要采集多次数据，并计算其均值作为完全精准的定位信息上报。第一级的粗略定位计算通常在很短的时间内完成，占整个精准定位过程所需时间的一小部分。第一级得到的结果精度要比最终结果低很多，但足够用以确定是否需要投入数毫秒的时间去获取其他指标参数。

6.2.4 有用的搜索工具

图 6.1 给出的是协助进行频率搜索方法开发和评估的常用工具。它实际上是描绘出了目标信号频率相对时间的变化特征，以及搜索时间相对一个或多个接收机频率覆盖范围的变化特征。频率刻度要覆盖所有（或部分）感兴趣的频段，时间刻度要足够长以显示搜索策略。信号的表示方法给出了每个信号带宽与期望持续时间之间的关系。如果信号是周期的，或者信号频率按照一些可预测的方式变化，则这些特征都可以在图 6.1 上表示出来。图中的接收机以带宽为步进，调谐到某一频率上，覆盖这一特定频率步进的时间也在图上表示了出来。

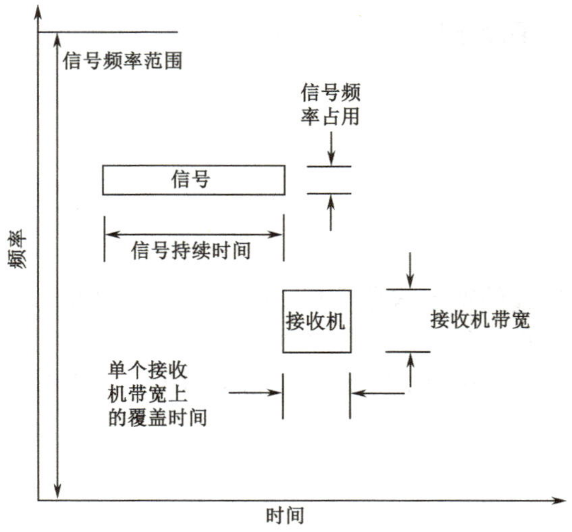

图 6.1　搜索规划工具

接收机典型的扫描搜索策略如图 6.2 所示。平行四边形表示搜索接收机频率覆盖随时间的变化关系。平行四边形的高代表接收机带宽，四边形的斜度代表接收机的调谐速率。图中，信号 *A* 被最佳接收（其带宽和持续时间都在四边形范围之内）。如果不考虑观察信号的整个带宽或整个持续时间，信号 *B* 和信号 *C* 也可以接收。可以根据信号的特性和搜索目的来调整规则。

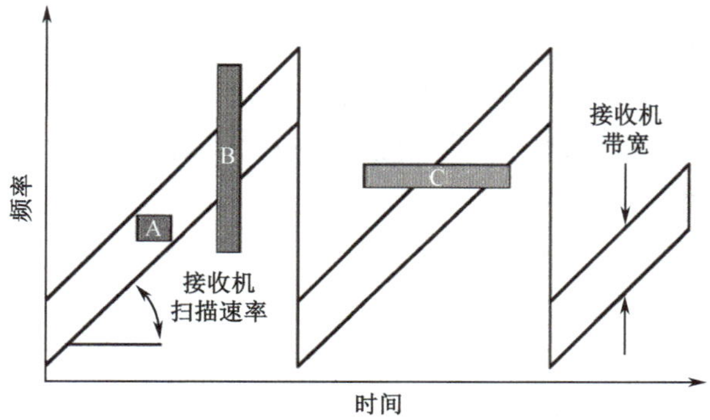

图 6.2　接收机对感兴趣信号的扫描搜索

6.2.5　影响搜索的实际因素

理论上接收机可以按如下速率搜索：接收机有效覆盖信号的时间，等于接收机带宽的倒数（例如 1MHz 带宽对应 1μs）。但是系统软件需要大概 100 到 200 微秒确定信号是否存在，这个时间大大超过了带宽的倒数。

为了确定存在的信号是否为感兴趣信号，要对每个信号进行处理（如调制识别或辐射源定位），这会占用更多的时间，对每个信号进行这一层次的处理所花费的时间可能会达到 1 毫秒甚至数毫秒。

多年以前，军事截获接收机是机械调谐的，因此需要手动调谐进行搜索，或者以单个有一定线性的扫描曲线进行全频段自动调谐。这种方式通常被称为垃圾收集，因为需要观察环境中的每个信号，从收集到的大量不感兴趣的信号中找出少得可怜的感兴趣的信号。感兴趣信号的识别需要训练有素的操作员进行复杂的分析。要知道在 50 多年前，计算机由占满几个房间的真空电子管组成，需要大量的空气压缩机进行冷却，而计算性能与现代计算机相比差的很远。

随着数字调谐接收机和具有大容量存储、高速计算能力单台（最终为单片）计算机的出现，许多高级搜索方式不断走向实用。现在人们能够对感兴趣的已知信号频率进行存储，并且在寻找下一个感兴趣的目标之前，对每个信号进行自动比对。对每个可能感兴趣的信号，可以利用 FFT 对其进行计算机化的频谱分析。感兴趣或者不感兴趣，依据频谱分析的结果而定。如果系统具有测向或辐射源定位能力，还可以借助快速的辐射源粗略定位来进一步确定对该信号是否感兴趣。

6.3　系统配置

电子战接收机的系统配置具有无限多的可能性，这里只讨论影响搜索的配置特点。考虑几种常用配置：

- 单接收机系统；
- 搜索和监视接收机系统；
- 搜索监视和特殊功能接收机系统；
- 具有辐射源定位功能的系统。

（1）单接收机系统

系统仅仅有一台接收机，如图 6.3 所示。这台接收机必须先搜索到感兴趣的信号，然后开始监视该信号，在系统要求其开始新的动作之前，保持监视状态。这种方式使系统得以简化，但带来的后果是在快速变化的电磁环境中截获概率降低，对具有不同优先级的多个感兴趣信号的截获概率也会降低。

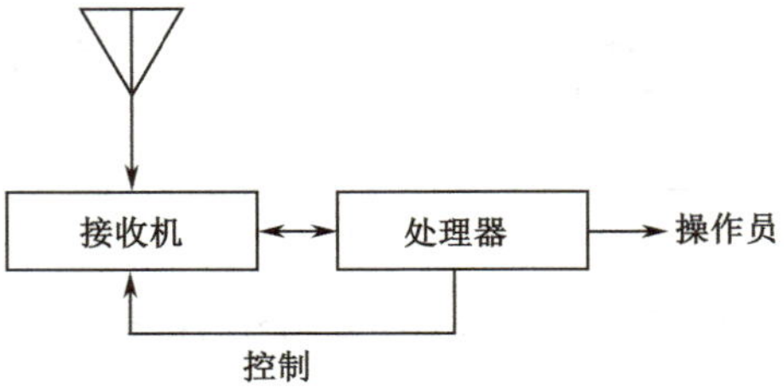

图 6.3 单接收机系统

（2）搜索和监视接收机系统

这种系统通常是利用一台接收机搜索，利用一台或多台接收机对感兴趣信号进行长时间监视或数据采集。搜索接收机可以是与监视接收机同一类型的，也可以是只用于测频的宽带接收机，如图 6.4 所示。

（3）特定功能接收机系统

特定功能接收机具有系统所要求的特殊性能，特别是利用了序贯寻优搜索策略的系统。图 6.5 所示的是一个附加了特定功能的搜索和监视接收机系统。具有特定功能接收机举例：

- 数字调制分析接收机；
- 测向接收机；
- LPI 信号专用接收机。

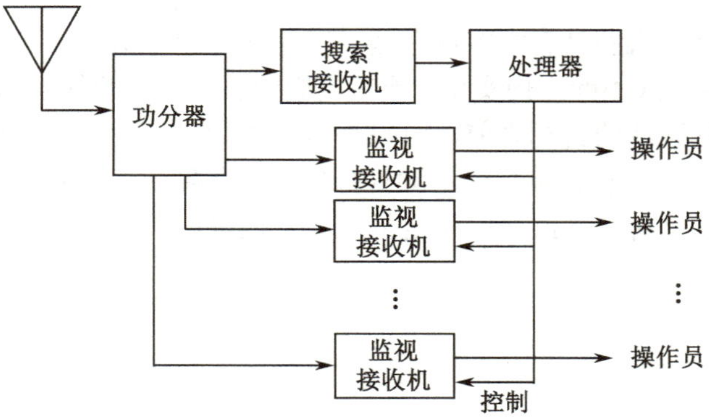

图 6.4 搜索和监视接收机系统

搜索接收机发现一个信号时，通常仅给出信号频率，无法判断是否需要监视接收机对其进行监视。数字接收机通过 FFT 运算得到信号的频谱，分析信号的频谱可以确定：

- 信号的调制样式；
- 信号的调制参数；
- 信号是否加密以及加密类型。

上述信息可能足以评估信号的优先等级，确定是否需要监视接收机对其进行监视。

测向接收机是测向系统（DF，Direction Finding）的一部分，一般具有自己的天线阵。大多数测向系统都可以快速给出一个不太精确的信号到达角，将这一结果上报给处理器，用以协助确定信号的优先等级。测向系统一般需要将多次测量和计算结果进行平均，使得到的来波方向完全达到指标精度。分配给信号的优先等级可以用来确定是否值得花费处理时间去获得精确的来波方向。

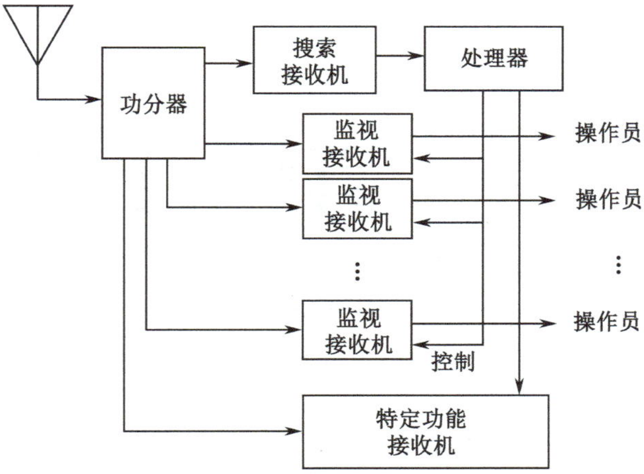

图 6.5　有特定功能接收机的系统

6.3.1　搜索接收机种类

在电子战和侦察系统中所用的接收机种类如表 6.1 所示。这些接收机类型在 4.1 节都有描述，表 6.1 仅仅给出了这些类型的接收机用于搜索时的特点。

超外差接收机可以测量信号频率，可以恢复任意调制信号。这种接收机通常在同一时刻只接收单个信号，因此不受同时多信号的影响。带宽决定这类接收机灵敏度的高低，其可以具有较高的灵敏度。在频率覆盖范围和灵敏度折中考虑的前提下，超外差接收机可以设计成任意带宽。

压缩（或微扫描）接收机可以在单个脉冲宽度内快速扫过很宽的频率范围。这类接收机可以同时测量多个信号的频率和强度，具有较高的灵敏度，但无法恢复调制信号。

信道化接收机可以同时测量多个信号的频率、恢复信号的调制信息，前提是信号处于不同的信道。接收机可以获得很高的灵敏度，但取决于信道的带宽。但是，信道越窄，覆盖指定频率范围所需要的通道数就越多。

数字接收机将一个大频率段进行数字化，然后用软件进行滤波和解调。数字接收机可以同时测量多个信号的频率，恢复信号的调制信息，并且具有很高的灵敏度。

表 6.1 搜索接收机

接收机类型	灵敏度	特性
瞬时测频接收机	低	只提供频率，某一时刻只能处理一个信号
超外差接收机	高	可以提供频率，可以恢复调制信息，某一时刻只能接收一个信号
信道化接收机	高	提供频率，可以恢复调制信息，可以同时接收多个信号
压缩接收机	高	只提供频率
数字接收机	高	可以提供频率，可以恢复调制信息，具有同时多信号接收能力，可以完成频谱及其他分析

6.3.2 数字调谐接收机

图 6.6 是数字调谐超外差接收机框图。数字接收机有一个本振和一个电子调谐预选器，使得接收机可以快速选择调谐范围内的任意频率。调谐可以由操作员控制，也可以由计算机控制。

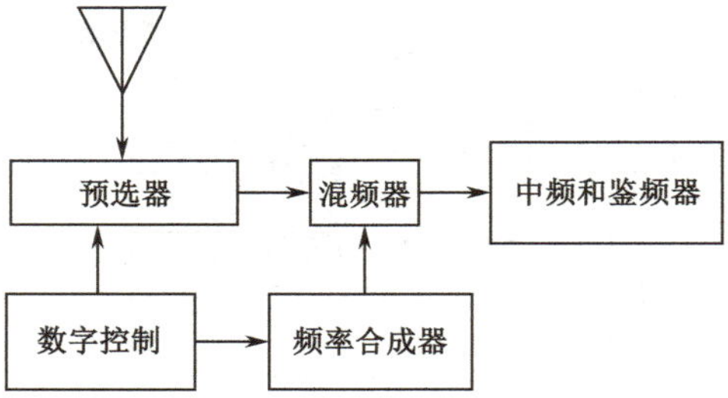

图 6.6 数字接收机系统

图 6.7 给出的是锁相环频率合成器框图。压控振荡器锁相至由高精度和高稳定度晶体振荡器产生的多倍频信号上，这意味着数字调谐接收机的调谐是精准且可重复的，保证了上述搜索方式的可实现性。频率综合器中反馈环路带宽的设置，需要在低噪声输出（窄带环）和高调谐速度（宽带环）之间进行最佳折中。在搜索模式下，开始对选定的瞬时带宽覆盖范围内的任何信号进行分析之前，必须有足够的时间保证频率综合器达到稳定状态。

利用数字调谐接收机进行搜索时，接收机被调谐到一些离散的频率值上，如图 6.8 所示。搜索时不必对整个感兴趣的频带线性扫描，而是可以随心所欲地检查具体的频点，或者对高度感兴趣的子频带进行扫描。在接收机的调谐步进之间，一般需要有 50%的重叠，这样可以防止感兴趣的信号出现在两次步进的边沿。另外，50%的重叠导致对同一感兴趣的信号区域覆盖两次。重叠量要根据具体情况进行折中以优化搜索。

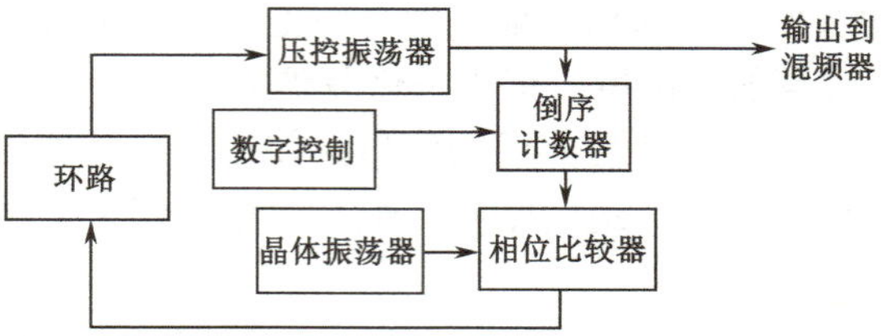

图 6.7 锁相环频率合成器

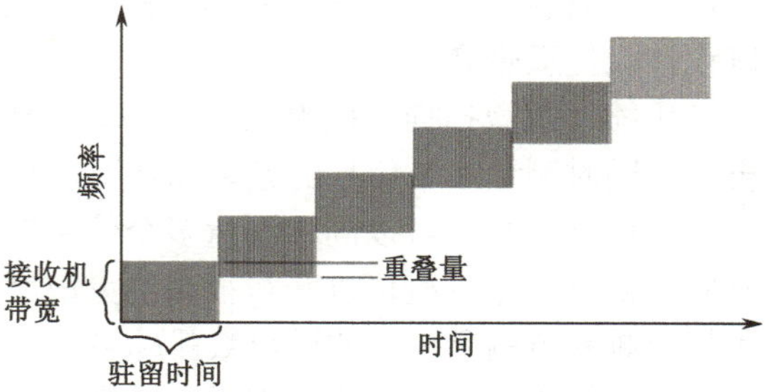

图 6.8 利用数字接收机搜索

6.3.3　数字接收机

由于数字接收机具有极大的灵活性，未来很有可能承担全部的搜索任务和大部分侦察工作。数字接收机仅受到数字化技术和计算机处理技术发展水平（相对于规模和功率要求）的限制，而这个领域的发展是日新月异的。数字接收机在不久的将来是需要密切关注的。数字频率在搜索模式中的应用已经在 6.3.2 部分讨论过了。

6.3.4　测频接收机

图 6.9 所示的是另外一种搜索方式。天线输出的信号经功分器输入宽带测频接收机和多个窄带接收机，宽带测频接收机为窄带接收机提供设置信息。宽带测频接收机可以是瞬时测频（IFM）接收机、压缩接收机，如果实用的话，布拉格小盒接收机也可以。由于宽带测频接收机只能够测量信号的频率，因此这种接收机的处理器能够仅根据频率为窄带接收机提供频率设置信息。处理器将会记录最近发现的所有信号。一般这种接收机会指定监视接收机对新发现的信号或高优先级的信号进行跟踪监视。

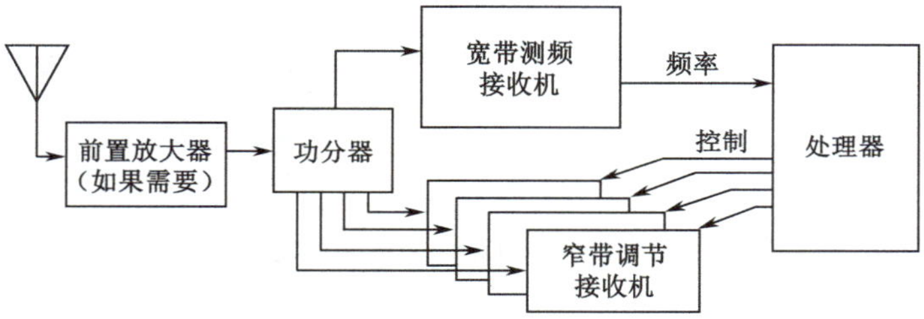

图 6.9　具有宽带测频接收机的搜索系统

由于这类测频接收机的灵敏度比窄带接收机低，因此可能会接收不到那些可以监视的信号。但是，由于判定一个信号是否存在以及仅仅测量其频率，与获得信号的完全的调制信息相比所需要的信号强度要低，这可以作为一个弥补测频接收机不足的因素。

6.3.5　能量检测接收机

对于像 DSSS（直接序列扩频信号）这种类似噪声的信号，如果利用传统接收机，像处理常规信号那样处理这类信号，将得不到明显的调制参数。一个宽带扩频信号具有很低的信噪比，看起来仅仅是略微抬高了一点噪声电平。对这类信号的检测，需要能量检测接收机。有几类接收机可以用来接收 DSSS 信号，这里给出三种典型的类型：

- 积分和清除；
- 相关检测；
- 码片检测。

1. 积分和清除

对类似噪声的 DSSS 扩频信号的检测，如果采用常规信号那样的处理方式，是不太可能得到其调制参数的。

图 6.10 给出了一个基本的积分-清除接收机框图。功率检测器输出一个与输入功率成比例的电压量，对接收机输出在几个有意义的周期上进行积分。如果我们大致知道 DSSS 信号的码

片速率，则可以选码片周期作为积分周期。在积分周期即将结束时，接收机对信号进行采样并在寄存器中保持积分值，然后积分器清零，开始下一次积分。

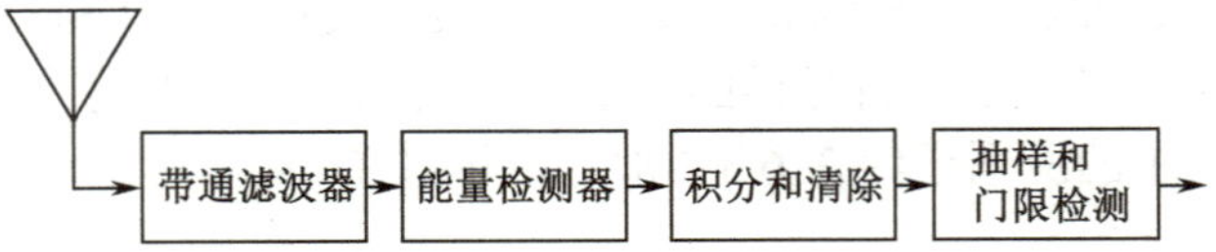

图 6.10 积分和清除接收机

对积分-清零方式可以改进成两个信道，将一个信道延迟半个积分周期，如图 6.11 所示。假设已知码片周期，而无法对信号进行锁相，不知道码片何时跳变，这种两通道的方式保证总可以测得码片后半个周期的值，这使得后半个周期的积分值往往比前半个周期要大。

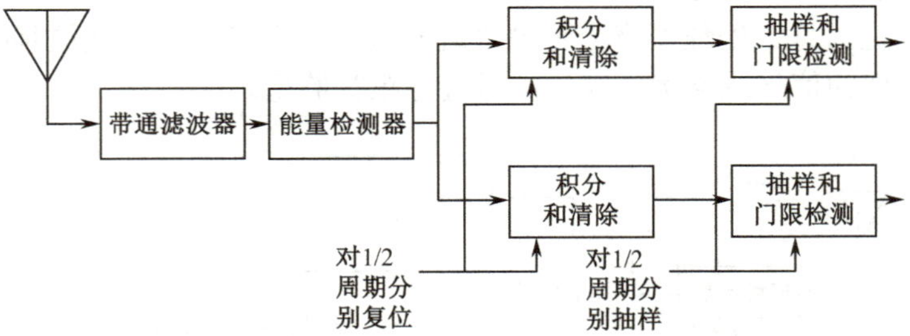

图 6.11 并行积分和清除接收机

2. 相关检测器

系统有两个独立的接收机，如图 6.12 所示，分别接到对应的天线上。要求两副天线不产生交叉耦合。每个接收机自身产生的内部噪声为 kTB。由于噪声信号是不相关的，因此在两个接收机后面的相关器给出的相关值很小。但是，如果一个类噪声信号同时进入到两个天线，则两个接收机的相关值会有显著的增大。

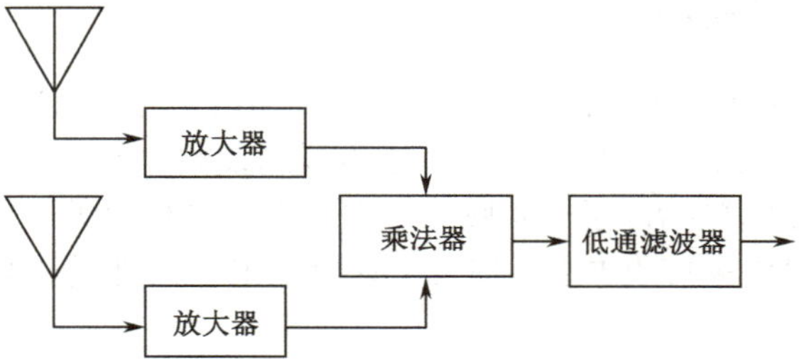

图 6.12 相关检测器

3. 码片检测器

用正向同步的示波器观察随机数字噪声信号，其图形如图 6.13 所示。DSSS 信号需要十分稳定的码速率以便同步和解扩。这使得码片转换时刻落在图示梯子形状的顶部。如果接收机有一个以码片周期为间隔的抽头延迟线，则码片能量就会相互叠加，产生一个较大的可检测信号，码片检测接收机可以通过检测这个信号来确定扩频信号是否出现。需要注意的是，抽头延迟线可以通过硬件实现，也可以通过软件实现。

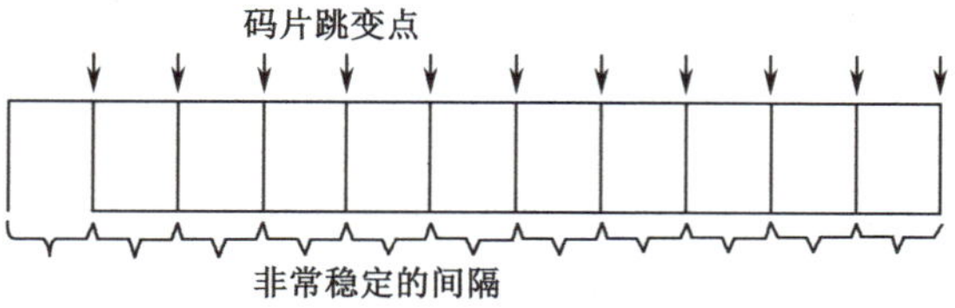

图 6.13　示波器上的伪随机数字信号

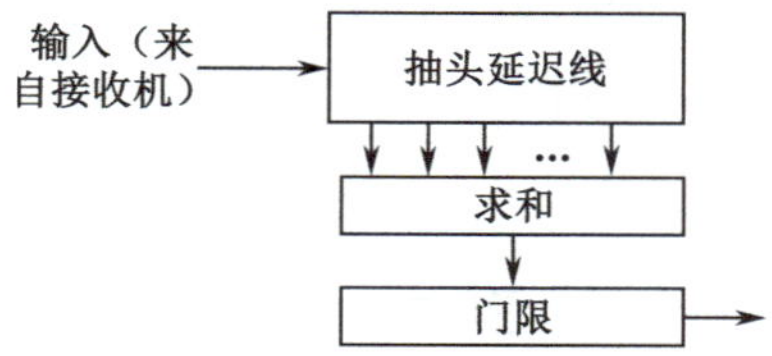

图 6.14　时间折叠门限检测

4. 二元滑窗

被称为二元滑窗的一种双门限技术可以用于检测特征不明显的信号。其原理如图 6.15 所示。对于 DSSS 信号，可以用积分-清除方式测量每个码片的能量，并与门限进行比较，确定信号是否出现。由于这个门限并非明显地高于信号不存在时的背景噪声电平，因此检测的可信度并不高。但是，如果以较长时间段内过门限的点数作为检测标准，则检测可信度会大大提升。在截获的情况下，较长时间段这一条件需要一定程度上与实际情况相符。一个很好的例子就是典型的信号发射持续时间可能会长达 5 秒。

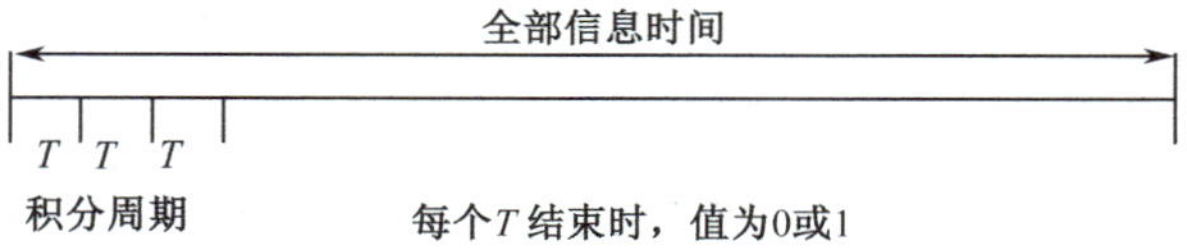

图 6.15　二元滑窗

6.4　信号环境

信号环境定义为在接收机覆盖范围内，到达接收机天线的所有信号的总和。信号环境不仅包括接收机想要接收的威胁信号，还包括己方信号、中立方信号以及民用信号。信号环境中的己方信号和中立方信号可能比威胁信号还要多，但接收机必须对接收到的所有信号都进行处理，剔除不感兴趣的信号，识别出威胁信号。

再次重申一下被多次重复提到的一般性概念，信号环境极其密集，而且密度还在不断升高，然而并不能仅仅以密集来概括全貌。电子战和侦察系统所必然面临的信号环境，与系统的位置、高度、灵敏度、频率覆盖范围具有一定的函数关系。另外，信号环境的影响与接收机要侦察信号的特性、为识别感兴趣信号所必须提取的信息等都有十分密切的关系。

6.4.1　角度覆盖

对于舰载或地基 EW 系统，典型的方位角度覆盖范围是 360°，仰角覆盖范围是从地平线起 10°～30°，取决于任务要求。尽管这些系统可能被要求对来自各种仰角的空中威胁提供保护，但是，在仰角较大时空间相对狭小，这意味着威胁辐射源的信号（到达 EW

系统接收机）所用的时间很少，如图 6.16 所示。另外一个因素，当在较大的仰角上发现运载威胁辐射源的平台时，距离已经很近，被截获信号的能量已经足够大，已经很难阻止其完成目标探测。

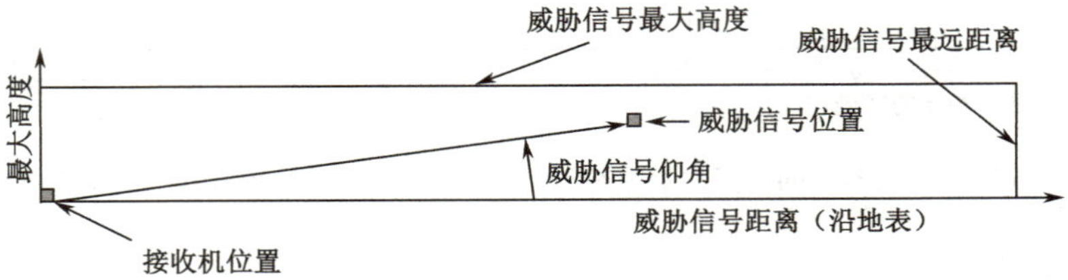

图 6.16 威胁信号相对地面接收机的距离和仰角

空基平台的接收系统，由于平台升高了，可以比地面系统“看”得更远。但作为一个实际问题，用于这种任务目的的平台主要在偏航平面内执行其任务（对于固定翼飞机而言即其机翼所处的平面）。辐射源定位是搜索过程的一部分，通常需要给出感兴趣辐射源的经度和纬度。当飞机偏离直线航向和水平方位时，就会出现定位误差。这种误差可以通过测量辐射源的观察仰角来消除，但是这会增加系统的复杂度。解决这一难题的办法是当飞机不处于水平时，不报告定位信息。可以以横滚角度作为判断数据有效性的标准，例如，在任一方向上，10° 的横滚也许是定位数据有效的最大角度。整个搜索范围如图 6.17 所示。

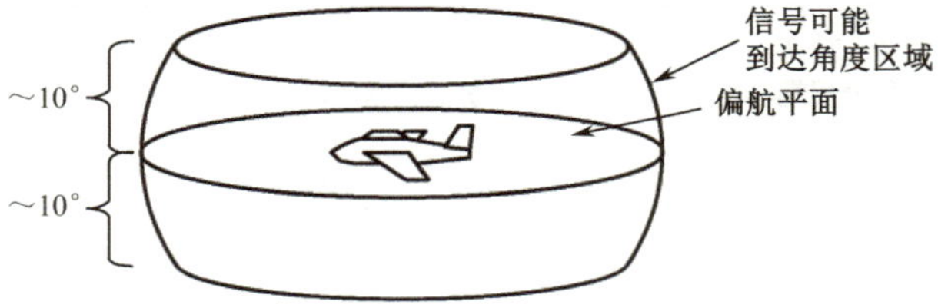

图 6.17 侦察飞机的搜索区域

6.4.2 信道占用率

现代战争，要求几乎所有的战斗单元都具有良好的机动性，这需要高度依赖无线电通信，包括大量的语音和数据链。战术通信的信号环境一般被描述为具有 10%的信道占用率。这会带来一些混淆，因为这似乎说明在微秒量级的时间段内，所有可用信道中只有 10%的信道被占用。但如果在每个信道驻留几秒钟，则信道占用率会变得很高——接近 100%。这意味着对指定辐射源的任何搜索，都需要在有密集的非目标辐射源的环境中进行。

这个特点有助于理解为什么那些在低密度信号环境下发现信号的搜索方案，仅仅适用于非常稀疏的信号环境。多信号的存在会极大地影响那些用于引导后续分析的快速搜索方法。

6.4.3 灵敏度

决定信号密度的另外一个因素是接收机灵敏度（加上相连接天线的增益）。如第 5 章中详细讨论的，接收信号的强度随发射与接收之间距离的平方或四次方递减，这与传播模式有关。接收机灵敏度定义为：接收机可以从中提取所需信息的最小信号。大多数 EW 接收机涉及一些门限机制，低于灵敏度的信号无需考虑。这样，那些灵敏度低、天线增益小的接收机，所要处理的信号，要比灵敏度高、天线增益大的接收机少很多。这样就大大减少了系统在威胁辐射源识别时需要考虑的信号数量，简化了搜索问题。

6.5　无线电视距

对 VHF 信号和频率更高的信号，可以认为其传播是沿视线进行的，只有那些在无线电视距之内的信号才被考虑到信号环境中来。无线电视距定义为在保证电波沿视线传播的前提下，信号发射机到达接收机的最大地表距离。无线电视距基本上是地球曲率的函数，并且由于大气折射而延伸至光学视距（平均值大概为 15%）之外。确定无线电视距的常用方法是解一个三角问题，如图 6.18 所示。考虑大气折射因素，图中的地球半径取地球真实半径的 1.33 倍（称为“4/3 地球”因数）。发射机和接收机之间的视线距离可以由以下公式计算：

$$D = 4.11 \times \left[\sqrt{H_{\mathrm{T}}} + \sqrt{H_{\mathrm{R}}} \right]$$

式中，D 为发射机至接收机的距离，单位为千米；

H_{T} 为发射机高度，单位为米；

H_{R} 为接收机高度，单位为米。

这样，无线电视距有一个相对定义——取决于接收机和发射机的高度。由此可知，接收机可以接收到的辐射源数量，与其无线电视距范围内的地表面积成一定的比例关系，辐射源密度当然也与此有关。

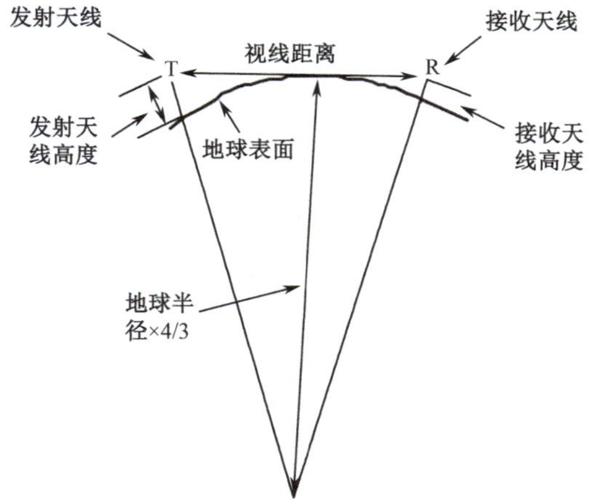

图 6.18　无线电视距的几何关系

图 6.19 是基于上述等式的 4/3 地球无线电视距图表。这个图表的有用之处在于其将地形特征引入到无线电视距的计算当中。需要注意的是这个图表不但可以用于计算发射机到接收机之间视距限制的最大距离，而且还可以用于计算雷达探测目标的距离（以雷达替代接收机，目标替代发射机即可，后续将会讨论）。

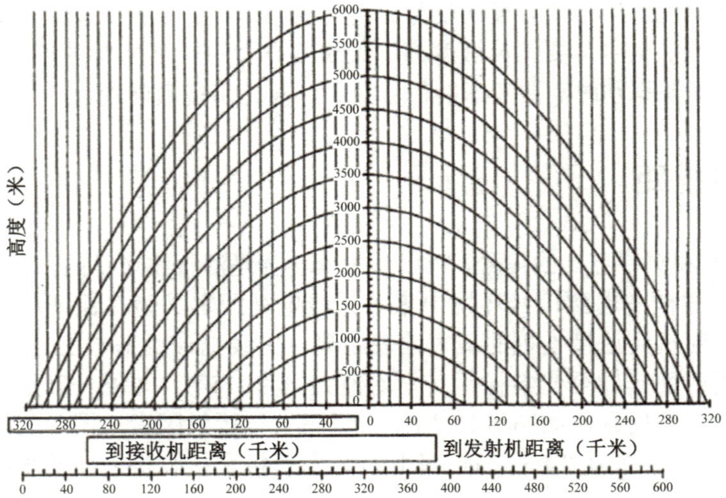

图 6.19　视距计算图表

图 6.20 给出了图 6.19 中所用到的一些数据，用于计算地球海平面上的视距。在此例子当中，接收机海拔高度 500m，发射机 1500m。沿 500m 的等高线向左画一条线，沿 1500m 的等高线向右画一条线。注意到 500m 的线与横坐标相交于 90km 处，1500m 等高线与横坐标相交于 160km 处，两者相加，可以计算出视距是 250km（90km＋160km）。

图 6.21 的本地高度增加了 1000m。此时接收机高出本地高度 500m，则其海拔高度就是 1500m，发射机高出本地高度 1500m，则其海拔高度为 2500m。将 1000m 等高线以下的部分涂成阴影，表示本地高度。然后沿 1500m 等高线向左画线，与横坐标交于 160km 处（A 点），从 A 为起点作一条直线，使之与本地区域（阴影部分）相切，这条直线与右侧的 2500m 等高线相交（B 点）。从 B 点做垂线，与横坐标交于 86km 处，则计算得到无线电视距为 246km（160km＋86km）。

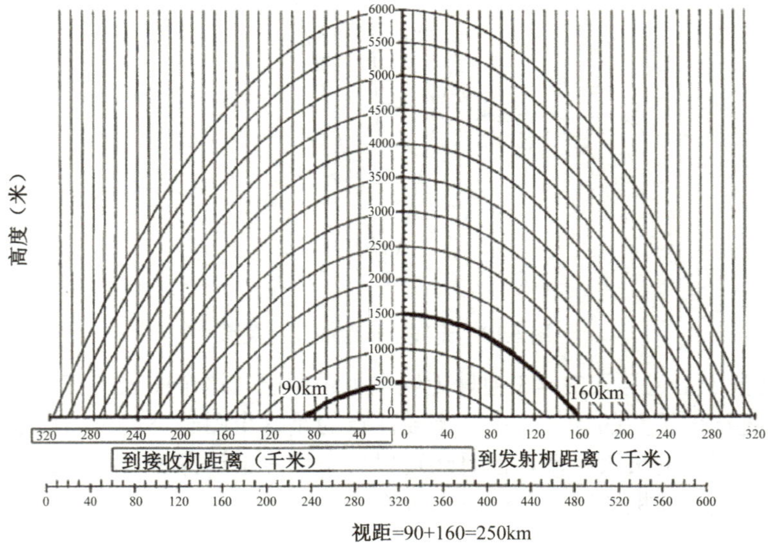

图 6.20　发射机海拔高度 1500 米、接收机海拔高度 500 米时的视距计算

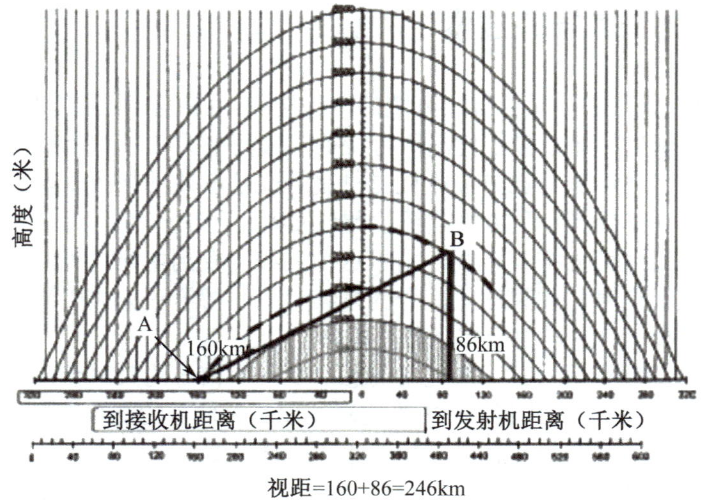

图 6.21 发射机高度 1500 米、接收机高度 500 米，
本地高度 1000 米时的视距计算

图 6.22 在距离接收机 180km 处有一座 2000m 高的山脊。从左侧 1500m 等高线与横坐标的交点（A 点），画一条经过山脊峰点（B 点）的直线，这个峰点位于右侧 2000m 等高线上。注意 B 点位于横坐标（右侧）20km 米点的正上方。此时，让直线穿过 B 点，至右侧 2500 米等高线（C 点），最后，从 C 点做垂线与横坐标相交与 52km 处，计算得到视距为 212km（160km+52km）。

当接收机工作在 30MHz 以下时，信号具有显著的“超视距”传输特性，因此信号密度不再直接是高度的函数。VHF 和 UHF 信号也能在视线之外传输，但接收到的信号强度是频率及传输所经过的地表形状的函数。频率越高、偏离视线的角度越大，衰减就越大。实际应用中，认为微波信号的传输受限于无线电视距。

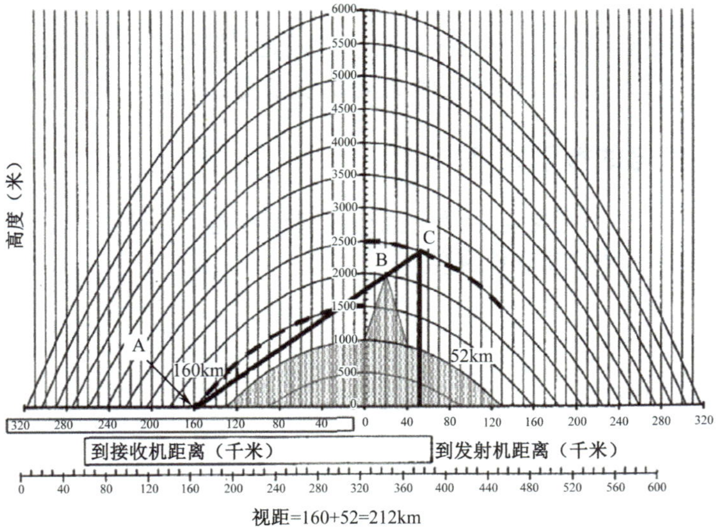

图 6.22 距离接收机 180 千米处有 2000 米的山脊情况下的视距计算

6.6 低截获概率信号的搜索

低截获概率信号（LPI）是对接收系统的一种挑战。LPI 信号的定义十分宽泛，包括使信号难于被发现、辐射源难于被定位的所有特征。最简单的 LPI 特征是辐射控制——威胁信号（雷达或通信）在能够为己方接收机提供足够高信噪比的前提下，将自身功率降到最低水平。降低发射功率会减小敌方接收机检测该发射信号的作用距离。一个类似的 LPI 措施是利用窄波束天线或旁瓣抑制天线，由于这种天线散发到主瓣之外的能量较少，因此敌方接收机更难截获其信号。如果缩短信号的持续时间，留给敌方接收机进行频率和方位上搜索的时间就会更少——这样也会减小截获概率。

但是，在考虑低截获信号时，最经常的想法是采用信号的某种调制方式来减小信号的可检测性，如 2.4 节所描述的那样。LPI 的调制类型是将信号的能量在频域内扩散，因此发射信号的频谱要比满足所携带信息要求的带宽（信息带宽）高出几个数量级，如图 6.23 所示，信号能量的扩散减小了单个信息带宽内信号的强度。接收机噪声是带宽的函数（如第 4 章所描述），因此，由于信号能量的扩散，任何试图在整个频率扩展范围内接收和处理这类信号的接收机，都将导致信噪比的降低。同样如图 6.23 所示，一个接收带宽等于信息带宽的接收机，接收到扩频信号的信号强度会低很多。

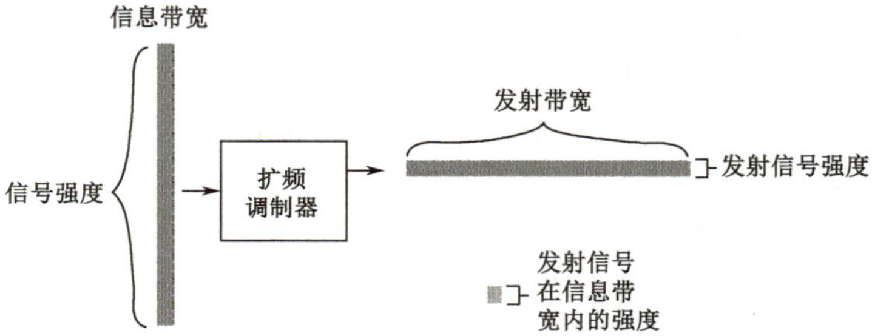

图 6.23　扩频信号强度

LPI 的调制类型使接收机的灵敏度和接收带宽之间很难折中，对搜索功能形成挑战。在某些情况下，扩频技术体制给接收机带来一些好处，但这需要对调制特征有一定程度的了解，同时也会显著增加接收机或相应处理器的复杂度。

6.6.1 LPI 信号的搜索策略

基本的 LPI 搜索技术通常会涉及到截获带宽和其他一些针对扩频信号考虑因素的优化。本节将讨论以下三种扩频信号的搜索：

- 跳频信号；
- Chirp 信号；
- 直接序列扩频信号。

6.6.2 跳频信号

跳频信号是最容易检测的扩频信号，原因在于这类信号在某一时刻将其全部发射功率搬移到一个信息带宽之上。其复杂性在于，对“慢跳变”信号，信号频率每隔数毫秒会变化到一个伪随机挑选的值上；对“快跳变”信号，每隔数微秒这种变化就发生一次。慢跳变信号每一跳有多个信息位，而快跳变信号每个信息位有多次跳变。在任何一种情况下，对跳频信号识别都要依靠辐射源的定位。跳频信号在一个位置上有多个频率，而非跳频信号在一个辐射源位置上只有单个频率。对跳频信号的定位将在第 7 章中讨论。

1. 慢跳频信号

有两种手段检测慢跳频信号。一种是利用窄带接收机在整个跳频范围内搜索。统计而言，扫描接收机会在发射时间内随机碰到一些频率，从而收到一些信号。这类接收机通常会在数十微秒内搜索完整个跳频带，但需要停止一个毫秒量级的时间来对所有发现的信号进行分析（通常包括到达方向测量）。为了使接收机碰到的频率最多，扫描接收机的带宽要覆盖数个信息带宽。最优的搜索带宽是跳频通道带宽（信息带宽）的 4～6 倍。当搜索接收机带宽超过这一水平时，在跳频范围内单个发射频率上的停留会延长搜索时间。二元滑动窗方法被用来确定是否截获到跳频信号。举例而言，如果在同一方向上碰到不同的频点 5～10 次，就报告在那个方向上检测到跳频信号。

第二种方法是利用数字接收机的 FFT 处理，来确定在跳频周期的一部分时间段内所出现的所有信号的频率。这种频率搜索的时间已经在 4.3.2 节中与数字接收机一同讨论过了。由于信号到达方向是识别跳频信号所必需的，因此需要对在频率搜索过程中发现的所有信号都进行测向，这将在第 7 章中描述。

2. 快跳频信号

由于快跳频信号每一比特上有多跳，因此比慢跳频信号更难检测。因为快跳频信号必须极快地切换频率，因此极有可能是利用有多个本振源的直接频率合成器，这比用于慢跳频信号的频率合成器复杂得多。这使得有关快跳频信号都不具有太多跳点的假设显得十分合理。这样，每个信道对应一个跳点的信道化接收机可能更为实用，对信道输出的分析将确定快跳频信号是否存在。

能量检测技术可能也是适合的，这取决于跳频通道的数目及信号的信噪比。

6.6.3　Chirp 信号

对检测而言，Chirp 信号的弱点在于其全部信号能量扫过调频范围内的每个频率，这意味着那些设计用于仅仅测量信号频率（不捕获调制方式）的接收机就可以在 Chirp 信号频率范围内“撞中”几个频率点。分析这些数据，就可以判定信号是否为 Chirp 信号，并给出有关频率扫描特性的一些信息。这就有可能设计一种仅测载频的接收机来对付这类信号，相对于瞬时射频带宽而言，这种接收机的灵敏度比那些需要恢复信号调制信息接收机的灵敏度更高。

6.6.4　直接序列扩频

检测直接序列扩频（DSSS）信号有两种基本的方法。一种方法是利用不同的滤波进行能量检测，通常这种方法要求接收到的信号很强。另一种方式是利用发射信号的某些特性。在发射信号频率二倍处观察，二元相移键控（BPSK）调制信号所有比特的相位是相同的。图 6.24 通过 BPSK 信号的相位图形和二倍频的相位图形来说明上述概念。同样，在四相信号的四倍频处，其所有比特就会都变成同相。因此，在发射信号的二次或四次谐波上，扩展调制将会消失，信号被解扩。不幸的是，放大器和发射天线都会大大削减这些谐波，所以这类技术只在距离目标发射源很近时才适用。

6.3.4 节介绍的码元检测器和能量检测器也是检测 DSSS 信号比较实用的方法。

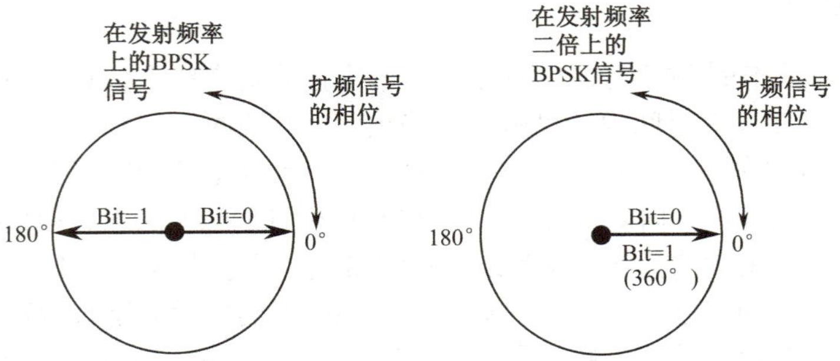

图 6.24 BPSK 信号的相位图形

6.7 间断观察（Look Through）

通常，任何电子战接收系统都面临着这样的挑战，即要在搜索功能可用的较短时间内检测出存在的所有威胁信号。搜索几乎都要覆盖很宽的频率范围，而利用窄带接收机只能接收为数不多的几种信号。当有一台干扰设备与接收机在同一平台上，或者距离接收很近时，这一过程会更有挑战性，因为干扰机有堵塞接收机的可能性。考虑 EW 接收机的灵敏度范围为-65dBm～-125dBm，而干扰机的输出功率通常都成百上千瓦。一台 100 瓦的干扰机有效辐射功率（ERP）是+50dBm（加天线增益），则干扰机输出功率可能会比接收机要搜索信号的功率强 100～150dB，甚至更多。

一般都尽可能将接收机和相应的干扰机分开工作，即接收机在干扰机配合下完成其搜索工作，这样在接收机搜索带宽或频率范围内，不同时发生干扰动作。在一些利用点频干扰和欺骗干扰的场合，如果隔离度能保证接收机的前端组件不被干扰信号饱和，则接收机就可以执行相对有效的搜索。但这并不能解决全部问题，因此还要采用一些其他的方法。当应用宽带干扰时，则在整个频带内接收机都将无法工作，除非有足够高的隔离度。

首选的间断观察方式是尽可能地提高干扰机和接收机的隔离度。利用天线的方向图进行隔离十分重要，但是由于通信频段的无线电和干扰机的天线方向角通常都很宽，因此很难做到隔离。干扰天线在被干扰目标方向上的增益与在自己接收机天线方向上的增益之间的任何差异，都会降低干扰机对接收机的影响。同样，接收天线在威胁目标方向上与干扰机方向上的增益差异也有同样的效果。宽波束或全方位覆盖天线只有在收发天线彼此物理隔开时，才能实现隔离（例如一副天线安置在飞机顶端，另一副安置于飞机底部）。

天线的物理隔离也很有帮助。两个近距离的全向天线之间的传播衰减计算公式为：

$$L = -27.6 + 20\log_{10}(F) + 20\log_{10}(D)$$

式中，L 为传播损耗，单位为 dB；

F 为频率，单位为 MHz；

D 为距离，单位为 m。

近距离的空间衰减也可以由本书给出的天线和传播计算图表确定（见图 5.8）。

这样，工作在 4GHz 的干扰机与距离 10 米远的接收机之间的隔离度有 64.4dB。

如果接收天线与干扰机发射天线采用不同的极化方式，则会有额外的隔离度。例如，右旋圆极化与左旋圆极化天线之间有 25dB 的隔离度。通常，宽带天线的极化隔离度小于此值，而窄带天线的隔离度要大于此值。

最后，雷达吸波材料也可以用来增加隔离度，特别是在频率很高的微波波段。

如果在干扰和接收天线之间无法获得足够的隔离度，仍然有些实用的方法来抵消进入接收机的干扰信号。这需要有另外一副天线朝向干扰机，它会接收干扰信号的直射波和通过其他路径的反射波。将这个二次干扰信号移相 180°，并加到接收机输入端，如图 6.25 所示。

如果干扰抵消不实用，则有必要提供短时间断观察周期，在此周期内接收机执行其搜索功能，如图 6.26 所示。间断观察周期的持续时间，由干扰有效性和接收机截获威胁信号的截获概率折中得到。间断观察周期必须足够短，以防止被干扰的威胁接收机接收到足够恢复发射信息的无干扰信号。记住，当有 33%被干扰时，数字信号就会无法恢复，除非采用有效的纠错编码（见第 9 章）。

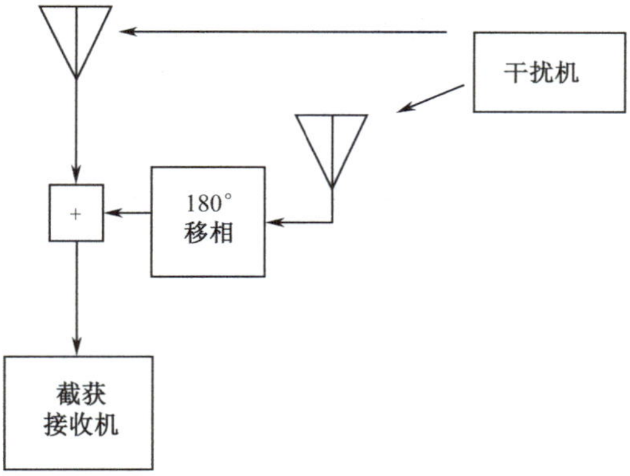

图 6.25　相关干扰抵消

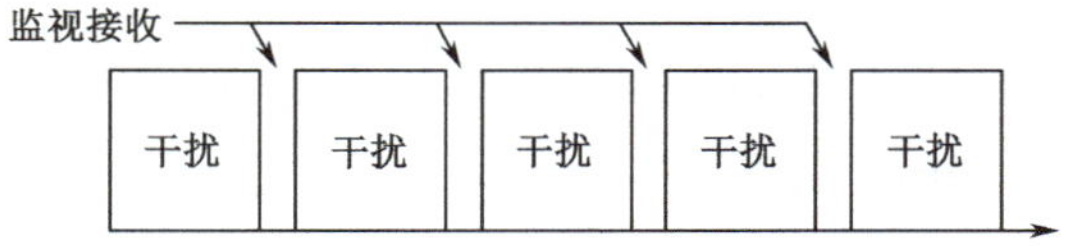

图 6.26　时分间断观察

6.8　己方自扰

己方自扰是指对友方通信的意外干扰，也可以仅仅是对正在搜索敌方信号的友方接收机的干扰。在任何现代军事活动区域，这都是个重大的问题。随着大量以商用无线电发射装置为触发的简易爆破装置（IED）的出现，干扰机可能被用来阻止这些简易爆破装置（IED）的引爆。如果利用宽带干扰，则重要的友方指挥、控制通信和对敌方信号的搜索，都会变得十分困难。如果干扰机仅仅用来对付活动的敌方信息传输装置，问题会少一些。

通常，最成功的抵御己方自扰的方式是将干扰功率和占空比限制到最小。这个占空比为最大限度地利用无线电引爆装置未包含的部分频谱进行通信提供保护时段。

在干扰敌方 LPI 信号时，很重要的一点是要意识到友方的 LPI 的发射装置也工作在同一频率范围内。让干扰机尽可能地抵近敌方接收机（远离友方接收机），利用瞄准敌方接收机的方向性天线，都是十分有用的。

6.9 搜索策略举例

6.9.1 窄带搜索

窄带搜索要求单个接收机在信号出现的持续时间内、在感兴趣信号所在的频率范围内尽可能快地调谐。通常，搜索接收机的调谐速率（每单位时间内搜索的频谱宽度）受到这样的限制：要求信号驻留在带宽上的时间等于带宽的倒数，如本章前部分所解释的那样。在现代数字调谐接收机中，转化为在每个调谐步进上的驻留时间等于步进带宽的倒数。这通常被描述为“带宽倒数速率搜索”。需要注意的是有些接收系统的控制和处理速度也会进一步限制搜索速率。

另外在搜索方式上还有两种限制：第一是接收机带宽要能够满足接收信号的检测要求，第二是接收机必须有足够的灵敏度以满足对信号的高质量接收。灵敏度是带宽的函数，原因在于 4.4 节中提到的 *kTB* 因子。

我们要在 30～88MHz 范围内找出一个带宽为 25kHz 的通信信号，假定信号的出现时间为 1/2 秒。这么短的信号可能是一次按键声，同时也是截获系统需要关注的最短信号。在这个例子中，将按照毫秒对时间取整。

我们的接收天线覆盖方位为 360°，搜索接收机的带宽为 25kHz。接收机在每个调谐步进上的驻留时间等于其带宽的倒数。为了避免边带截获，我们将调谐步进重叠 50%。

$$驻留时间=1/带宽=1/25\text{kHz}=40\,\mu\text{s}$$

图 6.27 以图形方式给出了在 6.2.4 中讨论的搜索问题。注意由于接收机覆盖带宽的重叠，每次调谐频率只能步进 12.5kHz。

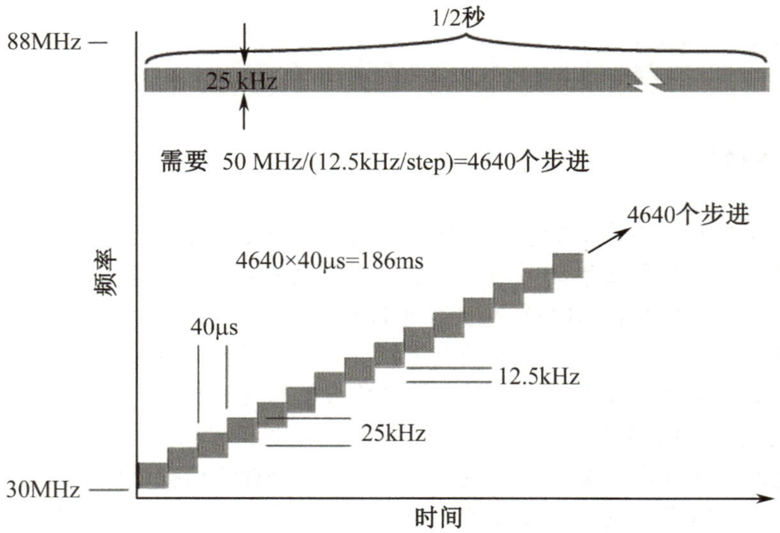

图 6.27 搜索规划图

为了确保 100%截获到感兴趣的信号，接收机必须在半秒钟内完成全部 58MHz 带宽的搜索。覆盖整个频率范围所要求的步进数量为：

$$58\text{MHz} / 25\text{kHz}=2320$$

考虑 50%的重叠，则 58MHz 的频率范围要求 4640 次调谐步进。

每个步进的驻留时间为 40μs，4640 个步进要求 186ms。

这意味着接收机能够在小于假定的最小信号持续时间一半的时间内发现感兴趣的信号，所以很容易达到对信号 100%的截获。

1. 信号识别需要更多的驻留时间

上述分析假定我们有最佳搜索方式，感兴趣的信号可以很快地被识别出来。为了使问题更有趣，假定有一个可以在 200 μs 内识别出信号调制的处理器。搜索规划图变为图 6.28。这意味着我们必须在每个频率上保持 200μs 的驻留时间，这需要 928ms 覆盖 58MHz 的搜索范围：

$$200\mu\text{s}\times 4640=928\text{ms}$$

搜索无法在指定的半秒钟内发现信号。

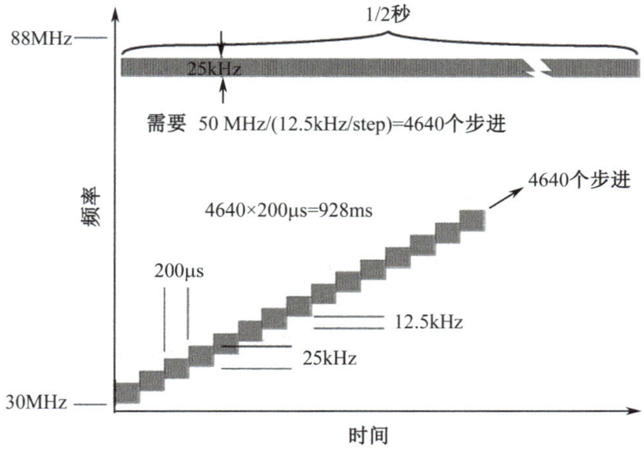

图 6.28　200μs 驻留时间的搜索规划图

2. 提高接收机带宽

如果搜索接收机带宽提高到 150kHz（覆盖 6 个目标信号频道），并假定 200μs 的处理时间还可以确定接收机带宽内信号频率，搜索能力被增强了。如图 6.29 所示，现在仅需要 773 个步进就可以覆盖感兴趣的频率范围：

$$4640/6=773$$

每个频率步进驻留 200μs，仅需要 155ms 就可以覆盖 2320 个信道（50%的重叠）。

$$773\times 200\mu\text{s}=155\text{ms}$$

注意带宽的提高会使灵敏度降低约 8dB。如果接收机带宽变得比这更宽，则带宽内多信号的概率会增加，从而带来问题。

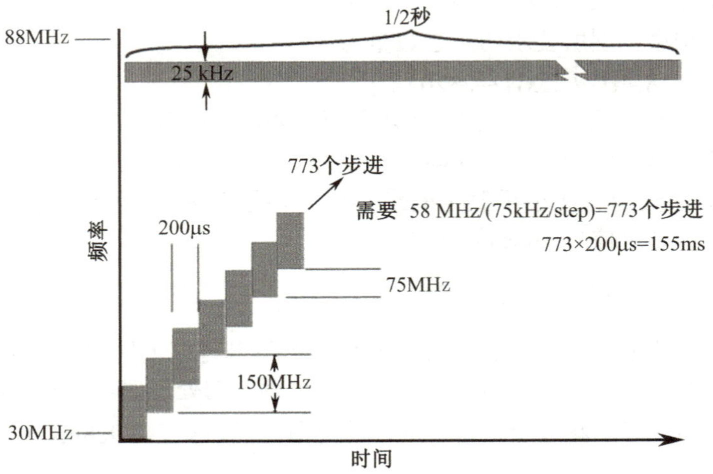

图 6.29 增加带宽后的搜索规划图

3. 增加测向要求

为了让问题变得更有趣，假定我们的接收机是测向系统的一部分，并且我们必须确定感兴趣信号的来波方向（DOA）。在没有其他信号存在的情况下，如果测向系统需要 1ms 确定 DOA，则我们的搜索时间就增加 1ms。

6.9.2 从宽带接收机中转接

对通信电子战系统，推荐两种宽带接收机搜索策略。一种策略是将接收机组中的某一个接收机用于实现搜索功能，并设置带宽大于感兴趣目标的信息带宽。在用作搜索的接收机的输出端有 FM 鉴频器，可以确定被发现的感兴趣信号的准确频率，并精确设置接收机组中的一台接收机开始工作。

第二种策略是利用如压缩接收机之类的宽带测频接收机，确定出现的所有信号的频率。压缩接收机将所发现信号的频率传递到处理器，处理器根据所存储的信号频率、对信号原有分析结果（无需重新考虑）、已知不感兴趣的信号频率和其他一些因素来识别感兴趣的信号。这样，处理器或监视的操作员决定所收到的哪个信号有足够的优先级可以为该信号分配一个监视接收机。对感兴趣信号的详细分析、监控及记录，由监视接收机实现。

6.9.3 利用数字接收机的搜索

利用数字接收机搜索的方式已经在 4.3.2 节描述数字接收机时讨论过了。所介绍的数字接收机能够用 25μs 在 20MHz 带宽内对 20kHz 感兴趣信号的搜索，由于全部覆盖 58MHz 的搜索范围需要 3 个 20MHz 的调谐步进，因此需要 75μs 完成搜索。如 6.9.2 节所介绍的那样，在 58MHz 范围内所出现的所有信号通常都被分配一个监视接收机。

第 7 章　通信辐射源定位

对威胁辐射源的定位是电子战（EW）系统最重要的任务之一。由于通信辐射源的频率相对较低，使得对其定位更加具有挑战性。频率越低意味着波长越长，因此需要的天线孔径越大。一般而言，通信电子支援（ES）系统要提供 360 度的瞬时角度覆盖以及远距离辐射源定位所需要的灵敏度。典型的通信电子支援系统必须能够适应各种通信调制方式，甚至有时要能够应对低截获概率（LPI）信号。因为通信电子支援（ES）系统总是针对非合作（即敌方）辐射源，所以合作通信系统的定位技术不属于电子支援系统的定义范畴。

在本章中，我们将讨论常规方法和关键技术。首先介绍常规（非低截获）辐射源的定位，然后再介绍低截获辐射源的定位方法。在所有对实际系统的讨论中，必须考虑到现代战场环境下信号是非常密集的。

7.1　辐射源定位方法

这里叙述的方法和截获几何位置关系有关，并不适用所有的定位技术。

7.1.1　三角测量法

三角测量法是最常用的非合作通信辐射源定位方法。如图 7.1 所示，它需要 2 个或多个不同位置的接收系统。每个这样的接收系统必须能确定目标信号的达波方向（DOA），并且能采用一定的方法建立参考角度——通常为真北（true North）方向。为方便起见，在后面的介绍中我们称其为测向（DF）系统。

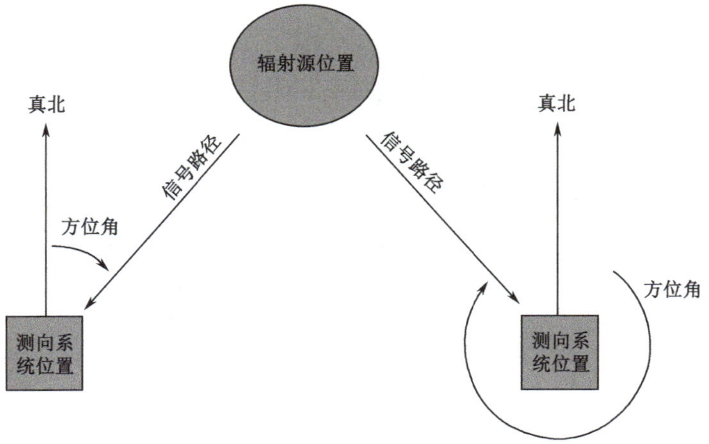

图 7.1　三角几何

因为地形遮挡或者其他情况可能会造成 2 个测向系统观察到的是不同的信号（在典型的密集信号环境下），通常实用的方法是对 3 个或更多的测向系统运用三角测量方法。如图

7.2 所示，从三个测向系统得到的达波方向矢量理论上会在辐射源位置处相交，在实际应用上只要构成的三角足够小，对三条线相交的位置做平均，就可以计算出辐射源的位置。

通常，测向站彼此之间相距很远，因此必须先将达波方向信息通过通信系统送到一个分析站，再计算辐射源位置。这就意味着所有测向系统的位置必须是已知的。

确保每个测向站都能接收到目标信号是非常重要的。如果测向系统被安装在飞机上，通常认为飞机到目标辐射源之间是通视的。陆基系统在地形允许的视距条件下可以提供更高的定位精度，但对超视距（over-the- horizon）的辐射源应能提供精度可接受的定位结果。

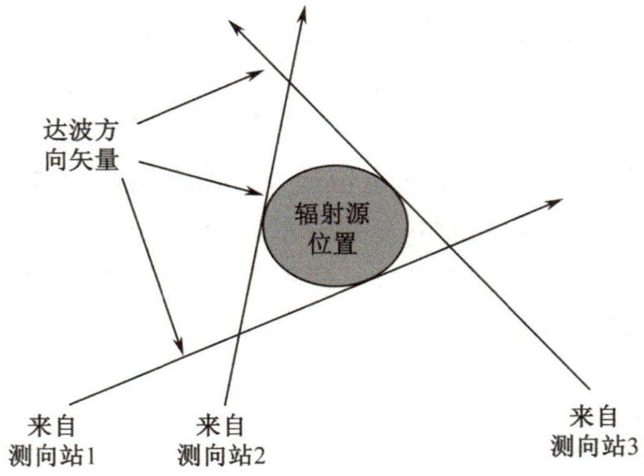

图 7.2　目标辐射源的三角定位

请注意，当从辐射源点观察两个测向站夹角为 90° 时，三角测量法性能最优。

运动平台测向系统也可用三角测量法实现单站定位，如图 7.3 所示。此方法通常仅仅用于机载平台。方位线仍然应该在目标处相交成 90 度。这样，测向系统安装平台的速度和飞行路径与目标之间的距离就能决定精确定位辐射源所需要的时间。

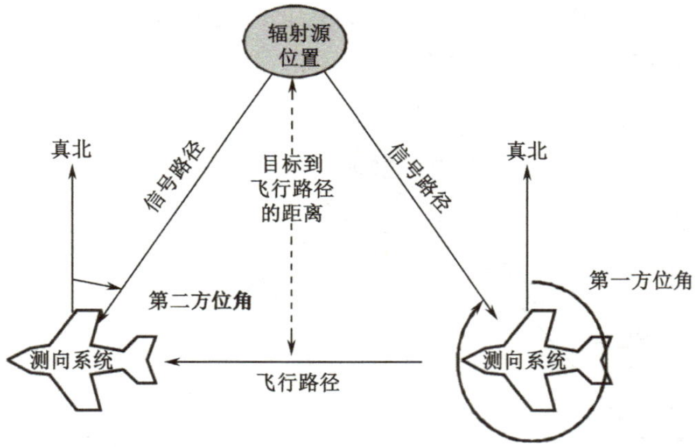

图 7.3　移动测向系统的三角测量法

例如，如果测向平台以 100 节的飞行速度从距离目标辐射源 30 千米远的地方（垂直于平台和目标辐射源连线的方向）前移，将花费大约 10 分钟的时间到达最优的几何位置。对固定辐射源这是可行的，但是对移动辐射源这样就太慢了，以致跟踪不上目标。要用此方法获得可以接受的定位精度，在采集数据的时间间隔内目标辐射源的移动距离不能大于定位精度。请注意，接受次优的几何特性（以及由此得到的定位精度）也许能提供最好的运行性能。

7.1.2 单站定位

在两种情况下，可以用单站确定敌方发射机的方位和距离。一种是处理大约低于 30MHz 信号的陆基系统，另一种是应用机载系统。

如图 7.4 所示，大约低于 30MHz 的信号可以用图中的方式布成的单站定位（SSL）系统来定位。信号通过电离层折射。这种方式也被说成是通过电离层反射，因为电波会如图 7.5 所示通过一定的反射角返回。如果信号的方位角和俯仰角都可以被测量出来，那么发射机的位置就可以确定了。距离是通过俯仰角和反射点处电离层的高度计算出来的，这是因为电离层的反射角等于入射角。这种处理的最难部分是精确获得电离层反射点的特性。通常，距离的测量精度远劣于方位角的测量精度，这导致了定位的置信区间变得更长。

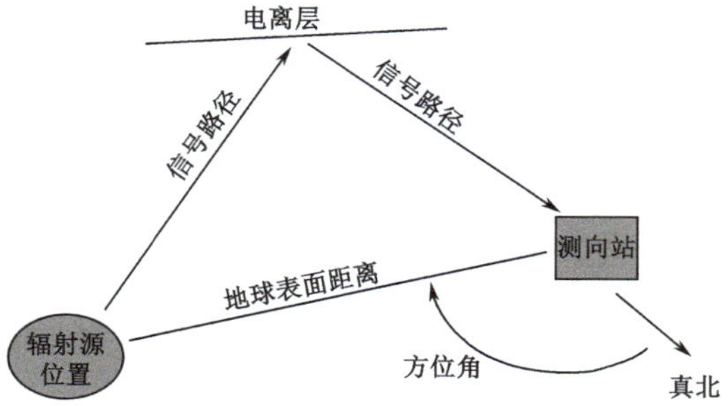

图 7.4 30MHz 以下信号由仰角确定距离

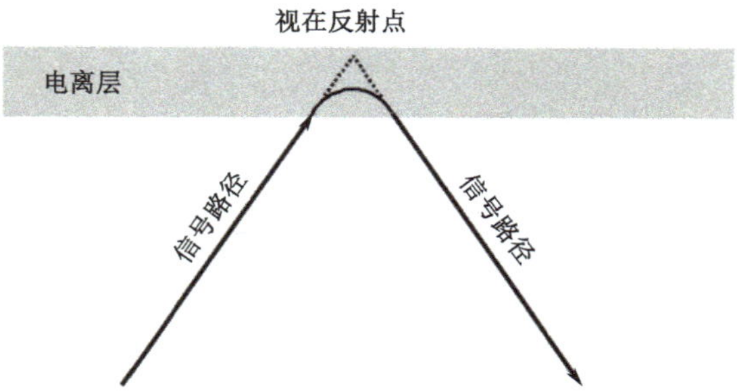

图 7.5 电离层折射

7.1.3 方位角和仰角

如果一个机载辐射源定位系统要测量地面上非合作辐射源的方位角和仰角，可以通过图 7.6 所示的方法计算辐射源的位置。确定距离要求知道飞机在地面上空的位置和仰角。还必须有当地的数字地形图。到辐射源的地球表面距离是指从移动平台在地面的垂直影射点到信号路径与地面交叉点的距离。

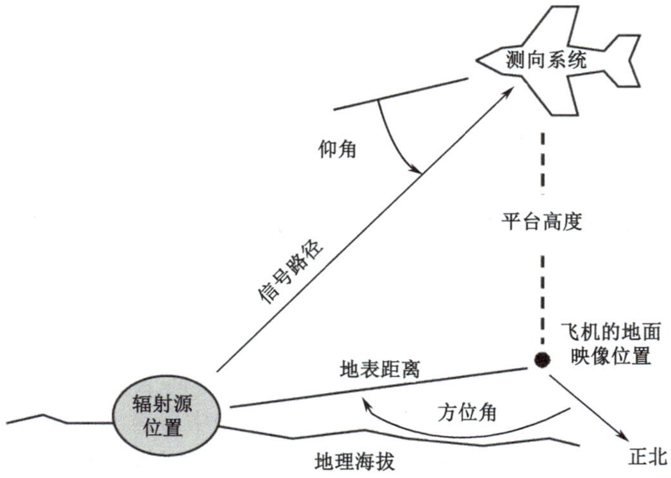

图 7.6 机载测向系统中，方位角和仰角表示的辐射源位置

7.1.4 其他定位方法

后面会介绍精确辐射源定位方法，通过比较两个远距离站接收的目标信号参数，可以计算辐射源可能出现位置的算术轨迹 ，如图 7.7 所示。这种技术可以使辐射源非常接近轨迹曲线，但是轨迹的长度一般是几千米。通过增加第三个站，可以计算出第二条和第三条轨迹曲线。三条曲线的交叉点就是辐射源的位置。

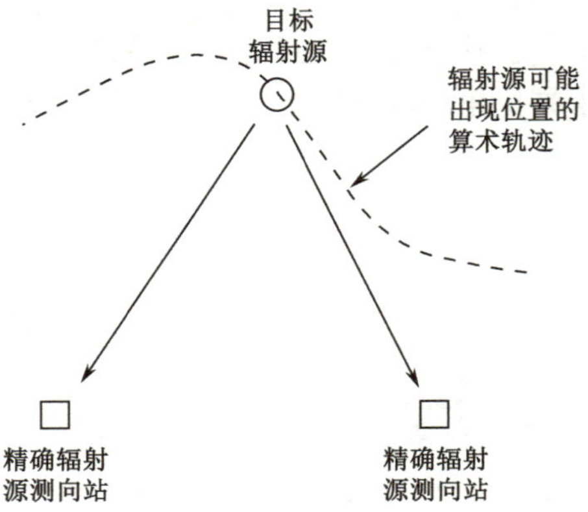

图 7.7 计算得到曲线上的辐射源位置

7.2 精度定义

在定位信息应用中，辐射源定位系统所能提供的精度指标是非常重要的。例如，如果辐射源定位的目的是支持战场态势，那么 1km 或 2km 就可以满足要求。如果是目标瞄准，则要求定位精度在所使用武器的爆炸半径之内。

7.2.1 均方根（RMS）误差

达波方向（DOA）测量系统的精度通常由均方根（RMS）误差来描述。均方根被认为是测向系统的有效精度，不是可能会出现的最大误差。即使有极少数大的峰值误差，系统也会可能有一个相当小的均方根误差。在测向（DF）系统中定义均方根（RMS）误差时，假设系统误差是由随机误差引起的，如噪声。有些系统已知存在较大的系统误差，这些误差是由系统实现方法引起的。当极少数大的误差与很多较小的误差一起求平均，就能得到可接受的均方根误差。尽管如此，在有些可预知的情况下，会出现其误差是均方根误差几倍的情况，因而降低了辐射源定位的可靠性。在处理过程中可以修正这种已知的峰值误差，就能得到一个正确的均方根误差。

为了确定均方根误差，要在均匀分布的频率和到达方向上做大量的 DF 测量。通常在二维系统中方位角覆盖 360 度，或是在方位和俯仰系统中覆盖 4π 立体弧度。对于每组数据，实际的到达角必须已知。在陆基测向系统中，实际的到达角度是通过测向系统所放置的有刻度的转台或者独立跟踪器确定的，独立跟踪器是以比测向系统要求高的精度（理想情况是高一个数量级）来测量与测试发射机的实际角度的。在机载测向系统中，实际到达角根据测试发射机的已知位置和由惯性导航系统获得的空中平台的高度和方位计算而得。

DF 系统（在系统测试时）每测得一个 DOA，减去实际的到达角度，得到的测量误差再平方。对误差的平方平均后再取其均方根，即可以得到系统的均方根。均方根（RMS）误差可以分解为如下两部分：

$$（均方根误差）^2=（标准差）^2+（平均误差）^2$$

因此，如果通过数学方法消去平均误差，均方根误差就等于实际到达角的标准差。在实际情况中，平均误差可以利用统计平均误差对所有的测量值进行误差补偿来消除。因为天线阵的偏离及其附近的几何反射都有可能引起较大的平均误差，所以这种对均方根误差的修正通常认为是合理的。

假设误差是正态分布，其标准差（σ）是 0.3413。那么，如图 7.8 所示，±RMS 误差线之间的角度区域包括了 68%的测量结果。换个角度来看，如果测向系统测量一个特定的角度，那么认为辐射源位于所示角度区域内的概率为 68.26%。如果两个测向站到被定位辐射源的距离相等，且从辐射源观测到两站的位置间隔为 90 度，这种情况被认为是理想定位。因为在这种情况下具有最佳定位精度。如图 7.9 所示，两个理想定位测向站所形成角度区域的交集将有 46.6%（也就是（68.2%）^{2}）的概率包含真实辐射源位置。当然，在数据处理过程中假设已经去掉平均误差。

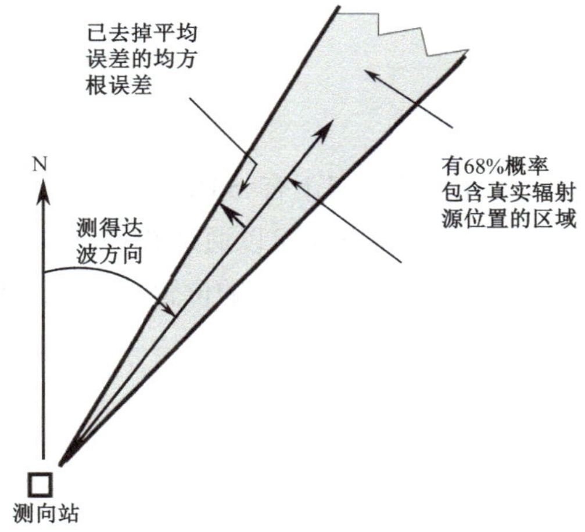

图 7.8　由均方根误差得到的定位概率

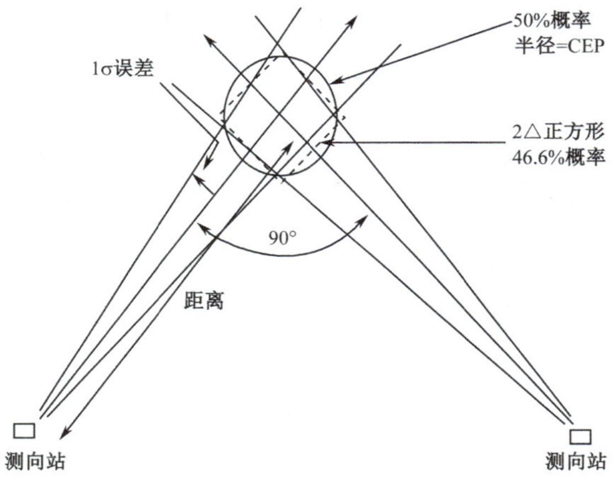

图 7.9　不确定区域和角度精度

7.2.2　圆概率误差和椭圆概率误差

1. 圆概率误差

圆概率误差（CEP）是一个炸弹和高炮领域的术语，是指在大量炮弹和炸弹发射时，以发射标杆为圆心，有半数着弹点的圆形区域的半径。在辐射源定位系统评估中，CEP 就是以辐射源位置为圆心的一个圆的半径，如图 7.10 所示，真实辐射源位置位于这个圆内的概率为 50%。圆概率误差（CEP）越小，系统精度越高。“90%CEP”也是用来描述以辐射源位置为圆心的一个圆的半径，该圆有 90%的机率包含该辐射源位置。

在如图 7.9 所示的情况下估计圆概率误差（CEP），我们首先要确定区域，这个区域包含来自两个理想测向站的±RMS 误差临界值。这个区域近似一个正方形，边长为 2Δ，Δ是计算得出的辐射源位置到其中一条均方根（RMS）误差直线的距离。圆概率误差（CEP）是与正方形区域包含面积相同的一个圆的半径。

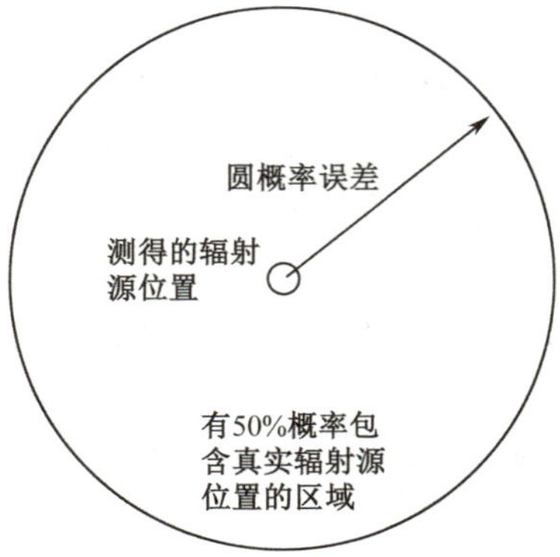

图 7.10　圆概率误差

一个测向系统的近似圆概率误差（CEP）可以用下面的公式计算（假设是理想几何布局）。注意这只是一种方便的近似计算，实际情况下的圆概率误差（CEP）是真实布局的一个复杂函数。

$$\mathrm{CEP}=1.17d\tan(\mathrm{RMS})$$

式中，CEP 是圆概率误差，单位 km；

d 到每个测向站的距离，单位 km；

RMS 是测向系统的均方根误差，单位为度。

注意由上述公式中的 CEP 画出的圆有 50%的概率包含辐射源位置。概率为 90%的 CEP（只是近似计算）计算公式如下：

$$90\%\mathrm{CEP}=1.57d\tan(\mathrm{RMS})$$

例如，已知两个理想布局的测向站距离辐射源 100km，均方根误差为 1°，平均误差已经去掉，则将会得到 2km 的 CEP 和 2.7km 的 90%CEP。

2. 椭圆概率误差

椭圆概率误差（EEP）是两个测向站在非理想几何布局的情况下有 50%的概率包含真实辐射源的椭圆区域。同理可定义 90%EEP。椭圆概率误差（EEP）可以通过 RMS 误差和截获几何关系来计算，如图 7.11 所示，画在地图上不仅可以测量辐射源的位置，还可以为指挥官指出测量位置的置信区间。

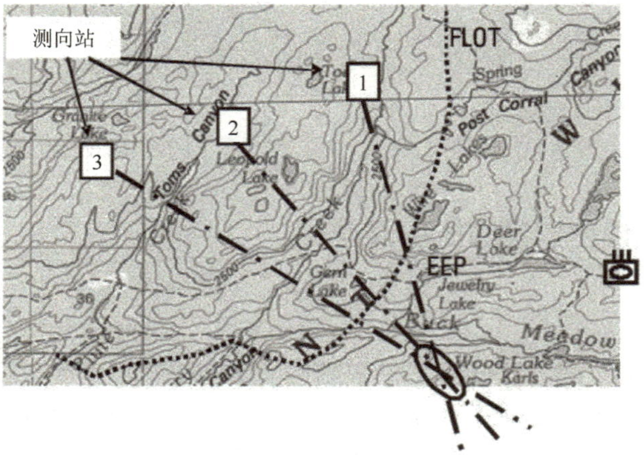

图 7.11　地图上显示 EEP

CEP 也可以通过 EEP 确定：

$$CEP = 0.75 \times \sqrt{a^2 + b^2}$$

其中，a 和 b 分别为 EEP 椭圆的半长轴和半短轴。

在精确辐射源定位技术中，也有 CEP 和 EEP 的定义，后面会讲到。

7.2.3　校准

校准包括前面讲到的误差数据的收集。但是误差数据是用来产生校准表的。这些表格在计算机内存中，保存了很多达波方向和频率测量值所对应的角度校正值。当在某个特殊的频率上测得一个到达方向时，根据计算的角度误差对其进行调整，输出校正后的到达角度。如果一达波方向落在两个校正点之间（角度或频率），则校正因子采用与其相距最近的两个校正点之间的内插值。注意，对于某些特殊的测向技术，稍有不同的校正准则会产生更好的结果。介绍这些技术时会涉及这方面的内容。

7.3　测量站的位置和基准方向

使用三角测向法和单站定位方法时，在处理过程中，每个测向站的位置必须已知并输入测向系统。对于到达角（AOA）测量系统，必须有一个参考方向（通常为真北）。前面介绍的精确辐射源定位技术也要求测量站位置已知。如图 7.12 所示，测量站的位置误差、参考方向误差将会引起对目标辐射源到达角（AOA）的计算误差。图中故意放大了误差的影响。一般地，测量站位置和基准方向的误差可以达到测量精度误差的量级。可以看到，这些误差度数通常只有几度。

图 7.13（同样故意放大误差影响）显示了由测量误差、测量站位置误差和基准方向误差引起的定位误差。如果误差的影响是固定的，则必须直接加到误差定位精度上。测量站位置误差通常被认为是固定的。另一方面，当多个误差源是随机的且相互独立，可以计算总的均方根误差。即总误差等于各误差分量平方和的平方根。

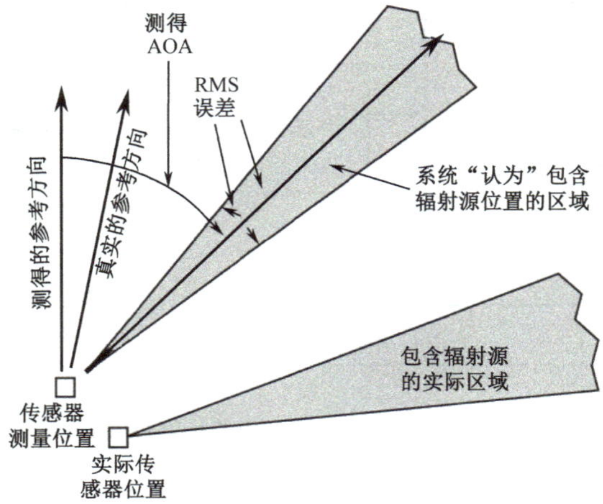

图 7.12　测向站位置和参考方向精确度含义

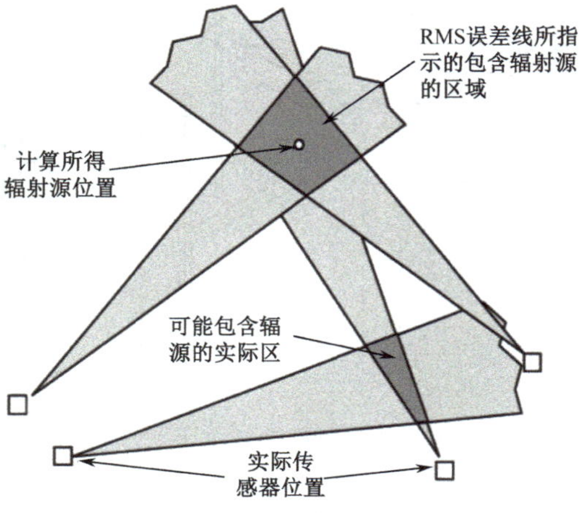

图 7.13　测向站位置和参考方向对辐射源定位精度的影响

在 20 世纪 80 年代中期之前，测向站的位置测量是相当大的挑战。陆基测向系统中，测向站位置要利用测绘技术确定且要用人工手段向系统中输入。真北参考方向即要求测向天线阵稳定地指向某个特定方向，又要能对天线阵方向自动测量并输入系统。对于移动测量站来说自动感知基准方向是非常重要的。

磁力计是一种能感知地球磁场且能以电子方式读取的装置，就其功能而言，它是一个数字读数的磁罗盘。当磁力计安装在陆基测向系统的天线阵中时，它的（磁）北基准可以自动输入到计算机中，用以实现三角测向技术。本地磁偏角（即磁力计指向的北方和真北的偏差）还需要人工输入系统，以计算每个站的参考方位。磁力计的精度通常约为 1.5°。如图 7.14 所示，磁力计通常安装在 AOA 系统的测向阵中。这可以免除使天线阵指向磁北的复杂过程，从而减少了系统配置时间。

安装在大型平台的船载 DF 系统可以通过船载导航系统获取其位置和参考方向，这种技术在很多年前就已经很精确了。船载惯性导航系统（INS）可以通过一个训练有素的航海家手动校正，获得长期准确的位置精度和方向精度。

当然，在机载测向系统中，同样要求已知测向系统的位置和天线阵指向，并用于三角测向法的计算中。它们由机载惯性导航系统（INS）提供，在每次执行飞行任务之前都要对其进行全面的初始化。惯性导航系统从两个机械的自旋陀螺仪（位置间隔 90°）获得其参考北方，且由三个加速计得到它的水平参考位置，如图 17.5 所示。每个陀螺仪只能测量与旋转轴垂直方向的转动角度，因此提供三维方向需要有两个陀螺仪。对每个加速计的输出进行积分，一次积分是水平速度，二次积分是位置的改变量（每个加速器在一个方向）。陀螺仪和加速计安装在惯性导航系统（INS）所在的机械控制平台上，这个平台使飞机飞行时指向保持稳定。在飞机脱离机场导航后或是飞机从航空母舰上起飞后，定位和测向精度会因为陀螺仪的漂移和加速计的误差积累随时间成线性递减。因此，机载平台系统对辐射源定位精度是任务持续时间的函数。

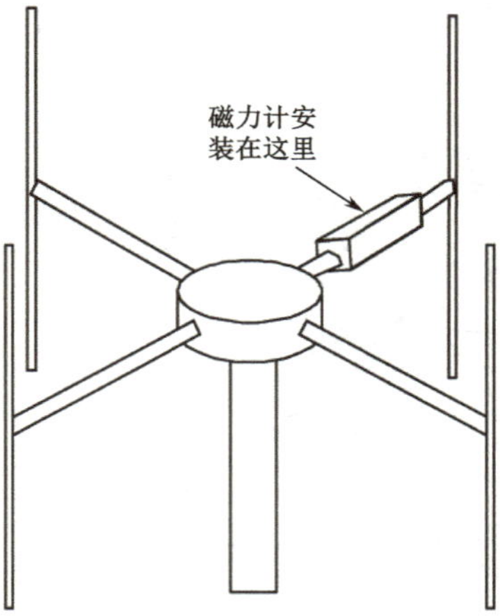

图 7.14 安装在测向阵中的磁力计

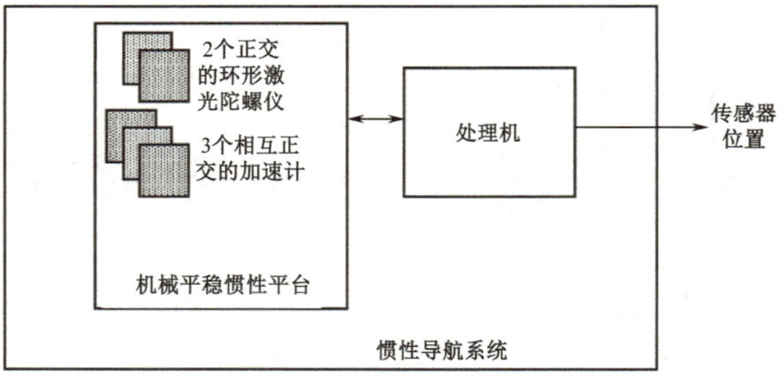

图 7.15 一种要求安装在机械平稳惯性平台的早期惯性导航系统

有效的机载测向系统必须配置在足够大的平台上以支持 INS 的安装（体积大概有 2 立方英尺）。

20 世纪 80 年代后期，全球定位系统（GPS）卫星进入轨道后，便出现了体积小、价格低廉、性能稳定的 GPS 接收机。GPS 对移动设备定位的发展有重大影响。现在，小型飞机、地面机动车辆以及分拆后独立单元的位置都能以适当的精度自动（电子化）测量，用以支持辐射源定位。

GPS 对 INS 设备的工作方式也有重大影响。因为借助 GPS，在任一时刻的绝对位置都可以直接测得，INS 定位精度不再是任务持续时间的函数。如图 7.16 所示，惯性平台的输入数据可通过 GPS 接收机更新。通过 GPS 可以直接测量位置，角度可以通过多个位置的测量来更新。

由于新型加速计和陀螺仪的研制，还有电子产品的小型化，INS 系统实现起来尺寸更小更轻便，不存在可动部分。环形激光陀螺仪在封闭的环形路径（由三个高精度的镜子组成）中反射一束激光脉冲。通过测量环绕环路的时间确定角速度。角速度的积分可确定方向。三个环形激光陀螺仪确定三个坐标轴的方向。压电式加速计取代了原来弹簧式加速计。同样也有压电式陀螺仪用来测量角速度。

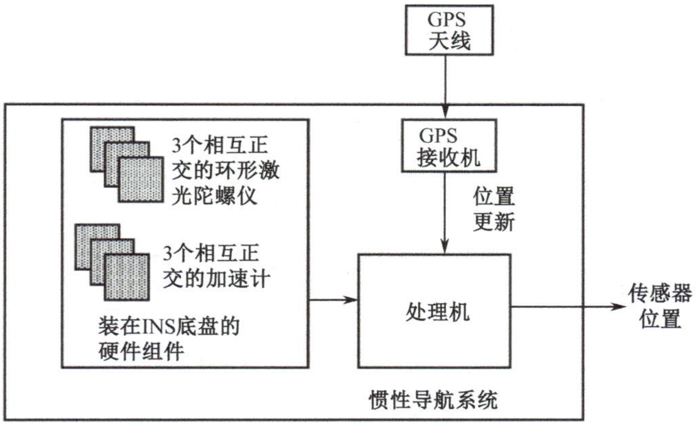

图 7.16　GPS 增强型惯性导航系统

GPS 的另一个功能是为固定站或移动站提供一个精确的时钟。这个时钟会在将要讨论的高精度定位技术中用到。GPS 接收机/处理机自己可以与 GPS 卫星上的原子时钟同步。其作用相当于一块印制电路板和天线产生一个虚拟的原子时钟（而实际的原子时钟比面包盒子还要大）。因此 GPS 可以使高精度辐射源定位技术可以在一个较小平台上实现。

7.4　中等精度定位技术

由于中等精度的定位系统是以测向为基础的，所以系统精度通常定义为均方根测向精度。很多系统的测向精度是 2.5°（RMS）。在很多测向方法中不用校正便可以实现这个精度。我们将把校正放在后面讨论，但是，从现在开始，“校正”表示测量发射信号到达角时，对系统误差进行测量和校正。

人们使用了很多中等精度的辐射源定位系统，这些系统完全能满足形成电子战斗序列的需要。也就是说，这些系统能够以足够高的精度对敌辐射源位置定位，可以用于分析敌方部队的类型、大概的兵力结构，甚至他们的活动。专家们通过分析这些信息确定敌军电子战斗序列和预测敌军的战术意图。

这些系统相对体积小、重量轻、价格低廉。一般情况下，系统精度要求越高，对测向站参考方向的精度和位置的精度要求就越高。这对于规模较小的系统（造价低）来说是个棘手的问题。但是，随着体积小、价格低廉的惯性测量装置（IMU）使用越来越多，提高系统精度也变得越来越容易。结合 GPS 的定位参考，惯性测量装置（IMU）可以为测向系统提供适当的位置精度和参考角度精度。

用于通信辐射源定位的两种基本的辐射源定位技术是瓦特逊·瓦特技术和多普勒技术。

7.4.1 瓦特逊·瓦特测向技术

如图 7.17 所示，沃特森·瓦特测向系统有三个接收机，它们与一个阵元为偶数（四个阵元或大于四个）的圆形天线阵相连接，圆形天线阵的中心还有一个参考天线。圆阵的直径是波长的四分之一。

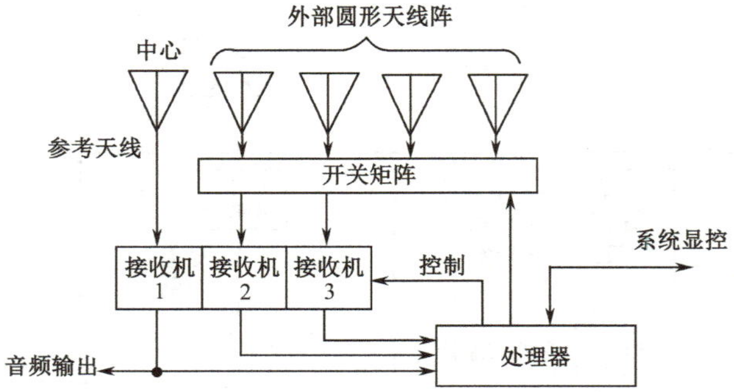

图 7.17 瓦特逊·瓦特测向系统结构图

两个外侧天线（圆阵中两个相对的）与其中的两个接收机相连，中间参考天线与第三个接收机相连。在处理过程中，信号在两个外侧天线的幅度差是参考（也就是除以）信号在中心参考天线的幅度而得。合成信号具有心形增益形状（增益与到达方向之间的关系），该图形围绕着三个天线，如图 7.18 所示。通过转换，另一对天线连接接收机 2 和接收机 3，可以形成第二个心形图。每次转换，心形天线增益图上会有两个交点。对所有方向相对的天线对进行几次转换后，就可以计算信号到达方向。

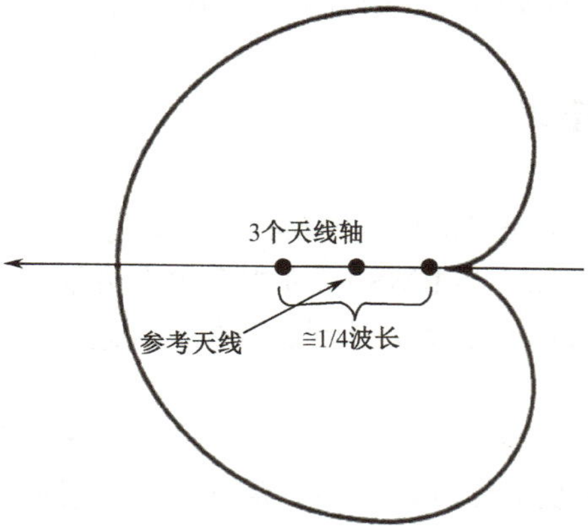

图 7.18 来自两个外侧天线的信号差，已经通过参考天线归一化

沃特逊·瓦特测向技术适用于各种调制方式的信号，不需要校正，精度可达 2.5°（RMS）。

7.4.2 多普勒测向技术

如果一个天线围绕另一个天线旋转，如图 7.19 所示，运动天线（A）接收的发射信号频率与固定天线（B）接收的信号频率不同。当运动天线 A 靠近发射机时，由于多普勒频移，接收到的频率会增加。当运动天线 A 远离发射机时，接收频率会减小。接收频率成正弦曲线变化，可以用以确定发射信号的到达方向。注意，辐射源所在的方向正是图中所对应的正弦波从正值变到负值的时刻。

在实际应用中，多元、圆形天线阵依次接入接收机 A，另一个接收机 B 与天线阵中心的天线相连，如图 7.20 所示。系统每次变换接入接收机 A 的天线，可以测得接收信号的相位变化。几次旋转之后，可以从相位的变化得到频率（接收机 A 相对于接收机 B）的正弦变化，从而确定发射信号的到达角度。

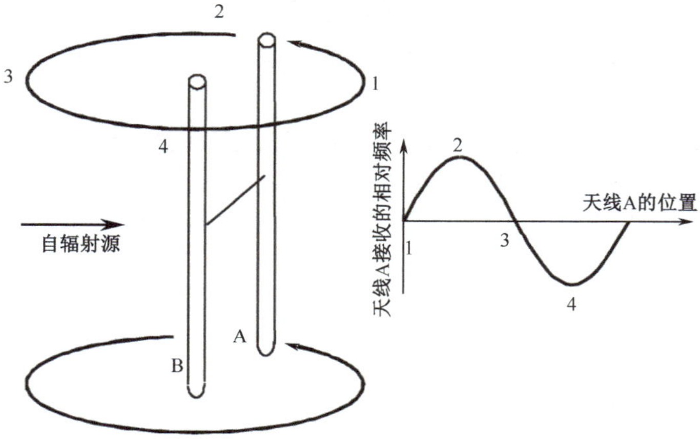

图 7.19　多普勒测向系统概念图

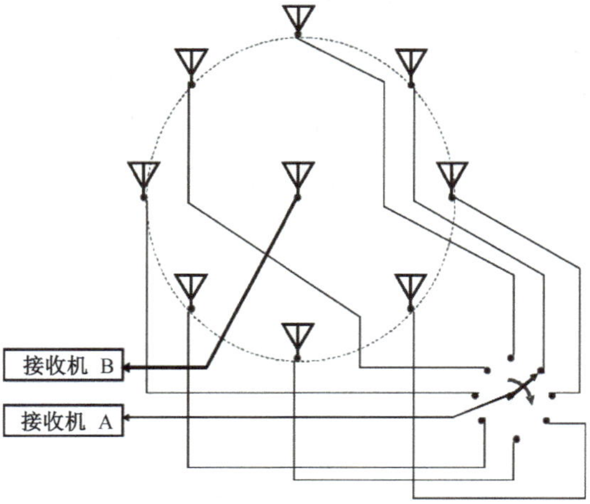

图 7.20　多普勒测向系统

多普勒技术广泛应用于商业领域，可以只需 3 个外侧天线和一个中心参考天线。其均方根精度通常约为 2.5°。但是，这种技术不适合频率调制信号，除非信号调制方式可以与在依次变化外侧天线产生的多普勒频移完全分开。

7.5 高精度定位技术

当我们谈到高精度辐射源定位技术时，通常会讨论干涉仪测向。干涉仪测向通过校正后一般可以提供 1°（RMS）量级的精度。有些设备组态可以提供更高的精度，有些提供的精度稍差。干涉仪测向系统是只能确定信号到达角度的测向仪。对辐射源定位需要另外的技术（比如三角测量法），这些技术在 7.1.1 节已经讨论过。

下面先从单基线的干涉仪开始讨论，然后再讨论相关的多基线干涉仪。

7.5.1 单基线干涉仪

实际上，尽管所有的干涉仪测向系统都使用多基线，但是单基线干涉仪测向系统每次只使用一个基线。多基线能够解决相位模糊的问题。而且还可以通过多次、独立测量求平均来消除多径和其他基于设备误差的影响。

图 7.21 是干涉仪测向系统的基本框图。比较信号到达两个天线的相位，通过测量相位差可以确定信号的到达方向。我们认为发射信号是正弦曲线，并以光速传播。正弦波传播一个周期（包含 360° 相位）的长度称为波长。发射信号的频率和波长的关系由下式给出：

$$c=\lambda f$$

式中，c 为光速（3×10^8 米/秒）；

λ 为波长（单位为米）；

f 为信号频率，周期/秒（单位为 Hz）。

干涉仪原理最好用干涉仪三角测量法来解释，如图 7.22 所示。图中所示的两个天线形成一个基线。假设两个天线之间的距离和天线精确位置已知。“波前”是一条与信号到达接收系统位置的方向相垂直的直线，是表示接收信号相位恒定的一条直线。从发射天线起信号张成圆球形，因此实际上波前是一段圆弧。但是，基线相对于到发射机的距离是非常短的，所以图中把波前画成一条直线也是很合理的。站的精确位置设为基线的端点。因为同一波前的相位是相同的，所以 A 点的相位和 B 点是相同的。因此信号在两个天线的相位差（也就是 A 点和 C 点）等于信号在点 B 和点 C 的相位差。

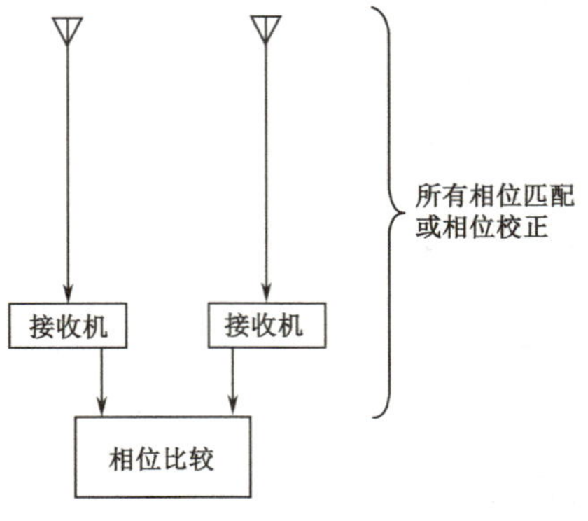

图 7.21 干涉仪功能框图

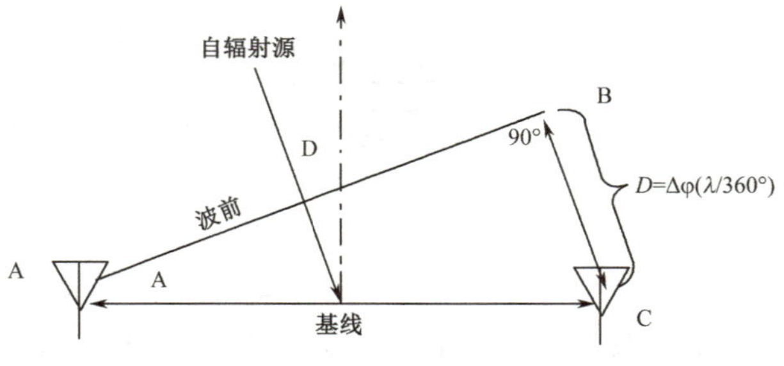

图 7.22 干涉仪三角测量法

直线 BC 的长度由下式可得：

$$BC = \Delta\varphi(\lambda / 360^{\circ})$$

式中：$\Delta\varphi$为相位差；

λ为信号波长。

由定义可知图中 B 点的角度是 90°，因此 A 点的角度（称为角 A）由下式定义：

$$角A = \text{Arc}\sin(BC / AC)$$

式中，AC 是基线的长度。

信号到达的角度是信号与基线中垂线的夹角，这是因为干涉仪在这个角度上可以提供最高的精度。注意这里的相位和角度的比值最大。根据三角形的性质，可以看到角 D 等于角 A。

干涉仪几乎可以使用任何类型的天线。图 7.23 所示为一种传统的干涉仪天线阵，可以安装在金属表面，比如飞机的外壳或在船体上。如图 7.23 所示的水平阵可以测量到达信号的方位角，而垂直线阵可以测量到达信号的仰角。这些是背腔平面螺旋天线，有一个较大前后比，因此提供角度覆盖范围是 180°。天线阵中阵元之间的距离决定了精度和模糊度。后面的阵元有较大的间隔，因而提供较好的精度。尽管如此，相位的响应如图 7.24 所示。注意，相同的相位差（到达两副天线的信号之间）可能存在多个不同的到达角度。这个模糊度可以通过两个左手边的两副天线来解决，这两副天线间隔小于半个波长，因此不存在相位模糊。

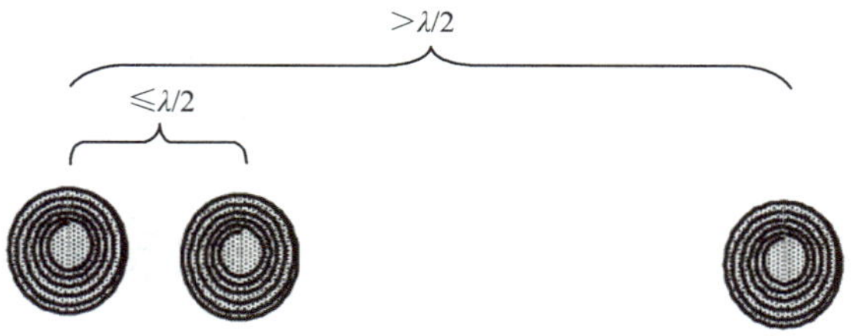

图 7.23　在平坦表面的干涉仪天线阵

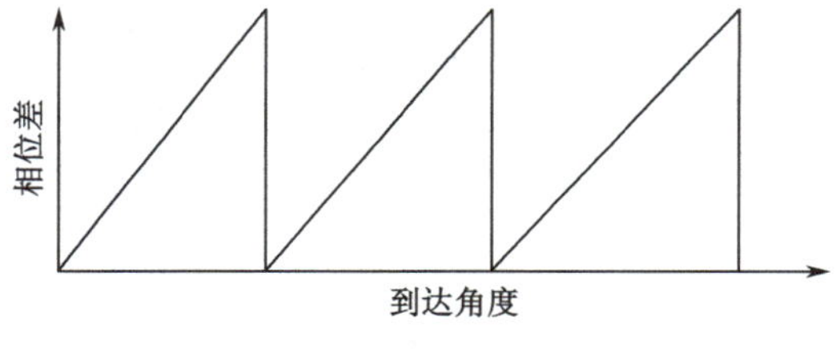

图 7.24　长基线阵列的相位与到达角度的关系

陆基系统通常使用垂直偶极子天线阵，如图 7.25 所示。为了避免出现图 7.24 中的相位模糊情况，天线阵元间隔必须小于半个波长。另一方面，如果天线阵元之间的间隔小于十分之一波长，则干涉仪精度不够。因此，单独的一个天线阵只能提供 5 个倍频程（5:1）的测向频率范围。有的系统需要多个垂直偶极子天线阵。每个天线阵中不同长度偶极子阵间隔不同（长度越短，间隔越小，则频率范围越大）。如图 7.26 所示，四偶极子阵有六条基线。

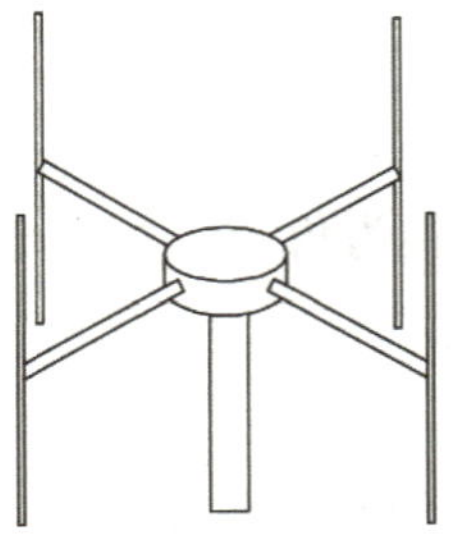

图 7.25 基于地面的传统干涉仪

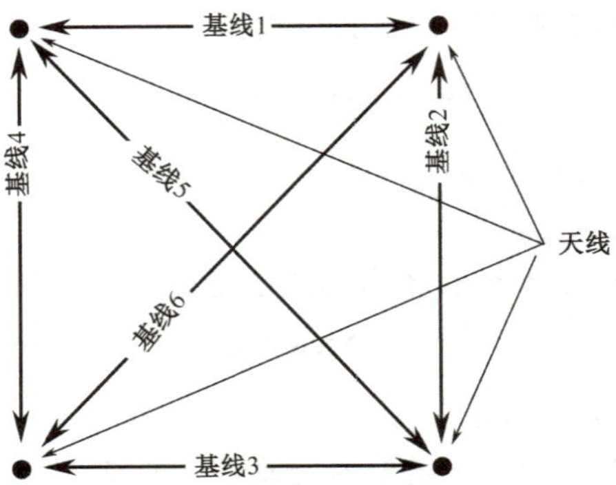

图 7.26 四偶极子阵有六条基线

天线阵

既然偶极子阵方位角覆盖 360 度，干涉仪会存在前/后模糊，如图 7.27 所示，是因为图中来自两个方向的信号会产生相同的相位差。这个问题可以通过用另一对天线进行第二次测量来解决，如图 7.28 所示。正确的到达角在两次测量中是相关的，而到达的模糊角度是不相关的。

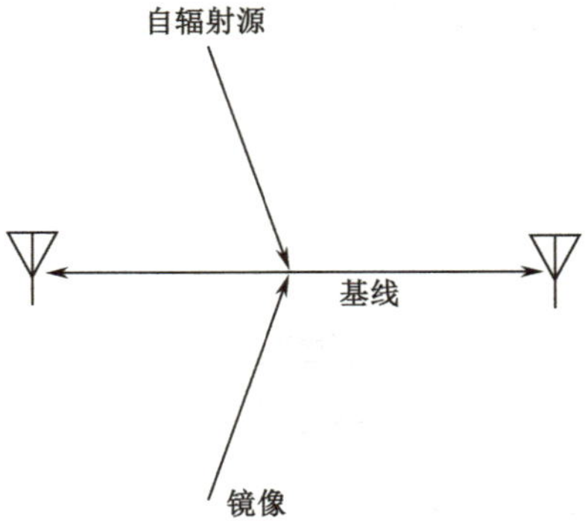

图 7.27 前/后模糊

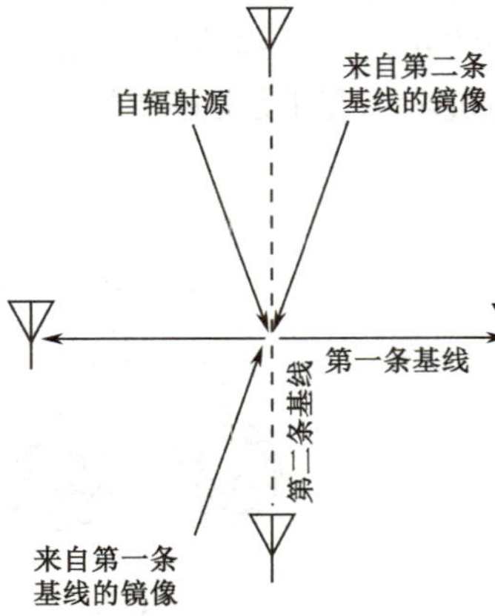

图 7.28 多基线解决模糊问题

图 7.29 所示是一个典型干涉仪测向系统。每次接入两副天线进行相位比较，最终可以测得到达方向。如果有四副天线，则可以有六条基线依次被使用。通常每条基线对于输入的两副天线测量两次，以平衡由信号路径引起的任何微小的差异。然后对 12 个到达角度进行平均，输出到达方向。

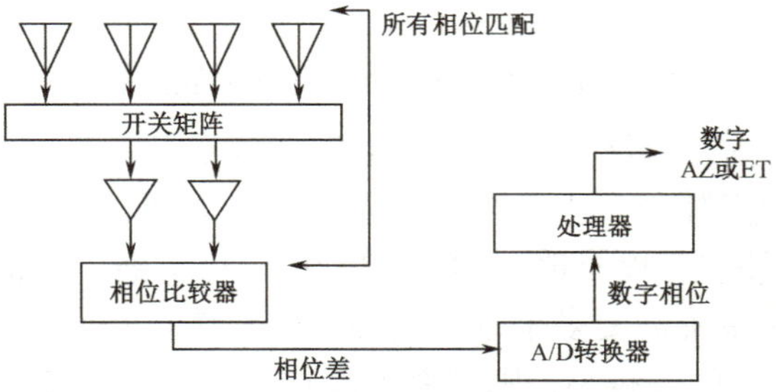

图 7.29 干涉仪测向系统框图

7.5.2　多基线精确干涉仪

尽管多基线精确干涉仪通常只在微波频段使用，但是只要天线阵的长度合适便可以在任何频段使用。如图 7.30 所示，多基线精确干涉仪有多条基线，且都大于半个波长。在图中，基线长度分别是 5 个、14 个和 15 个半个波长。

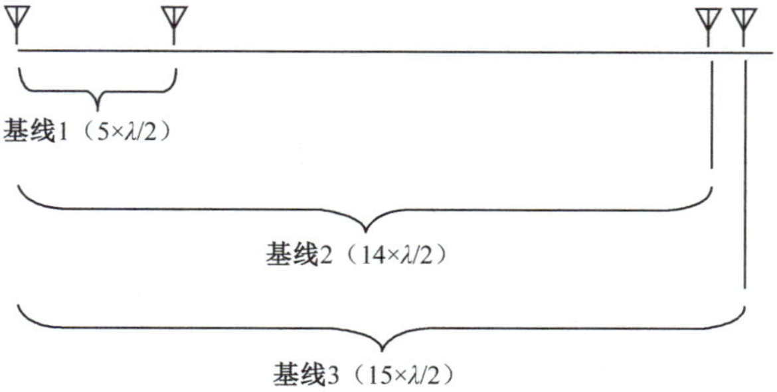

图 7.30　多基线精确干涉仪天线阵

用所有三条基线的相位测量值进行一次计算，取其算术模值以确定到达角并解决模糊问题。这种干涉仪与单基线干涉仪相比，其好处是精度可提高 10 倍。缺点是在较低频段使用时，会使天线阵变得越长。

7.5.3　相关干涉仪

相关干涉仪使用很多天线，通常是 5～9 个。每对天线产生一条基线，因此有很多基线。天线间隔大于半个波长——通常是 1 或 2 个波长，如图 7.31 所示。所有基线的计算都会产生模糊。但是大量的到达方向测量值可以用于鲁棒的相关数据分析。正确的到达方向会有一个较大的相关值，然后输出这个结果。

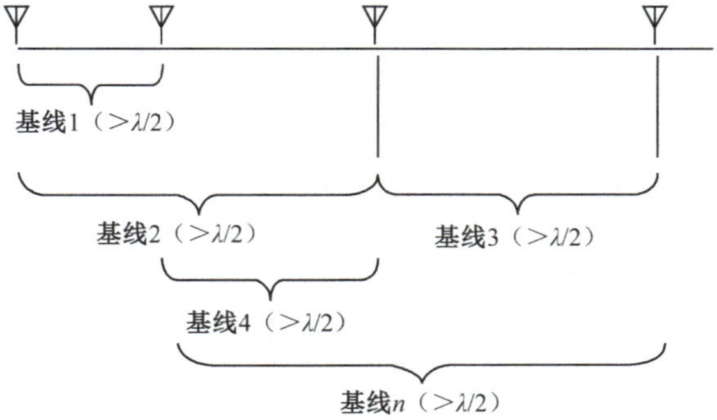

图 7.31　相关干涉仪天线阵

7.6　精确辐射源定位

精确辐射源定位技术通常是指能为目标瞄准提供足够高精度的定位技术。它通常被描述为能满足“第一轮有效火力攻击”的要求。这就意味着可以引导大炮向重要辐射源位置确定的位置开火。如果对目标的定位精度在“有效爆炸范围”内，那么借助 GPS 制导的导弹，高精度攻击远距离目标也是可能的。同样，其他情况也很希望能获得精确定位，例如，如果有两个辐射源在同一地点，则精确定位也是非常重要的。

对于非合作辐射源，提供精确辐射源定位的技术有两种：到达时差法和到达频差法。

7.6.1 到达时差法

由于信号以光速传播，所以如果已知信号离开发射机的时间和到达接收机的时间，就能算出信号的传播路径长度。在处理协作信号（如 GPS 信号）时或己方数据链时，信号上的编码可以确定信号发射时间。然而在对付敌辐射源时，由于无法确定信号离开发射机的时间，所以唯一可测的信息就是信号的到达时间。但是，通过确定信号抵达两个站的到达时差（TDOA），就可以获知发射站是位于双曲线上。如果测得的 TDOA 值非常精确，那么辐射源位置将非常接近双曲线，但是，双曲线无限长，所以位置问题仍未解决。

图 7.32 所示为两个接收站接收来自一个发射站信号的情况。两个站构成一条基线，不确定区可能包含了感兴趣辐射源的区域。注意从两个距离之差就可以确定到达时差。图 7.33 所示为一些双曲线，每条曲线均代表一特定的到达时差，称为等时线。

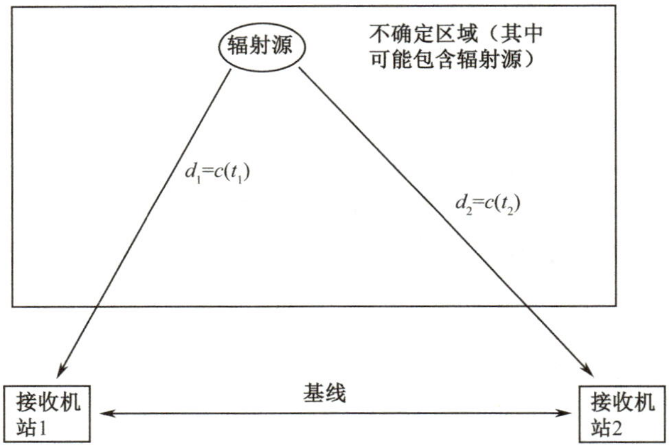

图 7.32 两个接收站可以确定辐射源至两站的到达时间差

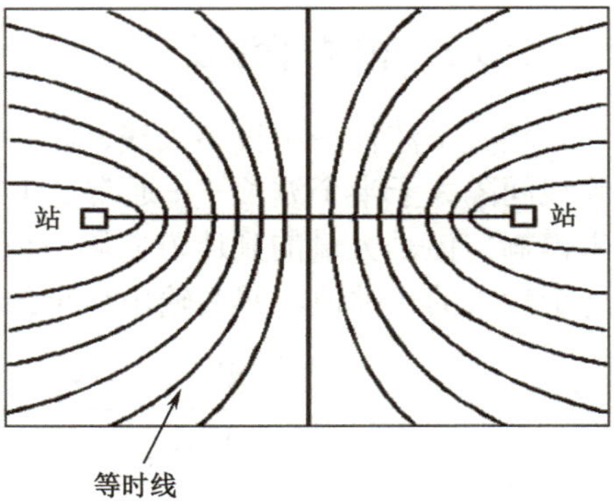

图 7.33 双曲等时线

1. 各种通信信号的 TDOA 差别

脉冲信号有一个方便的到达时间特征——脉冲前沿——可以提供一个精确的时钟。因此两站的到达时差非常容易确定。

但是，很多通信信号具有连续载波（发射频率）并在载波上以调频、调幅或调相等调制方式传送信息。载波每隔一个波长（一般小于 1m）重复一次，所以可以进行相关以确定在两个接收机处到达时间的信号唯一属性就是调制。可以在其中一部接收机中以不同的时延时间对接收信号进行多次采样来确定到达时间差。该延迟时间的变化范围必须足够大，以覆盖在可能包含辐射源位置的区域内的最小时差到最大时差。采样的样本是数字化的、时间编码的，它被送至一个可计算两个样本间相关性的公共点。

相关性随着差分时延的不同而变化，如图 7.34 所示。最大相关值出现在差分时延值等于到达时间差的时候。注意相关曲线的顶部相当平滑，但是其最大值通常为时延增量的 1/10

量级。

因为必须采集许多样本，所以模拟信号的 TDOA 处理相对较慢。为了获得足够的定位精度，每个样本需要的比特数很大，因此模拟信号的 TDOA 处理需要很大的数据传输带宽。

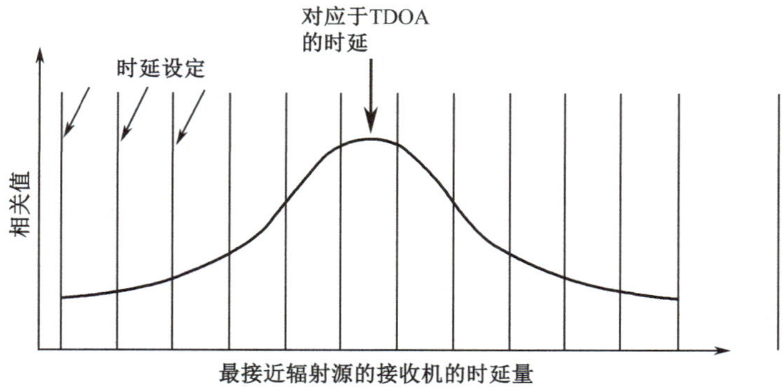

图 7.34　到达两个接收站的模拟信号的相关性

2. 定位

要确定辐射源实际位置还需要第三个接收站，以形成至少两条基线。如图 7.35 所示，每条基线构成一双曲线型的等时线。这两条双曲线在辐射源位置相交。因为有三个站，所以有第三条等时线经过其他两个等时线的相交位置。

为了提供精确的辐射源位置，必须获知接收站的精确位置。借助 GPS，可获得小型车辆甚至徒步操作员的准确位置。当然，如果接收机是运动的，那么在计算等时线和辐射源位置时必须考虑接收机的瞬时位置。

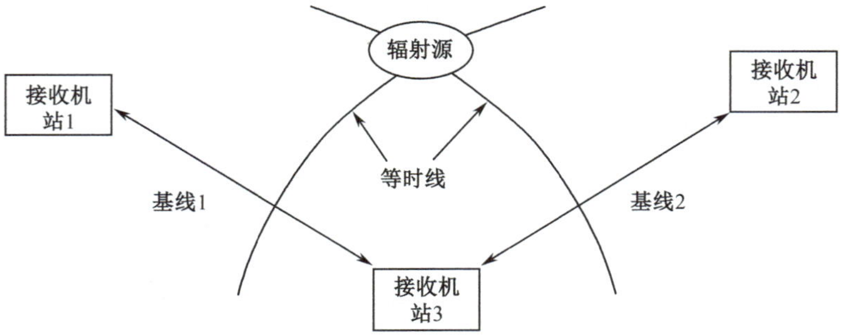

图 7.35　两条等时线在辐射源位置相交

从等时线的“厚度”可以计算 TDOA 系统的 EEP 和 CEP。等时线定位的不确定性是由系统中各种误差源引起的。因为在每个站时差精度很高，所以定位精度通常为几十米量级。

7.6.2　到达频差法

到达频差（FDOA）法是获得辐射源精确位置的方法之一。它需要测量两部移动接收机接收一个辐射源（通常是固定的）信号的频率之差。由于接收机的频率差是因多普勒频移不同而产生的，所以 FDOA 也称为差分多普勒（DD）。

1．到达频差（FDOA）法

如果接收机是运动的，首先考虑来自固定发射机的接收信号频率。如图 7.36 所示，接收到的信号频率取决于发射频率、接收机速度，以及发射机与接收机速度矢量之间实际的球面角。接收到的频率由下式得出：

$$F_R = F_T\{1 + V_R \cos(\theta) / c\}$$

式中，F_R 为接收频率；

F_T 为发射频率；

V_R 为接收机速度；

θ 为接收机速度矢量与发射机的夹角；

c 为光速。

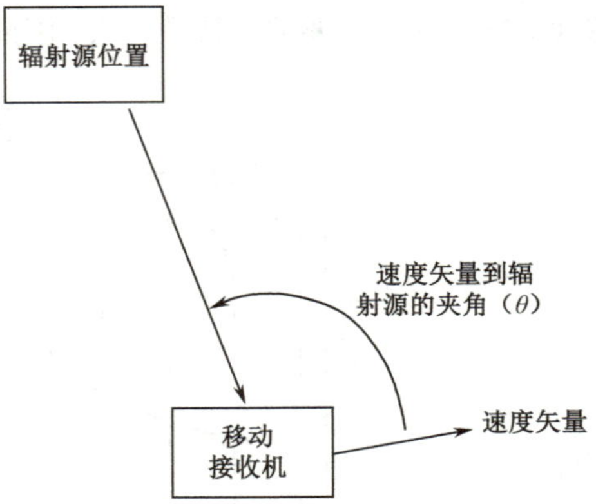

图 7.36 移动接收机接收的频率

现在讨论两部移动接收机接收来自不同位置的同一信号的情况，如图 7.37 所示。两部接收机的瞬时位置构成一条基线。两部接收机接收到的频率之差与 θ_1、θ_2 之差和接收机速度矢量有关。两个接收频率之差由下式求出：

$$\Delta F = F_T[V_2 \cos(\theta_2) - V_1 \cos(\theta_1)] / c$$

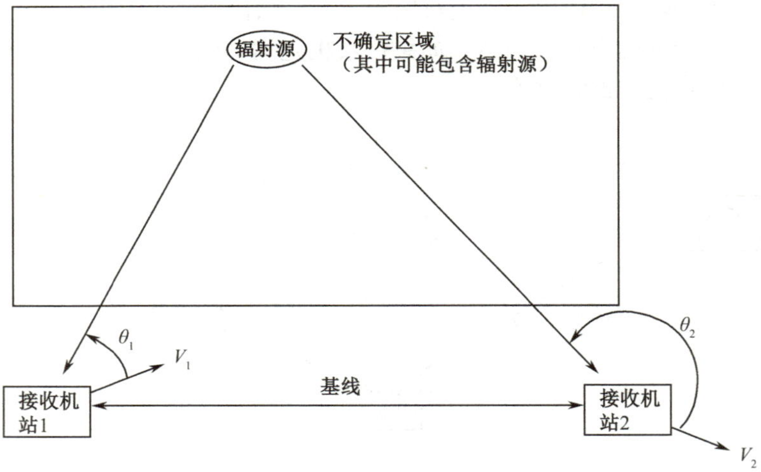

图 7.37 两部移动接收机接收的频率

式中，ΔF 为频差；

F_T 为发射机频率；

V_1 为接收机 1 的速度；

V_2 为接收机 2 的速度；

θ_1 为接收机 1 的速度矢量与发射机的夹角；

θ_2 为接收机 2 的速度矢量与发射机的夹角；

c 为光速。

存在着一个定义了发射机所有可能位置的三维曲面，对这些位置的发射机进行频差测量，都会得到所测得的频差。如果观察该曲面与一平面（如地球表面）的相交处，所看到的曲线常称为“等频线”。两部接收机可以以不同速度在不同方向运动，系统计算机能在每个速度/位置/频差条件下提取适当的等频线。但是，为化简表达，图 7.38 所示为两部以同一速度在同一方向运动（不一定是头尾相随的情况）的接收机在各种频差下的一组等频线。注意，这组曲线充满了所有空间，就像磁力线一样（如同两部接收机位于一根磁棒的两端）。

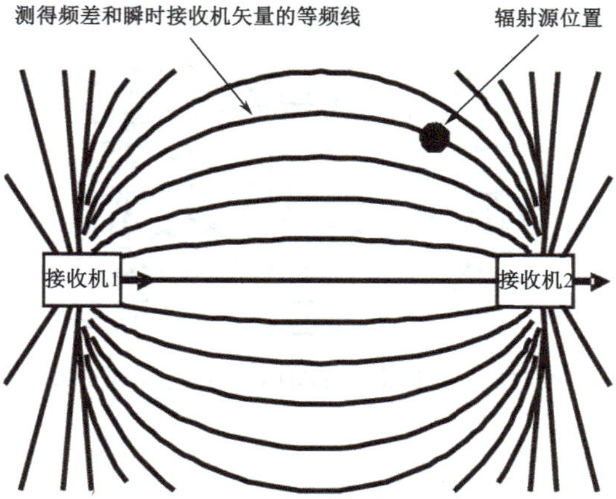

图 7.38 由两部以相同速度向相同方向移动的接收机构成的基线测得的等频线

与 TDOA 一样，两部接收机测量的频差不能确定辐射源位置，只能确定一条包含在辐射源位置的曲线，即等频线。但是，如果测量的频差较精确，那么发射机的位置就非常接近等频线（50 米量级）。借助第三部运动接收机，就可以获得三条测量基线，每条基线都可以收集 FDOA 数据并能计算等频线。那么，由两条以上的基线形成的等频线的交点即可确定发射机的位置。当然，第三条基线也产生一条等频线，它将与另外两条等频线相交于同一个位置。

同 TDOA 一样，从等频线的“厚度”可以计算 FDOA 系统的 EEP 和 CEP。等频线定位的不精确性也是由系统中各种误差源引起的。由于每个站的接收频率测量是基于非常精确的时钟的，所以 FDOA 系统定位精度通常为几十米量级。

2. 针对运动发射机的 FDOA 法

用 FDOA 方法（采用运动接收机）对运动发射机进行定位时存在着一个很大的问题。测得的频差是由精确已知的两部接收机的速度矢量引起的多普勒频移产生的。如果发射机也在运动，那么它产生的多普勒频移与运动接收机产生的多普勒频移处于同一数量级，但是发射机的速度矢量是未知的。这就在辐射源定位计算中引入了另一个变量。尽管可以用数学方法解决这个问题，但所需的运算（计算能力和计算时间）是非常复杂的。因此，通常认为 FDOA 法只适用于机载运动接收机来确定固定或非常缓慢运动的发射机位置。

7.6.3 FDOA 和 TDOA 的组合

由于测频和测时均需要高精度的频率基准，所以最好由两部相同的接收机完成两个功能。在许多精确定位系统中都是如此。在 图 7.39 中，画出了 TDOA 法的一组等时线和

FDOA 法的一组等频线（用两部接收机构成的一条基线计算的）。注意，发射机位置位于等时线和等频线的交点。因此，用两部接收机形成的一条基线就可以确定辐射源的精确位置。

实际上，定位系统通常采用三个或更多的平台，因而有多种计算方法：TDOA、FDOA、TDOA 和 FDOA 的组合方法等。方法的多样性使得在不同工作条件下获得精确的定位结果成为可能。

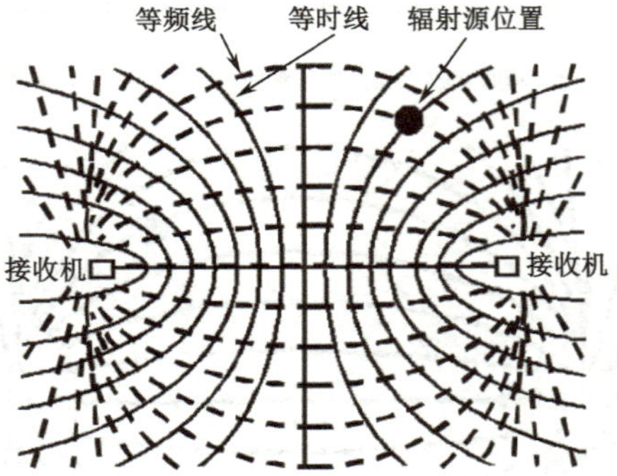

图 7.39　从两部相同的接收机采用 TDOA 和 FDOA 就可以确定辐射源位置

7.7　辐射源定位——误差估计

辐射源定位系统中最重要的评价指标一般认为是定位精度。在系统指标中，必须考虑会引起误差的所有因素，这称为误差估计。某些因素是多种辐射源定位方法共有的，但是有一些因素也只与某种方法有关。

7.7.1　合成误差

辐射源定位系统误差有多种：有些是随机误差，有些是固定误差。通常，如果误差是随机的且互相独立，则可以用统计方法将这些误差合成。总误差等于各分量平方和的平方根，即：

$$\text{总均方根误差} = [(\text{误差 }1)^2 + (\text{误差 }2)^2 + (\text{误差 }3)^2 + (\text{误差 }4)^2 + \cdots + (\text{误差 }n)^2]^{1/2}$$

其中包含了 n 个独立的随机误差。

但是，如果误差不是随机的，则必须直接对这些误差求和。

当可以对系统误差进行非常精确、完善的测量时，比如，可以用仪表进行测量，就可以利用统计平均误差值来补偿所有的位置测量误差或到达方向测量误差。因此，系统的 RMS 误差将等于测量误差值的标准差。注意，这里假设没有较大的位置误差，而且主要的误差源都与平台有关。机载平台的到达方向系统通常具备这种特性，因为机身的反射会引起较大的到达角误差，而多径反射引起的测量误差要小得多。

1．反射对 AOA 误差的影响

从目标辐射源至 AOA 测量站路径附近的反射体会产生多径效应，从而引起测量系统误差。AOA 站测量的是到达其天线的直接路径信号分量与所有多径信号分量的矢量和。

如图 7.40 所示，目标辐射源附近的反射体使多路径信号以相对小的偏移角到达 AOA 系统，从而引起的误差也较小（通常出现在机载系统中）。但是，靠近 AOA 站的反射体将产生到达角相对较大的多径信号。这些反射体产生的误差比较大。陆基 AOA 系统受附近地形的影响相当大。不过，所有的 AOA 系统都存在由其安装平台（空中或地面）引起的较大的多径误差。侧面（相对于靠近或远离信号到达角的面）反射产生的误差最大。因此，辐射源定位系统的所在的环境越干净越好。

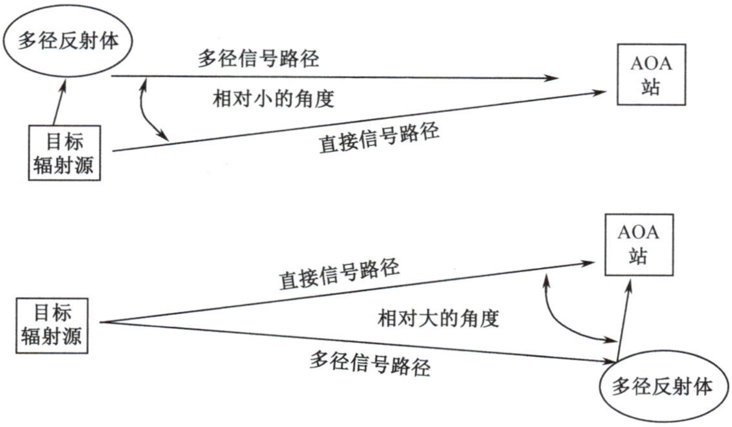

图 7.40　多径反射器对 DOA 系统测量精度的影响

2. 与信噪比有关的误差

定位精度通常是针对一个系统在接收强信号时的情况而言的，但是，该系统也必须能处理较弱的信号。确定测向系统灵敏度的方法之一是通过一步步增加接收信号强度进行一系列测量（通常为 5～10 次）。对于强信号，所有 AOA 的测量是非常接近的（一般是相同的）。但是，随着信号强度下降，信噪比降低，将导致每次所测的 AOA 发生变化。系统灵敏度常表述为这些测量值标准偏差等于 1° 时的接收信号强度。还可以计算任何特定信噪比下的 RMS 测向误差。

3. 校准误差

所有高精度的 AOA 系统都要进行校准以消除因天线安装位置、处理产生的固定误差。校准包括在某些精度范围内的 AOA 测量，以及校正测量数据（校准时，用于后处理中消除测量误差）测量。校准数据的精度是角度误差的另一个来源。

7.8　扩频辐射源的定位

如前所述，低截获（LPI）通信技术与发射频谱扩展有关，因此它们也常常被称为频谱扩展技术。一般来说，本章所论述的任何一种辐射源定位方法都可以用来对扩频发射机定位。但是，对三种扩频方式中的任意一种，应用这些定位方法都需要有些特殊的考虑。从某些方面来说，要把精确辐射源定位技术应用在扩频信号定位上是非常具有挑战性的。

在任何情况下，接收机或者辐射源定位接收机都必须首先能检测和接收到目标信号。正如第 6 章中所论述的 LPI 信号搜索技术那样，地理位置对定位低截获辐射源影响很大。很明显，视距传播并且链路距离短就能提供更强的、信噪比更高的接收信号。读者将会看到，提到的有些技术只能工作在高信噪比条件下。

本节将论述跳频、Chirp 和直接序列扩频辐射源的定位技术。

7.8.1 跳频信号的定位

如 2.4.2 节描述的那样，跳频信号的每跳只占用信息带宽的频带宽度，但是它每隔数毫秒就伪随机的跳到另外一个发射频率上，如图 7.41 所示。

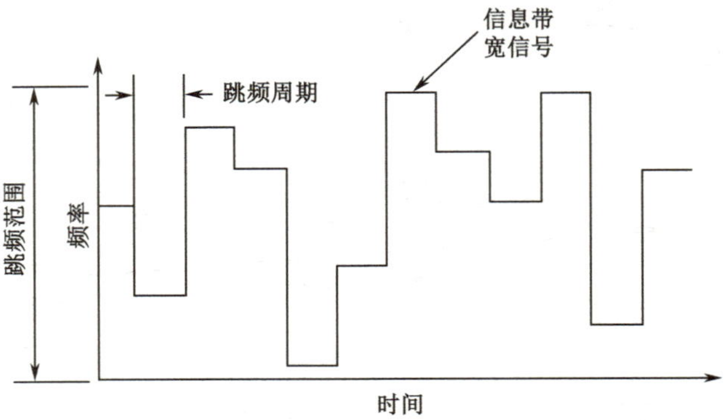

图 7.41 跳频信号

在频谱扩展信号发射机定位中，跳频信号定位相对是最容易的，因为它在数毫秒的跳频周期内，辐射的能量集中在一个频率上的。对跳频信号定位的挑战在于：必须在发射机跳到另一个频率前确定信号频率。

跳频信号的定位有两种常用的方法。一种方法是低成本系统中常用的简单扫频式测向接收机，这种接收机可以在跳频信号的数跳持续时间内，对遇到的任意信号都进行达波方向测量。第二种方法是用快速数字式测向接收机，这种接收机每跳都可以确定达波 方向。

在本节的最后，我们将讨论在某些特殊场合有应用前景的一些其他方法。

1. 扫频接收机方法

使用这种技术，每个测向站有一个功能模块，如图 7.42 所示的接收机。这种接收机通常以很高的速率扫频，仅仅在需要确定是否存在信号时才会驻留足够长时间。如果某个频率上存在信号功率，接收机就停留足够长时间对此信号进行测向。这种类型的测向系统只能抓住一部分跳频点，但是它能对每次测量的到达方向进行跟踪。在它获得的数个 DF 测量结果为同一到达角时，它就能报出这是跳频发射机的方向。

数据被集中到计算机文件中并且有时表示成如图 7.43 所示的到达角-频率对应图。显示的每一个点表示一个接收到的信号。注意到存在一些角度相同但频率不同的截获点，这是跳频信号的特征。如果在信号发射期间（一般为数秒）发现有部分相同到达角的频率点，就报出跳频信号的到达方向。第二（最好有第三）个测向站进行同样的处理，就可以通过三角定位法得到发射机的位置。在很多测向站系统中，可以用图 7.44 中的方式表示发射信号的位置—频率图。

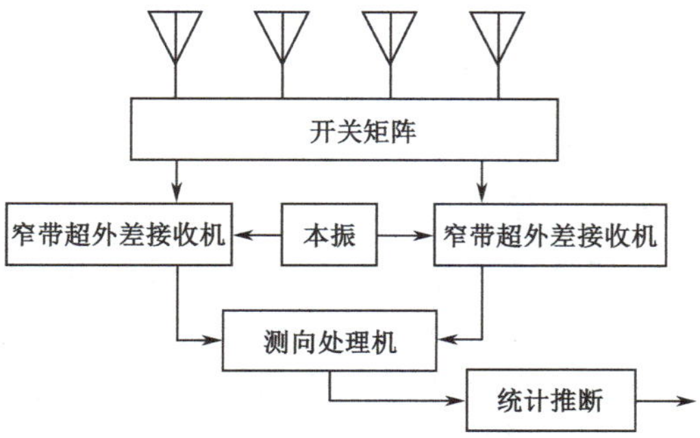

图 7.42　扫频式跳频测向系统

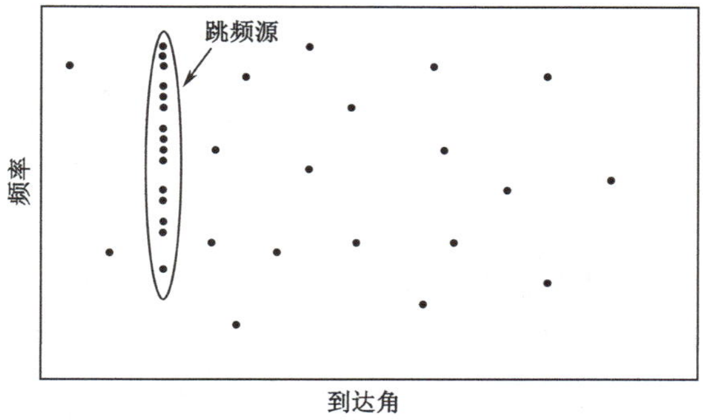

图 7.43　辐射源到达角—频率对应图

如第 2 章所述，在战术军事环境中通信信号的密度是非常高的。这导致三角定位方法更加复杂。假设一个非常简单的只有两个跳频辐射源的环境，用图 7.45 所示的两个测向系统对辐射源进行测量。在这种简单的情况下也会产生 4 个可能的辐射源位置，在真实的环境中情况将会更加糟糕。

应对定位模糊问题最常用的解决方法是使两个测向系统同步。每个跳频台可以使用给定频率集中的任意一个频率，但是如果两个接收机相互同步，它们互相看到的频率总是相同的，这样就可以抓住同一辐射源的同一跳。

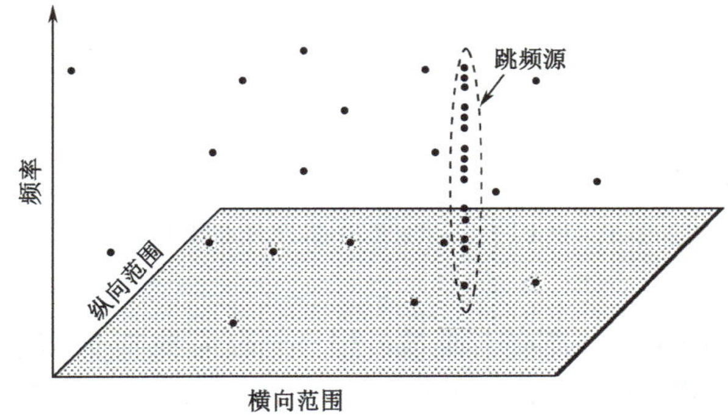

图 7.44　辐射源位置—频率图

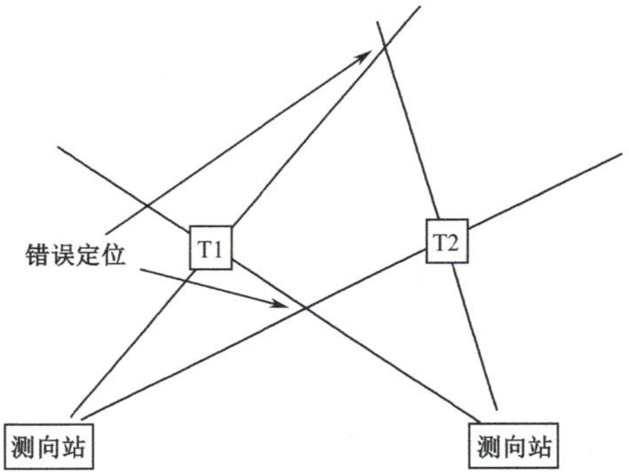

图 7.45　多个跳频台产生的定位模糊

2. 快速傅里叶变换

第 4.3.2 节讨论了如何用数字接收机测量每一跳的频率，并且在第 6 章中提到了确定辐射源位置的重要性。这里，我们将讨论用数字接收机定位跳频台问题。

这里讨论的数字接收机系统如图 7.46 所示，它采用 7.5.1 节中讨论过的干涉仪原理测量信号的到达方向。干涉仪需要同时测量构成基线的两副天线收到信号的相位。实际的陆基干涉仪通常采用 4 副偶极子天线组成图 7.25 所示的方阵。如图 7.26 所示，这 4 副天线形成 6 个基线。每对天线依次通过天线切换开关连通接收通道，通常第二次使用这对天线时使其输出反相。这样，计算每个到达方向就有 12 个比相值。

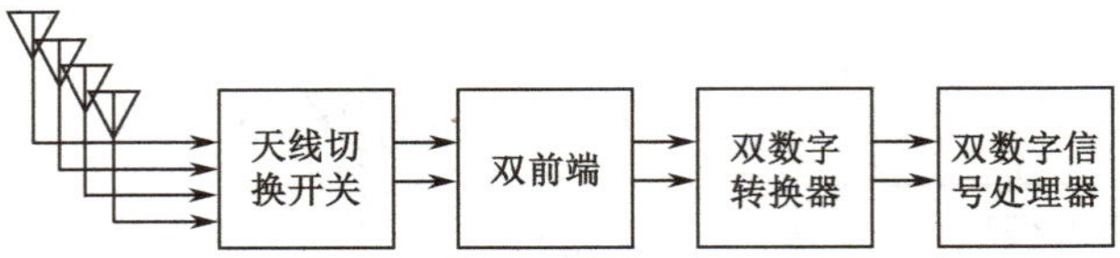

图 7.46　基于数字接收机测向系统

如果我们对 20MHz 中频带宽进行 1000 点 FFT 运算，就必须采集 1000 个采样点。为了保持相位信息，我们必须用 I、Q 采样。如图 7.47 所示，这种 I、Q 采样方法对构成基线的天线对中每一个天线都需要用两路并行的数字转换器。由于 I 路和 Q 路信号相隔四分之一波长，因此我们每次测量可以有两个采样点（用两个并行的数字转换器）——或者对中频带宽用 2000 个采样点。2000 点 FFT 可以为中频带宽提供 1000 个信道分析结果，这样，用 1000 点 I、Q 采样，就保留了 20MHz 中频带宽内每 20kHz 内信号的相位信息。通过 3 次调谐，就可以覆盖 VHF 频段的 JAGUAR V 跳频电台 30～88MHz 的跳频范围(超出一点)。

如 4.3.2 节所述，假设采用 40 兆个样本/秒（采样间隔 25ns）的采样速率，这样在 25μs 内可以获得 1000 个 I、Q 采样点，3 次调谐共需要 75μs，这就意味着我们可以在 75μs 内以 20kHz 的频率分辨率数字化整个跳频带宽内任意信号的相位。这是可以接受的信道化方式，因为 JAGUAR V 跳频电台的信道间隔是 25kHz。

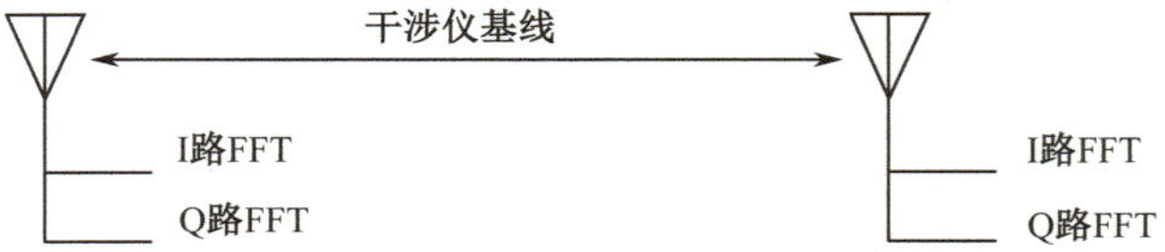

图 7.47　获取差分相位数据的数字化方式

我们获得了 12 个采样集合（每个基线 2 个），所以总的相位数据采集时间是

$$12\times75=900\mu s$$

如 6.4 节所讨论的那样，假设信号跳频期间，10%的信道被占用——因为我们的采样非常快。总共有 2320 个信号信道（58MHz/25kHz），如果 10%的信道被占用，就会有 232 个信号出现。

现在，我们要对在数据集中存在的 232 个信号进行达波方向计算，处理一个达波方向假设需要 100 个 DSP 周期，这是基于作者经验的估计值。每个测向计算用 100 个 DSP 周期，每个信号运算 12 次（每个基线两次），总共需要 278400 个 DSP 周期，如果使用每秒 600MFLOP 的 DSP，整个达波方向计算需要

$$\text{测向时间}=278400\text{FLOP}/600\text{MFLOPS/s}=464\mu s$$

将测向时间加上所需要的 900μs 相位数据采集时间，数字化接收机可以在 1.364ms 内确定 58MHz 频率范围内所有信号的达波方向。一对协同的此种接收系统就可以对所有信号定位。可以通过判断是否有多个频率在同一位置上出现来识别出跳频台。当敌方跳频发射机的位置被确定后，跟踪干扰机就可以被布置在干扰椭圆内，这样就可以干扰敌方的每一跳信号。可是，敌方信号只能通过发射机位置来识别。己方的跳频台和许多定频发射机也工作在相同的频率范围内。因此，我们必须要在每跳的一小部分时间内就确定出存在的每个信号的频率和来波方向。更好的方法是用两个协同测向系统对每个辐射源进行定位。当

敌方跳频发射机的位置已知时，通过调谐干扰机的频率到那个位置发射出来的频率上就可以干扰跳频台的每跳信号。

3. 特殊的接收方法

这些方法非常诱人，但是实际情况限制了它们在特定场合的使用。

（1）信道化接收机

如 6.7 节所描述的，信道化接收机可以在每跳内检测出跳频信号是否存在。通过对每个信道输出的能量检测，在很小部分的跳频驻留时间内就可以确定信号的频率。这样，窄带测向系统就可以调谐到跳频频率上测量到达角。这个方法可用于在跳频频率点不是很多并且信号密度不太高的环境下。

因为在信号密度高的环境下，存在许多非跳频信号，这个方法需要对信道测量到的所有信号进行测向。通过和前面的到达角测量进行相关联可以分离出需要的目标信号位置。

（2）压缩接收机

压缩接收机可以快速确定在检波前带宽内存在的每个信号。以数字信号形式输出的频率可以用于将窄带测向系统调谐到每个新跳频点上。图 7.48 是这个系统的原理框图，它既可以用信道化接收机也可以用压缩接收机来测量频率。

至少开发了一个试验系统是采用两信道压缩接收机来作为测向系统的一部分使用的。在密集环境中从大量的非跳信号中分选出跳频信号这一难题导致了该试验的失败。

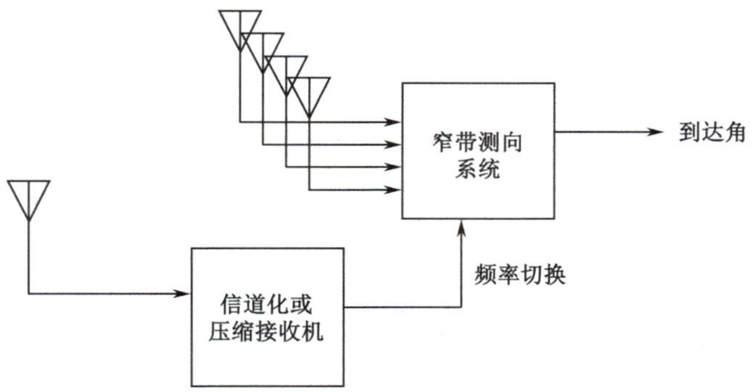

图 7.48　宽带测频接收机引导的窄带测向系统

7.8.2　Chirp 辐射源

如果 Chirp 信号可以被检测到，那么前面讨论的大多数测向技术都可以用来定位 Chirp 信号发射机。通常来说，所选择的实现技术必须能利用断续接收到的信号载波测量到达角。因此，同时用两副或多副天线接收信号的技术看起来最为适合。瓦特逊·瓦特测向系统已被成功地用来对付 Chirp 信号。

7.8.3　直接序列扩频辐射源

定位直接序列扩频（DSSS）发射机需要接收机能发现信号。用多副天线的比幅法似乎是最合适的方法。通常，能收到强信号时对直扩发射机定位非常容易，但是对弱信号就非常复杂。

在 8.4.3 节中将会讨论采用短扩频码的 DSSS 信号的特性。对这种信号，用窄带接收机接收单一谱线的方法可能是实用的。假如这样的话，前面讨论的各种测向技术都是实用的。

当 DSSS 信号采用长扩频码时，唯一可行的方法可能就是能量检测。图 7.49 中，两个能量检测器连接两副独立的天线可以提供宽角度的瞬时测向。如果有一个单独的能量检测器连接于一副窄波束定向性天线的输出，如图 7.50 所示，它可以确定 DSSS 等类似噪声信号的到达角。两个这样的系统可以确定辐射源位置。

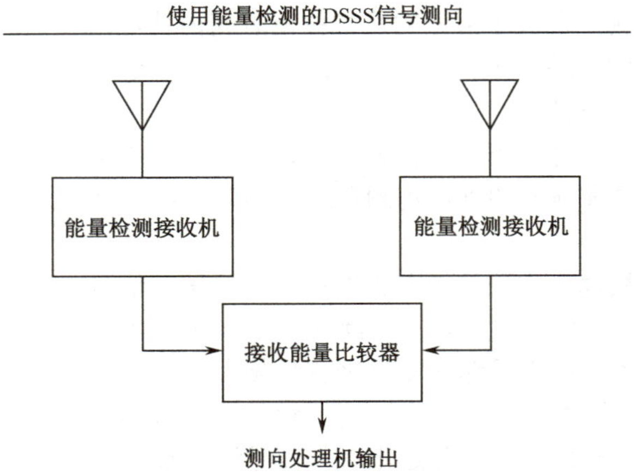

图 7.49　具有多个天线的能量检测器

1. 基于码片检测器的定位

码片（用来扩展信号的数字比特）不可避免地存在可以预测的切换周期，这样就可以用软件进行延迟相乘通过率线检测信号是否存在。分别接独立天线的两个率线检测器可以测量信号的到达方向。两个这样的系统可以利用三角关系确定辐射源位置。

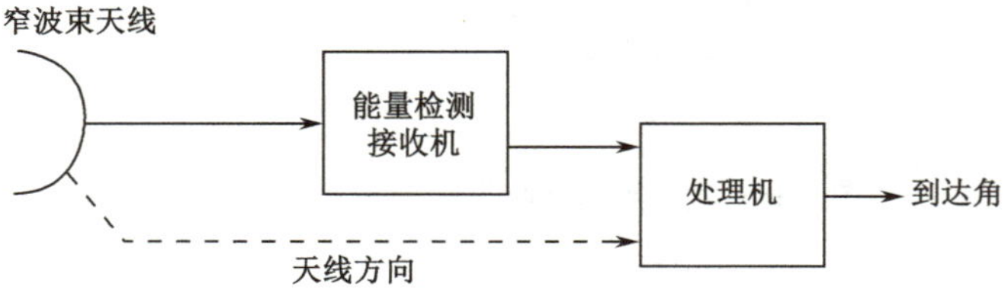

图 7.50　带一副窄波束天线的能量检测器

7.8.4　低截获辐射源的精确定位技术

对扩频信号采用精确辐射源定位技术定位是非常具有挑战性的，这是因为通信信号采用连续调制，如 AM、FM 和相位调制，这就需要比一跳驻留时间长得多的相关时间。Chirp 和 DSSS 信号采用的伪随机参数也使得很难进行相关。这个重大的问题是目前一些博士论文研究的主题。

第 8 章　通信信号的截获

使用非协作接收机解调敌方信号并恢复出信号所携带的信息通常被认为是通信信号截获的一部分，这部分也被称为通信情报（COMINT）。然而，通信 ESM 通常只处理信号的外部特征，例如频率、辐射源位置、调制方式等。通过这些特征可以确定敌方的组织结构和可能的作战意图，因此获取它们对制定电子战命令这样的行动是非常重要的。由于很多的通信信号都被加密了，要恢复出信号的内在信息并不现实，因此，截获信号的价值主要被局限在恢复和提取信号的外部特征。

本章主要论述了接收和解调各种样式敌方通信信号的方法。在任何情况下，敌方信号从发射机到截获接收机的传播都符合第 5 章讨论的一种或多种传播模式。截获接收机的灵敏度可以根据 4.4 节阐述的方法确定。通过本章阐述的方法可以用链路参数计算出有效截获距离。

在第 6 章中，讨论了如何搜索感兴趣信号。如果搜索系统只有一台接收机，这台接收机将在识别出感兴趣信号后执行截获功能。在有搜索接收机和监视接收机的系统中，本章描述的截获功能被分配给监视接收机执行。

在本章中，我们还将讨论如何恢复低截获（LPI）通信信号所携带的信息。

8.1　截获链路

图 8.1 给出了通用的截获链路。截获接收机接收到的信号功率由下面的公式确定：

$$P_R = P_T + G_T - L + G_R$$

式中，P_R 为从截获天线进入截获接收机的信号强度（单位 dBm）；

P_T 为发射机输出功率（单位 dBm）；

G_T 为截获接收机所在方向上发射天线的增益（单位 dB）；

L 为发射机到截获接收机的传播损耗（单位 dB），传播损耗应用适当的传播模式来确定；

G_R 为发射机所在方向上截获系统接收天线的增益（单位 dB）。

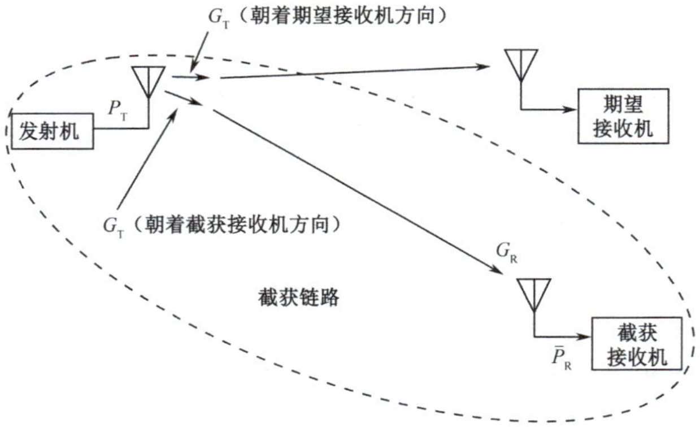

图 8.1　截获链路

请注意，发射天线在期望接收机的方向上和截获接收机的方向上增益可能并不相同。如果接收到的信号功率比截获接收机的系统灵敏度高，就可能截获信号。理想情况下，截获接收机的带宽应和截获信号的调制相匹配，这样可以得到最高的灵敏度和最远的截获距离。

将截获接收机收到的信号功率设置为系统灵敏度，然后计算出引起传播损耗的距离就可以确定最远截获距离。该方法将用下面一些例子进行说明。

8.1.1　截获定向发射

图 8.2 给出了数据链路被敌方接收机截获的情形。发射机有一个指向期望接收机的定向天线，而敌方接收机并不在发射天线的主瓣内。发射机和接收机均被放置在高地上，这样就消除了地面反射对接收天线的影响。这意味着传播损耗可由 5.4 节讨论的视距模型决定。

截获接收机接收到的信号功率等于发射功率加上截获接收机方向上的发射天线增益，再减去传播损耗并加上发射机方向上的接收天线增益，这样，可以通过以下公式计算出接收功率：

$$P_R = P_T + G_T - [32.4 + 20\log(d) + 20\log(f)] + G_R$$

式中，P_R 为接收到的功率；

P_T 为发射功率（以 dBm 为单位）；

G_T 为发射天线增益（朝接收机方向）；

d 为链路长度（以 km 为单位）；

f 为发射频率（以 MHz 为单位）；

G_R 为接收天线增益（朝发射机方向）（以 dBi 为单位）。

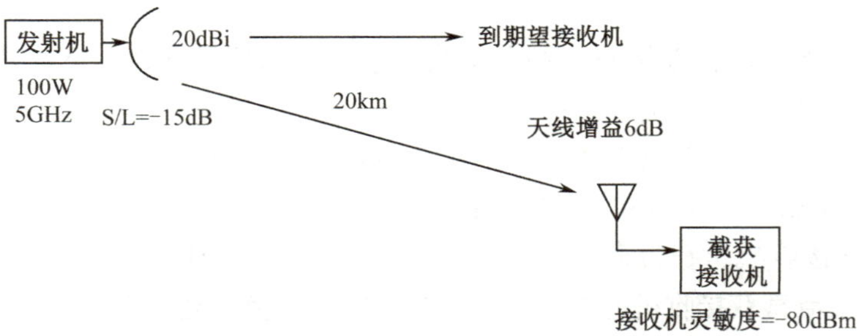

图 8.2　截获定向发射

发射机在 5GHz 频率上输出 100 瓦（50dBm）功率到天线，发射天线的主瓣增益是 20dBi，截获接收机在距发射机 20 千米处，在发射天线–15dBi 的旁瓣内（增益比主波束的最大值低 15dB），这样，发射天线在截获链路中的增益是 5dBi，接收天线朝着发射机方向有 6dBi 增益。计算截获接收机收到的功率为

$$P_R = +50\text{dBm} + 5\text{dBi} - [32.4 + 26 + 74] + 6\text{dBi} = -71.4\text{dBm}$$

接收机的灵敏度是–80dBm，因此信号以 8.6dB 的余量被成功截获。为了确定最远截获距离，将接收信号功率设置为灵敏度并从下面的公式中解出传播损耗的距离分量

$$20\log(d) = P_T + G_T - 32.4 - 20\log(f) + G_R - S$$

其中，S 为接收系统的灵敏度。

$$20\log(d) = 50 + 5 - 32.4 - 74 + 6 - (-80) = 34.6$$

然后可以得到最远截获距离

$$d = \text{Anti}\log[(20\log(d))/20] = \text{Anti}\log[1.73] = 53.7\text{km}$$

8.1.2　截获非定向发射

图 8.3 所示的截获情况中，发射机和接收机都接近地面并且用的都是宽波束天线。因此，它们可能是视距传播或者是双线传播。用 5.6 节的公式计算出菲涅尔区距离可以确定合适的传播模式，公式如下：

$$\text{FZ} = (h_T \times h_R \times f)/24000$$

式中，FZ 为菲涅尔区距离；

h_T 为发射天线高度（单位为 m）；

h_R 为接收天线高度（单位为 m）；

f 为发射频率（单位为 MHz）。

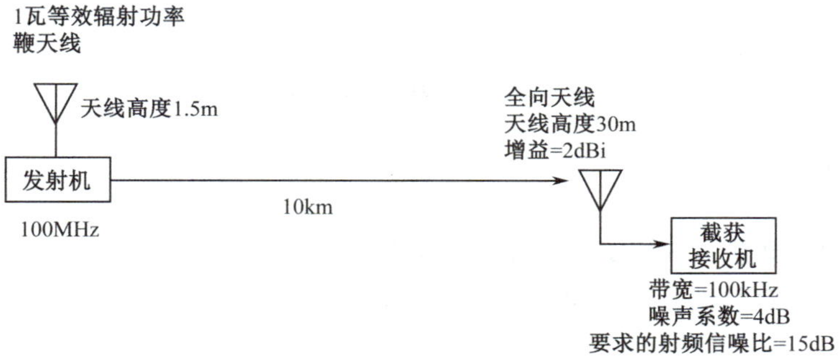

图 8.3　截获非定向发射

如果发射机和接收机之间的距离比菲涅尔区距离近，将适用视距传播模型，如果两者之间的距离比菲涅尔区距离远，将适用双线传播模型。

目标辐射源是采用鞭天线的手持式一键通（push－to－talk）系统，天线距离地面 1.5 米。请注意，鞭天线的等效高度在鞭的底部。接收天线有 2dBi 增益。目标辐射源发射的等效辐射功率是 1 瓦（30dBm），频率为 100MHz，菲涅尔区距离是：

$$(1.5\times30\times100)/24000=188\text{ 米}$$

菲涅尔区距离远远小于 10 千米的传播路径距离，因此适用双线传播模式。

根据 5.5 节的公式，传播损耗是：

$$120 + 40\log(d) - 20\log(h_T) - 20\log(h_R)$$

这样，就可以计算出截获接收机收到的功率：

$$P_R = \text{ERP} - [120 + 40\log(d) - 20\log(h_T) - 20\log(h_R)] + G_R$$

代入图 8.3 中标注的数值：

$$P_R = 30\text{dBm} - [120 + 40 - 3.5 - 29.5] + 2\text{dB} = -95\text{dBm}$$

为了确定信号能否被成功地截获，我们必须用 4.4 节介绍的技术来计算接收机的灵敏度：

$$\text{Sens} = kTB + \text{NF} + \text{Rqd RFSNR}$$

式中，Sens 为接收机灵敏度，单位为 dBm；

NF 为接收机噪声系数，单位为 dB；

Rqd RFSNR 为需要的检波前信噪比，单位为 dB。

别忘了灵敏度是接收机可以收到的最小信号强度，并做如下计算：

$$kTB = -114\text{dBm} + 10\log(\text{带宽}/1\text{MHz}) = -124\text{dBm}$$

接收机系统的噪声系数已经给出，为 4dB，需要的射频信噪比是 15dB，因此：

$$\text{Sens} = -124 + 4 + 15 = -105\text{dBm}$$

因为收到的信号功率比接收机系统的灵敏度高 10dB，截获接收机可以获得 10dB 的性能余量。

最远截获距离可以由下面的公式得到：

$$40\log(d) = \text{ERP} - 120 + 20\log(h_T) + 20\log(h_R) + G_R - S$$

代入图 8.3 中的参数和上面算出的灵敏度，得到：

$$40\log(d) = 30 - 120 - 3.5 + 29.5 + 2 - (-105) = 50$$

可以算出最远截获距离：

$$D = \text{Anti}\log[(40\log(d))/40] = \text{Anti}\log[1.25] = 17.8\text{km}$$

8.1.3 机载截获系统

在图 8.4 中，截获系统被安装距离敌方发射机 50 千米、飞行高度 1000 米的直升飞机上。目标辐射源的发射机工作在 400MHz 频率上，等效辐射功率 1 瓦。鞭天线底部距离地面 1.5 米。

首先，我们需要用下面的公式计算出截获链路的菲涅尔区距离：

$$\text{FZ} = (h_T \times h_R \times f)/24000 = (1.5 \times 1000 \times 400)/24000 = 25\text{km}$$

因为传播路径比菲涅尔区距离远，出现双线传播，因此

$$P_R = \text{ERP} - [120 + 40\log(d) - 20\log(h_T) - 20\log(h_R)] + G_R$$

接收的截获信号强度为：

$$P_R = 30\text{dBm} - [120 + 68 - 3.5 - 60] + 2\text{dBi} = -92.5\text{dBm}$$

图 8.4 机载接收机截获地面发射

接收机灵敏度是-100dBm，因此以 7.5dB 余量成功截获信号。

最远截获距离可以用下面的公式计算

$$40\log(d) = \text{ERP} - 120 + 20\log(h_T) + 20\log(h_R) + G_R - S$$

代入图 8.4 的参数和灵敏度：

$$40\log(d) = 30 - 120 + 3.5 + 60 + 2 - (-100) = 75.5$$

最远截获距离是：

$$D = \text{Anti}\log[(40\log(d))/40] = \text{Anti}\log[1.89] = 77.2\text{km}$$

8.1.4　截获非视距信号

图 8.5 显示了截获穿过距辐射源 11 千米处山脊的战术通信辐射源信号。在这个问题中，从发射机到截获接收机的直线距离是 31 千米，发射天线高度为 1.5 米，截获系统天线高度为 30 米。发射信号的等效辐射功率（ERP）在 150MHz 处是 1 瓦，接收天线有 12dBi 增益（G_R）

如 5.7 节所讨论的，链路损耗是视距损耗（忽略地形遮挡）加上刃峰绕射（KED）损耗因子。如果山脊相对地面的高度是 210 米（假设地面是平坦的），它将在两个天线之间的视线之上 200 米。

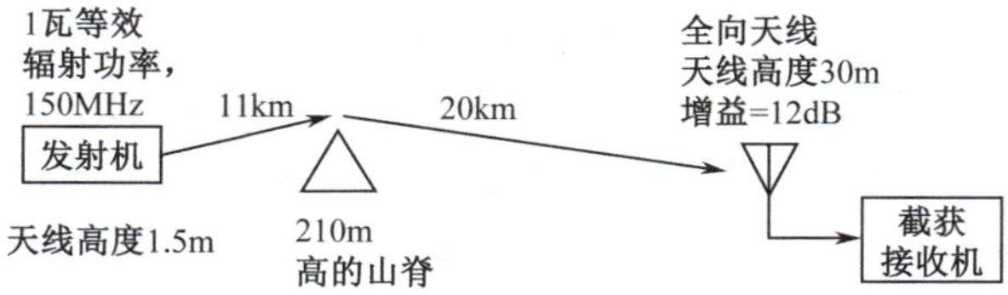

图 8.5　地面截获非直射信号

用 5.4 节的视距传播损耗公式：

$$32.4 + 20\log D + 20\log f$$

注意到这里我们用大写 D 来表示全部链路距离以避免与刃峰绕射（KED）损耗的小写 d 相混淆。

$$\text{LOS 损耗} = 32.4 + 20\log(31) + 20\log(150) = 32.4 + 29.8 + 43.5 = 105.7\text{dB}$$

为了确定刃峰绕射损耗（在 5.7 节中阐述），我们首先从公式中计算出 d：

$$d = [\sqrt{2}/(1 + (d_1/d_2))]d_1$$

式中，d 是输入刃峰绕射损耗列线图中的距离；

d_1 是发射机到山脊的距离；

d_2 是山脊到接收机的距离。

在本问题中，$d = (\sqrt{2}/1.55) \times 11 = 10\text{km}$，但是请记住我们也可以近似地设置 $d = d_1$。

图 8.6 是 5.7 节中用于计算 KED 损耗的列线图。从中可以读出本题需要的数值（$d = 10\text{km}, H = 200\text{m}, f = 150\text{MHz}$），刃峰绕射（KED）损耗为 20dB，这样总的链路损耗是：

$$\text{LOS 损耗+KED 损耗} = 105.7\text{dB} + 20\text{dB} = 125.7\text{dB}$$

截获接收机收到的信号功率是：

$$P_R = \text{ERP} - \text{Loss} + G_R = 30\text{dBm} - 125.7\text{dB} + 20\text{dB} = -83.7\text{dBm}$$

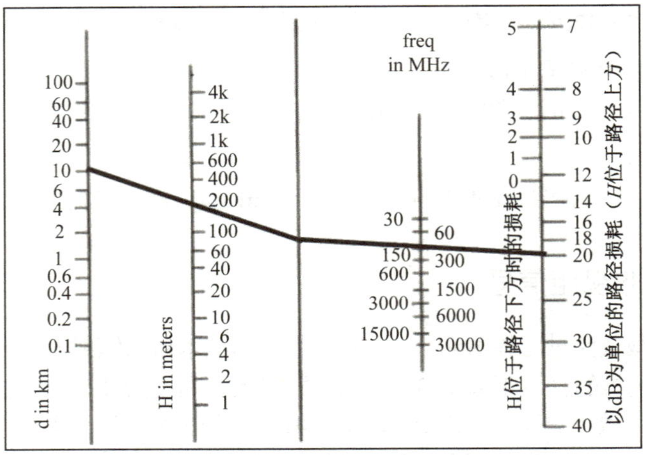

图 8.6 截获非视距信号的刃峰绕射损耗图

最远截获距离可以通过设置接收信号功率为截获接收机灵敏度来获得。从总的可容忍损耗中减去 KED 损耗并解出 LOS 损耗的距离就是最远截获距离。但是，有山脊遮挡使这个计算过程更复杂了。因为移动截获接收机或目标发射机远离山脊（拉到最远截获距离）将改变 KED 损耗的几何模型，继而改变 KED 损耗值。新的 KED 损耗值将改变所能容忍的最大 LOS 损耗。这样，需要重新计算最远截获距离。这又将导致 KED 损耗几何模型的改变。如果这个过程重复几次，就可以比较精确地计算出最远截获距离，这对于计算机来说是非常容易的。当然，读者必须记住 5.7 节中提到的 KED 损耗模型的前提条件，这个前提条件是接收机与山脊之间的距离起码得和发射机与山脊的距离一样远，这可以成为确定最远截获距离的因素。

8.2 在强信号环境下截获弱信号

在大多数情况下，通信截获系统必须具有在强信号环境下截获弱信号的能力。因此，系统的动态范围是非常重要的。虽然自动增益控制（AGC）能优化对强信号的接收，但是基本上没有截获系统采用自动增益控制，甚至于在被要求能接收的信号范围达到 100dB 或者更大时也是如此。理想情况下，截获接收机的瞬时动态范围应能大到足够处理所有感兴趣信号。如果这不可行，可以通过可调增益（或者可调输入衰减）来扩展动态范围（非瞬时动态范围）。

考虑下面的截获系统：

- 灵敏度–110dBm；
- 瞬时动态范围 80dB。

这意味着系统可以在有非期望的–31dBm 的信号环境下接收和解调–110dBm 的信号。

8.3 低截获（LPI）信号的截获

对低截获信号的处理已经在第 2 章详细讨论过了。在本节，我们将在那些基础上讨论如何解调低截获信号。

8.3.1　截获跳频信号

因为跳频信号在数毫秒内就伪随机地改变为一个新频率，恢复它所携带信息的唯一实际可行方法是尽可能快地调谐到新的频率上。如果可以获得跳频码，例如商用系统中跳频图案很少并且跳频周期很短，这将会很容易。仅仅需要在信号存在时尝试所有可能的跳频图案。但是，在安全性高的军事通信系统中，跳频码是受保护的并且在很长周期内是不重复的。这样，带有快速傅里叶变换分析的数字接收机必须在一跳周期的很小一部分时间内就能识别出新的频率。更进一步，为了跟踪单个信号，辐射源的位置必须能在每一跳内确定。然后截获接收机就可以被调到位置已知的目标发射机的信号频率上。

在第 6 章，已经讨论过用快速傅里叶变换（FFT）发现信号频率的方法。接着在第 7 章，讨论了辐射源定位的方法。所有这些处理都需要时间。在这些延迟时间内，威胁信号的信息在不断地传输。图 8.7 所示的系统如果要能实用，截获通道必须延迟足够长的时间才能保证截获接收机能收到全部目标信号。注意到数字射频存储可以提供数毫秒的时延。

跳频操作扩展了信号的频率范围，因而可以躲避频域的大功率干扰。敌方跳频系统的工作信道可以用图 8.8 所示的频谱分析确定。

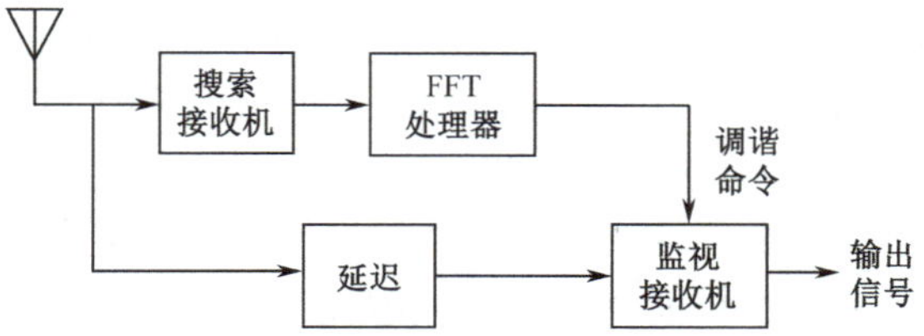

图 8.7　带时延通道的跳频截获系统

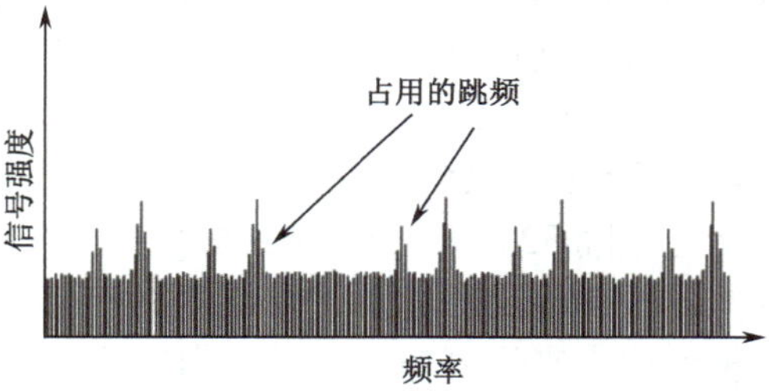

图 8.8　跳频信号的频谱

8.3.2　Chirp 信号的截获

为了截获 Chirp 信号（例如恢复出它携带的信息），必须能够连续产生调制信号。一个显而易见的方法就是提供一个扫频接收机来截获 Chirp 信号，该扫频接收机的调谐斜率和 Chirp 发射机一样并且能以某种方式与信号的扫频同步。

如果调谐斜率可以通过截获一系列的载波频率计算得到，产生正确的接收机调谐曲线是很容易的。如果伪随机的扫描同步图案能被解出，就可以预测扫频定时。另一个方法是数字化 Chirp 信号并用软件来拟合曲线以恢复调制，这会带来一定的处理延迟。

无论采用什么方式，解调这种采用伪随机方式来选择扫频斜率或者进行扫频同步的 Chirp 信号在技术上都是具有挑战性的。如果采用图 8.9 所示的延迟信道方式，那么就可以通过对搜索接收机的输出进行分析，以确定随机扫频同步延迟并且产生与截获信号同步的调谐信号（用于监视接收机）。如果伪随机扫频同步码很短，这样的处理很容易，对于长码，必须用大型计算机。

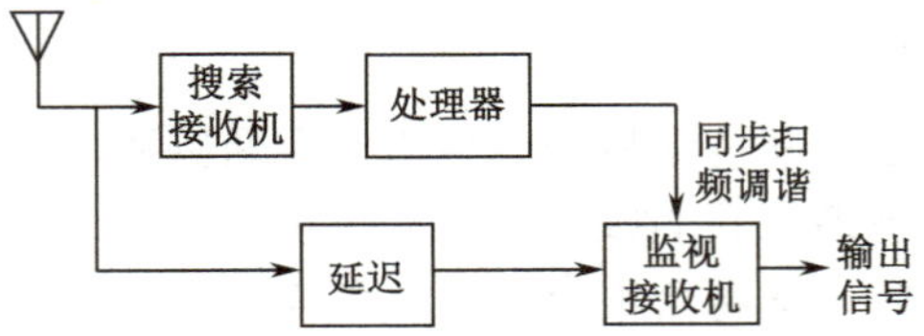

图 8.9　带延迟通道的 Chirp 信号截获系统

8.3.3　截获直接序列扩频信号

与所有的扩频信号一样，直接序列扩频（DSSS）信号非常难截获（例如需要恢复它传输的信息）。如果扩频码已知，它可以被用来解扩信号。如果有一些公开的已知的扩频码，可以通过不断尝试直到信号以非扩频的形式出现。

1．保密，长扩频码

截获保密的采用长扩频码的直接序列扩频信号是相当具有挑战性的，但是如果截获接收机离发射机非常近以致能得到足够强的接收信号时，则有可以采用一些实用的方法。

直接序列扩频的一个有趣特征是它的每一根谱线上都有它的非扩调制信号。如图 8.10 所示，扩频信号的频谱在距离载波频率码片速率（转换到 Hz）处有一个零点，在频谱的主瓣内有 $2n$ 根离散谱线，其中 n 是扩频码长。例如，码片速率是 1Mbps 且扩频码长为 31，就会有相隔 32.258kHz 的 62 根谱线。图 8.11 给出了每根谱线上的调制。如果扩频码很短，这些谱线间隔足够远，可以使调制相互之间不受影响，这样，就可以将接收机调谐到其中一根谱线上来恢复非扩信号。当然这里必须要求接收机能有足够的灵敏度来接收其中一根谱线。别忘了信号的功率按扩频因子分配到了每根谱线上。

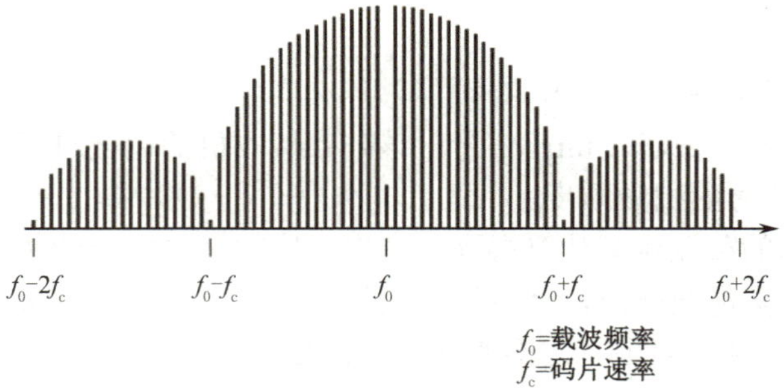

图 8.10　直接序列扩频信号频谱表现出的谱线

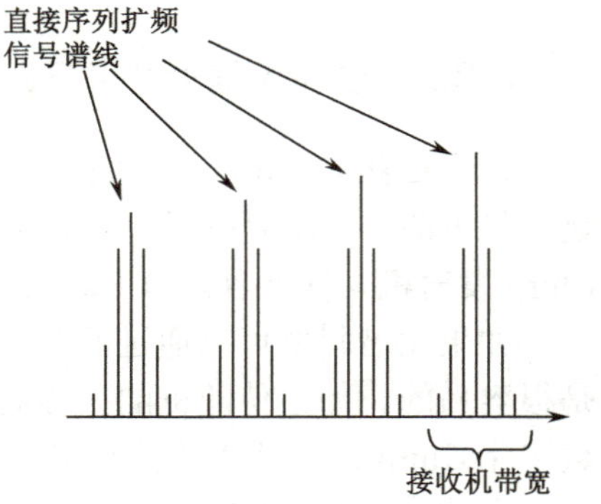

图 8.11　带调制的直接序列扩频信号谱线

另一种方法是通过分析和设计解扩器来确定扩频码。码片速率可以从图 8.12 所示的扩频信号频谱中获得。射频调制方式可以通过在示波器上观察信号波形来确定。图 8.13 是示波器上显示的数字调制细节的例子，这通常在比较低的中频上进行。图中所示的调制方式是二进制相移键控（BPSK），示波器与信号同步。

获得一串比特后在计算机上分析扩频码长和采用的序列类型。扩频码可以是 2.4.1 节讨论过的最大长度序列。一旦扩频码被确定，可以设计移位反馈寄存器来复制扩频码（在 2.4.2 节中讨论过），这样信号就可以被解扩了。

如果扩频码很短，这个方法相当容易，如果是个长码，将需要用大型计算机。

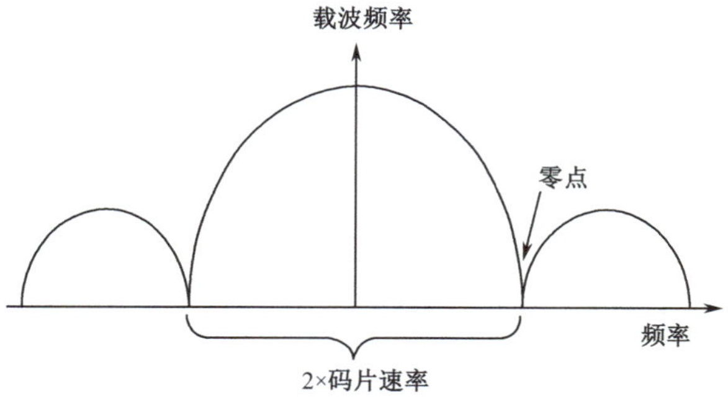

图 8.12　直接序列扩频信号频谱

图 8.13　示波器显示的 BPSK 调制

2. 蜂窝电话信号的截获

既然蜂窝电话中使用的时分多址（TDMA）和码分多址（CDMA）设计方案是公开已知的结构，那么把它们作为信号截获的对象是可以想象的。当然通过获得蜂窝电话公司使用的商用设备来截获蜂窝电话信号很容易实现。要截获蜂窝电话的信号，需要将接收机调谐到正确的频率信道并用正确时隙和扩频码获取目标信号的信息。

截获蜂窝电话发射的合法性和政治因素不在本书的讨论范围内。

8.4　通信信号参数估计

通信信号参数估计包括工作频率、调制类型、调制参数、编码类型等。信道编码分析将在 8.6 节专门讨论。

在现代通信电子战系统中，对目标信号的截获、分析、处理，都是在数字域进行的，因此，对于接收到的模拟信号首先就要进行数字化，即模数转换（ADC），将其变换为适合于数字信号处理器（DSP）或计算机处理的数据流，然后通过软件（算法）来完成各种功能。模拟信号转化成数字信号要满足 Nyquist 采样定理。第 4 章对 ADC、Nyquist 采样速率等已有提及，这里再简单介绍一下采样定理。

8.4.1　采样定理

我们先介绍低通采样定理。

Nyquist 采样定理：设一个频率带限信号 $x_a(t)$，其频带限制在（0，f_H）内，如果以不小于 $f_s=2f_H$ 的采样速率对 $x_a(t)$ 进行等间隔采样，得到时间离散的采样信号 $x_d(n)=x_d(nT_s)$（其中 $T_s=1/f_s$ 称为采样间隔），则原信号 $x_a(t)$ 将被所得到的采样值 $x_d(n)$ 完全地确定。

Nyquist 采样定理告诉我们，如果以不低于信号最高频率两倍的采样速率对带限信号进行采样，那么就可由所得到的离散采样值无失真地恢复出原信号。

下面对 Nyquist 采样过程进行讨论。

理想的采样就是用周期性的冲激序列和给定的信号相乘，把时域上连续的信号转换成时域离散的信号（见图 8.14）。模拟带限信号、离散采样值分别用 $x_a(t)$、$x_d(n)$ 表示，用 $p(t)$

表示周期性冲激序列：

$$p(t) = \sum_{n=-\infty}^{+\infty} \delta(t - nT_s)$$

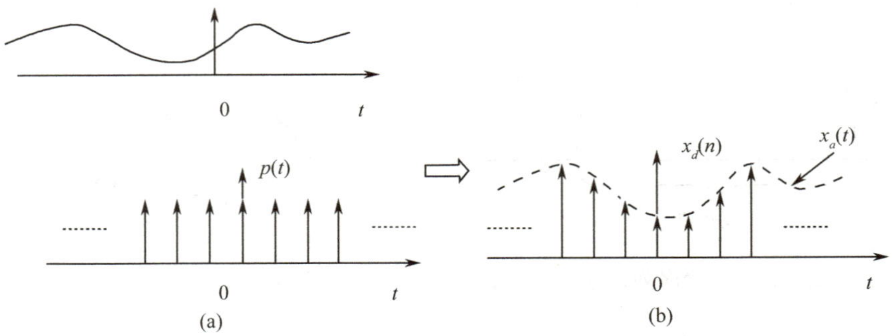

图 8.14　信号采样

所以对 $x_a(t)$ 用采样频率 f_s 进行抽样后，得到的抽样后信号可用下式表示：

$$x_d(t) = p(t) \cdot x_a(t) = x_a(t) \cdot \sum_{n=-\infty}^{+\infty} \delta(t - nT_s) = \sum_{n=-\infty}^{+\infty} x_a(nT_s) \cdot \delta(t - nT_s)$$

在信号处理领域，经常把 DC 到 $f_s/2$ 之间的的频谱称为 Nyquist 带宽。采样过程是一个模拟信号与采样脉冲相乘的过程，所以也是一个频谱搬移的过程。整个被采样的模拟信号频谱被分成无数个 Nyquist 区，每个区的带宽为 $0.5 f_s$ 。即使信号不在第一 Nyquist 区，其镜像（或混叠）$f_s - f_a$ 也将落入第一 Nyquist 区内。如果不期望的信号出现在 f_a 的任何镜像频率上，那么它也将出现在 f_a 上，所以在第一 Nyquist 区将产生杂散频率成分。这类似于模拟的混频过程，为此需要在 ADC 之前增加滤波器以滤除 Nyquist 带宽外的频率成分。

前面我们讨论的低通采样是有用信号位于第一 Nyquist 区的情况。采样第一 Nyquist 区外信号的过程通常称为称为欠采样，或带通采样。信号的频率分布在某一有限的频带（f_L, f_H）上时，仍然可以按 $f_s \geqslant 2f_H$ 的采样速率来进行采样。但是，当 $f_H \gg B = f_H - f_L$ 时，也就是当信号的最高频率 f_H 远远大于其信号带宽 B 时，往往以较低的采样效率实现带通采样。

带通采样定理：设一个频率带限信号 $x(t)$，其频带限制在（f_L，f_H）内，如果其采样速率 f_s 满足

$$f_s = \frac{2(f_L + f_H)}{(2n+1)}$$

式中，n 取能满足 $f_s \geqslant 2$（$f_H - f_L$）的最大正整数（0，1，2，…），则用 f_s 进行等间隔采样所得到的信号采样值 $X(nT_s)$ 能准确地确定原信号 $x(t)$。

上式用带通信号的中心频率 f_0 和频带宽度 B 来描述，可表示为

$$f_0 = \frac{2n+1}{4} \cdot f_s$$

式中，$f_0 = \dfrac{f_L + f_H}{2}$，$n$ 取能满足 $f_s \geqslant 2B$（为频带宽度）的最大正整数。

我们归纳一下：

在给定中心频率 f_0 和信号带宽 B 的情况下选择采样频率 f_s，要满足两个等式，第一个

等式就是 Nyquist 准则：

$$f_s \geqslant 2B$$

第二个等式可以确保 f_c 位于 Nyquist 区的中心：

$$f_s = 4f_0/(2n+1)$$

式中，$n = 0$，1，2，3，4，…。

如设 $m=n+1$，$m = 1$，2，3，4，…，则

$$f_s = 4f_0/(2m-1)$$

m 对应于载波和信号所在的 Nyquist 区，如图 8.15 所示。

m（或 n）通常选择得尽可能大，同时保持 $f_s > 2B$。这样可以使所需的采样率最小化。如果 m 选择为奇数，那么 f_0 和信号将落入奇数 Nyquist 区，其在第一 Nyquist 区的镜像频率将不会反向。通过选择较小的 m（或 n）值，可以在采样频率（具有较高的采样频率)和抗混叠滤波器的复杂性之间进行折中。

举例来说，考虑一个以载波频率 71MHz 为中心的 4MHz 宽带信号，其所需的最小采样频率为 8MSPS。如令 $f_0 = 71$MHz 和 $f_s = 8$MSPS 可得到 $m = 18.25$。但是，m 必须为整数，我们取最接近 18.25 的整数为 18。再次求解 f_s，得到 $f_s = 8.1143$MSPS。最终得到的值为 $f_s = 8.1143$MSPS，$f_0 = 71$MHz，$m = 18$。

我们也可以根据 f_s 并通过调整载波频率来得到 m（或 n）的整数值。

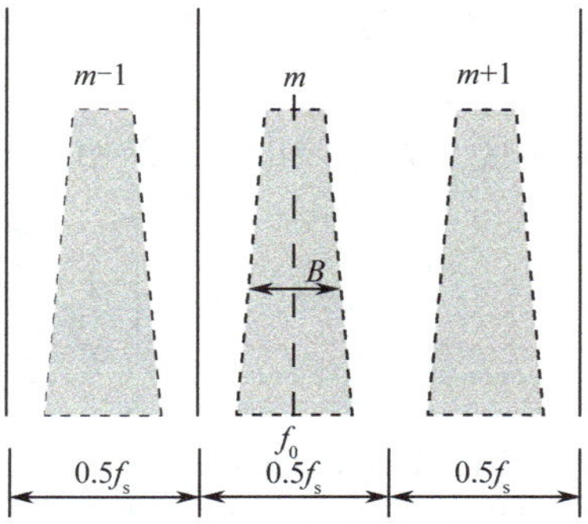

图 8.15　信号所在的 Nyquist 区

8.4.2　信号参数估计

信号参数估计的方法很多，这里介绍周期图法和非线性法。

1．载频估计

傅里叶理论不仅是现代信号分析处理中最漂亮的理论之一，也被认为是现代物理中处理复杂问题不可或缺的工具，工程实现中往往用快速傅里叶变换（FFT）的形式来实现，傅里叶变换对的表达式如下：

$$X(k) = \sum_{n=0}^{N-1} x(n) \mathrm{e}^{\frac{-\mathrm{j}2\pi kn}{N}}$$

$$x(n) = \frac{1}{N} \sum_{n=0}^{N-1} X(k) \mathrm{e}^{\frac{\mathrm{j}2\pi kn}{N}}$$

式中，$X(k)$ 之幅度 $|X(k)|$ 表示 $x(n)$ 的第 k 根谱线的幅度，第 k 根谱线对应的信号频率为

$$f = k \cdot \Delta f = k \cdot \frac{f_s}{N}$$

其精度主要由采样速率 f_s 和 FFT 变换点数决定，即

$$\Delta f = \frac{f_s}{N}$$

信号载频估计分为粗估计和精估计。频率粗估计一般应用于信号快速搜索，采用 FFT 实现，以提高信号截获概率为主要目标，所以瞬时处理带宽一般都比较宽，对应的采样速度就很高，而且为了提高处理速度，FFT 点数又不能取得太多，所以搜索时的频率估计精度就不可能做得很高（Δf 相对较大），一般要达到几 kHz，甚至几十 kHz。这样大的测频误差无论是对信号样式识别，还是对后续的信号解调、解码都是无法满足要求的，对实施通信干扰也很不利（浪费功率）。所以，在通过搜索完成信号截获，并粗略估计出信号中心频率后，还需要对其进行精确频率估计。

频率精估计仍可采用 FFT 技术来实现。一种方法是降低分析带宽，使其在几十 kHz 以内，一般不会超过几百 kHz，这样就可以大大降低 A/D 的采样速度（也可以通过滤波、抽取降低采样速率）；另一种方法是 FFT 的点数适当加长（只要信号持续时间足够长，就可加长采集时间）；也可以在采集的数据后面补零，以提高测频精度。例如，对于 f_s=200kHz，N=4096，则Δf<50Hz。采用 FFT 测频时，实际的测频误差与信号频率有关，其最大测频误差为$\Delta f/2$，最小测频误差为 0。如果假定测频误差在$-\Delta f/2$～$+\Delta f/2$ 上均匀分布，则 FFT 的测频精度（方差）由下式给出：

$$\delta f = \left[\frac{1}{\Delta f} \int_{-\frac{\Delta f}{2}}^{+\frac{\Delta f}{2}} x^2 \mathrm{d}x \right]^{-\frac{1}{2}} = \frac{\Delta f}{2\sqrt{3}}$$

值得注意的是，当要分析的频率不是 f_s/N 的整数倍时，采用 FFT 估计，它的频率分量将出现在所有 N 个频率上，也就是会产生“频谱泄漏”，一般可通过对采样数据进行加窗来减少“频谱泄漏”。加窗就是对序列乘以一个序列。加窗使得旁瓣降低，其代价是使得主瓣变宽。常用的窗函数包括汉明窗、汉宁窗、布-哈窗等。

一些文献中给出了进一步提高窄带信号频率估计精度的方法，在窄带信道中，只存在一个信号时，可以对其峰值位置进行估计。

假如对采集的数据 $x(n)$进行 FFT 变换，得到序列 $X(k)$，可以发现 $X(k)$中最大值位于 $k_{\max}$ 点处，则可通过如下校正因子，对 $k_{\max}$ 的值进行进一步求精：

$$k'_{\max} = k_{\max} - \mathrm{real}(\delta)$$

式中，real(·)表示取实部，且

$$\delta = \frac{X(k_{\max}+1) - X(k_{\max}-1)}{2X(k_{\max}) - X(k_{\max}-1) - X(k_{\max}+1)}$$

那么峰值频率就为

$$f_{\max} = \frac{f_s}{N} k'_{\max}$$

式中，f_s 为采样频率，N 为 FFT 点数，$X(i)$为序列的 FFT 结果。

当然，对相位调制或幅相调制信号，我们也可以通过一些非线性变换，去掉其调制信号，得到其载波（或 M 次）分量。比如，对于 BPSK 信号，可以对其取平方，得到 2 倍频的窄带信号；对于 QPSK、OQPSK、16QAM 信号取四次方，得到其载波的 4 倍频的窄带信号；8PSK 信号取 8 次方，等等。然后就可以采用与有载波信号一样的方法，估计出载波的 M 倍频信号，进而确定载波信号。

2. 信号电平估计

任何已调波射频信号都是具有一定带宽或者说占据一定频谱分量的信号，只是带宽有宽有窄，频谱分量有多有少而已。我们需要把信号带宽内的所有频谱能量（功率）计算进来，以较精确地估计该信号的总能量或总功率。

信号电平（L）的计算公式如下：

$$L = \sum_{|X(k)|^2 \geqslant L_0} |X(k)|^2$$

式中，L_0 为计算门限，$X(k)$为对该信号进行 FFT 的结果（频谱）。

为了精确测量电平值，可以将其接收带宽设置为信号带宽（匹配接收）或用数字滤波器滤出需要测量的信号，然后再用较低的采样率进行频谱分析，最后根据电平测量公式计算。

为了进一步提高测量精度，可以采取多次测量再计算其平均值的方法。特别是在小信号情况下电平测量的精度不高，电平值起伏大、稳定性不好，通过多次平均会有所改善。

把多次 FFT 的结果进行平均，其好处是可以降低噪声波动（对噪声进行平滑），从而将信噪比提高 M 倍。

3. 信号带宽估计

估计信号带宽的一种常用方法是采用基于 FFT 中频频谱的谱线功率累计来实现的。假如 $X(k)$是信号之 FFT 变换，则其带宽由下式给出：

$$B = (k_{\max} - k_{\min})\Delta f$$

式中，$k_{\max}$ 为满足$|X(k)| \geqslant L_0$ 的谱线之最大序号，$k_{\min}$ 为满足$|X(k)| \geqslant L_0$ 的谱线之最小序号，L_0 为选取的门限电平，$\Delta f = f_s/N$ 为 FFT 之分辨率。

由于上述的带宽估计方法与门限电平 L_0 有关，因此其估计精度将严重地依赖于信号电平的大小，信号越强，其估计精度会越高。

4. 调幅度估计

调幅度是衡量幅度调制信号调制深度的技术参数。对于实际调幅信号，其调幅度定义为

$$m_a = \frac{A_{\max} - A_{\min}}{A_{\max} + A_{\min}}$$

式中，$A_{\max}$、$A_{\min}$ 分别为信号包络之最大值和最小值，所谓信号包络，是指调幅信号数学表达式 $x(t) = A(1 + m_a \cdot m(t))\cos(2\pi f_c t + \varphi_0)$ 中的瞬时幅度，即

$$a(t) = A(1 + m_a \cdot m(t))$$

由于 $|m(t)| \leqslant 1$，$0 \leqslant m_a \leqslant 1$，所以有

$$A_{\max} = A(1 + m_a)$$

$$A_{\min} = A(1 - m_a)$$

代入调幅度计算公式即可求得调幅度 m_a。调幅度的计算需要提取信号包络，方法之一是对信号作平方运算再低通滤波，最后开方即可得到信号包络 $a(t)$。也可把经过数字化的信号，经过正交化处理形成两路相互正交的数据流 $I(m)$和 $Q(m)$，利用下式得到包络：

$$a(m) = \sqrt{I^2(m) + Q^2(m)}$$

由于 AM 信号是随机变化的，为了使得调幅度估计值更接近于实际值，可以通过多次

估计求其平均值。

5．调频信号的最大频偏估计

FM 信号的最大频偏估计首先要提取 FM 信号的瞬时频率 $f(t)$，可以用下两式求得：

$$\varphi(m) = \arctan\frac{Q(m)}{I(m)}$$

$$f(m) = \varphi(m) - \varphi(m-1)$$

式中，$I(m)$和 $Q(m)$为经过正交化处理后形成的相互正交的数据流实现，$\varphi(m)$为瞬时相位，$f(m)$为瞬时频率。

由于调频信号的数学表达式为

$$x(t) = A\cos\left[2\pi f_c t + 2\pi \cdot K_f \int_{-\infty}^{t} m(\tau)\mathrm{d}\tau\right]$$

所以，信号的瞬时频率为

$$f(t) = f_c + K_f \cdot m(t)$$

由于$|m(t)|\leqslant 1$，则

$$f_{\max} = f_c + K_f$$

$$f_{\min} = f_c - K_f$$

所以调频信号的最大频偏为

$$K_f = \frac{f_{\max} - f_{\min}}{f_{\max} + f_{\min}} \cdot f_c$$

同样，由于瞬时频率的随机性，需要通过多次平均来提高最大频偏的准确度。

8.5 通信信号解调

所谓调制就是采用调制信号（基带信号）去控制载波的某一个（或几个）参数，比如幅度、相位、频率等，使这个参数按照调制信号的规律而变化的过程。我们把调制样式分为模拟调制和数字调制两类。模拟调制信号有调幅、调相、调频信号等；数字调制有 ASK、PSK、FSK、QAM 等信号类型。解调是调制的逆过程。本节分别讨论模拟调制信号与数字调制信号的解调基本原理。

8.5.1 模拟信号解调

由于通信技术和信号处理技术的不断发展，模拟调制信号完全可以通过数字化解调来实现，实现起来更灵活方便、性能也更好。下面就对模拟信号的数字化解调进行讨论。

通信信号可以用一个通用的数字化形式来表示：

$$s(n) = a(n)\cos\left[\omega_c n + \phi(n)\right]$$

式中，ω_c 表示载波的角频率。调制信号可以分别承载于已调信号的振幅 $a(n)$、频率 $\omega(n)$ 和相位$\phi(n)$中，相对应的就是我们所熟知的调幅、调频及调相调制方式。所以

$$\begin{aligned} s(n) &= a(n)\cos\left[\phi(n)\right]\cos(\omega_c n) - a(n)\sin\left[\phi(n)\right]\sin(\omega_c n) \\ &= X_I(n)\cos(\omega_c n) - X_Q(n)\sin(\omega_c n) \end{aligned}$$

$$= X_I(n)\cos(\omega_c n) - X_Q(n)\sin(\omega_c n)$$

式中：

$$X_I(n) = a(n)\cos[\phi(n)]$$

$$X_Q(n) = a(n)\sin[\phi(n)]$$

这就是同相和正交两个分量，根据 $X_I(n)$、$X_Q(n)$，就可以得到信号的瞬时幅度、瞬时相位和瞬时频率。

瞬时幅度：$a(n) = \sqrt{X_I^2(n) + X_Q^2(n)}$

瞬时相位：$\phi(n) = \arctan\left[\dfrac{X_Q(n)}{X_I(n)}\right]$

$$\phi(n) = \begin{cases} \arctan\left[\dfrac{X_Q(n)}{X_I(n)}\right], & X_I(n) > 0,\quad X_Q(n) > 0 \\ \pi - \arctan\left[\dfrac{X_Q(n)}{X_I(n)}\right], & X_I(n) < 0,\quad X_Q(n) > 0 \\ \dfrac{\pi}{2}, & X_I(n) = 0,\quad X_Q(n) > 0 \\ \pi + \arctan\left[\dfrac{X_Q(n)}{X_I(n)}\right], & X_I(n) < 0,\quad X_Q(n) < 0 \\ \dfrac{3\pi}{2}, & X_I(n) = 0,\quad X_Q(n) < 0 \\ 2\pi - \arctan\left[\dfrac{X_Q(n)}{X_I(n)}\right], & X_I(n) > 0,\quad X_Q(n) < 0 \end{cases}$$

瞬时频率：

$$f(n) = \phi(n) - \phi(n-1)$$

$$= \arctan\left(\frac{X_Q(n)}{X_I(n)}\right) - \arctan\left(\frac{X_Q(n-1)}{X_I(n-1)}\right)$$

在利用相位差分计算瞬时频率，即 $f(n)=\phi(n)-\phi(n-1)$时，由于计算$\phi(n)$要进行除法和反正切运算，实现起来比较困难，用下面的方法来计算瞬时频率 $f(n)$可极大地降低复杂度：

$$f(n) = \phi'(n)$$

$$= \frac{X_I(n)X_Q'(n) - X_I'(n)X_Q(n)}{X_I^2(n) + X_Q^2(n)}$$

对于调频信号，其振幅近似恒定，不妨设 $X_I^2 + X_Q^2$ 为 1，则：

$$f(n) = X_I(n)X_Q'(n) - X_I'(n)X_Q(n)$$

$$f(n) = X_I(n) * \left[X_Q(n) - X_Q(n-1)\right] - \left[X_I(n) - X_I(n-1)\right] * X_Q(n)$$

$$= X_I(n-1) * X_Q(n) - X_I(n) * X_Q(n-1)$$

上式就是利用 X_I、X_Q 直接计算 $f(n)$的近似公式，这种方法只有乘减运算，计算比较简便易行。

下面给出一个模拟信号数字化解调通用框图（见图 8.16）。并对对各种调制样式的正交解调算法进行简要的讨论。

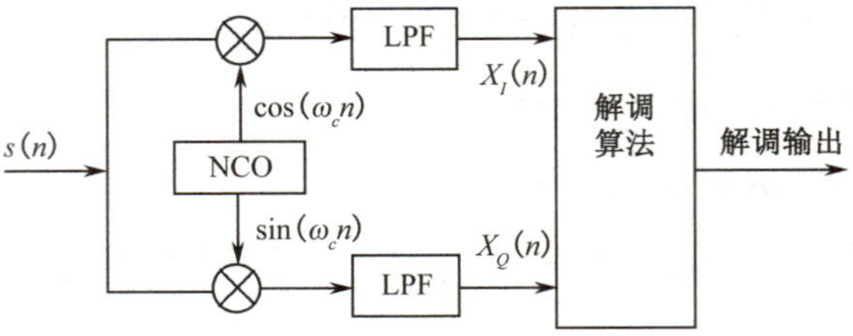

图 8.16　数字化正交解调的模型

1. AM 信号解调

信号可以表示为

$$s(n)=a(n)\cos(\omega_c n+\phi_0)$$

式中，$a(n)=A_0+m(n)$; $A_0>|m(n)|$; $m(n)$为调制信号; ϕ_0为载波初相。

对信号进行正交分解，得同相和正交分量：

同相分量：$X_I(n)=a(n)\cos(\phi_0)$

正交分量：$X_Q(n)=a(n)\sin(\phi_0)$

对同相与正交分量平方之和开方:

$$\sqrt{X_I^2(n)+X_Q^2(n)}=A_0+m(n)$$

减去直流分量 A_0 就可解得了调制信号 $m(n)$。这种方法具有较强的抗载频失配能力，即本地载波与信号载波之间允许一定的频率偏差，但失配严重时，信号会超出所设定的数字信道而发生失真，所以要尽量提高载频估计精度。

2. DSB 信号解调

信号表示为

$$s(n)=m(n)\cos(\omega_c n)$$

对信号进行正交分解得

同相分量：　$s(n)=m(n)\cos(\omega_c n)$

正交分量：　$X_Q(n)=0$

解调时要求本地载频与信号载频同频同相，此时，同相分量输出就是解调信号。同频同相本地载频的提取，可以利用数字科斯塔斯环实现。

3. SSB 信号解调

其信号表达式为

$$s(n)=m(n)\cos(\omega_c n)\pm\hat{m}(n)\sin(\omega_c n)$$

式中，“-”是上边带，“+”是下边带，$\hat{m}(n)$是$m(n)$的希尔伯特变换。

对信号正交分解得

同相分量：$X_I(n)=m(n)$

正交分量：$X_Q(n)=\pm\hat{m}(n)$

无论是上边带还是下边带，同相分量输出都是调制信号。

4. FM 信号解调

其信号可以表示为

$$s(n) = A_0 \cos\left[\omega_c n + k\sum m(n) + \phi_0\right]$$

对信号进行正交分解后，得

$$\text{同相分量：} \quad X_I(n) = A_0 \cos\left[k\sum m(n) + \phi_0\right]$$

$$\text{正交分量：} \quad X_Q(n) = A_0 \sin\left[k\sum m(n) + \phi_0\right]$$

对正交与同相分量之比值进行反正切运算：

$$\phi(n) = \arctan\left[\frac{X_Q}{X_I}\right] = k\sum m(n) + \phi_0$$

然后，对相位差分，即可求得调制信号：

$$\phi(n) - \phi(n-1) = m(n)$$

FM 信号的解调完全可以用上述瞬时频率的提取方法实现，只有加减法运算。

8.5.2　数字信号解调

随着技术的发展，数字调制信号被广泛应用于军民通信系统中，常用的数字调制方式有 ASK、PSK、FSK、QAM 等。下面分别介绍各种数字信号的解调方法。

1. ASK 解调

信号形式为

$$s(t) = \sum_{n=-\infty}^{+\infty} a_n g(t - nT_s) * \cos(2\pi f_c t)$$

式中，a_n 为输入码元，且 a_n = 0，1；$g(t)$ 为持续时间为 T_s 的矩形脉冲。ASK 信号可以采用包络检波和相干解调两种解调方式，在高信噪比情况下，相干与非相干检测方法几乎有同样好的性能。如图 8.17 所示。

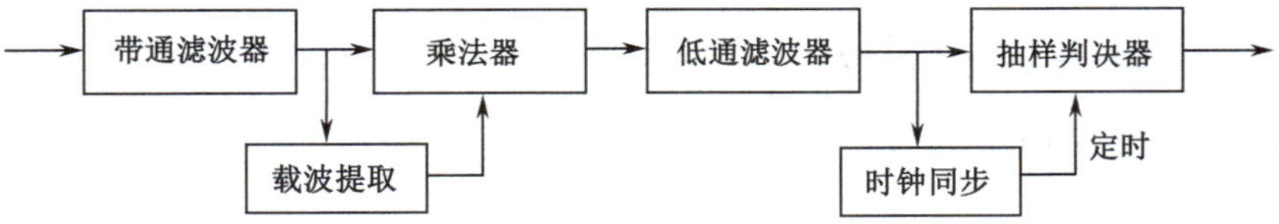

(b) 相干解调法

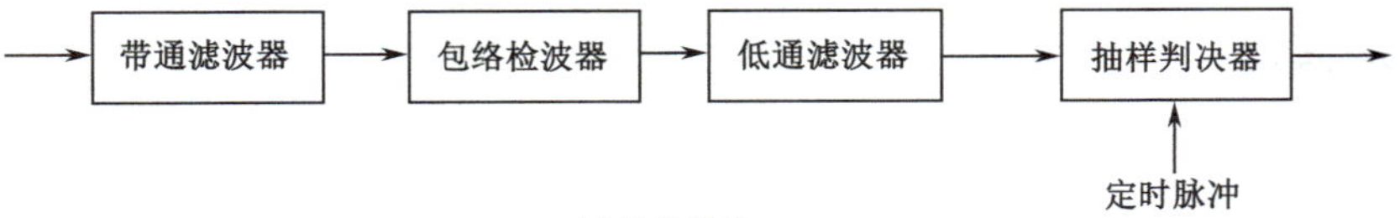

(a) 包络检波

图 8.17　ASK 信号解调框图

ASK 的解调也可以与 AM 信号解调一样，先进行正交变换，得到同相和正交分量，然后根据信号类型提取其瞬时幅度，接着按照符号速率，进行抽样判决，得到数字序列。

2. FSK 解调

信号的数学表达式为

$$s(t)=\sum_{n=-\infty}^{+\infty}a_n g(t-nT_s)*\cos(2\pi f_0 t+\phi_0)+\sum_{m=-\infty}^{+\infty}\overline{a}_n g(t-nT_s)*\cos(2\pi f_1 t+\phi_1)$$

当输入为传号时，输出频率为 f_0 的正弦波，当输入为空号时，输出频率为 f_1 的正弦波。

对 FSK 信号的解调可以用包络检波法、相干解调法等方法，其实现框图如图 8.18 所示。包络检波是指接收端采用中心频率分别为 f_0、f_1 的两个带通滤波器，它们的输出经过包络检波，如果 f_0 支路大于 f_1 支路，则判断为“1”；反之，判断为“0”。

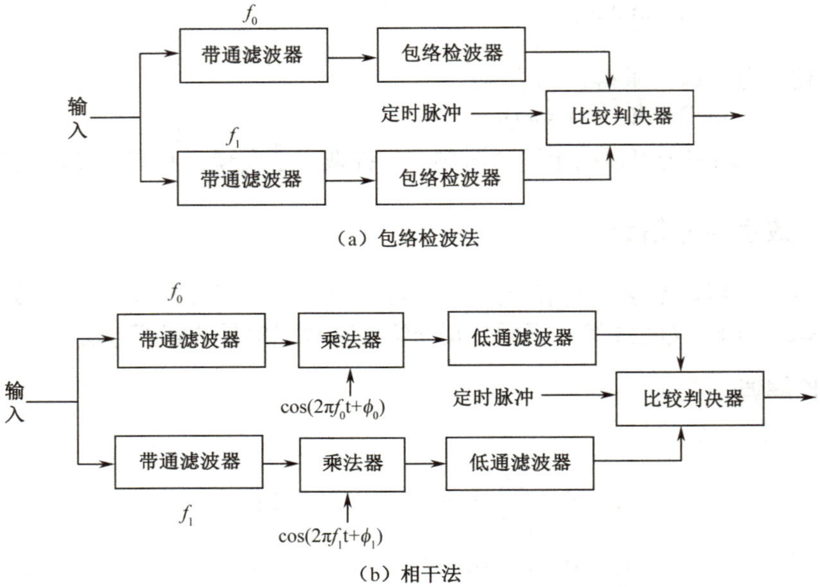

图 8.18　FSK 信号解调框图

FSK 相干解调的误码率为

$$P_e=\frac{1}{2}\text{erfc}(\sqrt{r/2})$$

FSK 非相干解调的误码率为

$$P_e=\frac{1}{2}\text{e}^{-r/2}$$

式中 r 为信噪比。

3. MSK 解调

信号表达式为

$$s(t)=\cos\left[2\pi f_c t+\frac{\pi}{2T_s}a_k t+x_k\right]$$

式中 x_k 是为保证 $t=kT_s$ 时相位连续而加入的相位常量，有 $x_k=x_{k-1}+(a_{k-1}-a_k)\frac{k\pi}{2}$ 。

对于 MSK 的解调可以采用鉴频解调或相干解调。相干解调的框图如图 8.19 所示。

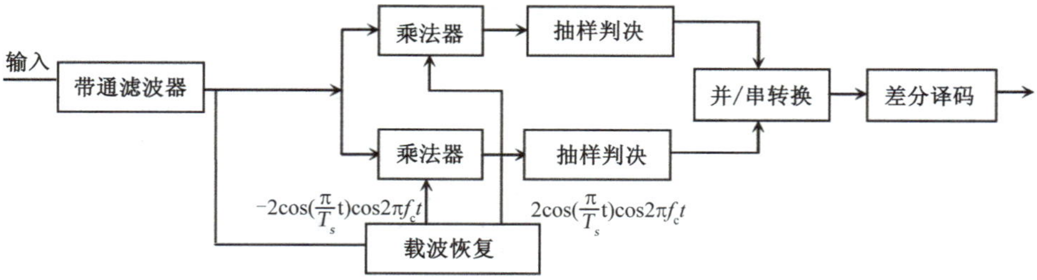

图 8.19　MSK 相干解调框图

相比 FSK 信号，由于 MSK 信号各支路的实际码元宽度为 $2T_s$，其对应的滤波器带宽减少为原来的 1/2，从而使得 MSK 的输出信噪比提高了一倍。

4. BPSK 解调

信号表达式为

$$s(t)=\sum_{n=-\infty}^{+\infty}a_n g(t-nT_s)*\cos(2\pi f_c t)$$

式中，$a_n=+1,-1$。

BPSK 信号可以采用相干解调或差分相干解调，如图 8.20 所示。

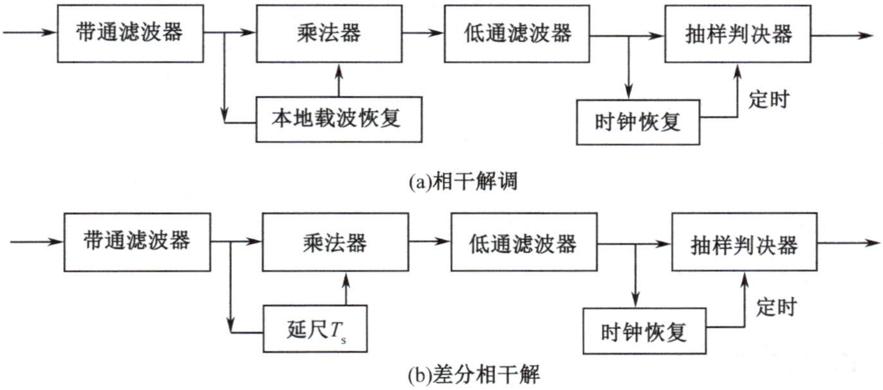

图 8.20　BPSK 信号解调框图

在解调时需要本地载波与信号载波严格地同频同相，同频同相可由数字科斯塔斯环获得。

5. QPSK 信号解调

信号表达式为

$$s(t)=\sum_{n=-\infty}^{+\infty}a_n g(t-nT_s)*\cos(2\pi f_c t)+\sum_{n=-\infty}^{+\infty}b_n g(t-nT_s)*\sin(2\pi f_c t)$$

式中，$a_n=\pm1$，$b_n=\pm1$。

QPSK 信号的相干解调框图如图 8.21 所示。

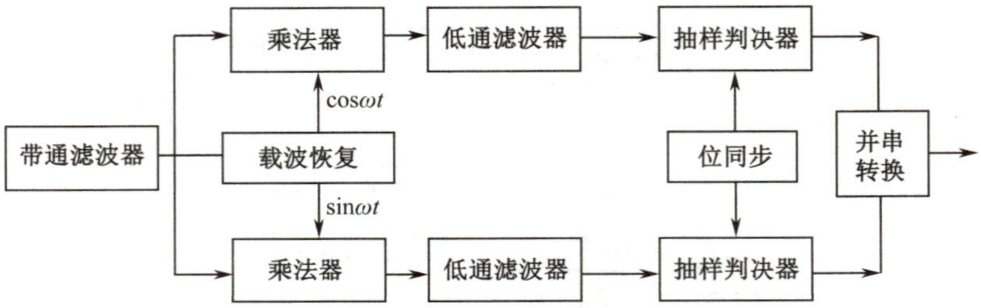

图 8.21 QPSK 信号解调框图

由于 QPSK 可以看成两个正交的 BPSK 通道。每个支路的速率为 QPSK 的一半，功率也是一半（QPSK 的幅度为 A 的话，每个支路的幅度为 $A/\sqrt{2}$）。QPSK 的误比特率与 BPSK 相同，但误码率是不一样的。

6．QAM 解调

信号表达式为

$$s(t)=A_m\cos(2\pi f_c t)+B_m\sin(2\pi f_c t)\quad 0\leqslant t\leqslant T_s$$

式中，$\{A_m\},\{B_m\}$ 为一组离散的振幅，m=1，2，…，M 为电平数。

QAM 信号解调框图与 QPSK 信号解调类似。

M 进制 QAM 的解调误码率为

$$P_e=2\left(1-\frac{1}{\sqrt{M}}\right)\mathrm{erfc}\left(\sqrt{\frac{3}{2(M-1)}k\gamma_b}\right)\cdot\left[1-\frac{1}{2}\left(1-\frac{1}{\sqrt{M}}\right)\right]\mathrm{erfc}\left(\sqrt{\frac{3}{2(M-1)}k\gamma_b}\right)$$

式中，k 为每个码元的比特数，γ_b 为每比特的平均信噪比。

当然，数字信号的解调也可以与模拟信号解调一样，先进行正交变换，得到同相和正交分量，然后根据信号类型提取其瞬时幅度（调幅类数字信号，如 ASK）、瞬时相位（调相类信号，如 PSK）、瞬时频率（调频类信号，如 FSK），接着按照符号速率，进行抽样判决，得到数字序列。

8.6 信道编码分析

在使用非协作接收机对侦收信号进行解调后将进入数字信号分析层面，分析对象是以 0，1 为代表的比特流，信道编码分析是一项重要内容。对信道编码进行分析就是在仅知编码数据而很少知道或完全未知其他信息的条件下如何估计编码参数，进而成功解码恢复编码前序列。

1．卷积码

对 (n_0,k_0,m) 卷积码（m 为寄存器长）的编码数据 C，有 $CH^{\mathrm{T}}=0$ 成立，如能通过数学分析求出校验矩阵 H，则由 $GH^{\mathrm{T}}=0$ 可求出生成矩阵 G。卷积码的识别分析需要识别的未知参数包括：码字起点 i、码长 n_0、码率 k_0/n_0、基本生成矩阵、基本校验矩阵、生成多项式等。卷积码的码字起始点范围 $1\leqslant i\leqslant n_0$，基本生成矩阵 $g=(g_0,g_1,g_2,\cdots,g_m)$ 是识别分析的目标，卷积码的生成矩阵可以表示成

$$G_\infty = \begin{bmatrix} g_0 & g_1 & \cdots & g_m & 0\cdots & & \\ 0 & g_0 & g_1 & \cdots & g_m & 0\cdots & \\ 0 & 0 & g_0 & g_1 & \cdots & g_m & 0\cdots \\ \cdots\cdots & & & & & & \end{bmatrix}$$

不同于分组码的是，卷积码的生成矩阵是一个半无限矩阵。G_∞ 完全由前 $m+1$ 段的值 $g_0, g_1, g_2, \cdots, g_m$ 决定，也可用多项式表示基本生成矩阵：

$$g(D) = g_0 + g_1 D + \cdots + g_m D^m$$

对 (n,k) 分组码而言，其相互约束的最少码元即编码约束度为码长 n，但对卷积码则不然，(n_0, k_0, m) 卷积码的编码约束长度 $N = n_0(m+1)$。当卷积码排成 $p \times q$ 矩阵($q>N$，$p>q$)时，显然当 $q=N$ 且每行恰好为卷积码的一个完整编码约束长度，即当矩阵的每行起点恰好为卷积码起点时，单位化后，每行编码约束长度内必存在约束关系，故此 $p \times q$ 矩阵的秩不为列数 q。当 $q=a* n_0$ ($q>N$，即 $a>m+1$)时，对 $p \times q$ 矩阵而言，每行至少存在 1 个位置完全对齐的完整编码约束长度内码组，此时矩阵的秩必定小于 q，且单位化后左上角单位阵的维数相等。同理，当 q 与 n_0 没有倍数关系时，每行要么不存在一个完整的编码约束长度内码组($q<N$)，要么虽然存在完整的编码约束长度内码组，但其位置却是没有对齐的($q>N$)，对矩阵而言，就是各列线性无关，其秩必然为列数 q。故只需对留存的列值取最大公约数即可得到卷积码长 n_0。

进一步对 $p \times q$ 矩阵($p>q$)，当 q 为 n_0 倍数时，每行码组内位置必定是一一对齐的，若矩阵的每行起点恰好为卷积码的起点，则每行从起点开始必存在最多个完整的编码约束长度内码组，这样单位化后其左上角单位阵的维数必定最小。

故当记下矩阵移位的 n_0 种情况（无移位和 n_0-1 种不同移位）时，则当各矩阵中左上角单位阵维数最小时的移位即为卷积码的起点。

设 $p > N$，将卷积码的码字序列排列成 $p \times N$ 的矩阵 C。此 C 矩阵既可以看成 N 个列向量组同时也可以看成 p 个行向量组，即 $C = [C_1, C_2, \cdots, C_N]$，$C_i (1 \leqslant i \leqslant N)$ 为列向量；或 $C = [K_1, K_2, \cdots, K_p]$，$K_i (1 \leqslant i \leqslant p)$ 为行向量。如要求解卷积码的编码约束方程实际上就是求方程 $W_1 C_1 + W_2 C_2 + \cdots + W_N C_N = 0$ 的解，其中 $W_1, W_2, \cdots, W_N$ 即所要求的未知数，系数矩阵由 C_1 到 C_N 组成。

当矩阵每行起始点为卷积码输出分组的起始点时(保证比特同步)，卷积码的 N 个相邻码元在编码约束长度内符合编码约束关系，码元之间的关系就代表了列向量之间的关系，故而列向量 C_1 到 C_N 一定符合卷积码的编码约束方程。由 C_1 到 C_N 列向量组的秩 $N-r<N$，可判断出方程 $WC=0$ 肯定有非 0 解。设 $x_1, x_2, \cdots, x_{N-r}$ 为方程组的一个基础解系，对矩阵进行初等变换，单位化处理后有

$$C = \begin{bmatrix} 1\ 0\ 0.....0 & p_{1,1} & p_{2,1} & \cdots\cdots & p_{r,1} \\ 0\ 1\ 0\ ....0 & p_{1,2} & p_{2,2} & \cdots\cdots & p_{r,2} \\ \cdots\cdots\cdots\cdots\cdots\cdots & & & & \\ 0\ 0\ 0\cdots 1 & p_{1,(N-r)} & p_{2,(N-r)} & \cdots\cdots & p_{r,(N-r)} \\ 0\ 0\ 0\cdots 0 & 0 & 0 & \cdots\cdots & \end{bmatrix}$$

则卷积码编码约束方程组的一组基为

$$
\begin{cases}
p_{1,1}C_1 + p_{1,2}C_2 + \cdots + p_{1,(N-r)}C_{N-r} + C_{N-r+1} = 0 \\
p_{2,1}C_1 + p_{2,2}C_2 + \cdots + p_{2,(N-r)}C_{N-r} + C_{N-r+2} = 0 \\
\cdots \\
p_{r,1}C_1 + p_{r,2}C_2 + \cdots + p_{r,(N-r)}C_{N-r} + C_N = 0
\end{cases}
$$

由此即可得到卷积码的校验矩阵。

如对某卷积码数据，分析结果如图 8.22 所示。

1	1 0 0 0 0 0 0 0 0 0 0 0 0 1	0 1 0 0 0 0 0 1 0 1 0 1 0 0 0 0 0 1 0 0 0 0
2	0 1 0 0 0 0 0 0 0 0 0 0 0 1	0 1 0 0 0 0 0 1 0 1 0 1 1 1 1 0 0 1 0 1 0 0
3	0 0 1 0 0 0 0 0 0 0 0 0 0 1	0 0 0 1 0 0 0 1 0 0 0 0 1 0 0 1 0 0 1 0 0 1
4	0 0 0 1 0 0 0 0 0 0 0 0 0 0	0 1 0 1 0 0 0 0 0 1 0 1 0 1 1 1 0 1 0 0 0 0
5	0 0 0 0 1 0 0 0 0 0 0 0 0 0	0 1 0 0 0 1 0 0 0 1 0 0 0 0 1 0 0 1 0 0 1 0
6	0 0 0 0 0 1 0 0 0 0 0 0 0 0	0 0 0 1 0 1 0 0 0 0 0 1 0 1 0 1 0 0 0 0 0 1
7	0 0 0 0 0 0 1 0 0 0 0 0 0 1	0 1 0 1 0 0 0 0 0 1 0 0 0 0 1 1 0 1 1 0 1 1
8	0 0 0 0 0 0 0 1 0 0 0 0 0 1	0 1 0 0 0 1 0 0 0 1 0 1 0 1 0 1 0 0 1 1 0 1
9	0 0 0 0 0 0 0 0 1 0 0 0 0 1	0 0 0 1 0 1 0 1 0 1 0 0 0 0 0 0 0 1 0 0 0 0
10	0 0 0 0 0 0 0 0 0 1 0 0 0 1	0 0 0 1 0 0 0 0 0 1 0 0 1 0 0 0 0 1 1 1 0 1
11	0 0 0 0 0 0 0 0 0 0 1 0 0 0	0 1 0 0 0 1 0 1 0 0 0 1 1 1 1 0 0 0 0 0 0 0
12	0 0 0 0 0 0 0 0 0 0 0 1 0 1	0 0 0 0 0 1 0 1 0 1 0 0 0 0 1 0 0 1 0 1 0 0
13	0 0 0 0 0 0 0 0 0 0 0 0 1 1	0 1 0 1 0 0 0 0 0 0 0 0 0 1 1 1 0 0 1 0 0 0
14	0 0 0 0 0 0 0 0 0 0 0 0 0 0	0 0 0 0 0 0 0 0 0 0 0 0 0 0 0 0 0 0 0 0 0 0
15	0 0 0 0 0 0 0 0 0 0 0 0 0 0	1 1 0 1 0 1 0 0 0 0 0 0 0 0 1 0 0 1 1 1 0 1
16	0 0 0 0 0 0 0 0 0 0 0 0 0 0	0 0 0 0 0 0 0 0 0 0 0 0 0 0 0 0 0 0 0 0 0 0

图 8.22 卷积码识别结果图

可知其编码器生成多项式分别为

$$G_1(x) = x^6 + x^3 + x^2 + x + 1$$

$$G_2(x) = x^6 + x^5 + x^3 + x^2 + 1$$

该码是卫星通信中常用的(2，1，7)卷积码，编码器生成框图如图 8.23 所示。

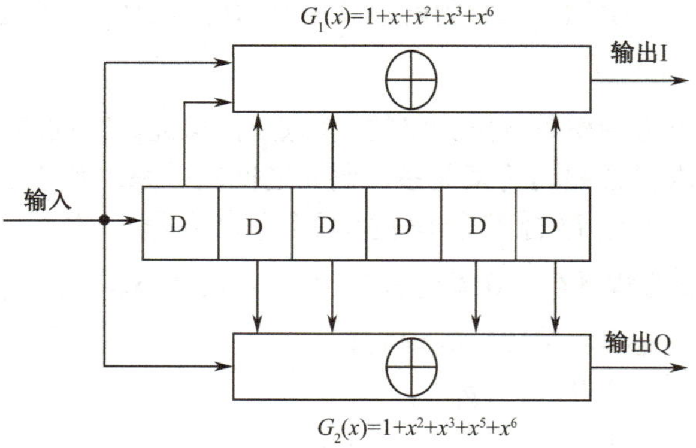

图 8.23 （2，1，7）卷积码编码器框图

2. 分组码

对分组码采用类似卷积码的线性分析法，从分析的分组码起始点开始，建立分析矩阵，

保证每行是一个完整的码字，对该分析矩阵进行初等变换，分析结果如图 8.24 所示。

由图可确定分组码的信息位数 $k=26$，该分组码为（31,26）码，其生成多项式以二进制系数的八进制表示为 $g(x)=45$，很明显虚线框内即为（31,26）分组码的生成矩阵。

线性分析法同样可用于纠错码+交织的分析中，如某一段采用了分组编码和分组交织的接收序列。以 C 代表交织前的码元，U 代表交织后的码元，对交织前的（7, 4）线性分组码码元，建立分析矩阵以求其编码约束方程，可得交织前矩阵变换图，如图 8.25 所示。

	0										10										20										30
1	1	0	0	0	0	0	0	0	0	0	0	0	0	0	0	0	0	0	0	0	0	0	0	0	0	0	1	0	0	1	0
2	0	1	0	0	0	0	0	0	0	0	0	0	0	0	0	0	0	0	0	0	0	0	0	0	0	0	0	1	0	0	1
3	0	0	1	0	0	0	0	0	0	0	0	0	0	0	0	0	0	0	0	0	0	0	0	0	0	0	1	0	1	1	0
4	0	0	0	1	0	0	0	0	0	0	0	0	0	0	0	0	0	0	0	0	0	0	0	0	0	0	0	1	0	1	1
5	0	0	0	0	1	0	0	0	0	0	0	0	0	0	0	0	0	0	0	0	0	0	0	0	0	0	1	0	1	1	1
6	0	0	0	0	0	1	0	0	0	0	0	0	0	0	0	0	0	0	0	0	0	0	0	0	0	0	1	1	0	0	1
7	0	0	0	0	0	0	1	0	0	0	0	0	0	0	0	0	0	0	0	0	0	0	0	0	0	0	1	1	1	1	0
8	0	0	0	0	0	0	0	1	0	0	0	0	0	0	0	0	0	0	0	0	0	0	0	0	0	0	0	1	1	1	1
9	0	0	0	0	0	0	0	0	1	0	0	0	0	0	0	0	0	0	0	0	0	0	0	0	0	0	1	0	1	0	1
10	0	0	0	0	0	0	0	0	0	1	0	0	0	0	0	0	0	0	0	0	0	0	0	0	0	0	1	1	0	0	0
11	0	0	0	0	0	0	0	0	0	0	1	0	0	0	0	0	0	0	0	0	0	0	0	0	0	0	0	1	1	0	0
12	0	0	0	0	0	0	0	0	0	0	0	1	0	0	0	0	0	0	0	0	0	0	0	0	0	0	0	0	1	1	0
13	0	0	0	0	0	0	0	0	0	0	0	0	1	0	0	0	0	0	0	0	0	0	0	0	0	0	0	0	0	1	1
14	0	0	0	0	0	0	0	0	0	0	0	0	0	1	0	0	0	0	0	0	0	0	0	0	0	0	1	0	0	1	1
15	0	0	0	0	0	0	0	0	0	0	0	0	0	0	1	0	0	0	0	0	0	0	0	0	0	0	1	1	0	1	1
16	0	0	0	0	0	0	0	0	0	0	0	0	0	0	0	1	0	0	0	0	0	0	0	0	0	0	1	1	1	1	1
17	0	0	0	0	0	0	0	0	0	0	0	0	0	0	0	0	1	0	0	0	0	0	0	0	0	0	1	1	1	0	0
18	0	0	0	0	0	0	0	0	0	0	0	0	0	0	0	0	0	1	0	0	0	0	0	0	0	0	1	1	1	0	0
19	0	0	0	0	0	0	0	0	0	0	0	0	0	0	0	0	0	0	1	0	0	0	0	0	0	0	0	1	1	1	1
20	0	0	0	0	0	0	0	0	0	0	0	0	0	0	0	0	0	0	0	1	0	0	0	0	0	0	0	0	1	1	0
21	0	0	0	0	0	0	0	0	0	0	0	0	0	0	0	0	0	0	0	0	1	0	0	0	0	0	1	0	0	0	0
22	0	0	0	0	0	0	0	0	0	0	0	0	0	0	0	0	0	0	0	0	0	1	0	0	0	0	1	1	0	1	0
23	0	0	0	0	0	0	0	0	0	0	0	0	0	0	0	0	0	0	0	0	0	0	1	0	0	0	0	1	1	0	1
24	0	0	0	0	0	0	0	0	0	0	0	0	0	0	0	0	0	0	0	0	0	0	0	1	0	0	1	0	1	0	0
25	0	0	0	0	0	0	0	0	0	0	0	0	0	0	0	0	0	0	0	0	0	0	0	0	1	0	0	1	0	1	0
26	0	0	0	0	0	0	0	0	0	0	0	0	0	0	0	0	0	0	0	0	0	0	0	0	0	1	0	0	1	0	1
27	0	0	0	0	0	0	0	0	0	0	0	0	0	0	0	0	0	0	0	0	0	0	0	0	0	0	0	0	0	0	0
28	0	0	0	0	0	0	0	0	0	0	0	0	0	0	0	0	0	0	0	0	0	0	0	0	0	0	0	0	0	0	0

图 8.24　分组码分析结果

1	0	0	0	1	0	1	0	0	0	0	0	0	0
0	1	0	0	1	1	0	0	0	0	0	0	0	0
0	0	1	0	0	1	1	0	0	0	0	0	0	0
0	0	0	1	1	1	1	0	0	0	0	0	0	0
0	0	0	0	0	0	0	0	0	0	0	0	0	0
0	0	0	0	0	0	0	0	0	0	0	0	0	0
0	0	0	0	0	0	0	0	0	0	0	0	0	0
0	0	0	0	0	0	0	1	0	0	0	1	0	0
0	0	0	0	0	0	0	0	1	0	0	1	1	0
0	0	0	0	0	0	0	0	0	1	0	0	1	1
0	0	0	0	0	0	0	0	0	0	1	1	1	1
0	0	0	0	0	0	0	0	0	0	0	0	0	0
0	0	0	0	0	0	0	0	0	0	0	0	0	0

图 8.25　交织前矩阵变换图

可知左上角虚线框中 7×7 方阵的秩为 4，对应的齐次方程的解空间的维数为 3，方程组的一组基为

$$\begin{cases} C_1+C_2+C_3+C_5=0 \\ C_2+C_3+C_4+C_6=0 \\ C_1+C_2+C_4+C_7=0 \end{cases}$$

能构成二元域的所有可能的约束方程为

$$\begin{cases} C_1+C_2+C_3+C_5=0 \\ C_2+C_3+C_4+C_6=0 \\ C_1+C_2+C_4+C_7=0 \\ C_1+C_4+C_5+C_6=0 \\ C_3+C_4+C_5+C_7=0 \\ C_1+C_3+C_6+C_7=0 \\ C_2+C_5+C_6+C_7=0 \end{cases}$$

交织后码元满足的相关关系均由上面的方程组演变而来。

对交织序列，相对交织块起点 0 建立分析矩阵以求其编码约束方程，可得矩阵变换图如图 8.26 所示。约束方程为

$$\begin{cases} U_1+U_2+U_4+U_5=0 \\ U_2+U_3+U_4+U_6=0 \\ U_1+U_3+U_4+U_7=0 \end{cases}$$

通过比较交织前后的约束方程，可得交织前后关系如表 8.1 所示。

$$\begin{matrix}
1&0&0&0&1&0&1&0&0&0&0&0&0&0\\
0&1&0&0&1&1&0&0&0&0&0&0&0&0\\
0&0&1&0&0&1&1&0&0&0&0&0&0&0\\
0&0&0&1&1&1&1&0&0&0&0&0&0&0\\
0&0&0&0&0&0&0&0&0&0&0&0&0&0\\
0&0&0&0&0&0&0&0&0&0&0&0&0&0\\
0&0&0&0&0&0&0&0&0&0&0&0&0&0\\
0&0&0&0&0&0&0&1&0&0&0&1&0&0\\
0&0&0&0&0&0&0&0&1&0&0&1&1&0\\
0&0&0&0&0&0&0&0&0&1&0&0&1&1\\
0&0&0&0&0&0&0&0&0&0&1&1&1&1\\
0&0&0&0&0&0&0&0&0&0&0&0&0&0\\
0&0&0&0&0&0&0&0&0&0&0&0&0&0
\end{matrix}$$

图 8.26 交织后矩阵变换图

表 8.1 交织置换关系

U	1	2	3	4	5	6	7
C	1	6	2	5	4	7	3

3. 扰码分析

密码和扰码都具有对数据进行混乱处理的能力，扰码本身也可看成一种简单的流密码。

加密前的信源数据一般是冗余的，如具有 0、1 不平衡的统计特性，大部分唯密攻击的理论基础就是通过对加密数据进行某种处理后，使之能恢复加密前的统计特性。受此思路启发，可以对扰码进行分析。

扰码中 LFSR 生成器模型如图 8.27 所示，其中 u_i 是 LFSR 的输出序列，e_i 相当于加扰前的明文输入信息序列，z_i 是外部输出序列。序列 $u_1,u_2,\cdots$ 未知，序列 $e_1,e_2,\cdots$ 未知，序列 $z_1,z_2,\cdots$ 已知。明文序列具有 0、1 的不平衡特性，比如说 0 所占的比例为 $1/2+\varepsilon$, $0<\varepsilon<1/2$，换个角度看，也就是说扰码输出和 LFSR 的输出有 $1/2+\varepsilon$ 的符合优势。

对于自同步扰码，只需要识别出其自同步扰码多项式；对于同步扰码，除需识别出扰码多项式外，还需识别出所使用 LFSR 的初始状态。

在已经分析出扰码多项式的情况下，求取同步扰码初态可以借鉴密码分析中的分别征服攻击法，不妨称为征服攻击法。

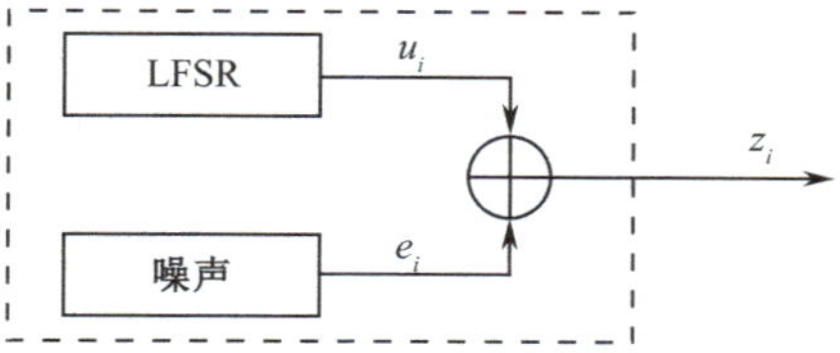

图 8.27 LFSR 序列加扰模型

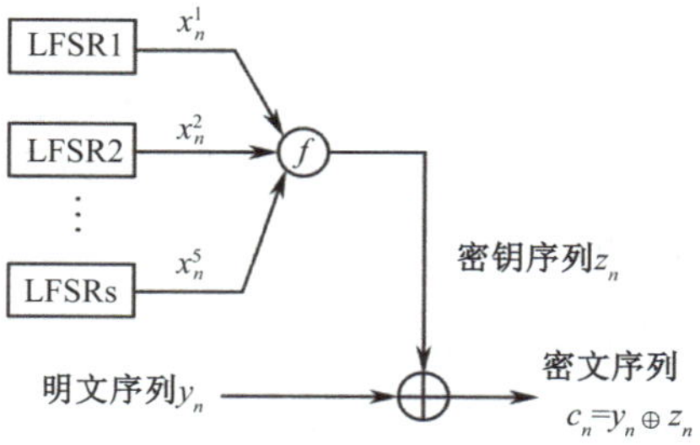

图 8.28 非线性组合流密码模型

如设扰码前信息序列为 y_n，加扰序列为 z_n，加扰后传输序列为 c_n，则有 $c_n = y_n \oplus z_n$，那么利用征服攻击法恢复同步扰码初态的基本思想是，设法求出含 N 个密文比特的 C_n 密文序列和某个或某些驱动分量序列 x_n^j 之间的符合率（见图 8.28）。

明文分布：$P_r(y_n = 0) = p_0$；

驱动源平衡：$P_r(x_n^j = 0) = P_r(x_n^j = 1) = 1/2$；

密钥流平衡：$P_r(z_n = 0) = P_r(z_n = 1) = 1/2$；

密文与密钥之间的相关度：$\alpha = 1 - 2\sum_{n=1}^{N}(c_n \oplus x_n^j)/N$

分析得到密钥流和驱动序列的符合率为 $P_r(z_n = x_n^j) = q_j (j = 1,2,\cdots,s)$，密文和驱动序列的符合率为 $P_e = (c_n = x_n^j) = 1-(q_j + p_0) + 2p_0q_j$。

恢复密钥方法：由 LFSR 任选一初态，生成一周期为 $2^n - 1$ 的 m 序列密钥流，对密钥流中 $2^n - 1$ 个可能位置中的每一个位置和密文序列计算相关度，基于相关度判断所选初态是否正确（假设检验）。

该攻击方法建立在组合函数与其变元的相关性及信源的 0、1 不平衡基础上，可以用来分析带有初态的 LFSR 的同步扰码生成多项式。对某扰码序列进行相关度分析的结果如图 8.29 所示。

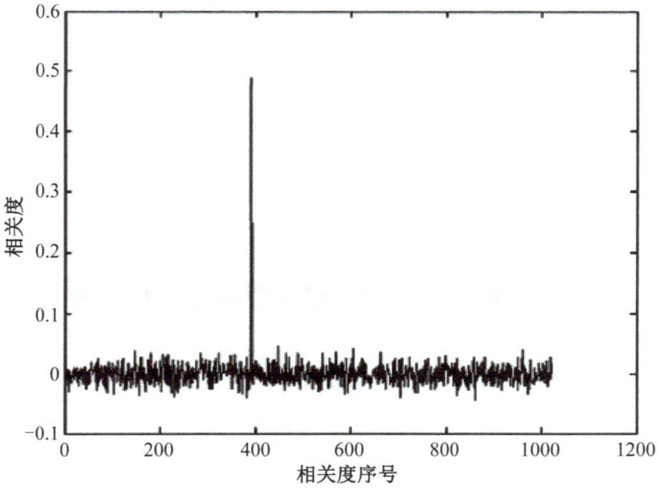

图 8.29 相关度分析

由于自同步扰码的密钥流与其 LFSR 的初态无关，应用征服攻击法进行分析需要加以改进，使密钥流能有相对应的表达形式。根据接收的信道数据序列选取合适长度为 N 的序列作为密文序列，兼作测试序列 C，以多项式形式表示数字序列，记测试序列为 $C(x)$。

从可能的生成多项式集中选择一个生成多项式，对所选密文序列进行解密运算，得到明文序列 Y，如生成多项式 $f(x)=\sum_{i=1}^{n}s_ix^i$，进行自同步解扰，则有 $Y(x)=C(x)+\sum_{i=1}^{n}s_ix^iC(x)$。

对序列 Y 以生成多项式 $f(x)$ 进行自同步加扰，得到新的计算密文序列 $CN(x)=Y(x)+\sum_{i=1}^{n}s_ix^iCN(x)$，则密钥流序列 $Z=CN\oplus Y$。

N 个密文符号 C 与密钥序列 Z 之间的相关度是一个随机变量 α，定义如下：

$$\begin{aligned}\alpha&=(\#\{i\mid C_i=Z_i,1\leqslant i\leqslant N\}-\#\{i\mid C_i\neq Z_i,1\leqslant i\leqslant N\})/N\\&=\sum_{n=1}^{N}(1-2(C_i\oplus Z_i))/N\\&=1-2\sum_{n=1}^{N}(C\oplus Z)/N\end{aligned}$$

如果预先设定有一个判决门限值 T，若计算得出的相关度 $\alpha\geqslant T$，则假定所使用的生成多项式正确，从而自同步扰码的生成多项式确定；否则需要重新选取一个生成多项式，继续进行下一次判断。

如某一段采用了自同步加扰方式的接收序列，预设判决门限值 T 为 0.1，选取合适长度的测试序列，取可能生成多项式为 $x^{17}+x^5+1$，最后计算可得相关度 $\alpha=0.00208$，小于门限值 T，故不可取。

实际上，对 LFSR 的级数小于 60，生成多项式反馈抽头数为 3 的所有生成多项式，其相关度大小示意如图 8.30 所示。

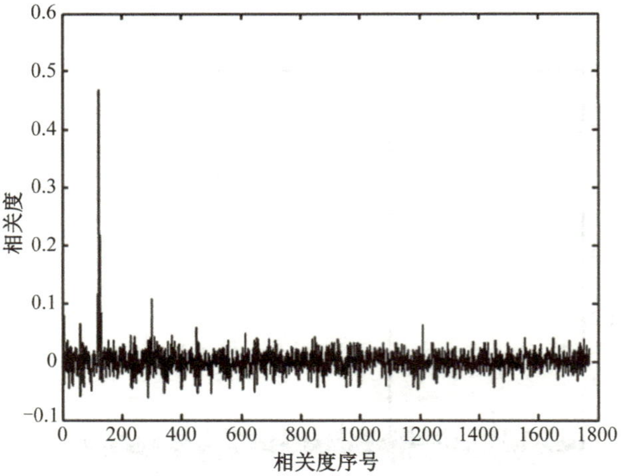

图 8.30　相关度分布

由图 8.30 可知相关度分布图具非常明显的相关度峰值，取其中最大 10 个相关度值列举如下：

抽头 1	抽头 2	相关度
3	10	0.468687
3	4	0.116162
6	20	0.108081
3	16	0.083333
1	8	0.078283
2	3	0.063973
27	29	0.063741
9	16	0.059343
3	6	0.050505
12	33	0.047444

由此可知当相关度 $\alpha = 0.468687$ 时，相关度大于门限值 T 且最大，故可确定自同步扰码的生成多项式为 $x^{10} + x^3 + 1$。

对信道编码参数进行分析就是在仅知编码数据而很少知道或完全未知其他信息的条件下如何估计编码参数，进而成功解码恢复编码前序列。目前对卷积码、分组码（包括 RS 码）的识别分析已经解决得较好，而对含交织编码的分析有待进一步深入研究。

第 9 章　通 信 干 扰

通信的目的是将信息从一个地点传递到另一个地点。下列所有类型的传输信号都被认为是通信：

- 语音通信；
- 计算机与计算机通信；
- 指挥链路；
- 数据链路；
- 武器发射链路；
- 移动电话。

通信干扰的目的是阻止信息的传递。通信干扰的条件要求取决于信号的调制、链路的位置分布和信号的发射功率。

图 9.1 说明了通信干扰的位置分布。尽管典型的雷达在同一个地点既有发射机又有相关的接收机，通信链路——它的作用就是将信息从一个地点传递到另一个地点——接收机总是位于和发射机不同的地点。

注意，我们只能干扰接收机。当然，通信中经常采用收发信机（包括发射机和接收机两部分），但只有图中地点 B 的接收机被干扰。如果采用了收发信机而我们想干扰反向链路，干扰功率必须发送到地点 A。

在一些重要的通信系统中是不使用收发信机的——如图 9.2 所示的无人航空飞行器（UAV）链路。该图显示了数据链路（或“下行链路”）被干扰。当然，我们所干扰的是接收机。

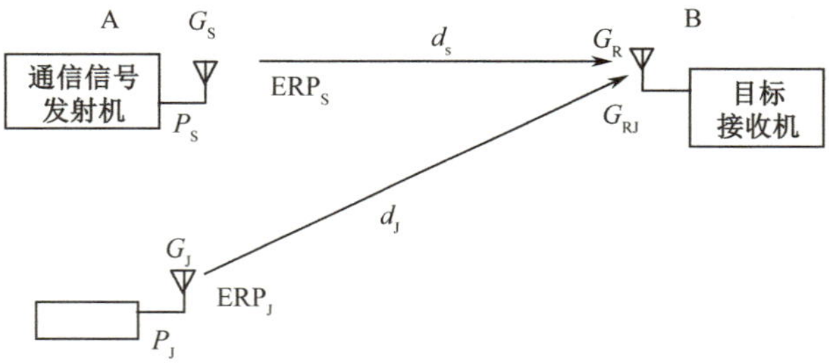

图 9.1　通信干扰位置图

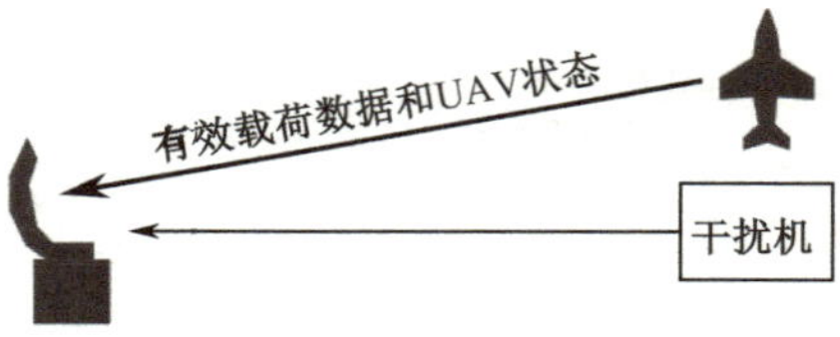

图 9.2　UAV 链路干扰方位图

9.1　干信比

9.1.1　干信比计算

干扰效果的实际检验是用信息阻断率来衡量的。后者通常这样测试，由经过培训的发报员读一段文本，由经过培训的收报员记录他听到的内容。当干扰变得严重时，接收到正确词语的百分比降低。这种测试的一个问题是人类大脑能使报务员通过模式识别从低质量的信号中提取出信息。我们熟悉自己的语言，因此能根据以往经验来完善词语或句子。解决这个问题的一种方法是每次发送信息时改变文本中的关键词——并只对这些词语进行正确性统计。另一种方法是使用随机词语表。

通信干扰机干扰通信的途径是向目标接收机注入不希望接收到的信号，伴随着希望接收到的通信信号一起进入接收机。这个不希望接收到的信号必须足够强，使得接收机无法从通信信号中恢复出所需信息。干扰信号（接收机端）与通信信号（接收机端）的比值叫做干信比（J/S）。这个比值通常用 dB 来表示。有效干扰所需的 J/S 取决于发射信号的调制方式，但任何调制的 J/S 都可用下面的方法计算。

图 9.1 中的干扰机—接收机链路和发射机—接收机链路可以使用第 5 章中给出的任何传播模型。它们不一定使用同样的传播模型。因此，本节的干信比公式包括传播损耗这一通用项。

通信 J/S 公式为

$$J/S = \mathrm{ERP}_J - \mathrm{ERP}_S - L_J + L_S + G_{RJ} - G_R$$

式中，J/S 为干扰信号功率和通信信号功率在被干扰接收机输入端的比值（单位 dB）；

ERP_J 为干扰发射机的等效辐射功率（单位 dBm）；

ERP_S 为通信信号发射机的等效辐射功率（单位 dBm）；

L_J 为从干扰发射机到接收机的传播损耗（单位 dB）；

L_S 为从通信信号发射机到接收机的传播损耗（单位 dB）；

G_{RJ} 为接收机天线在干扰发射机方向上的增益（单位 dBi）；

G_R 为接收机天线在通信信号发射机方向上的增益（单位 dBi）。

在多数情况下目标接收机的接收天线可覆盖 360° 方位角。这类天线的例子有鞭天线和飞机上的单极天线。当接收机连接 360° 方位覆盖天线时，通信 J/S 方程简化如下：

$$J/S = \mathrm{ERP}_J - \mathrm{ERP}_S - L_J + L_S$$

由于接收机天线在干扰发射机方向和通信信号发射机方向具有相同的增益，两个天线增益项被抵消。

等效辐射功率项等于对应的发射机输出功率（dBm）与发射天线在目标接收机方向上的增益（dBi）之和。

适用的传输损耗选项（干扰和通信信号链路）取决于频率和地理位置。表 9.1 给出了可用的传播模型。注意，干扰和通信信道传播损耗模型的选择是完全独立的。每个传播模型都在第 5 章中进行了介绍，并给出了计算方法。

表 9.1　适用传播模型

信号和环境	传播模型	
高频，或（与）传播路径远离地面，或（与）窄天线	视距模型	
信号接近地面或水面，并且频率低于微波频段	信道距离小于菲涅尔区	视距模型
	信道距离大于菲涅尔区	双线模型
信号路径经过或邻近山脊或山地	视距模型加上刃峰绕射损耗	

9.1.2 其他损耗

虽然传播损耗是最主要的因素，并且通常用 J/S 公式表达，但干扰信号和通信信号传播路径还会有大气损耗并受到非视距或降雨损耗影响。如果两者的距离或视距情况存在很大差别，应该进行相应计算并修正干信比。注意，大气和降雨损耗部分见第 5.8 节。

9.1.3 有利位置干扰

有利位置干扰是将干扰机放置在如图 9.3 所示的靠近目标接收机处。其作用是减小干扰机与接收机的距离，干信比按所减小距离的平方（或四次幂）增加。

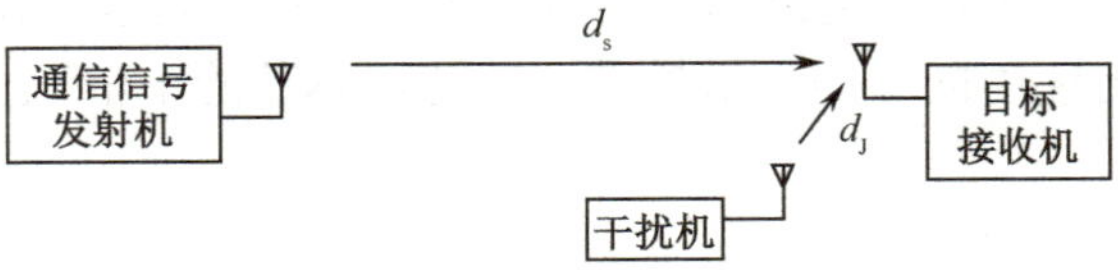

图 9.3 有利位置干扰

这种方法的优点是可以降低干扰功率来达到同样的干信比。由此带来的另外一个优点是友方接收机——它与干扰机的距离远大于敌方目标接收机与干扰机的距离——将不会被干扰。这就防止了自相残杀，或无意间干扰到友方通信。

有利位置干扰技术包括摆放式干扰机、UAV 上的干扰有效载荷和炮弹投掷式干扰机。

有利位置干扰特别有利于对扩展频谱通信的干扰，由于需要抵消接收机的处理增益，从远距离干扰变得非常困难。

9.2 数字与模拟干扰

9.2.1 数字与模拟干扰

当干扰模拟调制通信信号时，通常需要达到一个较高的干信比（一般认为 10dB 比较适合）。通常必须以 100%占空比进行干扰。这点是必需的，因为接收机操作员的一个重要能力就是“自适应”地收听。在所有的模拟通信中，即使在低质量的信息传输时，我们也能根据上下文来“填空”。在战术军事通信中就更是如此，因为重要信息是按照严格的格式来发送的。标准的“五段格式作战命令”和语音字码表就是例子。

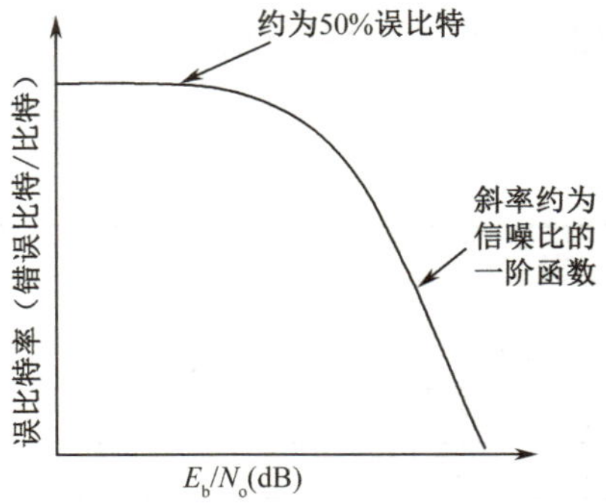

图 9.4 误比特率与 E_b/N_o 关系

当干扰数字调制通信信号时，我们攻击信号试图让它变得无法被数字解调器解读。既可以干扰同步，也可以造成比特错误。由于同步非常可靠，因此干扰的根本方法还是造成比特错误。

如图 9.4 所示，进入数字接收机的信噪比与它所造成的数字输出误比特率之间是一个非线性的关系。通信理论教材中包括这些曲线族——每一族对应于每种传输数字数据的调制方法。该图中信号质量用误比特率与 E_b/N_o 的关系来表示。这个值与检波前信噪比的关系见公式：

$$E_b/N_o = \text{RFSNR}（带宽/比特率）$$

式中，RFSNR 是检波前信噪比。

各种调制的曲线都类似这个典型示例的基本形状。曲线顶部在 50%误比特处变平。我们考虑一下就会发现这是合理的——50%是数字信号中能达到的最坏状况。如果误比特率高于 50%，输出变得与传输信息更加相关。所有曲线都在 0dB 左右信噪比（即信号等于噪声）时达到了这个 50%点。这意味着无论采用哪种调制类型，如果噪声电平（或干扰电平）等于接收信号电平，当干扰电平继续增加时误比特率不再增加。由于增大干信比减小了检波前信"噪"比，干扰对某种典型数字调制误比特率的影响如图 9.5 所示。图中将误比特率作为 J/S 的函数来显示（向左为干信比增加方向）。注意到当 J/S 达到 0dB 时，误比特率非常接近 50%，而继续增加干信比不再使误比特率有明显增长。因此，通常假定当干信比的值大于 1（即 0dB）时数字信号的接收信号质量不再降低。0dB 适用于从 RF 调制恢复数字波形的电路环节，认识到这一点很重要。在扩展频谱信号中接收机具有处理增益，实际的干信比被处理增益降低了。

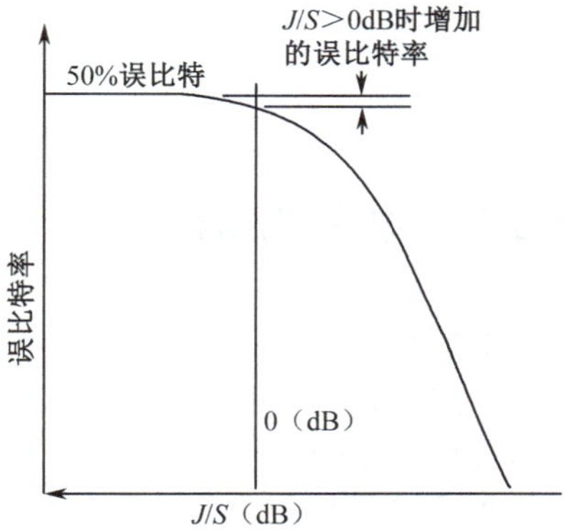

图 9.5　误比特率与干信比关系

一些信息类型（例如遥控指令）要求极低的误比特率，而话音通信可容忍更多的错误。

此外，如果信号在三分之一时间是不可读的（短期内），它被认为是无效的。这意味着一个数字信号只需要用 0dB 干信比进行三分之一时间的干扰，而一个模拟信号需要用正干信比进行 100%时间的干扰。在一些著作中讲到完全干扰数字信号所需干扰占空比是 20%，但更为普遍认可的是 33%这个值。这个 33%应用的时间周期必须低于语音中的音节或其等效数字数据的速率。

需要注意到纠错码的存在增加了对数字信号所需的干扰占空比，因为它们纠正了一些由干扰引起的比特错误。

可以预料，在大多数情况下所有的 LPI 信号都是采用数字形式来传输信息的，其原因在第 2.4 节讨论特殊类型 LPI 信号时已经说明。

9.2.2　脉冲干扰

脉冲的峰值功率通常比连续信号发射机的恒定功率高很多。由于我们只需要干扰数字信号三分之一的时间，33%占空系数的脉冲适用于有效干扰。提高峰值功率改善了干信比。如图 9.6 所示，如果占空比减至三分之一，相等的总发射能量形成了三倍的有效辐射功率。

纠错码使得接收机能够纠正一定百分比的比特错误，一些码被设计成能还原整块的错误数据。这意味着只能造成数据块某些比特发生错误的脉冲干扰也许就会无效。通常，如果有纠错码存在，需要用大的干扰占空比去干扰数字信号。

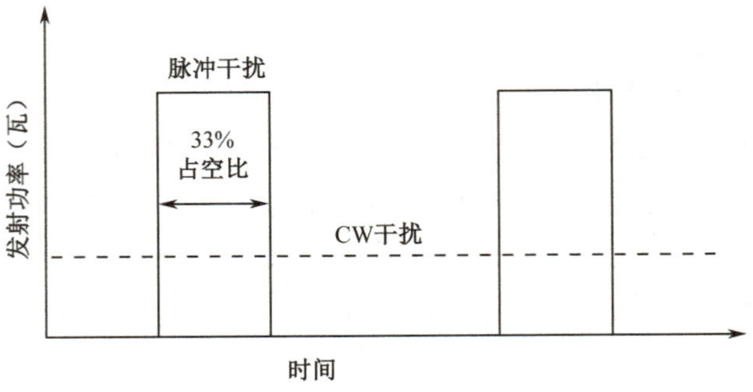

图 9.6 脉冲干扰

9.3 干扰扩频信号

低截获概率（LPI）通信信号将它们的能量（伪随机地）扩展到一个比所要求的带宽（仅仅为了把信息从发射机传输到接收机）更宽的频谱范围内。因此，它们也被称作扩频信号。通信传输需要的最小带宽是“信息带宽”。“传输带宽”是信号扩展的或快速跳变的频率带宽。

扩频信号接收机具有解扩能力，其与发射机的扩频电路同步——使得接收机能够以原始的未扩展的形式来处理信号。

敌方接收机不具有同步解扩能力。因而，信号截获干扰和发射机定位变得非常复杂。我们可以回顾一下第 4 章，接收机内的噪声功率是与它的有效带宽成正比的。因而，敌方接收机要有足够的带宽接收扩频信号，而该带宽内所对应的噪声功率足以淹没信号。

如第 2 章中所谈到的，扩频信号有三种基本类型：跳频、Chirp 和直扩序列。每种类型都展宽了信号。然而，每种调制类型的时间—频率—功率分布特性使得它们具有不同的抗干扰能力。

扩频信号与其他信号一样遵循相同的干扰方程，但合作接收机“压缩”频谱的能力使它具有“处理增益”，可以降低干扰效果。通常，处理增益与扩展比（即传输带宽/信息带宽）相等。（在 DSSS 信号中）它也被定义为码速率（用于扩频）除以数据速率。另一个可用概念是“干扰余量”，定义如下：

$$M_J=G_P-L_{SYS}-\mathrm{SNR}_{OUT}$$

式中，M_J 为干扰余量（dB）；

G_P 为处理增益（dB）；

L_{SYS} 为系统损耗（dB）；

SNR_{OUT} 为所需的输出信噪比。

9.3.1 部分频带干扰

这种干扰方法优化了对某些类型扩频信号的干扰性能。正如名字所示，部分频带干扰仅仅覆盖扩频信号整个频率范围的部分带宽，见图 9.7。如上所述，扩频信号可以被认为是数字调制的。因而最佳 J/S 约为 0dB，并且干扰占空比可以相对较小。由于跳频信号和 Chirp

信号有选择性地占用它们频谱范围的部分频率，部分频带干扰是一种在最佳 J/S 下进行低占空比因子干扰的方法。

这种方法需要确定接收机端通信信号电平。在保证每一跳干扰功率等于通信功率的前提下，使干扰机功率覆盖的频率范围最大，如图 9.8 所示。干扰功率通常充分地覆盖在跳频信道上，从而每个被干扰信道的干信比都是 0dB。如果存在二次扩频技术，0dB 条件适用在处理增益后。

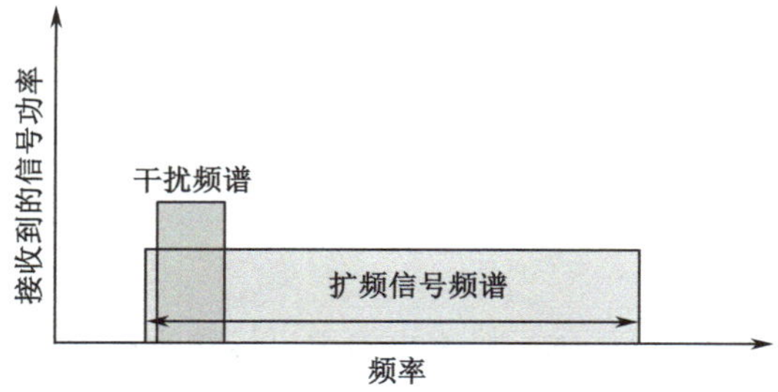

图 9.7　部分频带干扰

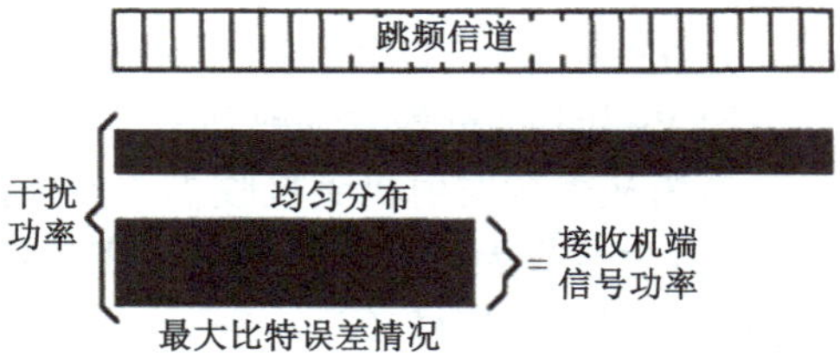

图 9.8　每个信道的最大比特误差

图 9.9 显示了一个干扰位置分布图。在这个例子中，假定发射机和目标接收机使用鞭天线或其他类型的具有 360° 方位覆盖能力的天线。当干扰链路使用方向性天线时这个问题变得更为复杂，但仍可以解决。这段论述中假设通信信号发射机和目标接收机都是已知的，因为有发射机定位系统支援干扰机。典型通信网使用收/发信机，因此每个电台都能在发射信号时被定位。测量干扰接收机端的通信信号强度可以算出等效辐射功率。通信信号发射机的 ERP 是接收到的信号强度（与干扰接收机天线增益有关）加上传播损耗，如公式所示：

$$6\mathrm{ERP_S}=P_R+L_{SJ}-G_{RJ}$$

式中，$\mathrm{ERP_S}$ 为通信信号发射机的等效辐射功率（dBm）；

P_R 为干扰接收机接收到的通信信号功率（dBm）；

L_{SJ} 为从通信信号发射机到干扰接收机的传播损耗（dB）；

G_{RJ} 为干扰机接收天线在通信信号发射机方向上的增益（dBi）。

在这一步及后续步骤中，用第 5 章的相应公式来计算损耗。

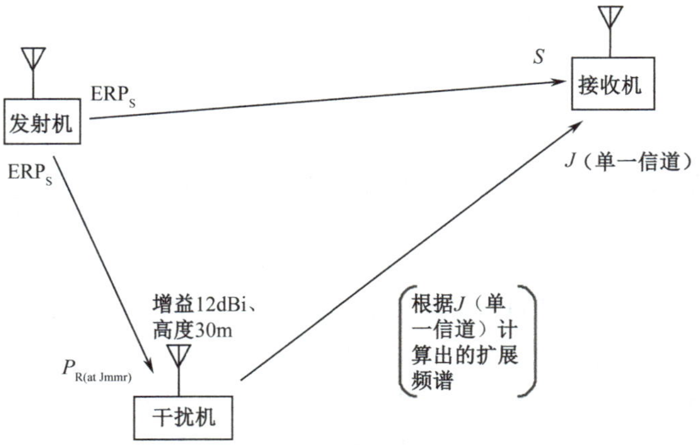

图 9.9　部分频带干扰位置图

然后，用如下公式计算目标接收机端接收到的通信信号发射机功率：

$$S = \mathrm{ERP}_S - L_S + G_R$$

式中，S 为目标接收机端接收到的通信信号发射机信号强度；

ERP_S 为通信信号发射机等效辐射功率（dBm）；

L_S 为从通信信号发射机到接收机的传播损耗（dB）；

G_R 为接收天线在通信信号发射机方向上的增益（dB）。

然后，用下式计算目标接收机端接收到的干扰功率：

$$J = \mathrm{ERP}_J - L_J + G_{RJ}$$

式中，J 为目标接收机端收到的干扰机信号强度（dBm）；

ERP_J 为干扰机等效辐射功率（dBm）；

L_J 为从干扰发射机到接收机的传播损耗（dB）；

G_{RJ} 为接收天线在干扰机方向上的增益（dBi）。

然后，用干扰信号（J）幅度减去接收到的通信信号（S）幅度来确定目标接收机的总干信比。

现在我们已计算出单信道的 J/S，如果信号不是扩频的，这就是所得到的干信比。然而，由于跳频或 Chirp 信号在一个宽频率范围内变换它们的带宽，干扰信号必须在尽可能宽的频率范围内扩展以提供最佳干信比（即 0dB）。

这一过程要先将跳频信号单信道干信比或 Chirp 信号信息带宽干信比转换回非 dB 模式，该方法参见 1.4 节。然后将这个非 dB 比值乘以目标信号的信息带宽。所得到的带宽结果就是能够支持 0dB 干信比的带宽。后面将给出具体跳频或 Chirp 信号参数的数值例子。

9.3.2 跳频信号干扰

如果窄带干扰信号用于对跳频接收机干扰，只有当接收机正好跳到这个频率时才会接收到这个干扰信号。这就导致干扰效果被明显降低。例如，一个连续波干扰信号被用于 Jaguar V 接收机（该接收机在 30～88MHz 内，最多 2320 个宽为 25kHz 的信道中随机跳变），接收机将只有 0.043%的时间遇到这个干扰信号。反过来，如果干扰信号被扩展到整个 2320 信道上，每个信道的干信比将被减少 33.65dB。因此，跳频信号需要更为复杂的干扰机。部分频带干扰或跟踪干扰都可以被采用。

1．部分频带干扰

为有效地对跳频信号进行部分频带干扰，干扰机必须在至少 33%的跳频信道内提供 0dB 干信比。为说明这种干扰方法，第 9.3.1 节所讲的方法可以用于 Jaguar V 跳频信号。图 9.10 画出了干扰分布图，这里假定我们知道通信信号发射机和目标接收机的位置。

从图 9.10 中可以看到，从干扰机到通信信号发射机和目标接收机的距离都是 50km，通信信号发射机和目标接收机间的距离时 10km。干扰机有一个 12dB 天线，架在 30m 高的天线杆上，通信信号发射机和目标接收机都是距地 2m 高的鞭天线。平均发射频率为 59MHz。干扰接收机收到的信号是-100dBm，干扰机输出功率是 150 瓦。由于接收天线是鞭天线所以有 $G_{RJ} = G_R$。可以用第 5 章的方法进行所有损耗的计算。

（1）计算单信道干信比

- 从发射机朝向干扰机的菲涅尔区（km）为两副天线高度（单位为 m）×频率（单位

为 MHz）/24000＝(2×30×59)/24000＝148m。由于该值小于 50km，我们用双线传播损耗模型。

- 链路损耗为 120+40log(50)–20log(2)–20log(30)＝152.5dB。
- ERP 为 P_R+损耗$-G_J$=–110+152.5–12=30dBm=1W。
- 从通信信号发射机到目标接收机的菲涅尔区距离为(2×2×59)/24000＝10m，远小于10km，因此用双线传播损耗模型。
- 从通信信号发射机到目标接收机的损耗为 120+40log(10) –20log(2)–20log(2)＝148dB。
- 目标接收机端通信信号功率（S）为 $ERP_S-L_s+G_R$＝30–148+2＝–116dBm。

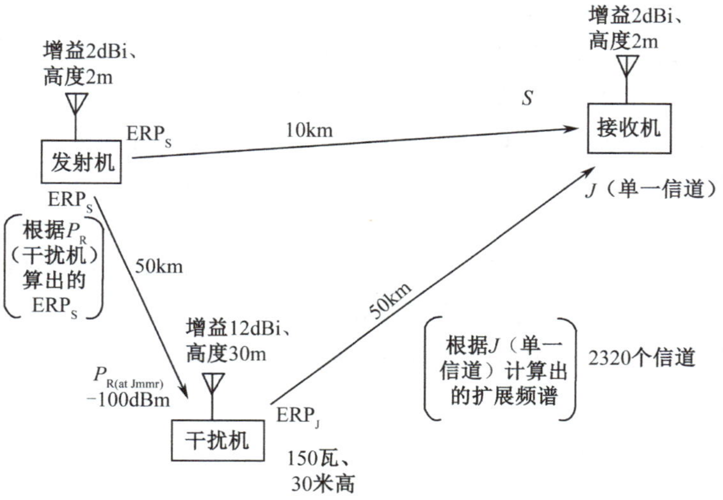

图 9.10　对 Jaguar V 的部分频带干扰

- 从干扰机到目标接收机的损耗与从通信发射机到干扰机的损耗相同＝152.5dB。
- 干扰机功率为 150W，即 51.8dBm，天线增益 12dB，干扰机的 ERP 为 63.8dBm。
- 目标接收机端干扰信号功率（J）为 $ERP_J-L_J+G_{RJ}$＝63.8–152.5+2＝–86.7dBm。
- $J/S=J-S$＝–86.7dBm–(–115dBm)＝29.3dB。

（2）计算扩展成部分频带干扰的理想频率

- 29.3dB 的非 dB 形式比值为 851。
- 部分频带干扰带宽为 851×25kHz＝21.3MHz。

（3）评估干扰效果

- 2320 个信道中的 851 个被以 0dB 干信比干扰。
- 该比例为 36.7%，大于 33%，所以干扰有效。

部分频带干扰并不要求干扰机非常复杂，但它要求足够的干扰功率来干扰一定数量的信道。配置多台干扰机也是一种方法。缺点是具有破坏友方跳频通信的危险。如果敌方频谱被干扰的部分是固定的，则敌方会避开被干扰的频率，因此干扰的部分频带必须是随机的。

2．跟踪干扰

跟踪干扰只干扰敌方发射机每一跳所使用的频率。因而，它对友方通信的干扰最小。

跳频信号用伪随机的方法选择每一个跳频频率，因此无法预测下一个频率。但是我们可以在每跳的一小部分时间内测量频率，在其余时间内把干扰机设置为该频率。这样，我们只需要提供足够的干扰功率来达到对信号的 0dB 干信比。如图 9.11 所示，为达到 33%干扰占空因子，一台相当复杂的接收机必须在跳频合成器稳定后的 67%跳变时间内确定频率。由于稳定时间预计约为跳频周期的 15%，这也就意味着频率测量和干扰机设置必须在 57%跳频周期内完成。例如，跳频速率为 1000 跳/秒，搜索和设置可用时间为 570 微秒。

跟踪干扰需要能进行快速傅里叶变换（FFT）的数字接收机。4.3.2 节介绍了这种接收机。第 7.8.1 节中讨论数字接收机用于对跳频信号定位时，对这种处理进行了进一步的说明。为理解跟踪干扰的完整含义，需要对工作环境进行讨论。环境中可能存在很多信号，很可能包括敌方和友方的跳频信号。识别某个跳频信号是否需要被干扰的唯一方法是确定它所在的位置。因而，两台数字接收机的辐射源定位器必须协同工作，实现对环境中的每个信号进行三角定位。于是，将得到一个关于环境中各信号频率和位置的计算机文件。跟踪干扰机被设置为在目标辐射源位置所发射出来的信号频率。图 9.12 是一个频率环境空间（地理位置和频率）的三维描述。通常情况下存在大量信号——随机散布在信号空间内。图中包括两个跳频信号。注意每个跳频信号都有大量来自同一个位置的频率。

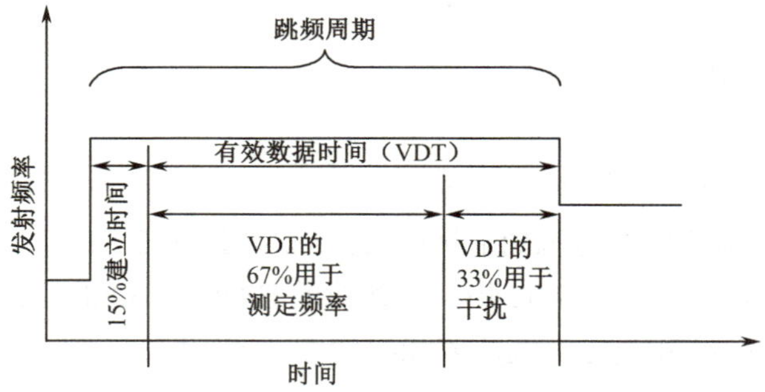

图 9.11 跟踪干扰时序

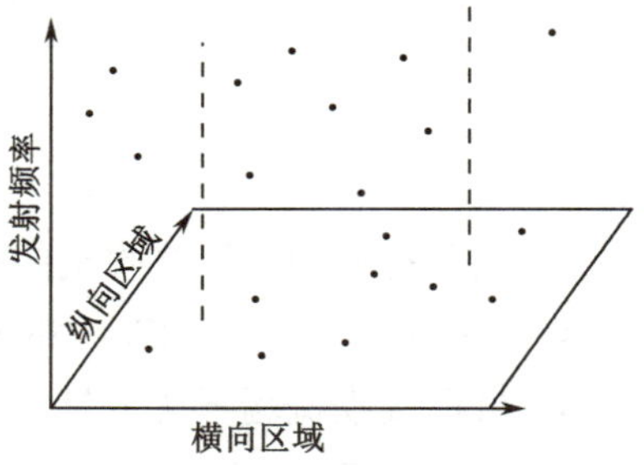

图 9.12 多跳频信号下的信号环境

使用跟踪干扰机避免了误伤己方，因为只有很小的概率（0.043%）友方发射机会跳到与目标发射机相同的频率上。

9.3.3 Chirp 信号干扰

在第 2 章中有描述 Chirp 信号的时频曲线。因为扫频速率非常高，所以在具有信号信息带宽的接收机中无法发现该信号（这要求带内驻留时间为 1/带宽）。通信接收机与发射机同步扫频，因此其使用带宽可与信息带宽相近。每次扫频的启动时间可以是随机的，并且扫频斜率可以是非线性的，这样使得敌方接收机难以与发射机同步。

Chirp 信号的频率范围可以用频谱分析仪确定，但为了实现“跟踪”干扰，需要知道精确的扫频斜率和启动时间。由于扫频斜率可能是非线性的，这就更为复杂。然而，如果 Chirp

发射机使用可预测的扫频同步，扫频斜率可以通过数字接收机用FFT测定，从而干扰机可以同步扫频成为跟踪干扰机。

此外，在可预测扫频同步情况下，数字RF存储器（DRFM）可以测量第一次扫频，并产生后续扫频以与Chirp信号相匹配。

9.3.1节所述的部分频带干扰也可用于Chirp信号。由于Chirp信号必须是数字的以免在扫频回扫和扫频伪随机延迟启动时丢失信息，0dB干信比和33%干扰占空比被认为是比较适合的。

如果Chirp信号的变化范围为5MHz，并且信息带宽为25kHz，1.65MHz的干扰带宽将提供33%的干扰占空因子。要在这个干扰范围内的每个信息带宽上都达到0dB干信比，需要比单信道匹配调谐干扰额外增加18.2dB干扰功率。

9.3.4 干扰直扩信号

如2.4.4节所述，直接序列扩谱（DSSS）信号与跳频和Chirp信号不同，它持续地占据着一段扩展频谱。它通过以非常高的比特率进行二次数字调制来实现。由于信号带宽与比特率成比例，信号能量被扩展到非常宽的带宽内。这反过来降低了信号相对于频率的强度，如图9.13所示。在图中，较低（扩展）信号的码速只是正常数字信号比特率（称为“码片速率”）的5倍。正常的DSSS信号将具有更高的比特率比值，典型值从100到大于1000，所以对频谱的扩展和造成信号密度（相对于频率）的降低将更大。

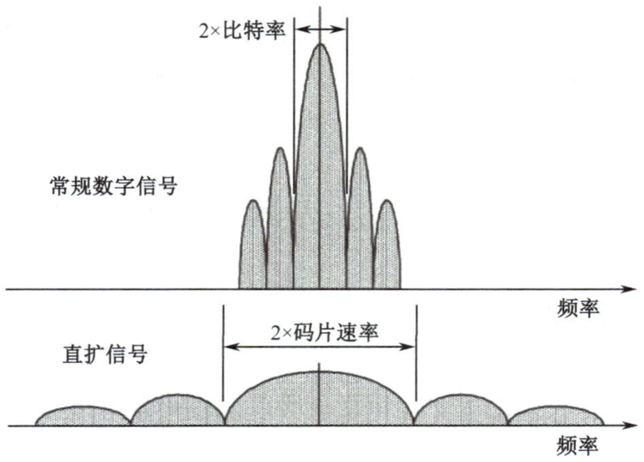

图9.13 常规信号和直扩信号频谱

与其他扩频信号一样，DSSS信号用数字调制方式携带信息。因而，可以用33%占空比和解扩后0dB干信比对其实施干扰。然而，DSSS接收机通过解扩可提供很大的处理增益。如果扩展因子为1000，解扩电路将把没有正确伪随机码（确切地讲是正确相位）的任何信号降低30dB。

如果一个CW信号被输入DSSS接收机，如图9.14所示，它将按扩展比值（转换为dB）被抑制。注意到干扰信号被抑制，因为干扰信号并没有处理增益。因而，实际的*J/S*（或有效干信比）被处理增益（即扩展因子转换为dB值）降低。然而，CW振荡器是一个相对简单的设备，所以，提供 CW 干扰机足够的额外功率来克服解扩处理增益并实现 0dB 干信比具有实用意义。

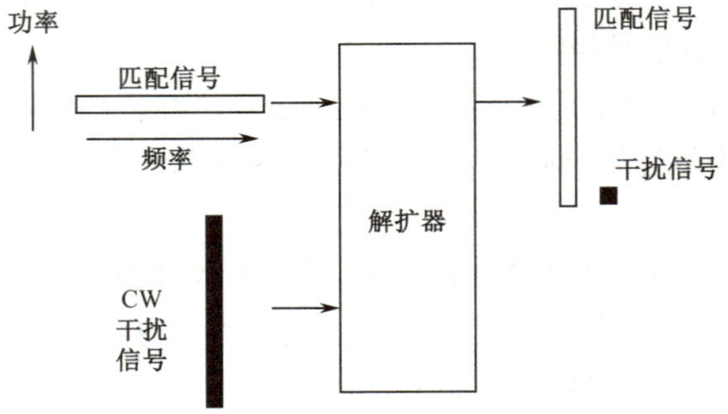

图 9.14 窄带干扰通过解扩器

由于干扰只需要存在 33%时间，脉冲干扰可显著增加可用功率。同样，使用有利位置干扰机也很实用，干扰信号的衰减按所减少距离的平方或四次幂（与传播模式有关）降低，它将从近距离提供非常大的干信比。由于 CW 和脉冲干扰机的简易性，它们是远距离放置并工作的有利位置干扰机的极好选择。

9.3.5 组合模式扩频信号的干扰

组合模式扩频信号显著地增加了干扰的难度。最为常用的一种复合技术途径是直扩和跳频结合。一个脉冲 CW 干扰机能有效地干扰信号。但是，这个 CW 信号必须在正确的频率上。因而，需要采用快速测量工作频率的方法，然后脉冲干扰机被设置到正确的频率上。由于普通的数字接收机不能给 FFT 处理器提供足够的信号进行频率测量，这就需要用到第 6 章所介绍的多通道能量检测。

如果仅有少数的跳频频点，另一种方法是在每个跳频频率上配置一个脉冲干扰机。

9.4 纠错码对干扰的影响

由于我们干扰数字信号来造成比特错误，所以检错码会直接影响干扰效果。因而，需要额外的干扰功率来抵消纠错能力。

加入信号的纠错位数越多，需要增加的干信比越大。这个原理很好的一个例子就是广泛使用的（31，15）RS 分组码。它最多能够纠正每 31 个发送字节中的 8 个错误字节。它的典型应用是与交织一起确保可能被干扰的连续字节数不会多于 8 个。如果被保护信号是跳频发送的，每跳将有 31 字节并且这些字节将被扩展到至少 4 跳上，因而每一跳携带的不会多于八个相邻字节。当采用部分频带干扰时，纠错码将能够把很多干扰造成的比特错误纠正过来。这产生的实际结果是干信比为 11dB 时的输出（后向纠错）误比特率是可以接受的。因而当存在前向纠错时，干扰占空比必须增加。

Torrieri 推导了分组编码信息误比特率的界限，该界限由信道误比特率决定。信息（解

码后）误比特率 P_{ib} 近似为

$$P_{ib} \approx \frac{d_{min}}{n}\sum_{k=t+1}^{d_{min}}\binom{n}{k}P_e^k(1-P_e)^{n-k}+\frac{1}{n}\sum_{k=d_{min}+1}^{n}k\binom{n}{k}P_e^k(1-P_e)^{n-k}$$

式中，d_{min} 是码字之间的最小距离；$t=\left\lfloor\frac{d-1}{2}\right\rfloor$；$\lfloor x\rfloor$ 是 x 的整数部分；n 是用于表示 k 个信息符号的编码符号数；P_e 为信道的误比特率（其直接受到干扰的影响）。

低输入误码率的数字信号编码的效果非常引人注目。大多数纠错码都能在该范围内起作用——设计时考虑了背景热噪声。戈莱（Golay）码（23, 12, 3）的解码误差性能如图9.15所示，在包含12个信息比特的23个二进制符号组中，戈莱码能够纠正三个错误符号。正如看到的那样，在误码率很低（如低于5%）时，输出误码率明显低于无编码的误码率。但是，当输入误码率足够高时，纠错后的误比特率实际上将超过无编码的误比特率。上述这一点称为**错误扩散**（error extension）。这两条曲线的交叉点被称为**临界误符号率**（critical symbol error rate）。表9.2列出了一些常用的编码方式和在其误码扩散开始出现时的临界输入误码率。

表 9.2　某些编码的临界输入误码率

编码类型	临界输入误码率
卷积编码	
（2,1），码率 1/2	0.064
（3,1），码率 1/3	0.157
（4,1），码率 1/4	0.155
（8,1），码率 1/8	0.243
双 3, 4 和 5 码	0.053
分组编码	
戈莱码（23, 12）	0.163
汉明编码（7, 4）	0.250
RS 编码	
RS（15, 9）	0.260
RS（31, 15）	0.260
RS（7, 3）	0.370
循环编码	
BCH（127, 92）	0.047
BCH（127, 64）	0.083
BCH（127, 36）	0.124

在大多数编码方式都能起作用的低 P_e 区，编码使 P_{ib} 降低数十倍。然后当高于某个 P_e 时，解码后的误码率将迅速上升。该效果如图9.16所示，其中图9.15详细说明了低 P_e 时的情况。显然，大约在 P_e=0.04以下时，解码后的误码率相当低。但当 $P_e=10^{-1}$ 时，解码误比特率大约为 0.5×10^{-1}，接近许多数字通信无法进行的区域，机-机通信无法实现。

这意味着，在许多情况下干扰机只需要使得信道的二进制误符号率达到大约10%（10^{-1}）数量级，就足以消除编码增益。

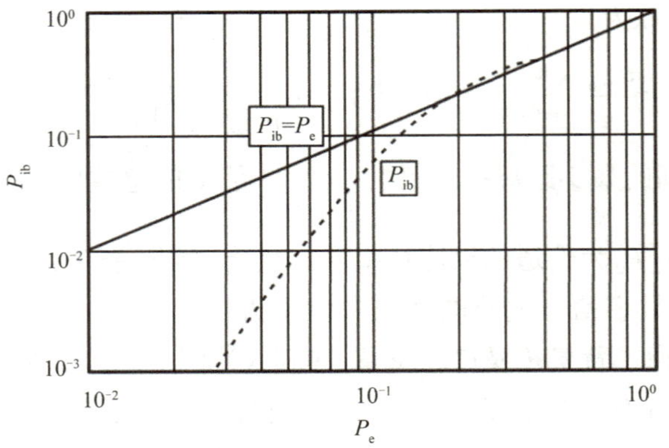

图 9.15　戈莱码（23, 12）码解码后的误比特率与信道误比特率的关系图

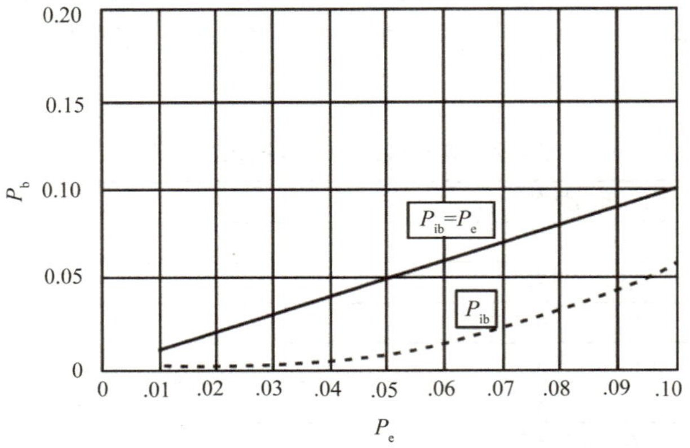

图 9.16　低 P_e 值时，戈莱码（23, 12）的解码误码率

9.4.1　蜂窝电话干扰

2.4.6 节讨论了蜂窝电话系统以及它们是如何工作的。由于整个蜂窝电话网络是由移动系统管理中心（MSC）控制的，很显然通过适当的途径接入系统内的计算机、特定用户或场所可以使用一些先进的方法来阻止通信。当然这取决于政治因素——这已超出了本书的范围。因而，我们关注的只是蜂窝电话收发的无线电链路干扰。

如果蜂窝系统是模拟的，每个通话都是在一个单独的频道上，因此如果该频道已知，常规通信干扰方法可以用于上行链路或下行链路。

如果蜂窝系统是数字的，它可以用时分多址（TDMA）或码分多址（CDMA）来实现每个 RF 信道上的多路通话。这意味着干扰机可以用常规通信干扰方法来干扰整个 RF 信道。然而，如果要干扰特定通话，需要使用类似于移动电话系统所用的调制设备来干扰适当的时隙或码。

干扰蜂窝电话的一大难点是与非军用移动电话业务冲突。在世界动乱地区内不对称战争很普遍，有线电话服务难以建立，因而多数人依赖于移动电话。因而，干扰整个频段或整个 RF 信道可能造成重大政治问题（这部分已超出本书范围）。下面的例子只考虑这个问题的技术部分。

9.4.2 干扰上行链路

考虑一个上行链路干扰的例子。我们要干扰图 9.17 所示 GSM 系统的一个单独 RF 信道。工作频率是 1800MHz。蜂窝塔高度是 50 米。移动电话等效辐射功率（ERP）为 1W（30dBm），高度为 1 米并且距离蜂窝塔 1 千米远。干扰机有效辐射功率为 100W（50dBm），天线高 3 米，距离蜂窝塔 2 千米远。由于蜂窝塔是接收机，干扰链路是从干扰机到蜂窝塔，通信信号链路是从移动电话到蜂窝塔。

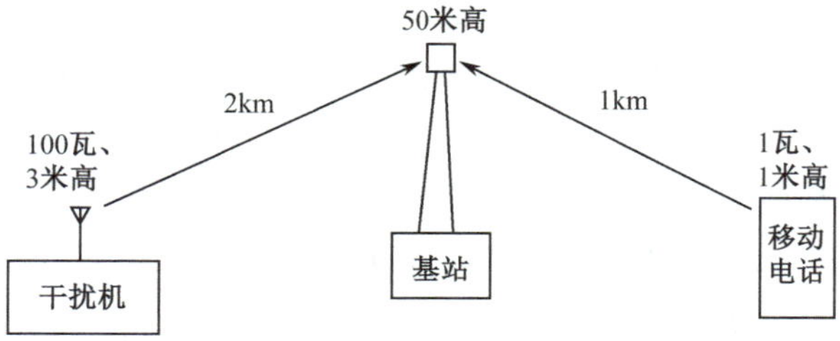

图 9.17 干扰移动电话上行链路

首先，需要确定通信信号链路和干扰链路所适用的传播模式。我们可以使用计算尺快速确定菲涅尔区距离为

- 移动电话到蜂窝塔：3.8km；
- 干扰机到蜂窝塔：11.3km。

这说明视距传播适用于两个链路（因为链路距离小于菲涅尔区距离）。使用计算尺可快速算出两条链路损耗如下：

- 移动电话到蜂窝塔：97.6dB；
- 干扰机到蜂窝塔：103.8dB。

从 9.1 节有

$$J/S=\text{ERP}_\text{J}-\text{ERP}_\text{S}-L_\text{J}+L_\text{S}$$

因而算得 J/S 为

$$J/S=50-30-103.8+97.6=13.8\text{dB}$$

由于 GSM 移动电话系统是数字的，干扰只需要 0dB，因而干扰效果上有充裕的余量。

9.4.3 干扰下行链路

现在，考虑图 9.18 所示的下行链路干扰。在这个例子中，通信信号链路是从蜂窝塔到移动电话，而干扰链路是从干扰机到移动电话。现在通信信号的 ERP 是 50W（47dBm）。同样，第一步是计算菲涅尔区距离来确定传播模式。使用计算尺可以快速计算出菲涅尔区距离为

- 蜂窝塔到移动电话：3.8km；
- 干扰机到移动电话：75m。

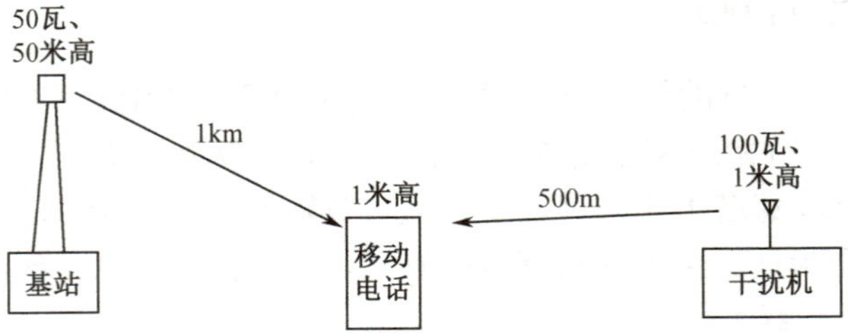

图 9.18 干扰移动电话下行链路

这说明通信信号是视距传播而干扰链路为双线传播。通信信号链路（蜂窝塔到移动电话）与前面上行链路干扰例子中的损耗相同（97.6dB）。然而，干扰链路不仅是双线传播，距离还短于 1 千米，因而它超出了计算尺的刻度。我们可以用下式计算干扰链路损耗：

$$\text{损耗}=120+40\log(0.5)-20\log(1)-20\log(1)=120-12-0-0=108\text{dB}$$

干信比用下面公式计算：

$$J/S=\text{ERP}_\text{J}-\text{ERP}_\text{S}-L_\text{J}+L_\text{S}$$

从而算得 J/S 为

$$J/S=50-47-108+97.6=-7.4\text{dB}$$

很遗憾，阻止移动通信所需的干信比还不够。如果再增加 7.4dB 干扰功率（ERP 为 550W），将能达到所要求的 0dB 干信比。

9.5 多目标干扰

一部干扰机要同时干扰多个目标（信道）时，就要采用多目标（多信道）干扰模式。多目标干扰可以分为频分多目标、时分多目标，也可以两者结合。所谓频分多目标，就是同时在几个信道上施放干扰；而时分多目标是依次在多个信道上施放干扰信号。多目标数量一般在 2~6 之间。下面分别对这两种多目标干扰模式进行讨论。

9.5.1 频分多目标干扰

频分多目标是指在一部干扰机中同时产生多个激励信号，多个激励信号合成之后进入功率放大器进行放大。当多个激励信号相加时，合成信号包络会急剧起伏，如果激励信号的幅度过大会使得功率放大器处于非线性区，产生大量的寄生信号。在保证信号峰值功率处于功率放大器线性范围条件下，峰值功率越大，发射机输出的平均功率越小。

频分三目标（信号）的输出信号可表示为

$$s(t)=\sum_{i=1}^{3}A_i\cos(\omega_i t+\varphi_i)$$

其实现原理示意图如图 9.19 所示。

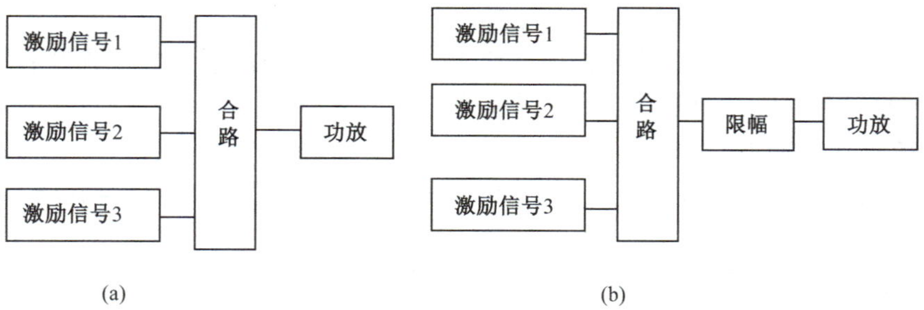

图 9.19　频分多目标干扰

三目标合成信号的平均功率为

$$\overline{s^2(t)} = \frac{1}{2}(A_1^{\ 2} + A_2^{\ 2} + A_3^{\ 2})$$

峰值功率为

$$(A_1 + A_2 + A_3)^2$$

为简化起见，不妨令 $A_1 = A_2 = A_3 = A$ 。于是，峰均比=峰值功率/平均功率 $=9A^2 / \frac{3}{2}A^2 = 6$ 。

由于功率放大器的最大输出功率是受限的，即 $P_m = kV_m^{\ 2} \leqslant E_{\max}$ ，其中， $E_{\max}$ 为功放可以输出的最大功率。由此可以得到功放输出的最大电压为

$$V_m = \sqrt{E_{\max} / k}$$

如三个信号的功率相同，则在每个目标上的最大电压为

$$V_{0m} = \frac{1}{3}V_m = \frac{1}{3}\sqrt{E_{\max} / k}$$

在每个目标上的最大功率为： $P_0 = kV_{0m}^{\ \ 2} = \frac{1}{9}E_{\max}$

三个信号输出的输出功率之和（功放输出总功率）为

$$P_{\text{total},3} = \frac{1}{3}E_{\max}$$

上式说明，对三个信号同时进行放大时，功放输出的平均功率仅为最大输出功率（满功率）的三分之一。

顺便指出，频分二目标干扰时：

峰均比=峰值功率/平均功率= $4A^2 / A^2 = 4$

在每个信号上的功率为功率放大器最大可输出功率的 1/4。

推而广之，假如有 n 个目标，则每个目标信号上的功率为

$$P_{0,n} = \frac{E_{\max}}{n^2}$$

功放输出的总功率为

$$P_{\text{total,n}} = \frac{1}{n}E_{\max}$$

对 n 个信号同时进行放大时，功放输出的平均功率仅为最大输出功率（满功率）的 n

分之一。n 个同幅正弦波之和的峰平比为 $2n$。

值得注意的是，上面的结论是在保证任何时候 n 个信号都不失真的前提下得出的，所以每个信号的最大电压必须是功放最大输出电压的 $1/n$。但是，n 个信号同时达到电压最大（即达到功放满功率输出）的时间很少；在绝大部分时间内 n 个信号的合成电压远小于最大可输出电压，也即绝大部分时间内功放输出功率远小于满功率。所以，输出的平均功率仅为满功率的 $1/n$。

如果能采用峰均比优化的方式，控制 n 个信号的相位，使得合成信号的幅度尽量平坦，就可以使得功放的效率更高，各信号的输出功率最大化。

当然，如果我们允许产生一定的失真，那么我们可以简单化地使得单个激励信号的输入电压更大一些，对 n 路激励信号合成后进行限幅（为功放的最大输入电压），从而提高信号的平均功率。

9.5.2 时分多目标干扰

时分多目标是指在一部干扰机中设有多个激励源，多个激励信号按照一定的先后时间顺序分别交替输出至功率放大器进行放大。这样，在某一个时刻只有一个激励信号输出。尽管在某一时刻只输出一个干扰信号，由于时序电路转换速度高，在干扰过程中能快速地按时序轮番输出多个干扰信号，从而使多个信道接收端都间断地受到干扰，只要转换速度合适、功率足够，可以使多个信号都得到有效干扰。由于在一个时刻只发射一个信号，与频分多目标相比，对功率放大器的线性要求降低了。

下面以三目标干扰为例对时分多目标干扰进行分析。时分三目标干扰的时序图如图 9.21 所示。

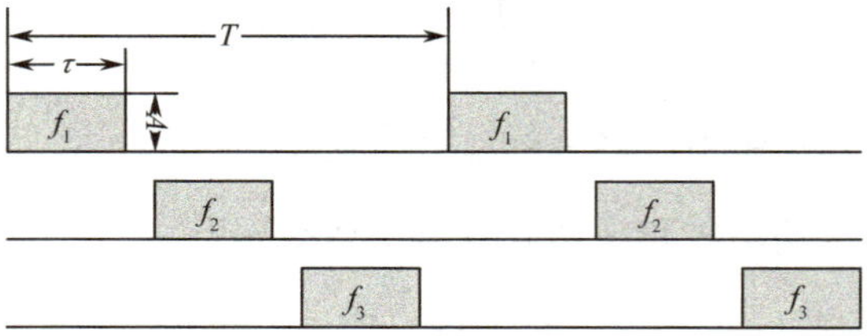

图 9.20 时序三目标干扰示意图

图中假设每个目标的干扰持续时间为 τ，干扰重复周期为 T，三个目标的干扰持续时间和干扰周期一样长，即每个目标的干扰时间 $\tau=T/3$，三个干扰目标的频率分别为 f_1, f_2, f_3。

对其中任意一个干扰信号而言，都是以 T 为周期，脉宽为的 τ 的周期脉冲序列，可以写为

$$x_1(t)=\sum_{n=-\infty}^{\infty} g_\tau(t-nT)\cdot A\cos\omega_1 t = A\cos(\omega_1 t)\left[\sum_{n=-\infty}^{\infty} g_\tau(t)*\delta(t-nT)\right]$$
$$=A\cos(\omega_1 t)[\delta_T(t)*g_\tau(t)]$$

式中，$\delta_T(t)=\sum\limits_{n=-\infty}^{\infty}\delta(t-nT)$；$g_\tau(t)$ 为门函数，即

$$g_\tau(t)=\begin{cases}1 & |t|<\dfrac{\tau}{2}\\ 0 & |t|>\dfrac{\tau}{2}\end{cases}$$

由傅里叶变换的相关性质，知道

$$\delta_T(t)\leftrightarrow \Omega\sum_{n=-\infty}^{\infty}\delta(\omega-n\Omega)$$

$$g_\tau(t)\leftrightarrow \tau Sa\left(\frac{\omega\tau}{2}\right)$$

$$\cos(\omega_1 t)\leftrightarrow \pi[\delta(\omega+\omega_1)+\delta(\omega-\omega_1)]$$

式中，$\Omega=\dfrac{2\pi}{T}$，$\mathrm{Sa}(x)=\dfrac{\sin x}{x}$。

于是，可以得到干扰信号 $x_0(t)$ 的频谱：

$$X_0(\omega)=\frac{A\pi\tau}{T}\sum_{n=-\infty}^{\infty}\mathrm{Sa}\left(\frac{n\Omega\tau}{2}\right)\cdot\delta(\omega+\omega_1-n\Omega)$$
$$+\frac{A\pi\tau}{T}\sum_{n=-\infty}^{\infty}\mathrm{Sa}\left(\frac{n\Omega\tau}{2}\right)\cdot\delta(\omega-\omega_1-n\Omega)$$

在实际信号中，只有后一项存在，即

$$X_0'(\omega)=\frac{A\pi\tau}{T}\sum_{n=-\infty}^{\infty}\mathrm{Sa}\left(\frac{n\Omega\tau}{2}\right)\cdot\delta(\omega-\omega_1-n\Omega)$$
$$=\sum_{n=-\infty}^{\infty}\frac{A\sin\left(\dfrac{n\Omega\tau}{2}\right)}{n}\delta(\omega-\omega_1-n\Omega)$$

由上式可见，周期性干扰信号的频谱密度是离散的，由 $\omega=0,\pm\Omega,\pm2\Omega,\cdots$ 角频率处冲激函数组成，在 $\omega=\pm n\Omega$ 处的强度为

$$\frac{2A\sin\left(\dfrac{n\Omega\tau}{2}\right)}{n}$$

我们可以从上式得到载波处的功率谱密度为

$$X_0(\omega_1)=\frac{A\pi\tau}{T}$$

根据帕斯瓦尔定理，干扰信号的功率为

$$P_1=\frac{1}{2\pi}\int_{-\infty}^{\infty}\left(\frac{A\pi\tau}{T}\delta(\omega)\right)^2\mathrm{d}\omega=\left(\frac{\tau}{T}\right)^2\frac{\pi}{2}A^2$$

对时分多目标干扰进行进一步分析。

（1）$1/T$ 即为单个干扰目标的重复频率，重复频率如果太高，$\omega_c\pm\Omega,\omega_c\pm2\Omega,\cdots$ 各频率分量都落在干扰信道之外，起不到干扰的作用。为了使得干扰信号的主瓣能量尽可能落入被干扰方的接收带宽 $\mathrm{BW_{re}}$ 内，主瓣带宽的选择要合适。由于主瓣带宽为 $\mathrm{BW}=\dfrac{2}{\tau}$，在 n 目标干扰时，每个目标干扰的时间为 $\tau=\dfrac{T}{n}$，于是

$$\mathrm{BW} = \frac{2}{\tau} = \frac{2n}{T} < \mathrm{BW}_{\mathrm{re}}$$

$$\frac{1}{T} \leqslant \frac{\mathrm{BW}_{\mathrm{re}}}{2n}$$

（2）每个目标上的干扰功率与$\left(\frac{\tau}{T}\right)^2$成正比。若多个干扰信号平分整个干扰周期，即每个目标干扰的时间为$\tau = \frac{T}{n}$，则$\frac{T}{\tau} = n$，于是每个目标上的干扰功率与$\frac{1}{n^2}$成正比，所以干扰目标数增加n倍，所需的干扰增加至原来的n^2倍。

附录 A　问题及答案

该附录给出了一系列问题及其求解计算过程，其包含了本书的各个主题内容。这些问题包括：

- 天线参数的折中；
- 接收系统灵敏度；
- 接收系统动态范围；
- 单向链路方程（视距）；
- 单向链路方程（双线）；
- 菲涅尔区；
- 刃峰绕射；
- 有效距离；
- 由 RMS 误差计算圆概率误差；
- 由椭圆概率误差计算圆概率误差；
- 通信干扰；
- 跳频信号的部分频带干扰；
- 直接序列扩频信号干扰；
- 蜂窝电话干扰。

每个问题中会注明相关技术的章节号，陈述问题并给出具体的解答。

题 1：天线增益和波束宽度（3.7 节）

该题根据对称抛物面碟形天线的直径、效率和工作频率来求其增益和波束宽度。

天线直径为 3 英尺（ft），效率为 30%，工作频率为 6GHz。

它的视轴增益以及 3dB 和 10dB 波束宽度是多少？

解答

将计算尺第 1 面的天线刻度上 6GHz 与 3 英尺对齐，如图 A.1 中点 A 所示。读取图中点 B 对应的 30%效率处的增益（～30dB）。

分别读取图中点 C 和点 D 处 3dB 波束宽度（4°）和 10dB 波束宽度（7.3°）。

注意也可以由 3.7 节中的公式计算增益（dB 为单位）。

$$\begin{aligned}\text{增益（效率为 55\%）} &= -42.4 + 20\log(\text{直径，单位m}) \\ &\quad +20\log(\text{频率，单位MHz}) \\ &= -42.2 + 20\log(0.91) + 20\log(6000) \\ &= -42.2 - 0.8 + 75.6 = 32.6\text{dB}\end{aligned}$$

从表 3.4 可知，35%的效率的天线比 55%效率的天线的增益少 2dB：$32.6 - 2 = 30.6\text{dB}$。

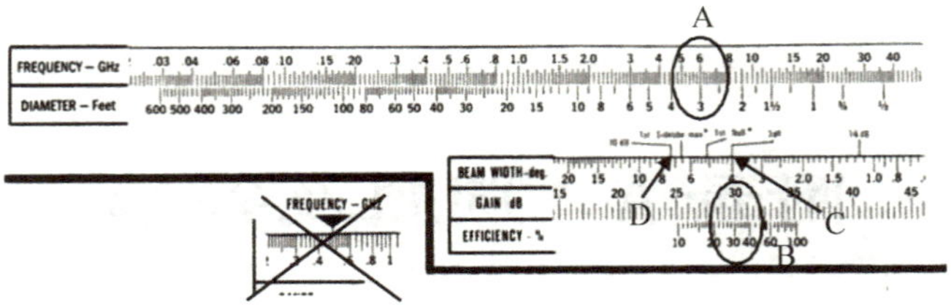

图 A.1　题 1 计算尺设置

题 2：非对称天线的增益（3.7 节）

根据非对称抛物面碟形天线的尺寸和效率来求其增益。

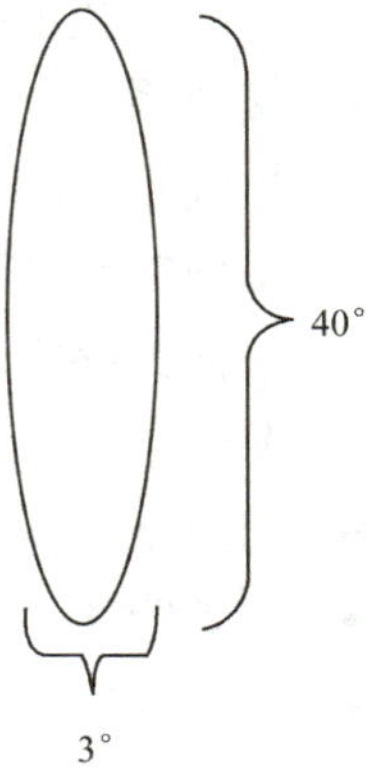

图 A.2　题 2 的天线宽度

解答

如图 A.2 所示，垂直波束宽度为 40°，水平波束宽度为 3°，效率为 50%。

若效率为 55%，则增益（非 dB 形式）为

29000/(垂直波束宽度×水平波束宽度) = 29000/(40×

从表 3.4 可知，效率从 55%下降为 50%，增益降低 0.4dB，因此，增益为 23.4dB。

题 3：天线增益、波束宽度与频率的关系（3.7 节）

使用计算尺计算 2、8 和 18GHz 时的天线增益和 3dB 波束宽度，该天线在 8GHz 时增益为 30dB，其效率 z 为 40%。

解答

增益和 3dB 波束宽度值如表 A.1 所示。

表 A.1　增益、波束宽度与频率

频　　率	视轴增益	3dB 波束宽度
2GHz	18dB	18.2°
8GHz	30dB	4.6°
18GHz	37.2dB	2°

首先，设置计算尺，使 30dB 对齐 40%效率，如图 A.3 中点 A 所示。注意到 8GHz 处的天线直径略小于 2ft，如图 A.3 中点 B 所示。

移动计算尺使 2GHz 对应相同的天线直径（约为 2ft），如图 A.4 中点 A 所示。然后读取 40%效率对应的增益（18dB）以及 3dB 波束宽度（18.2°），如点 B 和点 C 处所示。

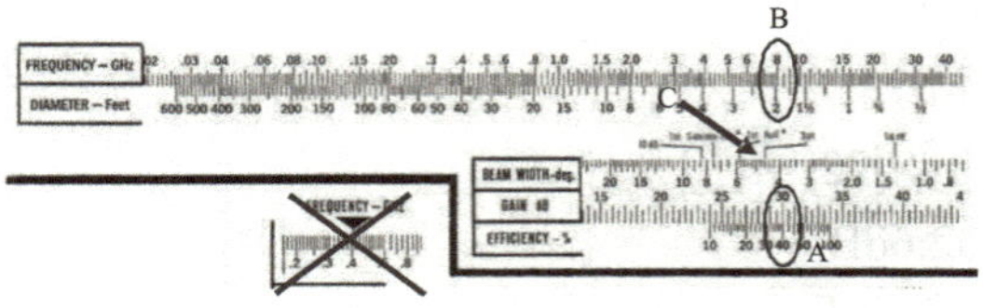

图 A.3　题 3 第一次计算尺设置

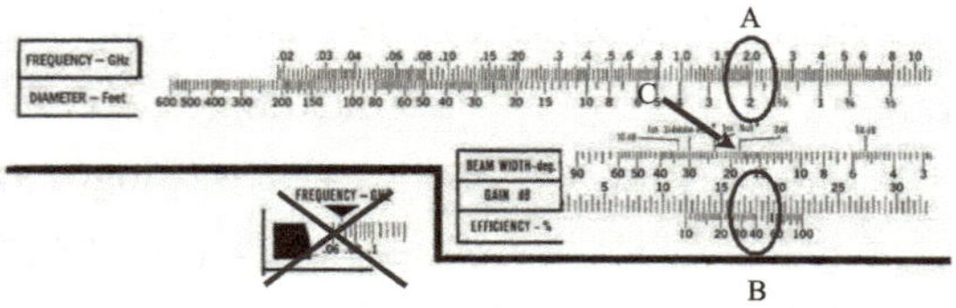

图 A.4　题 3 第二次计算尺设置

移动计算尺使 18GHz 对齐 2ft 的天线直径，如图 A.5 中点 A 所示。然后在点 B 处读取 40%效率对应的增益（37.2dB），在点 C 处读取对应的 3dB 波束宽度（2°）。

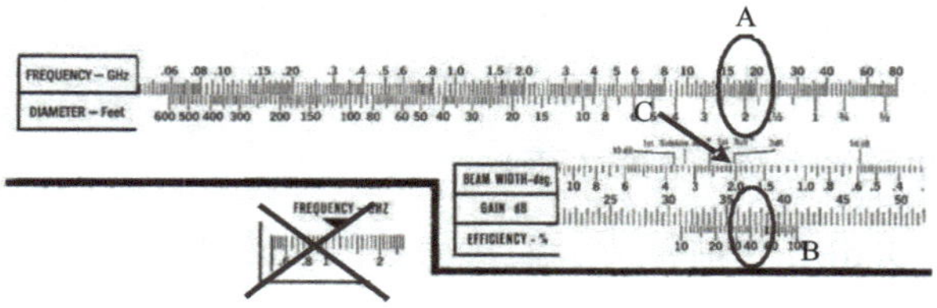

图 A.5　题 3 第三次计算尺设置

题 4：接收机系统灵敏度（4.4 节）

接收机系统有效带宽为 100kHz，需要 15dB 的检波前信噪比（RFSNR）。其框图如图 A.6 所示。求系统灵敏度。

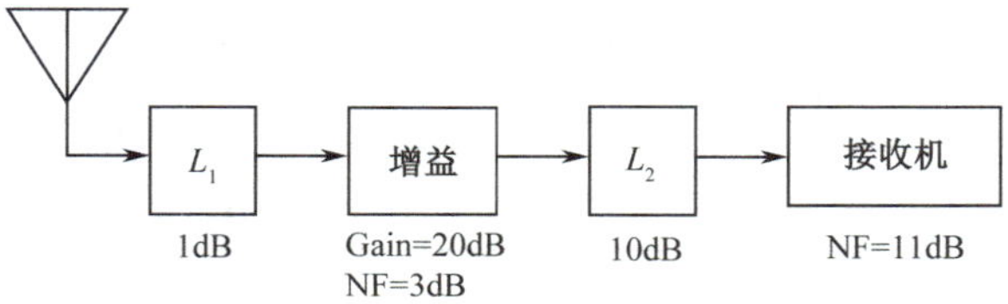

图 A.6　题 4 接收机系统框图

解答

首先要确定系统噪声系数。前置放大器之前的损耗为 1dB。前置放大器增益为 20dB，其噪声系数为 3dB。前置放大器之后的损耗为 10dB，接收机噪声系数为 11dB。

从图 A.7 中可知恶化因子为 2dB。系统噪声系数变为：

$$L_1 + N_P + \text{恶化因子} = 1\text{dB} + 3\text{dB} + 2\text{dB} = 6\text{dB}$$

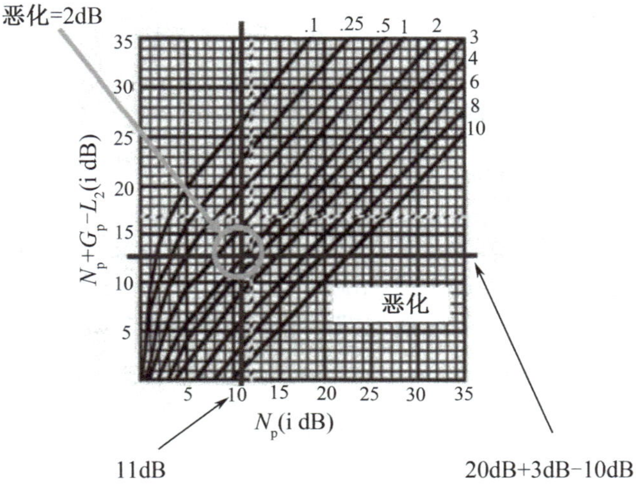

图 A.7　题 4 噪声系数恶化图

$$kTB\text{为：}114+10\log(\mathrm{BW}/1\mathrm{MHz})=-114+10\log(100\mathrm{kHz}/1\mathrm{MHz})$$
$$=-114-10=-124\mathrm{dBm}$$

接收机系统灵敏度为 kTB + 噪声系数 + 所需RFSNR

=−124dBm+6dB+15dB=−103dBm

题 5：模拟接收机动态范围（4.5.2 节）

接收机灵敏度为−90dBm（前置放大器输出处的值，考虑了所有组成模块的增益和损耗），二阶截点值为+60dBm，三阶截点值为+30dBm，接收机系统动态范围是多少？

解答

图 A.8 给出了前置放大器的截点值图。注意二阶线与基波线相交于+60dBm，三阶线与基波线相交于+30dBm。灵敏度线画在−90dBm 处。这表示系统灵敏度（天线输出处）+前置放大器增益－天线与前置放大器之间的损耗，等于−90dBm。

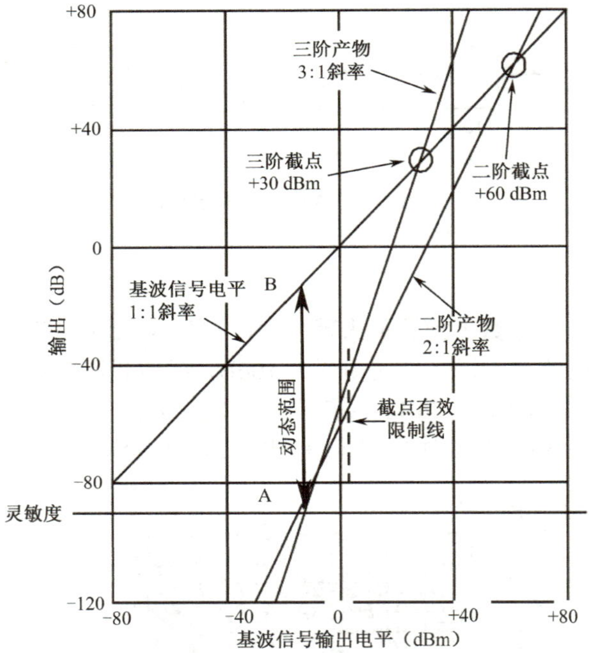

图 A.8　题 5 截点值图

该题中，假设二阶组合通过滤波器滤除，系统动态范围受限于三阶组合。

从三阶线与灵敏度线的交点 A 处开始画一条竖线，与基波线交于点 B。该线段长度为 75dB（从−15dBm 到−90dBm），因此接收机系统动态范围是 75dB。

题 6：数字接收机动态范围（4.5.3 节）

12bit 量化的数字接收机的动态范围是多少？

解答

动态范围=20log(2^n)，其中 n=12

动态范围=20log(4096)=72.2dB

题 7：单向链路方程（5.2 节）

图 A.9 所示链路的接收功率是多少？其中：发射机功率=1 瓦，发射天线增益=2dBi，接收天线增益（朝发射机方向上）=2dB，链路损耗（任意合适的传播模型）为 100dB。

图 A.9 题 7 单向链路

解答

$$P_R = P_T + G_T - 损耗 + G_R = 30\text{dBm} + 2\text{dB} - 100\text{dB} + 2\text{dB} = -66\text{dBm}$$

题 8：视距传播损耗（5.4 节）

频率为 500MHz、相距 75km 的两副全向天线（距离地面较远）间的传播损耗是多少？

解答

$$\begin{aligned}损耗(\text{LOS}) &= 32.4 + 20\log(距离，单位\text{km}) + 20\log(频率，单位\text{MHz}) \\ &= 32.4 + 20\log(75) + 20\log(500) \\ &= 32.4 + 37.5 + 54.0 = 123.9\text{dB}\end{aligned}$$

同样可以从图 A.10 中的列线图中计算损耗。

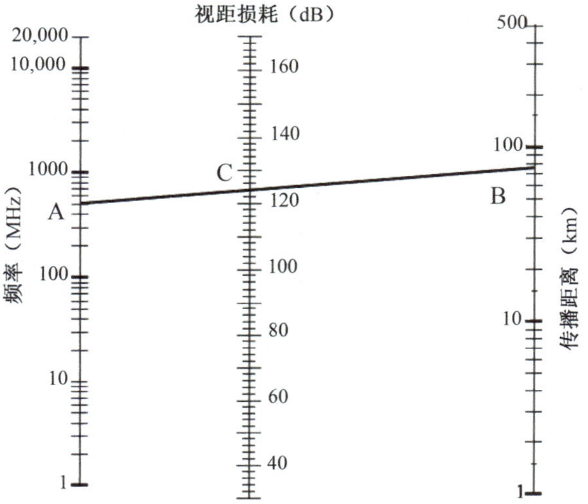

图 A.10 题 8 视距损耗列线图

从点 A（500MHz）至点 B（75km）画一条线。

该线与中间索引线交于点 C（略低于 124dB）。

同样还可以从计算尺第 1 面来确定损耗，如图 A.11 所示。

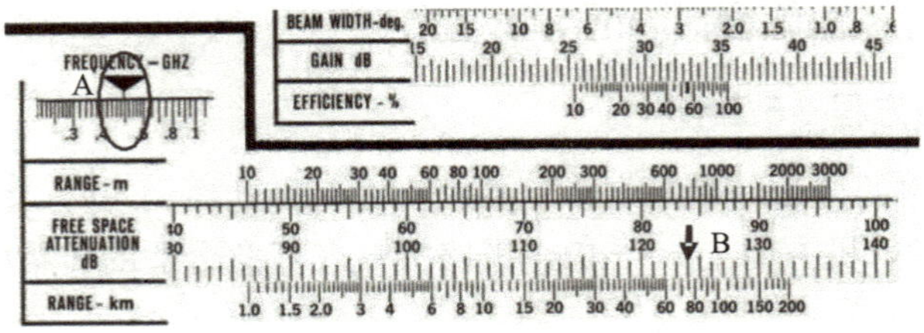

图 A.11 题 8 计算尺设置

移动计算尺，直到 0.5GHz 位于点 A 处的窗口中心。

读取 75km（点 B）处的传播损耗（略低于 124dB）。

题 9：双线传播损耗（5.5 节）

发射天线距离地面 2m，接收天线距离地面 20m，相距 15m，它们之间的传播损耗是多少？该题采用双线传播模型比较合适。

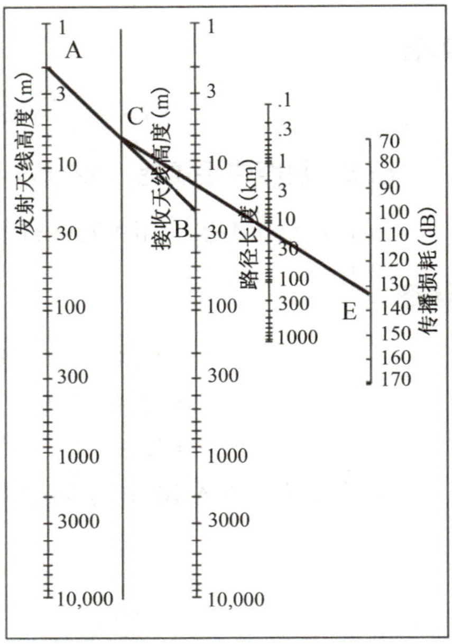

图 A.12 题 9 列线图

解答

$$
\begin{aligned}
\text{损耗(双线)} &= 120 + 40\log(\text{距离，单位km}) \\
&-20\log(\text{发射天线高度，单位m}) \\
&-20\log(\text{接收天线高度，单位m}) \\
&= 120 + 40\log(15) - 20\log(2) - 20\log(20) \\
&= 120 + 47 - 6 - 26 = 135\text{dB}
\end{aligned}
$$

同样可以从图 A.12 所示的列线图中求得损耗。

从 2（点 A）开始至 20（点 B）画一根线，然后从点 C 开始画线，穿过 15km（点 D）的位置到达 135dB（点 E）。

同样还可以从计算尺的第 2 面计算损耗，如图 A.13 所示。

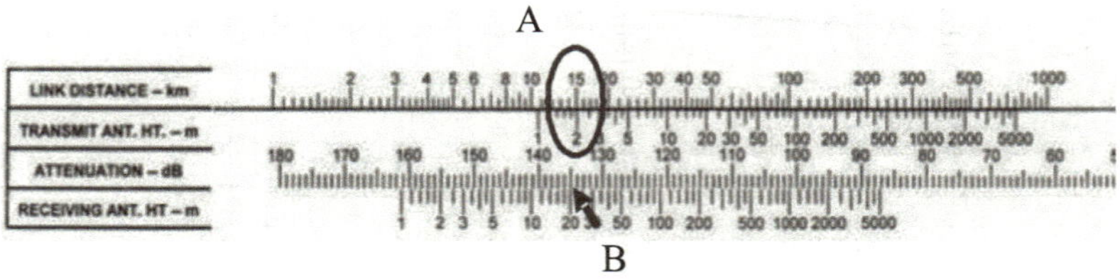

图 A.13 题 9 计算尺设置

移动计算尺，使 15km 与 2 米对齐，如点 A 所示。

读取 20m 处（点 B）的衰减（135dB）。

题 10：菲涅尔区（5.6 节）

发射天线距离地面高度为 2m，接收天线距离地面高度为 200m，工作频率为 400MHz，计算菲涅尔区的距离。

解答

以km为单位的菲涅尔区距离 = (以米为单位的h_T × 米为单位h_R × 以MHz为单位的频率)/24000 = (2 × 200 × 400)/24000 = 6.7km

这表示如果链路长度小于 6.7km，应用视距损耗，如果链路长于 6.7km，则应用双线模型。

还可以利用图 A.14 所示的计算尺得到菲涅尔区。

移动计算尺，使 2m 在点 A 处与 200m 对齐。

然后，读取 400MHz（点 B）的菲涅尔区距离（6.7km）。

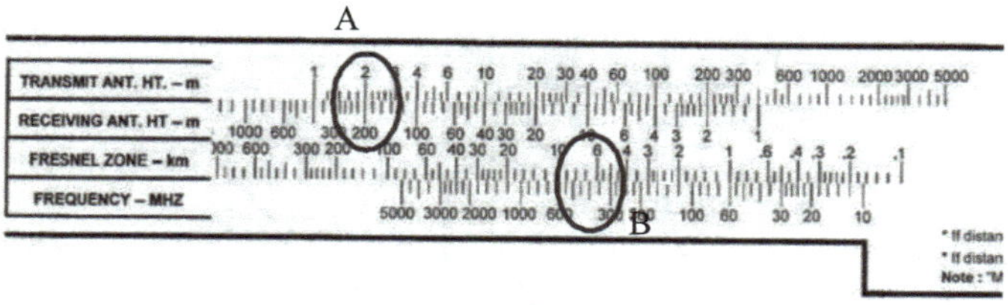

图 A.14　题 10 计算尺设置

题 11：大气损耗（5.8 节）

海平面上 50GHz 的链路长度为 50km。大气损耗是多少？

解答

在图 A.15 上从 50GHz（点 A）开始向上画一条垂直的线，直到与大气损耗线条交于点 B，然后向左画一条水平线，与纵坐标交于 0.04dB 每 km 的位置（点 C）。

大气损耗是 0.04dB/km×50km=2dB。

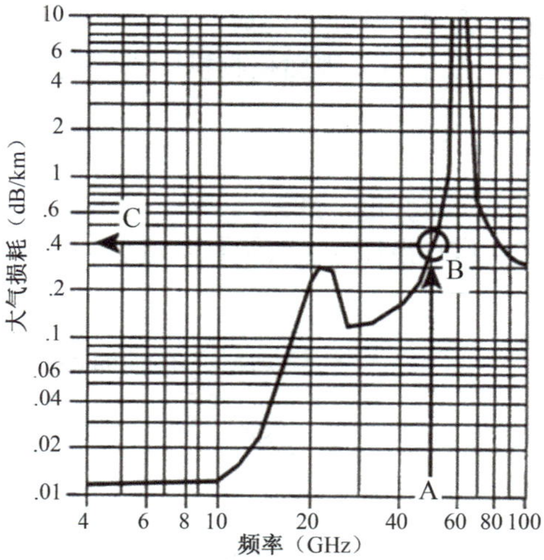

图 A.15　题 11 大气损耗

题 12：雨衰（5.8 节）

一条长 50km、工作于 20GHz 的链路穿过 50km 的中雨。雨衰是多少？

解答

从表 5.3 可知，中雨（4mm/hr）引起的衰落如图 A.16 中线 C 所示。从 20GHz（点 X）处向上画一条垂直的线，与曲线 C 相交（点 Y），然后向左画线与纵坐标相交于 0.3dB/km（点 Z）。

雨衰为 0.3dB/km×50km=15dB。

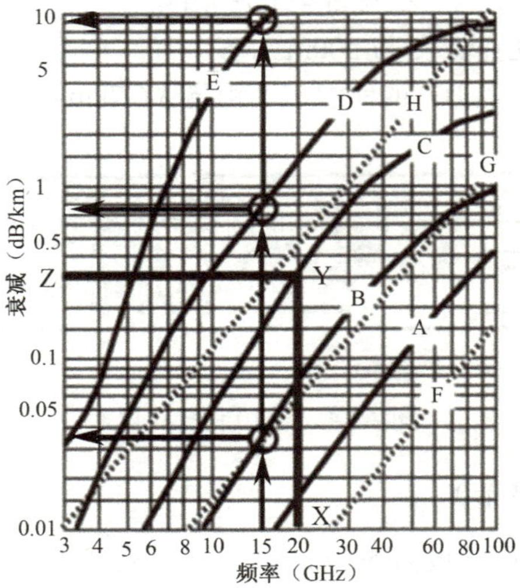

图 A.16　题 12 雨衰

题 13：卫星链路损耗（5.10 节）

如图 A.17 所示，具有 15dB 增益天线的地面接收机指向低轨卫星，截获来自卫星的 5GHz 频率的信号。卫星距离地面接收机 4000km，位于当地地平线上方 5° 的仰角处。所期望的 0° 等温线高度为 4km，在大雨环境中，截获要能成功。

为接收 ERP 为 100 瓦的卫星信号，地面接收机所需的灵敏度是多少？

解答

灵敏度必须等于接收到的信号强度，即

$$P_R = \text{ERP} - \text{LOS损耗} - \text{大气损耗} - \text{雨衰} + \text{接收天线增益}$$

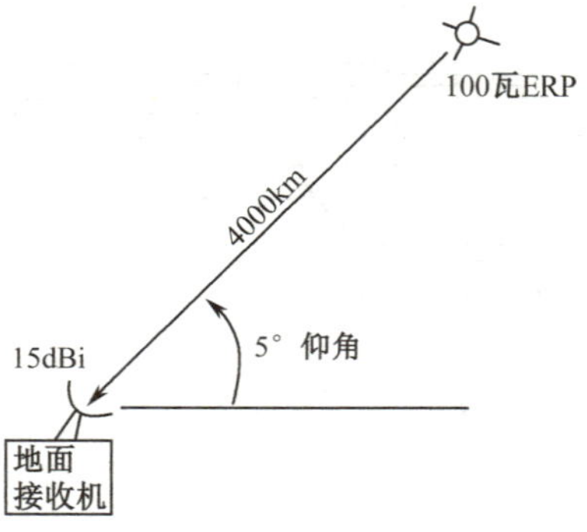

图 A.17　题 13 卫星链路

从图 A.18［从 5GHz（点 A）开始向上画一条竖线到达 5° 损耗线（点 B），向左到达 0.2dB 处（点 C）］可知，大气损耗=0.2dB。

雨衰从图 A.19 中得到。从地面站点到 0° 等温线的路径距离为

$$4\text{km}/\sin 5° = 4\text{km}/0.087 = 45.9\text{km}$$

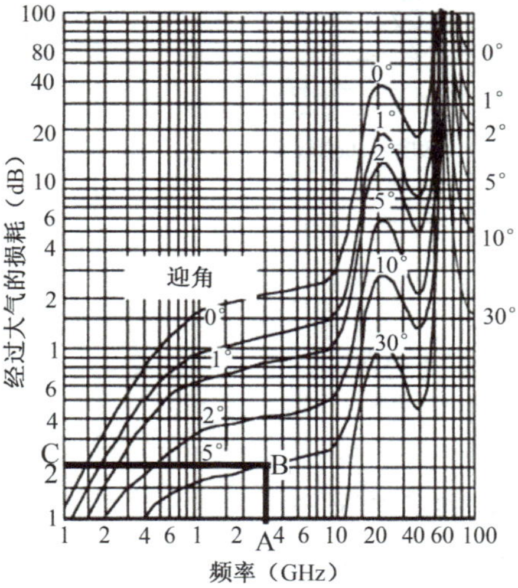

图 A.18　题 13 大气损耗

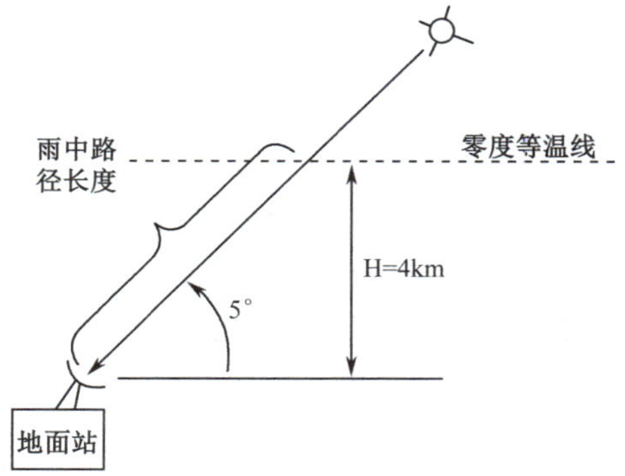

图 A.19　题 13 雨衰几何关系

从图 A.20[从 5GHz（点 X）开始向上画一条竖直的线，与曲线 D（大雨）交于点 Y，向左到达 0.045dB/km 处，即点 Z 的位置]可知，每 km 雨衰为 0.045dB/km。

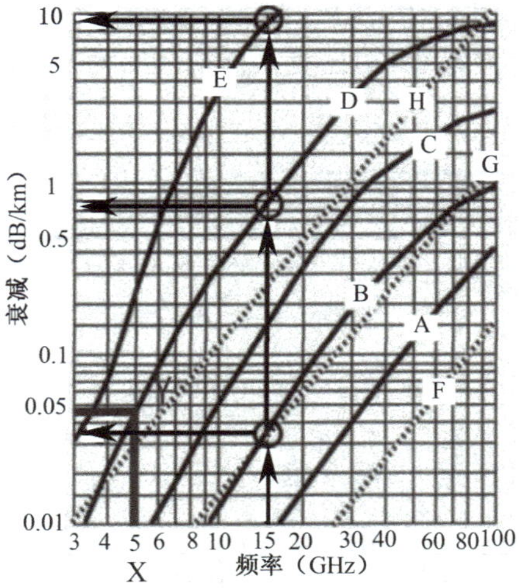

题 A.20　题 13 雨衰

雨衰为 0.045dB/km×45.9km=2dB。

接收天线增益=15dBi。

接收信号强度，即所需灵敏度为

$$\text{ERP} - \text{LOS损耗} - \text{大气损耗} - \text{雨衰} + \text{接收天线增益}$$
$$= 50\text{dBm} - 178.4\text{dB} - 0.2\text{dB} - 2\text{dB} + 15\text{dBi} = -115.4\text{dBm}$$

题 14：有效距离（LOS 链路）（第 5 章）

灵敏度为-80dBm、具有 3dBi 增益天线的接收机在什么距离内能接收到 400MHz 的 1 瓦 ERP 的信号？天线距离地面足够远，可以假设为视距传播。见图 A.21。

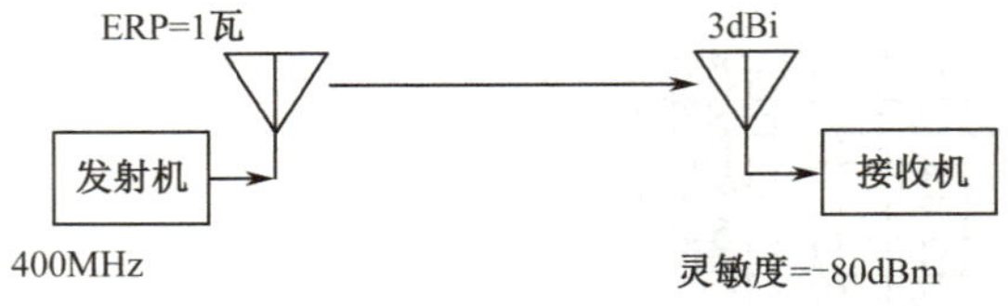

图 A.21　题 14 链路框图

解答

从 5.4 节，可知

$$P_R = \text{ERP} - 32.4 - 20\log(d) - 20\log(F) + G_R$$

d 为距离，单位 km；F 为频率，单位 MHz。

设 P_R 为灵敏度，求 $20\log(d)$ 为

$$\begin{aligned}20\log(d) &= \text{ERP} - 32.4 - 20\log(F) + G_R - \text{Sens}\\ &= +30 - 32.4 - 20\log(400) + 3 - (-80)\\ &= 30 - 32.4 - 52 + 3 + 80 = 28.6\end{aligned}$$

$$d = \text{Antilog}[20\log(\text{d})/20] = \text{Antilog}[28.6/20] = 26.9\text{km}$$

同样还可以利用如图 A.22 所示的计算尺的第 1 面来求解该问题。

首先单独计算传播损耗，其值为 ERP＋接收天线增益－Sens＝30＋3－（－80）＝113dB。

然后将计算尺调到点 A 位置 0.4GHz 处。查找衰减为 113dB（点 B）对应的距离，可以发现距离为 26.9km。

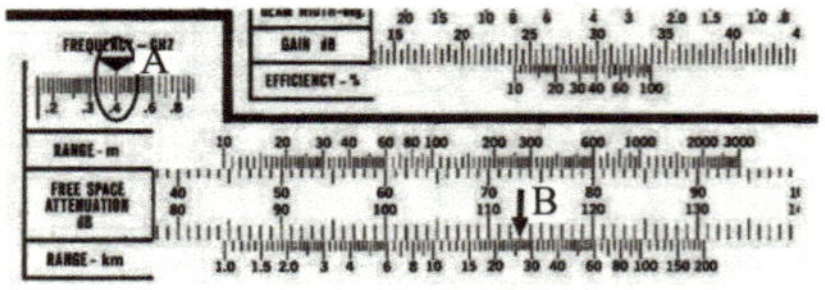

图 A.22　题 14 计算尺设置

题 15：有效距离（双线链路）（第 5 章）

接收机灵敏度为-100dBm，其 3dBi 增益天线距离地面高度为 5m，在什么距离内该接收机能接收到 400MHz、10 瓦 ERP、天线高度为 2m 的信号？见图 A.23。

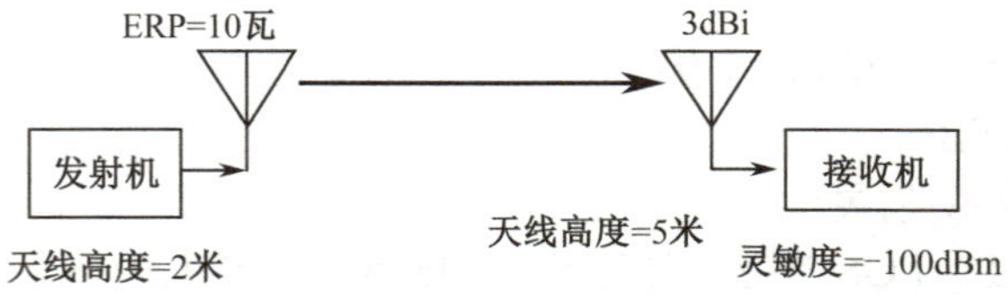

图 A.23　题 15 链路框图

解答

首先需要根据菲涅尔区来确定合适的传播模型。

FZ=(2×5×400)/24000=167m，因此传播模型几乎可以肯定是双线模型。如果有效距离低于 167m，则需要重新求解该题。

从 5.5 节可知，接收到的功率为

$$P_R = \text{ERP} - 120 - 40\log(d) + 20\log(h_T) + 20\log(h_R) + G_R$$

距离单位为 km，天线高度单位为米。

将接收到的功率设为灵敏度值，$40\log(d)$ 为

$$\begin{aligned}40\log(d) &= \text{ERP} - 120 + 20\log(h_T)\\ &+20\log(h_R) + G_R - \text{Sens}\\ &= 40 - 120 + 20\log(2) + 20\log(5) + 3 - (-100)\\ &= 40 - 120 + 6 + 14 + 3 + 100 = 43\end{aligned}$$

$$d\text{=Antilog[40 log(d)/40]=Antilog[43/40]=11.9km}$$

同样还可以利用计算尺的第 2 面来求解该题，如图 A.24 所示。

首先计算传播损耗，其值为 ERP-Sens+接收天线增益

$$= 40 + 100 + 3 = 143\text{dB}$$

首先将 143dB 与接收天线高度（5m）对齐，如点 A 所示。

然后读取发射天线高度处（点 B）的距离。

可以发现距离为 11.9km。

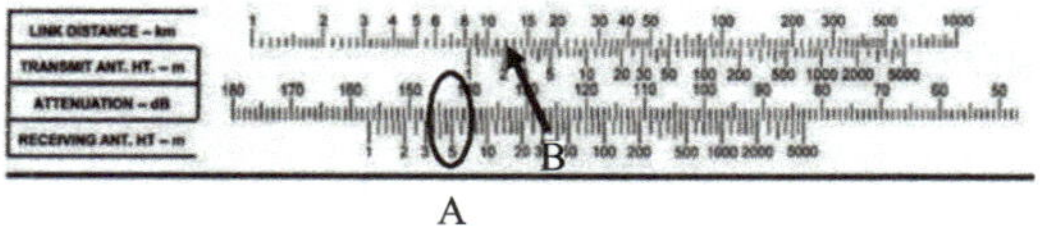

图 A.24 题 15 计算尺设置

题 16：窄带搜索中的截获概率（第 6 章）

接收机带宽为 200kHz，在 30MHz 到 88MHz 之间扫频来搜索一个 25kHz 的信号。接收机可以在 100 微秒内计算其带宽内的信号能量，并在 1 毫秒时间内分析找到的信号，包括调制参数和信号实际频率。如果 5%的信道被占用，那么接收机能在半秒内找到感兴趣的特定信号（从测量所得参数进行识别）的概率是多少？扫描搜索信号时，50%的带宽重叠。

解答

存在多少个信号？58MHz 的带宽（88–30），每个信道带宽为 25kHz。总共有 2320 个可能的信号。共存在 2320 的 5%个信号，即 116 个信号。

系统需花费多少时间来分析所有找到的信号？116×1ms=116ms。

接收机需要多长时间来搜索信号？58MHz 包括 290 个 200kHz 的带宽。由于 50%重叠，所以共需 580 次搜索才能覆盖整个频率范围。接收机在每一次必须停留 100 微秒来确定本次调谐是否存在信号，580 步×100 微秒/步=58ms。因此，接收机必须花费 58ms 来扫频。

所以，共需 116＋58＝174ms 来搜索整个频段并分析找到的所有信号。因此，如果信号存在，则在 174ms 内接收机定能搜索到。截获概率为 100%。

另一种计算截获概率的方法就是比较接收机能覆盖的整个频率范围和感兴趣信号的频率范围。

5%占有率情况下，每 MHz 平均有 2 个信号。（58MHz/200kHz）×0.05＝2。

以 50%的重叠带宽搜索 1MHz 共需 10 次调谐。（1MHz/200kHz）×2＝10。

每一次调谐需要 100μs 的时间。这就表示扫描 1MHz 需要 1ms 时间（0.1ms/步×10 步/MHz）。

分析每一个找到的信号需要 1ms 时间，因此，分析 1MHz 内找到的两个信号需要 2ms 时间。

因此 1MHz 共需 3ms 时间。半秒内，系统可以搜索并分析 166.7MHz（500ms/3ms）带宽内出现的所有信号。截获概率为接收机可搜索的整个频率范围除以信号可能覆盖的频率范围，即截获概率=287%。这种情况下，答案即为 100%。

题 17 至题 23 说明

这些题的求解都使用公式来计算菲涅尔区和传播损耗。读者也可以使用第 5 章中的传播列线图或计算尺来计算这些值。计算尺上菲涅尔区距离是在最右边没有刻度，即菲涅尔区距离小于 100m 的情况——这种情况下意味着如果链路长度大于 100m，需要应用双线模型。

题 17：通信 J/S（9.1 节）

考虑如图 A.25 所示的干扰示意图。

现在需要干扰敌方一键通（push to talk）网络，网络距离干扰机 50km，台站之间间隔 5km。目标收发信机使用鞭天线。图中给出了一条典型的目标链路。当然要干扰的是接收机（即当前处于接收状态的收发信机）。

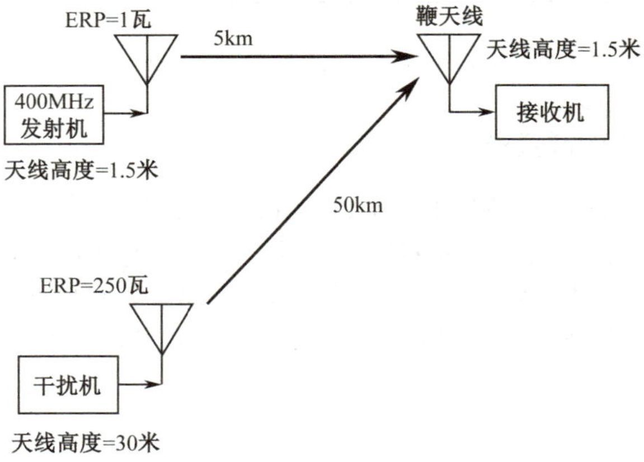

图 A.25 题 17 链路示意图

解答

发射机到接收机 FZ 为(1.5×1.5×400)/24000=37.5m，因此传播模型为双线模型。

干扰机到接收机 FZ 为(30×1.5×400)/24000=750m，因此传播模型为双线模型。

发射机 ERP 为 30dBm。

干扰机 ERP 为 54dBm。

发射机到接收机损耗为

$$120+40\log(5)-20\log(1.5)-20\log(1.5)=120+28-3.5-3.5=141\text{dB}$$

干扰机到接收机损耗为

$$120+40\log(50)-20\log(30)-20\log(1.5)=120+68-29.5-3.5=155\text{dB}$$

$$J/S=\text{ERP}_\text{J}-\text{ERP}_\text{S}-\text{Loss}_\text{J}+\text{Loss}_\text{S}=54-30-155+141=10\text{dB}$$

对模拟信号目标来说这已足够。如果使用数字调制，则 0dB 就足够了。

题 18：通信 J/S（9.1 节）

考虑如图 A.26 所示的干扰示意图。

这是一种使用低功率（四分之一瓦）干扰机的“有利位置干扰”，距离接收机很近（250m）。*J/S* 是多少？

解答

发射机到接收机 FZ 为(1.5×2.5×1600)/24000=250m，因此传播模型为双线模型。

干扰机到接收机 FZ 为(1×1.5×1600)/24000=100m，因此传播模型为双线模型。

发射机 ERP 为 30dBm。

干扰机 ERP 为 10log(250)=24dBm。

发射机到接收机损耗为

$$120+40\log(5)-20\log(1.5)-20\log(2.5)=120+28-3.5-8=136.5\text{dB}$$

$$J/S=\text{ERP}_\text{J}-\text{ERP}_\text{S}-\text{Loss}_\text{J}+\text{Loss}_\text{S}=24-30-88+136.5=42.5\text{dB}$$

干扰机到接收机损耗为

$$120+40\log(0.25)-20\log(1)-20\log(2.5)=120-24-0-8=88\text{dB}$$

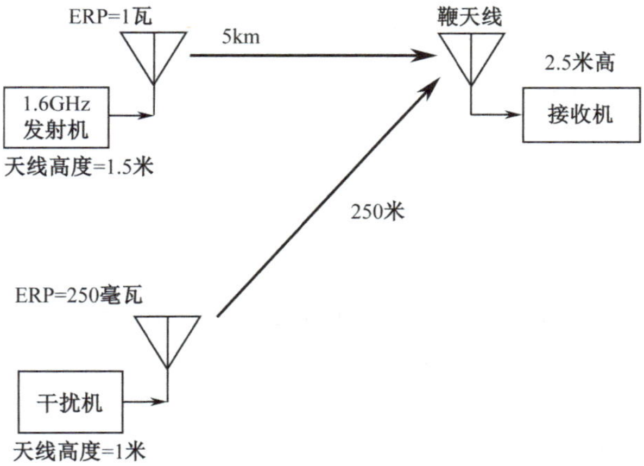

图 A.26 题 18 链路示意图

题 19：通信 J/S（9.1 节）

考虑如图 A.27 所示的干扰示意图。

该题使用直升机上的干扰机，直升机盘旋在距离地面 1000m 的高度，距离敌方一键通网络 50km 远。*J/S* 是多少？

解答

发射机到接收机 FZ 为(1.5×1.5×100)/24000=9.3m，因此传播模型为双线模型。
干扰机到接收机 FZ 为(1000×1.5×100)/24000=6.25km，因此传播模型为双线模型。
发射机 ERP 为 30dBm。
干扰机 ERP 为 50dBm。
发射机到接收机损耗为

$$120+40\log(5)-20\log(1.5)-20\log(1.5)=120+28-3.5-3.5=141\text{dB}$$

干扰机到接收机损耗为

$$120+40\log(50)-20\log(1000)-20\log(1.5)=120+68-60-3.5=124.5\text{dB}$$

$$J/S=\text{ERP}_\text{J}-\text{ERP}_\text{S}-\text{Loss}_\text{J}+\text{Loss}_\text{S}=50-30-124.5+141=36.5\text{dB}$$

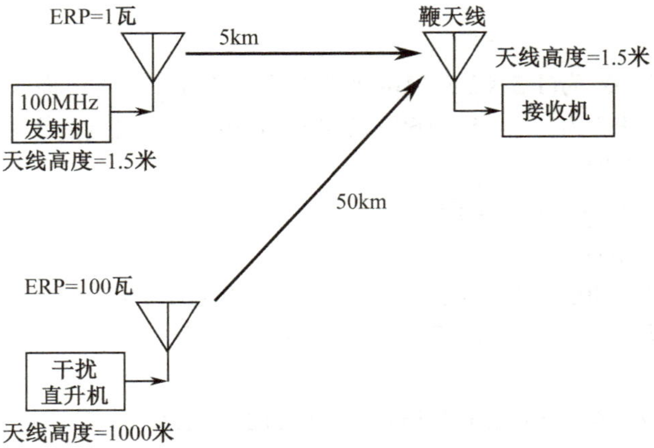

图 A.27　题 19 链路示意图

题 20：通信 J/S（9.1 节）

考虑如图 A.28 所示的干扰示意图。
该题与题 19 一致，不同之处在于目标网络工作在 900MHz。*J/S* 是多少？

解答

发射机到接收机 FZ 为(1.5×1.5×900)/24000=84m，因此传播模型为双线模型。
干扰机到接收机 FZ 为(1000×1.5×900)/24000=56km，因此传播模型为视距模型。
发射机 ERP 为 30dBm。
干扰机 ERP 为 50dBm。
发射机到接收机损耗为

$$120+40\log(5)-20\log(1.5)-20\log(1.5)=120+28-3.5-3.5=141\text{dB}$$

干扰机到接收机损耗为

$$32.4+20\log(900)+20\log(50)=32.4+59+34=125.4\text{dB}$$

$$J/S=\text{ERP}_\text{J}-\text{ERP}_\text{S}-\text{Loss}_\text{J}+\text{Loss}_\text{S}=50-30-125.4+141=35.6\text{dB}$$

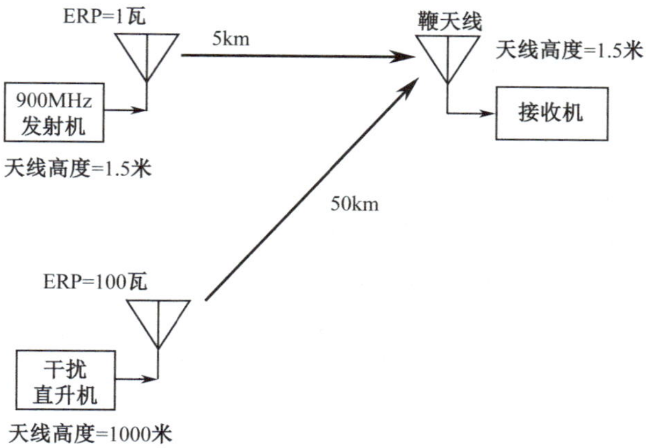

图 A.28 题 20 链路示意图

题 21：通信 J/S（9.1 节）

考虑如图 A.29 所示的干扰示意图。

该题与题 19 一致，不同之处在于链路使用直接序列扩频（DSSS）信号，扩频码速率为 10Mbps，信息比特速率为 10kbps。这种情况下接收机处理增益为 30dB。

解答

从题 19 得到，非 DSSS 情况下 *J/S* 为 36.5dB。然而，本题中 30dB 的处理增益使得 *J/S* 降低为 6.5dB。目标信号为数字信号，而且 *J/S* 大于 0dB，因此 *J/S* 已经足够。而且，由于占空比为 33%，所以可以有效干扰目标数字信号。

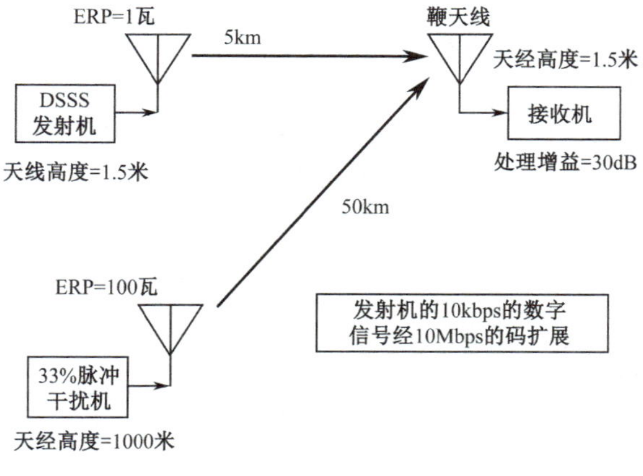

图 A.29 题 21 链路示意图

题 22：部分带宽干扰（9.3.1 节）

考虑如图 A.30 所示的干扰示意图。

这是一个跳频网络，信道带宽为 25kHz，在 30MHz 到 88MHz 之间跳频。由于采用了辐射控制，所以发射机 ERP 未知。网络中收发信机之间相距 5km。

干扰机距离网络 40km，具有接收功能。其采用 10dB 增益的对数周期天线，架于 30m

高的杆子上。干扰机接收到的目标信号功率为-110dBm。

使用 0dB *J/S* 所能干扰的目标信号干扰范围百分比是多少？

解答

平均发射频率为 59MHz。

发射机到接收机 FZ 为(1.5×1.5×59)/24000=5.5m，因此传播模型为双线模型。

发射机到干扰机 FZ 为(1.5×30×59)/24000=110m，因此传播模型为双线模型。

干扰机到发射机 FZ 同上，因此也为双线模型。

干扰机 ERP 为 500 瓦+天线增益=57+10=67dBm。

发射机跳频频率点总数为 58MHz/25kHz=2320。

发射机 ERP 可以由干扰机处的接收功率求得。

$$P_R = \text{ERP} - [120 + 40\log(40) - 20\log(1.5) - 20\log(30)] + G_R$$

求解 ERP，得

$$\begin{aligned}\text{ERP} &= P_R + [120 + 40\log(40) - 20\log(1.5) - 20\log(30)] - G_R \\ &= -110 + 120 + 64 - 3.5 - 29.5 - 10 = 31\text{dBm}(1.3\text{瓦})\end{aligned}$$

目标接收机处接收到的期望信号功率为

$$\begin{aligned}P_R(\text{称为}S) &= 31 - [120 + 40\log(5) - 20\log(1.5) - 20\log(1.5)] + 2 \\ &= 31 - 120 - 28 + 3.5 + 3.5 + 2 = -108\text{dBm}\end{aligned}$$

目标接收机处接收到的干扰信号功率为

$$\begin{aligned}P_R(\text{称为}J) &= 67 - [120 + 40\log(40) - 20\log(30) - 20\log(1.5)] + 2 \\ &= 67 - 120 - 64 + 29.5 + 3.5 + 2 = -82\text{dBm}\end{aligned}$$

$J/S(\text{dB}) = J(\text{dBm}) - S(\text{dBm}) = -82 - (-108) = 26\text{ dB}$。这是单个信道的 *J/S*，忽略了跳频。

如果干扰信号充分扩展，为每个信道提供 0dB 的 *J/S*，则信道数为

Antilog[26/10]=400 信道

这就意味着干扰机能覆盖 10MHz。

注意 2320 个信道中仅有 400 个信道被干扰，即 17%。这并不足以被认为是有效的干扰，但是在本题干扰位置关系下已经是最佳干扰效果。

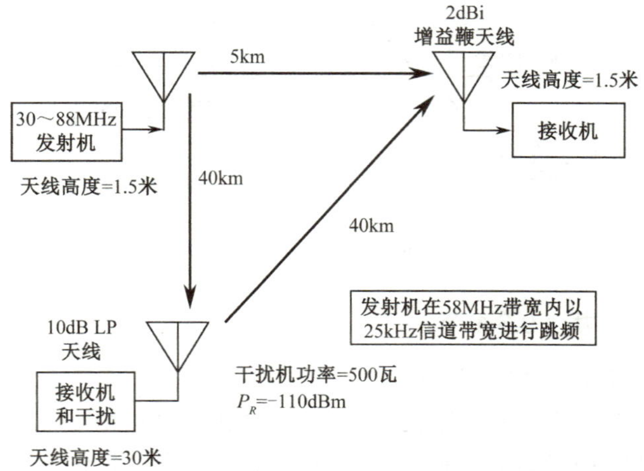

图 A.30　题 22 链路示意图

题 23：干扰蜂窝电话上行链路（9.5 节）

考虑如图 A.31 所示的干扰示意图。

现在干扰蜂窝电话的上行链路，即干扰蜂窝塔的接收机。移动电话 ERP 为 1 瓦，工作在 1.8GHz 频率上，距离蜂窝塔 1km，距离地面高度 1m。塔高 50m。干扰机 ERP 为 250 瓦，天线高度 3m，距离塔 1km 远。*J*/*S* 是多少？

解答

发射机到接收机 FZ 为(1×50×1800)/24000=3.75km，因此传播模型为视距模型。

干扰机到接收机 FZ 为(3×50×1800)/24000=11.3km，因此传播模型为视距模型。

发射机 ERP 为 30dBm。

干扰机 ERP 为 54dBm。

发射机到接收机损耗为

$$32.4+20\log(1800)+20\log(1) =32.4+65+0=97.4\text{dB}$$

干扰机到接收机的损耗与信号损耗相等，为 97.4dB。

$$J / S = \text{ERP}_\text{J} - \text{ERP}_\text{S} - \text{Loss}_\text{J} + \text{Loss}_\text{S} = 54 - 30 - 97.4 + 97.4 = 24\text{dB}$$

如果蜂窝电话为 GSM，则其采用数字调制（仅需 0dB *J*/*S*），因此该 *J*/*S* 足以干扰多个信道。

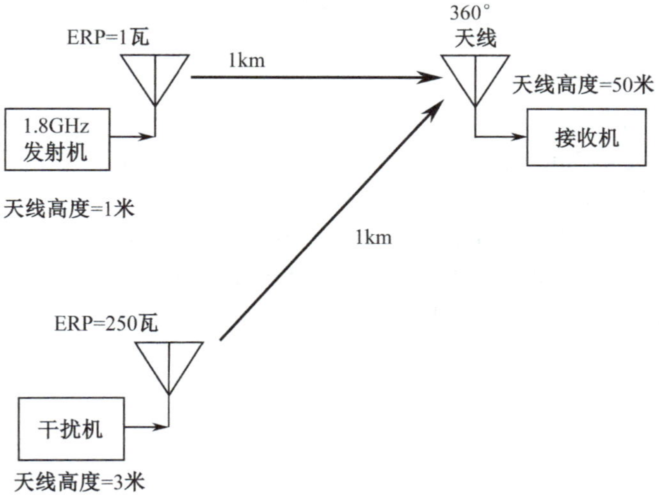

图 A.31 题 23 链路示意图

题 24：干扰蜂窝电话下行链路（9.5 节）

考虑如图 A.32 所示的干扰示意图。

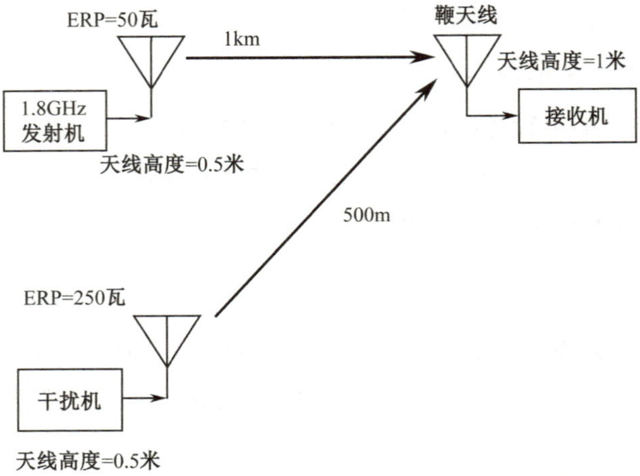

图 A.32 题 24 链路示意图

现在干扰蜂窝电话的下行链路，即蜂窝电话的接收机。蜂窝塔 ERP 为 50 瓦，工作在 1.8GHz 频率上，距离蜂窝电话 1km，移动电话距离地面高度 1m。塔高 50m。干扰机 ERP 为 250 瓦，天线高度 0.5m，距离蜂窝电话 500m 远。*J/S* 是多少？

解答

发射机到接收机 FZ 为(50×1×1800)/24000=3.75km，因此传播模型为视距模型。

干扰机到接收机 FZ 为(0.5×1×1800)/24000=37.5m，因此传播模型为双线模型。

发射机 ERP 为 47dBm。

干扰机 ERP 为 54dBm。

发射机到接收机损耗为

$$32.4+20\log(1800)+20\log(1)=32.4+65+0=97.4\text{dB}$$

干扰机到接收机损耗为

$$120+40\log(0.5)-20\log(0.5)-20\log(1)=120-6+0=114\text{dB}$$

$$J/S=\text{ERP}_\text{J}-\text{ERP}_\text{S}-\text{Loss}_\text{J}+\text{Loss}_\text{S}=54-47-114+97.4=-9.6\text{dB}$$

显然，这不是有效的干扰。为使干扰有效，干扰机要么增大功率，要么缩短与蜂窝电话的距离。

附录B 参 考 书 目

以下书籍是与通信电子战相关的参考文献。大多数书籍所包含的主题内容比本书更为宽泛，它们包含了在处理通信 EW 问题时非常有用的信息。作者撰写本书过程中参考了这些书籍。通常这些书籍的新版本会由同一出版社出版。当然还有其他书籍也非常有用，这里罗列的书目仅供读者开始学习时使用。

通常，这些书籍比本书使用更多的数学内容来解释概念和 过程。作者希望本书能为读者学习参考书籍中更深入的内容提供帮助。

EW 101 by David Adamy

ISBN 1-58053-169-5, Artech House, 2001.

Covers the RF aspects of the electronic warfare (EW) field using little math. Based on the EW 101 columns in the *Journal of Electronic Defense* since October 1994.

EW 102 by David L. Adamy

ISBN 1-58053-686-7, Artech House, 2004.

A companion book to EW 101, covers threats, radar principles, IR and EO, communications EW, emitter location accuracy, and comm sat links. Also based on EW 101 columns in the *Journal of Electronic Defense*.

Electronic Warfare in the Information Age by D. Curtis Schleher

ISBN 0-89006-526-8, Artech House, 1999.

Covers electronic warfare field using both physical and mathematical characterizations. Includes many examples worked in MATLAB 5.1. Although the book covers most of the EW field, it has significant information (scattered through the book) helpful in communication EW.

Applied ECM by Leroy Van Brunt

ISBN 0-931728-00-2 (Vol. 1, 1978); ISBN 0-931728-01-0 (Vol. 2, 1982) ISBN 0-931728-04-5 (Vol. 1, 1995) ISBN 0-931728-05-3 (3 volume set)

A complete and rigorous coverage of electronic countermeasures in three volumes. Available only from the publisher (EW Engineering Inc., P.O. Box 28, Dunn Loring, VA 22027).

Introduction to Electronic Defense Systems by Filippo Neri

ISBN 0-89006-553-5, Artech House, 1991.

Nonmathematical coverage of whole EW field. Almost entirely radar EW, but has some material on communication EW in chapters 4, 5, and 6.

Spread Spectrum Systems with Commercial Applications by Robert Dixon

ISBN 0 471-59342-7, John Wieley & Sons, 1994.

Overviews and mathematical characterizations of spread spectrum signals.

Detectability of Spread Spectrum Signals by Robin and George Dillard

ISBN 0-89006-229-4, Artech House, 1989.

Thorough coverage of energy detection approaches to the detection of spread spectrum signals. Includes excellent coverage of energy detection techniques.

Spread Spectrum Communications Handbook by Marvin K. Simon et al.

ISBN 0-07-057629-7, McGraw-Hill, 1994.

Compilation of authoritative papers on spread spectrum communication by experts in the field.

Advanced Techniques for Digital Receivers by Phillip Pace

ISBN 1-58053-053-2, Artech House, 2000.

Graduate-level coverage of digital signals and receivers-design and performance analysis.

Introduction to Communication Electronic Warfare Systems by Richard Poisel

ISBN 1-58053-344-2, Artech House, 2002.

Comprehensive coverage of communication signals and propagation as well as the principles and practice of EW against those signals.

Practical Communication Theory by David Adamy

ISBN 1-8885897-04-9, Lynx Publishing, 1994.

Describes the one-way communication link and gives simple dB formulas for working practical intercept problems.

Tactical Battlefield Communications Electronic Warfare by Dave Adamy

ISBN 1-885897-17-0, Lynx Publishing, 2005.

Includes the same antenna and propagation slide rule included with this book. Covers communication band propagation, communication jamming, and antenna parameter trade-offs. Includes instructions on using the slide rule. This 28-page booklet is sometimes used in briefing military EW personnel preparing for deployment.

Electronic Warfare for the Digitized Battlefield by Michael R. Frater and Michael Ryan

ISBN 1-58053-271-3, Artech House, 2001.

Operational focus on the modern electronic battlefield and the appropriate EW techniques. Operational level descriptions of important new communications EP.

Introduction to Electronic Warfare Modeling and Simulation by David L. Adamy

ISBN 1-58053-495-3, Artech House, 2003.

Broad introduction to EW modeling and simulation. Covers terms, concepts, and applications. Includes an introduction to EW sufficient to support the primary material. Mostly focused on radar EW simulation and modeling but with a little material relevant to communications EW.

The Communications Handbook edited by Jerry D. Gibson

ISBN 0-8493-8349-8, CRC Press (in cooperation with IEEE), 1977.

Papers on a wide range of communication subjects, including a thorough coverage of propagation models.

Information Warfare: Principles and Operations by Edward Waltz

ISBN: 0-89006-511-X, Artech House, 1998.

This is the best book I have found on information warfare. It covers the official definitions, vocabulary, and concepts. It includes fine scale subdivisions of the field and the supporting technologies. Talks about strategies for all stages of conflict.

The Comprehensive Guide to Wireless Technologies by Laurence Harte et al.

ISBN: 0-965-06584-7, APDG Publishing, 2000.

Chapter 4 gives an overview of cell phone systems and operation.

ECM and ECCM Techniques for Digital Communication Systems by Ray Pettit

ISBN 0-534-97932-7, Wadsworth, Inc., 1982.

Covers modulations (including spread spectrum), codes, error-correcting codes, and other related subjects of importance in communications EW.

Telecommunications Primer by E. Bryan Carne

ISBN 0-13-206129-5, Prentice-Hall, 1995.

In-depth discussion of communication signals and systems using physical description with little math.

附录 C 使用本书提供的公式

本书提供的公式可用来求解问题，通过输入参数值，就可得出答案。只需要读者计算机上装有 Microsoft Excel 软件即可，XP 版本或其他兼容版本均可。

打开本书提供的 Excel 文件，在特定位置输入所需参数值，就可在目标位置读取答案。本书提供的公式有：

- 视距单向链路方程；
- 双线单向链路方程；
- 刃峰绕射；
- 菲涅耳区距离；
- 接收机灵敏度；
- 接收机系统噪声系数；
- 模拟接收机动态范围；
- 数字接收机动态范围；
- 由 RMS 误差计算 CEP；
- 由 EEP 计算 CEP；
- 通信 *J/S*；
- 部分频带干扰的频率扩展；
- 单向链路中接收功率；
- 单向链路中有效距离。

文件 LOS.xls：视距单向链路方程

在 A4 中输入链路距离（km）
在 A5 中输入频率（MHz）
在 A10 中读取视距损耗（dB）

文件 2ray.xls：双线单向链路方程

在 A4 中输入链路距离（km）
在 A5 中输入发射天线高度（m）
在 A6 中输入接收天线高度（m）
在 A10 中读取双线损耗（dB）

文件 KED.xls：刃峰绕射

在 A4 中输入发射机到脊线的距离（km）
在 A5 中输入脊线到接收机的距离（km）
在 A6 中输入脊线高度（高于视线或低于视线，m）

在 A7 中说明脊线在视线上方还是下方（A 或 B）
在 A10 中读取刃峰绕射损耗（dB）

文件 FZ.xls：菲涅耳区距离

在 A4 中输入发射天线高度（m）
在 A5 中输入接收天线高度（m）
在 A6 中输入频率（MHz）
在 A10 中读取菲涅耳区距离（km）

文件 Sens.xls：接收机灵敏度

在 A4 中输入接收机系统有效带宽（MHz）
在 A5 中输入系统噪声系数（dB）
在 A6 中输入所需检波前信噪比
在 A10 中读取系统灵敏度

文件 NF.xls：接收机系统噪声系数

在 A4 中输入前置放大器之前的损耗（dB）
在 A5 中输入前置放大器增益（dB）
在 A6 中输入前置放大器噪声系数（dB）
在 A7 中输入前置放大器与接收机之间的损耗（dB）
在 A8 中输入接收机噪声系数（dB）
在 A10 中读取系统噪声系数（dB）

文件 ADR.xls：模拟接收机动态范围

在 A4 中输入接收机系统灵敏度（dBm）
在 A5 中输入接收机输入与前置放大器输出之间的净增益（dB）
在 A6 中输入前置放大器二阶截点（dBm）
在 A7 中输入前置放大器三阶截点（dBm）
在 A10 中读取接收机系统二阶无杂散动态范围
在 A11 中读取接收机系统三阶无杂散动态范围

文件 DDR.xls：数字接收机动态范围

在 A4 中输入量化比特数
在 A10 中读取接收机动态范围（dB）

文件 CEP_RMS.xls：由 RMS 误差计算 CEP

在 A4 中输入 RMS 误差（度）
在 A5 中输入到两个 DF 站的距离（km）
在 A10 中读取 CEP（km）

文件 CEP_EEP.xls：由 EEP 计算 CEP

在 A4 中输入长轴（km）

在 A5 中输入短轴（km）
在 A10 中读取 CEP（km）

文件 JtoS.xls：通信 J/S

在 A4 中输入期望信号发射机的 ERP（dBm）
在 A5 中输入干扰机 ERP（dBm）
在 A6 中输入期望信号发射机到目标接收机之间的损耗（dB）
在 A7 中输入干扰机到目标接收机之间的损耗（dB）
在 A8 中输入目标接收天线在期望信号发射机方向上的增益（dB）
在 A9 中输入目标接收天线在干扰机方向上的增益（dB）
在 A10 中读取干信比（J/S）（dB）

文件 PBJ.xls：部分频带干扰的频率扩展

在 A4 中输入目标信号信息带宽（kHz）
在 A5 中输入目标信号跳频范围（MHz）
在 A6 中输入信号信道 J/S（dB）
在 A10 中读取最优干扰带宽（MHz）
在 A11 中读取干扰占空比（%）

文件 RcvPwr.xls 单向链路中接收功率

在 A4 中输入链路距离（km）
在 A5 中输入发射天线高度（m）
在 A6 中输入接收天线高度（m）
在 A7 中输入频率（MHz）
在 A10 中读取接收信号功率（dBm）

文件 EffRng.xls：单向链路中有效距离

注意该文件确定传播模式（视距还是双线）并计算有效距离。其中假设所使用的天线为宽波束宽度的天线，并且地形是空旷的。如果天线为定向天线，或者传播经过山谷，则有效距离为“LOS 距离”。大气损耗和雨衰不包括在内。

在 A5 中输入发射机功率（dBm）
在 A6 中输入发射天线在接收机方向上的增益（dB）
在 A7 中输入接收天线在发射机方向上的增益（dB）
在 A8 中输入发射机天线高度（m）
在 A9 中输入接收天线高度（m）
在 A10 中输入频率（MHz）
在 A11 中输入接收机系统灵敏度（dBm）
在 A18 中读取有效距离（km）

作 者 简 介

David L. Adamy 是一位国际公认的电子战专家。他已撰写了多年的 EW 101 专栏。然而，除了撰写该专栏之外，46 年前他就已经是军队和工业领域的 EW 专家（自豪地称自己为“乌鸦”）。作为系统工程师、项目负责人、项目技术主管、项目经理以及生产线经理，Adamy 先生直接参与了从直流到可见光各个领域的 EW 项目。这些项目所完成的系统应用于从潜艇到太空的各种平台上，满足了从“快捷粗放”到高可靠性的各种需求。

Adamy 拥有电子工程学士学位和电子工程硕士学位，主修专业均为通信理论。除了 EW101 专栏外，他在 EW、侦察及相关领域发表了多篇技术文章，出版了 11 部专著（包括这本书在内）。Adamy 在世界范围内讲授 EW 相关课程，向军方机构和 EW 公司提供咨询服务。他长期担任老乌鸦协会董事会成员，还当选过该协会主席。

他已结婚 47 年（他的妻子能够这么长时间忍受他这位经典的“书呆子”，应该得到一枚奖章），有四个女儿和八个外孙。他声称自己是一位还干得不错的工程师，但却是世界上真正卓越的飞钓者之一。

反侵权盗版声明

电子工业出版社依法对本作品享有专有出版权。任何未经权利人书面许可，复制、销售或通过信息网络传播本作品的行为；歪曲、篡改、剽窃本作品的行为，均违反《中华人民共和国著作权法》，其行为人应承担相应的民事责任和行政责任，构成犯罪的，将被依法追究刑事责任。

为了维护市场秩序，保护权利人的合法权益，我社将依法查处和打击侵权盗版的单位和个人。欢迎社会各界人士积极举报侵权盗版行为，本社将奖励举报有功人员，并保证举报人的信息不被泄露。

举报电话：（010）88254396；（010）88258888
传　　真：（010）88254397
E-mail：　dbqq@phei.com.cn
通信地址：北京市万寿路173信箱
　　　　　电子工业出版社总编办公室
邮　　编：100036